Eine Welt ohne Krebs

1. Auflage Oktober 2005
2. Auflage April 2006
3. Auflage April 2007
4. Auflage Dezember 2007
5. Auflage Februar 2008
6. Auflage Juli 2008
7. Auflage August 2009
8. Auflage Mai 2010
9. Auflage Juni 2012
10. Auflage November 2013

Titel der amerikanischen Originalausgabe: *World Without Cancer*
Aus dem Amerikanischen vom Übersetzungsbüro Aldea, Köln/Angelika Orpin

Lektorat: Dr. Renate Oettinger
Umschlaggestaltung: Stefanie Müller
Satz und Layout: Agentur Pegasus, Zella-Mehlis
Druck und Bindung: CPI – Clausen & Bosse, Leck

ISBN: 978-3-86445-097-6

FSC www.fsc.org
MIX
Papier aus verantwortungsvollen Quellen
FSC® C083411

Gerne senden wir Ihnen unser Verlagsverzeichnis
Kopp Verlag
Bertha-Benz-Straße 10
D-72108 Rottenburg
E-Mail: info@kopp-verlag.de
Tel.: (0 74 72) 98 06-0
Fax: (0 74 72) 98 06-11

Unser Buchprogramm finden Sie auch im Internet unter:
www.kopp-verlag.de

Warnung!

In diesem Buch sollen die zahlreichen Belege für die These präsentiert werden, daß Krebs eine Mangelerkrankung ist. Er wird nicht durch irgendein Bakterium, Virus oder rätselhaftes Gift verursacht, sondern durch den *Mangel* an einer Substanz, die der moderne Mensch aus seiner Ernährung ausgeschlossen hat. Wenn diese Analyse zutrifft, dann sind Heilung und Vorbeugung bei Krebs eine einfache Sache. Wir müssen nur dieser leicht erhältlichen und preiswerten Nahrungskomponente wieder einen Platz in unserer täglichen Nahrung einräumen.

Diese Theorie ist hochinteressant. Sie enthält das Versprechen, daß wir *jetzt* eine Welt ohne Krebs schaffen können – nicht in irgendeiner fernen Zukunft –, und sie würde außerdem bedeuten, daß die Milliarden von Dollars, die alljährlich für Forschung und medizinische Behandlungen aufgewendet werden, erfreulicheren Vorhaben zugute kommen könnten. Natürlich würde sie auch bedeuten, daß die etwa eine Million Fachleute, die derzeit in den Branchen Krebsforschung, Krebstherapie und der Beschaffung von Mitteln dafür ein gutes Auskommen finden, sehr schnell arbeitslos wären. An diesem Punkt wird die Geschichte interessant, denn das sind genau dieselben Leute, an die wir uns wegen einer fachlich qualifizierten Stellungnahme über den Nutzen von Laetril, also einer ernährungsmedizinischen Therapie, gewandt haben.

Es sollte uns nicht überraschen, daß diese Fachleute das Konzept von Krebs als Vitaminmangelerkrankung abgelehnt haben. Sie haben ja nichts davon. Eine Welt ohne Krebs wäre nicht nur finanziell ein Schock für sie, sie würde auch ihrem beruflichen Prestige einen harten Schlag versetzen. Man stelle sich vor: Ein Mittel gegen den Krebs wird in den Samen von Früchten gefunden, nicht in Forschungslaboren, noch dazu von Leuten ohne staatliche Forschungsmittel und ohne repräsentative Diplome an der Wand!

Die organisierte Medizin hat gesprochen. Sie bezeichnet Laetril als Quacksalberei und verspottet es als Krebsbehandlung »ohne nachgewiesene Wirkung«. Aber diesen Begriff sollte man etwas genauer betrachten. Für die meisten Menschen bedeutet »nicht nachgewiesen« einfach, daß es keinen Nachweis gibt. Aber was ist ein Nachweis? Das ist kein absoluter Begriff. Einen Nachweis im strengen Sinne gibt es nicht, es gibt nur Belege. Wenn die Belege dem Beobachter überzeugend erscheinen, dann werden sie als Nachweis bezeichnet, und die These, die damit gestützt wird, als »nachgewiesen« angesehen. Wenn ein zweiter Beobachter die gleichen Belege *nicht* für überzeugend hält, dann sind sie *kein* Nachweis, und die These ist für diesen Beobachter »nicht nachgewiesen«.

Wie wir auf den folgenden Seiten sehen werden, gibt es eine Menge Belege für das Konzept von Krebs als Vitaminmangelerkrankung – mehr als genug, um die meisten Leute zu überzeugen, daß die These nachgewiesen ist. Aber bei der FDA (*Food and Drug Administration;* Lebens- und Arzneimittelbehörde, Anm. d. Übers.) bedeutet der Begriff »nachgewiesen« etwas völlig anderes. Er ist eine technische Definition. Wenn die FDA die Wirkung einer Therapie als »nachgewiesen« bezeichnet, bedeutet das lediglich, daß deren Anbieter die Auflagen für die Versuchsanordnung zum Nachweis von Unbedenklichkeit und Wirksamkeit erfüllt haben. Dazu muß man allerdings wissen, daß – im Widerspruch zur eigentlichen Bedeutung des Wortes – der erfolgreiche Abschluß der Versuche nicht heißt, daß die Therapie auch unbedenklich und wirksam ist. Es heißt nur, daß die Versuche durchgeführt wurden, daß die Ergebnisse evaluiert wurden und daß die FDA die Vertriebsgenehmigung erteilt hat, häufig *trotz* miserabler Ergebnisse.

Wenn Krebspatienten, die sich diesen Therapien mit laut FDA nachgewiesener Wirkung unterziehen, die Laborberichte nachlesen würden, würden sie entsetzt das Weite suchen. Die Berichte zeigen weder Unbedenklichkeit noch Wirksamkeit, und sie sollen das in Wirklichkeit auch gar nicht. Sie sollen nur die tödliche Dosis festlegen – den Punkt, an dem die Therapie 50 Prozent der Patienten umbringt –, und auch das Verhältnis von denen, bei denen sie nützt, zu denen, bei denen sie das nicht tut. Das Verhältnis liegt oft bei nur acht oder neun von hundert. Außerdem kann »nützen« jede kleine Verbesserung bedeuten, wie beispielsweise eine vorübergehende Verkleinerung des Tumors. Es bedeutet praktisch nie eine vollständige Heilung. Wenn durch diese Studien irgend etwas »nachgewiesen« wird, dann ist es, daß die meisten von der FDA genehmigten Krebstherapien *weder* unbedenklich *noch* wirksam sind.

Außerdem ist da der finanzielle Aspekt. Die von der FDA geforderten Versuchsanordnungen sind kostspielig. Die Anbieter einer neuen Therapie müssen viel technisches Personal dafür einsetzen und viele Tausende von Seiten von Statistiken zusammenstellen. Die fertigen Berichte wiegen häufige mehrere hundert Pfund und ergeben einen Papierstapel von fast zwei Metern Höhe. Das Verfahren kann Jahre dauern und pro Studie mehr als zweihundert Millionen Dollar verschlingen.

Bei diesem Spiel können nur die großen Pharmaunternehmen mithalten. (Obwohl sie in der Öffentlichkeit über diese Kosten klagen, sind sie insgeheim durchaus dafür, denn dadurch wird die Konkurrenz durch kleinere Unternehmen verhindert.) Der mögliche Gewinn aus der Einführung eines neuen Medikaments auf dem Weltmarkt ist die Investition wert. Aber wer wäre bereit, solche Beträge in ein Produkt zu investieren, das nicht patentierbar ist? *Für natürlich vorkommende Substanzen gibt es keinen Patentschutz*, nur für vom Menschen erfundene. Wenn ein Unternehmen zweihundert Millionen Dollar für die Zulassung einer natürlichen Substanz durch die FDA ausgäbe, könnten seine Konkurrenten das Produkt ebenfalls anbieten, und der Entwickler des Produkts könnte die Investition unmöglich wieder hereinholen.

Deshalb – und das sollte man sich gut merken – werden, wenn die Gesetzeslage so bleibt, wie sie ist, nur patentgeschützte Substanzen jemals für die Krebstherapie »zugelassen« werden. Keine natürliche Substanz wird je für die Behandlung von Krebs oder *irgendeiner anderen* Krankheit legal erhältlich sein, es sei denn, man könnte sich ein Monopol auf ihre Quelle verschaffen, oder das Verarbeitungsverfahren wäre patentierbar. Ganz gleich wie unbedenklich oder wirksam sie auch sein mag, sie wird auf ewig in die Kategorie der Therapien »ohne nachgewiesene Wirkung« verbannt bleiben. Und daher werden die Verordnung, der Vertrieb und in vielen Fällen sogar die Anwendung von Heilmitteln, die die Natur frei zur Verfügung stellt, immer verboten sein.

Dies ist einer der Gründe, warum der nachfolgende Warnhinweis und Haftungsausschluß ausgesprochen wird. Aber selbst ohne einen solchen Hintergrund ist es ein Gebot des gesunden Menschenverstands, daß Krebspatienten bei der Wahl ihrer Therapie größte Vorsicht walten lassen. Es wird deswegen darauf hingewiesen, daß *Laetril offiziell ein Krebsmittel ohne nachgewiesene Wirkung ist. Der Verfasser dieses Buches ist Rechercheur und Publizist, nicht Arzt. Die auf den folgenden Seiten vorgelegten Tatsachen dienen ausschließlich zur Information, nicht als medizinischer Rat. Sie sollen die Grundlage für eine Einverständniserklärung bieten. Obwohl jeder von uns vorbeugend viel tun kann, ist bei klinischem Krebs eine Selbstbehandlung nicht ratsam. Jede Krebstherapie, auch eine Ernährungstherapie, sollte unter Aufsicht von qualifizierten Gesundheitsfachleuten erfolgen, die Spezialisten auf ihrem Gebiet sind.*

G. Edward Griffin

Eine Welt ohne Krebs

Die Geschichte des Vitamin B17 und seiner Unterdrückung

KOPP VERLAG

Widmung

DIESES BUCH IST DEM Andenken von Dr. Ernst T. Krebs junior und Dr. med. John A. Richardson gewidmet. Selbst die Macht und Bosheit eingefleischter wissenschaftlicher Irrtümer ließen sie nicht zurückschrekken. Während andere in Deckung gingen, stellten sie sich in die vorderste Kampflinie. Möge die Schilderung ihrer Taten dazu beitragen, die Öffentlichkeit wachzurufen, die als einzige die Gewalt brechen kann, die ihre Feinde immer noch über unser Leben und unsere Gesundheit ausüben.

Kurze Danksagung

Das Material für dieses Buch hätte ohne die Hilfe und das Zutun vieler anderer Menschen nicht zusammengetragen werden können. Dem verstorbenen Dr. John A. Richardson schulde ich Dank dafür, daß er mir so lange und beharrlich die Bedeutung der Vitamintherapie predigte, bis sie endlich in diesen sturen Schädel eindrang, und meiner Frau Patricia dafür, daß sie schon einige Monate vorher versucht hatte, mein Interesse an diesem Thema zu wecken. Dem verstorbenen Dr. Ernst T. Krebs junior schulde ich ewigen Dank für die Geduld und Gründlichkeit, mit der er mir so viele wissenschaftliche Tatbestände wieder und wieder erklärte. Ich danke Bruce Buchbinder, Ralph Bowman, Malvina Cassese, Frank Cortese, George Ham, Grace Hamilton, Jim Foley, Mac und Idell Hays, Pokie Korsgaard, Sanford Kraemer, Dr. J. Milton Hoffman, Maurice LeCover, Bob Lee, Betty Lee Morales, Beverly Newkirk, John Pursely, Julie Richardson, Bob Riddel, Lorraine Rosenthal, Alice Tucker, Lloyd Wallace, M. P. Wehling, Kimo Welch, Melinda Wiman, Ann Yalian und so vielen anderen, daß ich sie hier nicht namentlich nennen kann, für ihre große Ermutigung, unendliche Geduld und greifbare Unterstützung.

Inhaltsverzeichnis

Teil eins
Krebstherapie und Wissenschaft

Teil zwei
Krebstherapie und Politik

Vorwort

SEIT DER VERÖFFENTLICHUNG DER ersten Auflage dieses Buches sind auf der Krebsbühne viele Dramen inszeniert worden. Zwar sind viele der ursprünglichen Schauspieler inzwischen durch eine neue Besetzung abgelöst worden, aber die Handlung des Stückes ist unverändert. Was folgt, ist eine kurze Inhaltsangabe.

Jedes Jahr reisen Tausende von Amerikanern nach Mexiko oder Deutschland, um sich mit Laetril behandeln zu lassen. Sie tun dies, weil es in den USA verboten wurde. Den meisten dieser Patienten wurde erklärt, daß ihr Krebs sich im Endstadium befinde und sie nur noch wenige Monate zu leben hätten. Und doch hat sich ein unglaublich hoher Prozentsatz dieser Patienten erholt und führt ein normales Leben. Trotzdem bezeichnen die FDA, die AMA, die *American Cancer Society* und die Krebsforschungszentren Laetril weiterhin als Quacksalberei. Bei den genesenen Patienten, behaupten sie, liege eine »Spontanremission« vor, oder sie hätten überhaupt keinen Krebs gehabt.

Wenn irgend einer von diesen Menschen nach einer Behandlung mit Laetril doch stirbt, verkünden die Vertreter der orthodoxen Medizin eiligst: »Sehen Sie? Laetril wirkt nicht!« Währenddessen sterben jährlich Hunderttausende von Patienten nach Operationen, Bestrahlungen oder Chemotherapie, und trotzdem werden diese Behandlungsmethoden weiterhin als »unbedenklich und wirksam« angepriesen.

Ein Krebspatient, der sich mit Laetril behandeln läßt, wird im Schnitt zwischen $ 5000 und $ 25 000 für die Behandlung bezahlen. Das ist viel Geld, aber es ist eine lächerliche Summe im Vergleich zu den astronomischen Rechnungen der Vertreter der orthodoxen Medizin. Dennoch werden diese nicht müde zu klagen, daß Laetrilärzte geldgierige Quacksalber und Scharlatane sind, die kranke und verängstigte Menschen ausnutzen.

Das ist ein klassisches Beispiel für die Methode, den Gegner dessen anzuklagen, was man selber tut. Es ist heute durchaus üblich, daß ein älteres Ehepaar seine gesamten Ersparnisse einer medizinischen Einrichtung und der Phalanx der behandelnden Ärzte und Techniker in den Rachen wirft, in der vergeblichen Hoffnung, den Ehemann oder die Ehefrau vor Krebs zu retten. Manchmal müssen sie sogar ihr Haus verkaufen, um die Behandlungskosten zu bezahlen. Und das Schlimmste ist, daß in den meisten Fällen die Ärzte sehr wohl *wissen*, daß langfristig keine Hoffnung auf Erfolg besteht. Das erfährt der überlebende Ehepartner aber nur selten.

Wenn Sie das nächste Mal hören, wie ein Vertreter der orthodoxen Medizin gegen diese geldgierigen Laetrilärzte wettert, gehen Sie ihm nach auf den Parkplatz. Es ist gut möglich, daß er in seinem neuen Jaguar davonfährt.

Der einzige Unterschied zwischen der aktuellen Kontroverse und ihren Anfängen in den 1970er Jahren besteht darin, daß die Medien das Interesse daran verloren haben. Die Seltenheit der Berichte hat den falschen Eindruck erweckt, Laetril sei in Ungnade gefallen, aber nichts könnte weniger wahr sein. Die Anzahl der mit Laetril behandelten Patienten geht auch heute noch in die Tausende.

Es ist behauptet worden, daß die Massenmedien sich entschlossen, Laetril zu ignorieren, weil es durch die landesweite Berichterstattung so populär geworden war. Die Menschen beschlossen, es trotz der negativen Presseberichte auszuprobieren. Warum nicht, wenn man ihnen gesagt hatte, daß sie sowieso sterben würden? Und die Kliniken in Mexiko florierten. Ein weiterer Grund mag darin liegen, daß die Kontroverse zwar weitergeht, es aber *inhaltlich* nichts wirklich Neues gibt. Jede weitere Episode ist lediglich ein weiterer Ausläufer der früheren Kräfte und Argumente.

So entführten beispielsweise 1977 die Eltern von Chad Green ihren eigenen Sohn und reisten mit ihm nach Mexiko, damit die Behörden in Massachusetts sie nicht zwingen konnten, ihn gegen seine Leukämie mit Chemotherapie behandeln zu lassen. Sie wollten statt dessen eine Ernährungstherapie. Das ist ein Teil des hohen Preises, den wir dafür zahlen, daß wir dem Staat die Entscheidung darüber erlauben, was für uns und unsere Familie das beste ist. Wenn bestimmte Interessengruppen stark genug werden, die Gesetze zu diktieren, dann sind es *diese Gruppen*, die uns vorschreiben, was wir zu tun haben – natürlich alles nur zu unserem Schutz.

Die Geschichte von Chad Green machte Riesenschlagzeilen, aber leider ist seitdem mit vielen anderen Kindern das gleiche passiert, und die Medien haben nur am Rande darüber berichtet. Zum Beispiel erfuhren James und Donna Navarro 1999, daß ihr vierjähriger Sohn Thomas einen bösartigen Hirntumor hatte. Nach einer Operation war das Kind blind, unfähig zu sprechen und zu laufen. Als die Ärzte den Navarros sagten, Thomas werde auch Bestrahlungen und Chemotherapie brauchen, recherchierten sie in der medizinischen Literatur und fanden heraus, daß diese Behandlungen die Hirnfunktion des Jungen vermutlich noch mehr schädigen würden und daß er vermutlich ohnehin nicht lange überleben würde. Also beschlossen sie, eine alternative Behandlungsmethode mit sogenannten *Antineoplastonen* zu versuchen, die am *Stanislaw R. Burzynsky Research Institute* in Houston angeboten wurde. An diesem Punkt schaltete sich die FDA ein und verbot Dr. Burzynsky, den Jungen als Patienten aufzunehmen, wenn er nicht vorher mit Chemotherapie und Betrahlungen behandelt worden sei.

Mr. Navarro erklärt: »Was die nicht begreifen, ist, daß nichts mehr von ihm übrig sein wird, was man retten könnte, wenn wir ihn vorher diese gräßliche Therapie machen lassen.« Als er sich den Ärzten nicht fügte, wurde er von Mitarbeitern des Krankenhauses mit Anrufen belästigt. Ein Onkologe drohte ihm mit Anzeige. Als Mr. Navarro sich weiterhin weigerte, wandte sich der Arzt an die Jugendfürsorge und zeigte die Eltern wegen Kindesmißhandlung an.

1980 machte auch der Filmschauspieler Steve McQueen Schlagzeilen, als er zur Laetrilbehandlung und anderen unorthodoxen Therapien nach Mexiko reiste. Als er vier Monate später nach einer Operation starb, berichtete die Presse genüßlich, daß Laetril nicht gewirkt hatte. Was sie nicht berichtete, war die Tatsache, daß die Krebserkrankung von McQueen tatsächlich geheilt und nur ein gutartiger Tumor in seinem Unterleib zurückgeblieben war. (Die meisten Tumore bestehen aus einer Mischung von Krebsgewebe und anderem Gewebe.) McQueen fühlte sich großartig und beschloß, die Schwellung aus kosmetischen Gründen entfernen zu lassen. *Es war ein Zwischenfall bei dieser Operation*, nicht der Krebs, an dem er starb. In den Berichten der größeren Presseorgane erschien nichts darüber, daß er vor der Operation wieder genesen war. Daher gewannen Tausende von Amerikanern, die die Geschichte verfolgten, den Eindruck, daß auch Laetril wieder nur ein Schwindel war. Auch das ist nur ein weiterer Ausläufer der parteiischen Berichterstattung, die zu einem festen Bestandteil der Behandlung von Laetril in den Medien geworden ist. Sie setzt sich bis zum heutigen Tag fort.

Das bemerkenswerteste Beispiel für Kontinuität waren die sogenannten wissenschaftlichen Tests, die von den wichtigsten Krebsforschungszentren durchgeführt wurden, um festzustellen, ob Laetril wirkt oder Schwindel ist. Sowohl die Mayo-Klinik als auch das *Memorial Sloan-Kettering Cancer Center* haben gerade in diesem Akt eine tragende Rolle gespielt. Die Beweise für unsaubere Machenschaften, die aus den rauchenden Datentrümmern dieser Aktionen aufstiegen, sind so schockierend und eindeutig, daß ich dieser Ausgabe ein ganzes neues Kapitel hinzugefügt habe, um sie darzustellen. Diesen Teil sollten Sie auf jeden Fall lesen, auch wenn Sie sonst nichts in diesem Buch lesen. Er wird Ihre Ansicht über die Integrität der medizinischen Forschung in den USA verändern, um es milde auszudrücken. Aber selbst das war eine Fortsetzung des Einsatzes pseudowissenschaftlicher Methoden zur Verteidigung verdeckter ökonomischer Interessen, der bereits in den 1970er Jahren gang und gäbe war.

Trotz all dessen, was sich seit dem ersten Erscheinen dieses Buches ereignet hat, sind also die Grundzüge der Geschichte unverändert. Um sie auf den derzeitigen Stand zu bringen, war leider kaum eine Revision nötig. Die Aussichten für die freie Wahl in der Krebstherapie stehen immer noch schlecht.

Ich erinnere mich noch, wie ich im Sommer des Jahres 1971 zum ersten Mal das Wort Laetril hörte. Der verstorbene Dr. John Richardson und ich machten zusammen einen Kurzurlaub in Oregon und wollten eigentlich die Naturschönheiten dieses Staates genießen. Ich sagte *wollten*, denn der gute Doktor, der eine sehr starke Persönlichkeit war, hatte seine Aktentasche mitgebracht. Darin befand sich kein Angelgerät. Vielmehr enthielt sie einen nahezu unerschöpflichen Vorrat an Korrespondenz, Forschungsartikeln und Büchern, alle über das nicht eben naheliegende Thema »L-Mandelonitril-Beta-Glukuronisid in der Krebsbehandlung beim Menschen«.

Zuerst interessierte mich das etwa so sehr wie die Problematik der Eigenspannung in Trägerbrückenkonstruktionen. Sicherlich sind das faszinierende Themen für Ärzte oder Ingenieure, deren Berufe sich um die Feinheiten der entsprechenden Theorien und Formeln drehen. Ich fand allerdings, Waldesgrün und Bachrauschen hätten meine Aufmerksamkeit viel stärker verdient, und wahrscheinlich war meine Ungeduld nach einer Weile nicht mehr zu verkennen. Aber mein unbeirrbarer Begleiter war ebenso wenig abzuschütteln wie eine Bulldogge, die sich gerade erst in einen Hosenboden verbissen hat. Und er bestand darauf, daß ich ein Manuskript im Entwurf lesen sollte, das er verfaßt hatte und irgendwann einmal in einer Zeitschrift zu veröffentlichen hoffte.

Bei der Lektüre dieses Manuskripts erfuhr ich zum ersten Mal, daß es trotz der überwältigenden Hinweise, daß Vitamintherapie in der Krebsbehandlung wirksam ist, offensichtlich starke Kräfte gibt, die verhindern wollen, daß diese Tatsache bekannt wird. Ich reagierte genau wie die meisten Leute, wenn sie das erste Mal mit dieser Behauptung konfrontiert werden, und weiß noch, wie ich skeptisch fragte: »Wer sind *sie*, John? Wer in aller Welt hätte eine Interesse daran, ein Heilmittel gegen Krebs zurückzuhalten?«

Mit dieser Frage war endlich mein Interesse geweckt, und obwohl ich das damals bestimmt nicht geglaubt hätte, befand ich mich schon auf dem Weg in eine Recherche, die zur Aufdeckung einer der erstaunlichsten Geschichten des 20. Jahrhunderts führen sollte. Dieses Buch hat das ehrgeizige Ziel, wenigstens die Höhepunkte dieser Geschichte zu schildern und eine Antwort auf die Frage zu geben: »Wer sind *sie*, John?«

G. Edward Griffin

Teil eins

KREBSTHERAPIE UND WISSENSCHAFT

Kapitel 1

Das Watergate-Syndrom

Unlauterkeit und Korruption in der Arzneimittelforschung, Beispiele für die »Wertlosigkeit« von Laetril (Vitamin B17) in einer ersten größeren Studie, Beweise für betrügerisches Vorgehen im Rahmen der Studie, Verbot der Anwendung von Laetril wegen fehlender Prüfung und Verweigerung jeglicher Prüfungsgenehmigung durch die FDA (außer für Laetrilgegner).

IN DIESEM JAHR WERDEN 550 000 Amerikaner an Krebs sterben. Jeder dritte von uns wird im Laufe seines Lebens an Krebs erkranken. In den USA allein sind das 88 Millionen Menschen.

Diese Untersuchung will zeigen, daß diese ungeheure menschliche Tragödie aufgehalten werden kann – *jetzt schon,* nur aufgrund bereits verfügbarer wissenschaftlicher Erkenntnisse.

Wir werden die Theorie untersuchen, daß es sich bei Krebs um eine Mangelkrankheit wie Skorbut oder Pellagra handelt, die durch das Fehlen eines essentiellen Bestandteils in der Ernährung des modernen Menschen noch verschärft wird, und daß letztendlich Krebs schon allein dadurch beherrschbar ist, daß diese Substanz wieder ein täglicher Bestandteil unserer Ernährung wird.

Was Sie im folgenden lesen werden, findet nicht die Billigung der organisierten Medizin. Die amerikanische *Food and Drug Administration* (FDA; Lebens- und Arzneimittelbehörde), die *American Cancer Society* und die *American Medical Association* haben es als Betrug und Quacksalberei bezeichnet. Tatsächlich haben die FDA und andere staatliche Stellen alle ihnen zur Verfügung stehenden Mittel genutzt, um zu verhindern, daß diese Geschichte erzählt wird. Sie haben Bürger verhaftet, weil sie öffentliche Versammlungen abgehalten haben, um anderen zu berichten, was sie über dieses Thema denken. Sie haben Filme und Bücher beschlagnahmt. Sie haben sogar Ärzte strafrechtlich verfolgt, die diese Theorien anwandten, um das Leben ihrer Patienten zu retten.

Diese Überwachungsmentalität, die 1971 ganz unverblümt von Grant Leake, dem Leiter der Betrugsabteilung der Lebens- und Arzneimittelbehörde von Kalifornien, zum Ausdruck gebracht wurde, verfährt nach dem Motto: »Wir werden sie schützen, auch wenn manche von ihnen das vielleicht gar nicht wollen.«[1]

Anfang 1974 zeigte die kalifornische Ärztekammer Dr. Stewart M. Jones wegen der Anwendung von Laetril in der Behandlung von Krebspatienten an. Später stellte sich allerdings heraus, daß Dr. Julius Levine, eines der Mitglieder der Kammer, bei der Behandlung seines eigenen Krebsleidens *selbst* Laetril angewendet hatte. Als der Fall des Dr. Jones zur Prüfung kam, war der politische Druck so groß, daß Dr. Levine sich gezwungen sah, von seiner Position in der Kammer zurückzutreten, statt Dr. Jones und seine Patienten öffentlich zu unterstützen.[2]

Dies geschieht in einem Land, das sich seiner freiheitlichen Ordnung rühmt und die Freiheitsstatue zu seinem Symbol erhoben hat. Zum ersten Mal in unserer Geschichte sehen sich Menschen gezwungen, als medizinische Auswanderer auf der Suche nach Wahlfreiheit und Selbstbestimmung über ihren eigenen Körper *von* unseren Gestaden zu fliehen. Laetril ist seit einiger Zeit in Australien, Brasilien, Belgien, Costa Rica, Deutschland, England, Griechenland, Indien, Israel, Italien, Japan, Libanon, Mexiko, Peru, den Philippinen, Spanien, der Schweiz, Rußland, Venezuela und Vietnam erhältlich – aber im »Land der Freien« ist es verboten.

Dennoch haben viele Ärzte der Bürokratie getrotzt und in ihren eigenen Kliniken bewiesen, daß das Konzept von Krebs als Vitaminmangelerkrankung richtig ist.

Mit Forschungsausgaben von jährlich vielen Milliarden Dollar, mit weiteren Milliarden, die mit dem Verkauf von Medikamenten an Krebspatienten erzielt werden, und mit den Versprechungen von mehr und mehr staatlichen Programmen, mit denen Politiker auf Stimmenfang gehen, sehen wir uns heute in einer Situation, in der mehr Menschen mit Krebs ihren Lebensunterhalt verdienen als daran sterben. Wenn des Rätsels Lösung ein schlichtes Vitamin wäre, wäre diese gigantische kommerzielle und politische Industrie über Nacht vernichtet und von der Bildfläche verschwunden. Das führt dazu, daß die *wissenschaftliche* Seite der Krebstherapie nicht annähernd so kompliziert ist wie die *politische*.

Wenn der Watergate-Skandal der 1970er Jahre irgendeine positive Auswirkung hatte, dann die Tatsache, daß die Öffentlichkeit endlich begriff, daß Regierungsfunktionäre nicht unbedingt die Wahrheit sagen.

---

1 »Debate Over Laetrile«, *Time*, 12. April 1971, S. 20.

2 »Laetrile Tiff, State Medic Out«, *San Jose Mercury* (Calif.), 10. April 1974.

Und wenn sie bei solchen »Schwindeleien« erwischt werden, werden sie unweigerlich behaupten, daß sie nur gelogen haben, um die nationale Sicherheit, die Gesundheit der Bevölkerung oder ein ähnlich edles Gut zu schützen.

Dieses Watergate-Syndrom ist nichts Neues. Vor ein paar Jahren gestand ein FDA-Beamter, der vor Gericht gegen einen Unternehmer aus Kansas City ausgesagt hatte, im Kreuzverhör, daß er 28 Mal unter Eid gelogen hatte. Auf die Frage, ob er dies bereue, antwortete er: »Nein. Ich bereue nichts. Ich würde nicht zögern, die Unwahrheit zu sagen, wenn es dem amerikanischen Verbraucher nützen würde.«[3]

Die FDA ist bei ihrer Taktik »zum Nutzen des amerikanischen Verbrauchers« nicht eben zimperlich. Wenn ein Unternehmer bei der Behörde in Ungnade fällt, kennt sie kein Pardon, und das Gesetz ist nicht Angriffs*grund,* sondern Angriffs*waffe*. Mit anderen Worten, die FDA schreitet nicht etwa ein, weil das Gesetz es ihr vorschreibt. Sie schreitet ein, weil sie einschreiten will, und sucht im Nachhinein im Gesetz nach einer Rechtfertigung. In dem berühmten Fall USA gegen *Dextra Fortified Sugar* hatte die FDA zum Beispiel verfügt, daß es einen Fall von »irreführender Warenbezeichnung« darstellt, Zucker mit Vitaminen und Mineralen anzureichern und ihn weiterhin als Zucker zu bezeichnen. Das Gericht entschied jedoch anders und führte dazu aus:

> Der grundlegende Schwachpunkt in der Argumentation des Staates liegt darin, daß er eine Anzeige wegen irreführender Warenbezeichnung als Vorwand benutzt, ein Verkaufsverbot für eine Ware durchzusetzen, einzig und allein aus dem Grund, daß er deren Verwendung nicht gutheißt.

In der Regel steckt hinter diesen Fällen weit mehr als der bloße Übereifer einiger Bürokraten. Der Vorwand »Schutz der Öffentlichkeit« ist der beliebteste Deckmantel für andere, verdeckte Motive. Bei Gesetzentwürfen, die angeblich dem Schutz von Verbraucherinteressen dienen, sind Vertreter genau der Industrien federführend, vor denen der Verbraucher angeblich geschützt werden soll. Politiker, die für die finanzielle Unterstützung von Seiten dieser Industrien dankbar sind, setzen nur zu gern ihren Namen unter ein solches Gesetzgebungsvorhaben und setzen sich

---

3 Omar Garrison, *The Dictocrats* (Chicago/London/Melbourne: Books for Today, Ltd., 1970), S. 130.

für seine Annahme ein. Wenn es erst einmal Gesetz geworden ist, dient es ausschließlich dem Schutz der unterstützenden Industrien vor der Konkurrenz. Der Verbraucher ist Opfer, nicht Nutznießer.

Auf dem Gebiet der Medizin gilt dies genau so wie auf allen anderen. Allerdings besteht in der Medizin zusätzlich die Notwendigkeit, den Schein der Wissenschaftlichkeit zu wahren. Deswegen müssen nicht nur Politiker gewonnen, sondern auch Wissenschaftler an Bord geholt werden – was durch die strategische Vergabe von Forschungsmitteln leicht zu bewerkstelligen ist.

Diese Tatsache wurde 1966 von dem ehemaligen Leiter der FDA, James L. Goddard, in einer Rede vor dem Verband der Pharmazeutischen Industrie enthüllt. Er gab seiner Besorgnis über unlautere Machenschaften bei der Prüfung neuer Arzneimittel mit folgenden Worten Ausdruck:

> Ich bin schockiert angesichts des Materials, das uns vorgelegt wird. Neben dem Problem unzureichender Qualität besteht das Problem unlauterer Methoden bei der Anwendung von Arzneimitteln im Rahmen der Prüfung. Ich gebe durchaus zu, daß es bei der klinischen Prüfung vor der Zulassung neuer Arzneimittel Grauzonen gibt, aber die bewußte Verheimlichung ungünstiger klinischer Daten aus Tierversuchen gehört nicht zu diesen Grauzonen. Ebenso wenig gehört dazu die bewußte Auswahl klinischer Prüfer, die eher für ihren Wunsch nach guten Beziehungen zur Industrie als für ihr Interesse an der Erarbeitung aussagekräftiger Daten bekannt sind.[4]

Goddards Nachfolger bei der FDA war Dr. Herbert Ley. In einer Aussage vor einem Senatsausschuß beschrieb er 1969 mehrere Fälle von eklatantem Betrug bei Arzneimittelprüfungen. In einem Fall hatte ein Dozent der Medizin 24 Medikamente für neun Unternehmen geprüft. Dr. Ley sagte:

> Patienten, die während der Prüfung verstarben, wurden dem Prüfungsleiter nicht gemeldet ... Verstorbene wurden als Versuchspersonen aufgeführt. Als Versuchspersonen bezeichnete Pa-

---

[4] Siehe Subcommittee on Health of the Committee on Labor and Public Welfare, *Preclinical and Clinical Testing by the Pharmaceutical Industry*, 1976, U.S. Senate, Washington, D.C., 1976, Teil II, S. 157.

> tienten befanden sich zur Zeit der Prüfungen nicht im Krankenhaus. Patienteneinwilligungsformulare trugen Daten, aus denen klar zu erkennen war, daß sie nach dem Todesdatum des Betreffenden ausgefüllt worden waren.[5]

In einem weiteren Fall ging es um ein kommerzielles Unternehmen für Arzneimittelprüfung, das an 82 Medikamenten von 28 Firmen gearbeitet hatte. Dr. Ley fuhr fort:

> Patienten, die verstarben, aus dem Krankenhaus entlassen wurden oder aus der Studie ausschieden, wurden durch andere Patienten ersetzt, ohne daß dies in den Akten vermerkt worden wäre. 41 Patienten, die als Studienteilnehmer aufgeführt waren, waren verstorben oder hielten sich während des Studienzeitraums nicht im Krankenhaus auf … Generell waren Dokumentation, Supervision und Patientenbeobachtung völlig unzureichend.[6]

Es stellte sich heraus, daß zwischen 1977 und 1980 der FDA von 62 Ärzten klinische Daten vorgelegt wurden, die entweder manipuliert oder komplett gefälscht waren.[7] In einer von der FDA selbst durchgeführten Studie wurde festgestellt, daß jeder fünfte der überprüften Ärzte – Ärzte, die die Wirkung neuer Medikamente erforschten – die berichteten Ergebnisse erfunden und das Prüfhonorar eingestrichen hatte.[8]

Hierbei handelt es sich nicht um außergewöhnliche oder Einzelfälle. John Braithwaite, Kriminologe am *Australian Institute of Criminology* (und außerdem ehemals Wettbewerbsbeauftragter in Australien), stellt fest: »Das Problem liegt darin, daß in den meisten Fällen von Betrug in klinischen Prüfverfahren eine Aufdeckung unwahrscheinlich ist. Wenn ein Fall an die Öffentlichkeit dringt, liegt das meist nur an außergewöhnlicher Nachlässigkeit des kriminellen Arztes.«[9]

Nach Aussage von Dr. Judith Jones, der früheren Direktorin der *Division of Drug Experience* der FDA, ist es keine Seltenheit, daß ein

---

5 U.S. Senate, *Competitive Problems in the Pharmaceutical Industry*, 1969, Teile 6, 7 und 10; zitiert nach John Braithwaite, *Corporate Crime in the Pharmaceutical Industry* (London: Routledge & Kegan Paul, 1984), S. 52.

6 Ibid.

7 Braithwaite, *op. cit.,* S. 53.

8 *Science*, 1973, Vol. 180, S. 1038.

9 Braithwaite, *op. cit,.* S. 54.

Unternehmen, dem von einer Forschungseinrichtung nicht die Unbedenklichkeit und Wirksamkeit eines Medikaments bescheinigt wird, den betreffenden Bericht in der Schublade verschwinden und das Präparat so lange weitertesten läßt, bis eine Einrichtung gefunden ist, die die gewünschten Ergebnisse liefert. Negative Berichte werden selten veröffentlicht, und die Kliniker werden unter Druck gesetzt, darüber Stillschweigen zu bewahren.[10]

Der Anreiz für klinische Prüfer, Daten einfach zu erfinden, ist enorm. Amerikanische Pharmaunternehmen zahlen bis zu $ 1000 pro Patient, wodurch manche Ärzte bis zu $ 1 000 000 pro Jahr durch Medikamentenprüfungen einnehmen können – umso müheloser, wenn die Behandlungen gar nicht durchgeführt werden. Selbst wenn die Tests nicht erfunden sind, besteht immer noch das Risiko der unbewußten Verzerrung. Die betreffenden Ärzte wissen, daß die Aussichten auf weitere Aufträge deutlich sinken, wenn sie nicht die von den Pharmaunternehmen gewünschten Ergebnisse liefern.

Daß kommerzielle Prüfunternehmen durch Geld korrumpierbar sind, ist unschwer vorstellbar. Allerdings wird häufig angenommen, daß Universitätslabore anders seien, immun gegenüber den Gewinnen, die mit krimineller Wissenschaft zu erzielen sind. In Wirklichkeit schallt die Stimme des Geldes auf dem Campus ebenso laut wie überall sonst. Mit Bezug auf eine von der FDA durchgeführte Untersuchung erklärt Dr. Braithwaite:

> Wie kaum anders zu erwarten nach der obigen Schilderung der Möglichkeiten der Pharmaindustrie, sich durch den Einsatz von Auftragslaboren aus der Verantwortung für einwandfreie Forschungen zu stehlen, wurde bei Auftragslaboren eine weit höhere Zahl von Verstößen gegen die GLP [Gute Laborpraxis] festgestellt als bei den eigenen Laboren. Die allerhöchste Zahl allerdings fand sich bei Universitätslaboren. Dieses Ergebnis ist mit äußerster Vorsicht zu behandeln, da an der Studie nur fünf Universitätslabore beteiligt waren. Dennoch sollte es der automatischen Annahme, daß es die Forscher an Universitäten – mit ihrer angeblichen Unabhängigkeit vom Profitstreben – kaum an Wissenschaftlichkeit fehlen lassen, den Boden entziehen.[11]

---

[10] Arabella Melville und Colin Johnson, *Cured to Death; The Effects of Prescription Drugs* (New York: Stein & Day, 1982), S. 119.

[11] Braithwaite, *op. cit.* S. 82.

Die Spur der Korruption führt zurück bis in die FDA selbst. Eine von *USA TODAY* durchgeführte Untersuchung zeigte, daß über die Hälfte der von der Regierung als Berater in Fragen der Arzneimittelsicherheit und -wirksamkeit beauftragten Experten finanzielle Verflechtungen mit den Pharmaunternehmen haben, die von ihrer Stellungnahme betroffen sind. Der Bericht stellte fest:

> Diese Experten haben den Auftrag, die FDA zu beraten, welche Medikamente die Marktzulassung erhalten sollen, was in den Warnhinweisen stehen soll und wie Medikamentenprüfungen anzulegen sind. Diese Experten sollen unabhängig sein, aber *USA TODAY* fand heraus, daß sie in etwa 54 Prozent der Fälle an dem zu beurteilenden Medikament oder Sachverhalt ein unmittelbares finanzielles Interesse haben. Zu diesen Konflikten gehören Beteiligung an der Entwicklung des Medikaments und spätere Mitgliedschaft in einem FDA-Beirat, der dieses Medikament beurteilt.

Typische Konfliktpunkte sind Aktienbesitz, Beraterhonorare oder Forschungsmittel.[12]

Was genau bedeutet dies nun im Fall Krebs? Die Wissenschaft kann nicht nur dazu benutzt werden, *un*wirksame Medikamente auf den Markt zu bringen, sondern auch dazu, *wirksame* vom Markt fernzuhalten – weil letztere nämlich eine mögliche Konkurrenz für die Pharmaindustrie darstellen, die das Zulassungsverfahren für Arzneimittel kontrolliert. Die Kontroverse um das von Dr. Andrew Ivy entwickelte Krebsmittel Krebiozen ist ein Beispiel für dieses Phänomen.

Bevor er Anfang der 1960er Jahre mit der FDA die Klingen kreuzte, hatte Ivy allgemein als einer der führenden Mediziner des Landes gegolten. Als Leiter des *Clinical Sciences Department* der *University of Illinois* hatte er 350 Kandidaten zum Ph.D. und M.Sc. ausgebildet. Er war einer der Vertreter der USA bei den Nürnberger Prozessen nach dem Zweiten Weltkrieg. In Anerkennung seiner hervorragenden Leistungen auf dem Gebiet der Medizin hatte ihm die *American Medical Association* Bronze-, Silber- und Goldmedaillen verliehen. Er hatte über tausend Artikel in wissenschaftlichen und medizinischen Zeitschriften veröffentlicht. Tatsächlich hatte die FDA selbst ihn häufig als medizinischen

---

[12] »FDA advisers tied to industry«, *USA TODAY*, 25. September 2000, S. 1A.

Experten in Gerichtsverhandlungen eingesetzt. Als er jedoch begann, einen unorthodoxen Ansatz in der Krebstherapie einzusetzen, wurde er plötzlich als »Quacksalber« abgestempelt.

Im Prozeß gegen Ivy wurde vor Gericht ein Brief eines Arztes aus Indianapolis verlesen und in das Verhandlungsprotokoll aufgenommen. Dieser Arzt schrieb, daß er einen Patienten mit multiplen Tumoren behandle, die sich in der Biopsie als Krebstumore erwiesen hätten. Er habe vom Labor des Dr. Ivy Krebiozen bezogen und es angewendet, es habe aber nicht die geringste Wirkung gezeigt. Als der Arzt als Zeuge geladen wurde, antwortete er allerdings nur vage und ausweichend. Unter dem Druck des Kreuzverhörs brach er schließlich zusammen und gab zu, daß er niemals einen solchen Patienten behandelt hatte, nie die fragliche Biopsie bestellt hatte und Krebiozen nicht ein einziges Mal angewendet hatte. Die ganze Geschichte war erlogen. Warum er diese Falschaussage gemacht hätte? Er antwortete, er habe ein Schreiben eines FDA-Beamten erhalten mit der Bitte, dies zu unterschreiben. Er habe dies getan, weil er die Behörde bei der Bekämpfung der Quacksalberei unterstützen wolle.[13]

Im September 1963 gab die FDA einen Bericht heraus, in dem behauptet wurde, daß es sich bei Krebiozen praktisch um Kreatin handele, eine gängige Substanz, die in jedem Hamburger zu finden sei. Zur Stützung dieser Behauptung diente ein Foto-Overlay, das angeblich die Überlagerung der Spektogramme von Krebiozen und Kretin zeigte. Diese wurden in der Zeitschrift *Life* und anderen Massenmedien als »unstrittiger Beweis« dafür veröffentlicht, daß Krebiozen wirkungslos sei.

Als Senator Paul Douglas die Spektogramme sah, wurde er mißtrauisch. Er bat deshalb Dr. Scott Anderson, eine der führenden amerikanischen Autoritäten auf dem Gebiet der Spektographie, eine eigene Studie zu erstellen. Mit analytischen Standardmethoden identifizierte Anderson 29 Unterschiede zwischen den beiden Substanzen. Bei 16 handelte es sich um chemische und farbliche Differenzen. In der von der FDA an die Presse weitergegebenen Version war die Achse sorgfältig so weit verschoben worden, daß der größtmögliche *Anschein* der Ähnlichkeit erzielt worden war. Wenn jedoch die Achse wieder korrekt zentriert wurde, waren die beiden Spektogramme so verschieden wie Tag und Nacht.[14]

Bei Laetril wurden noch unlautere Taktiken eingesetzt als gegen

---

[13] Garrison, *op. cit.*, S. 134–135.

[14] Ibid., S. 278–280.

Krebiozen. Den größten Schaden richtete vermutlich ein pseudowissenschaftlicher Bericht der Krebskommission der *California Medical Association* aus dem Jahr 1953 an. Er erschien in der Aprilausgabe von *California Medicine* und enthielt eine beeindruckende Menge von Tabellen und technischen Daten, aus denen man schließen konnte, daß jeder Aspekt von Laetril gründlich untersucht worden war. Die molekulare Zusammensetzung war analysiert, die chemische Wirkungsweise untersucht, die Wirkung auf Tumore bei Ratten beobachtet und seine Wirksamkeit bei menschlichen Krebspatienten ermittelt worden. Die strenge Schlußfolgerung aus all diesen angeblich objektiven Forschungen lautete: »Es wurden keine zufriedenstellenden Nachweise einer signifikanten zytotoxischen Wirkung von Laetril auf Krebszellen festgestellt.«

Den meisten Ärzten reichen die Schlußfolgerungen dieses California-Reports aus. Nicht einer unter Zehntausenden hat jemals Laetril überhaupt gesehen geschweige denn angewendet. Trotzdem ist allen klar, daß Laetril wirkungslos ist, weil die kalifornische Abteilung der Krebskommission der AMA das behauptet hat und sie keinen Anlaß haben, die Zuverlässigkeit derjenigen, die die Untersuchungen durchführten, zu bezweifeln.

Der Reporter Tom Valentine hat zahlreiche führende Krebsspezialisten interviewt, um ihre Einstellung zu Laetril zu ermitteln. Eine typische Reaktion schildert er so:

> Dr. Edwin Mirand vom *Roswell Memorial Hospital* in Buffalo, N. Y., sagte: »Wir haben es überprüft, und es ist wertlos.« Auf die Frage, ob das renommierte kleine Krankenhaus, das ausschließlich auf dem Gebiet der Krebsbehandlung arbeitet, Laetril tatsächlich getestet habe, sagte Dr. Mirand: »Nein, das hielten wir nicht für notwendig, nachdem andere angesehene Stellen es getestet hatten und feststellten, daß es in der Krebsbehandlung unwirksam ist.« Wie alle Autoritäten bezog auch er sich auf den California-Report.[15]

Andere sind gegen die gleiche Mauer gestoßen. Der professionelle Forscher David Martin berichtet folgende Erfahrung:

---

[15] »Government Is Suppressing Cancer Control«, *The National Tattler*, 11. März 1973, S. 2.

Wie erwartet erklärte mir der besagte Krebsspezialist, daß Laetril eine »Zuckerpille« sei. Wenn er mir gesagt hätte, er hätte Laetril experimentell bei X Patienten angewandt und festgestellt, daß es völlig wirkungslos sei, hätte mich das vielleicht beeindruckt. Als ich ihn aber fragte, ob er es je selbst angewendet habe, verneinte er. Auf die Frage, ob er je ins Ausland gereist sei, um die in Deutschland, Italien, Mexiko, den Philippinen und anderen Ländern mit der Laetriltherapie gemachten Erfahrungen zu studieren, verneinte er ebenfalls. Und als ich ihn fragte, ob er je eine eigene Untersuchung der Vor- und Nachteile durchgeführt habe, gab er wieder zu, daß das nicht der Fall sei. Er wiederholte lediglich, was er von anderen gehört hatte, die ihrerseits vermutlich wiederholten, was sie von anderen gehört hatten, bis zurück zu dem überholten Bericht der *California Cancer Commission* aus dem Jahr 1953.[16]

Deswegen muß man wissen, was es mit dem California-Report auf sich hat und wie es um die wissenschaftliche Integrität der Verfasser bestellt ist.

Obwohl der Bericht in der im *California Medicine* veröffentlichten Form keine Unterschrift aufwies, waren die Verfasser Dr. Ian MacDonald, Leiter der Kommission, und Dr. Henry Garland, ihr Sekretär. MacDonald war ein bekannter Krebschirurg und Garland Radiologe von internationalem Ruf. Beide standen im *Who'is who.*

Sieben weitere bekannte Ärzte waren Mitglieder der Kommission – unter anderem noch vier Chirurgen, ein Radiologe und ein Pathologe –, von denen jedoch keiner an der Ausarbeitung des Berichts maßgeblich beteiligt war. Kein einziger von allen – *auch nicht MacDonald oder Garland* – hatten je eigene Erfahrungen mit Laetril gemacht. Sie erstellten lediglich *Auswertungen* und *Zusammenfassungen* der schriftlichen Aufzeichnungen anderer.

Bevor wir auf diese Auswertungen und Zusammenfassungen näher eingehen, sollten wir uns zunächst erinnern, daß MacDonald und Garland die Ärzte waren, die im ganzen Land Schlagzeilen gemacht hatten mit der Behauptung, es gebe keinen Zusammenhang zwischen Zigarettenrauchen und Lungenkrebs. In einer Ansprache an die Sektion für Öffentliche Gesundheit des *Commonwealth Club* von San Francisco hatte Garland am 9. Juli 1964 geäußert:

---

16 *Cancer News Journal*, Januar/April 1971, S. 22.

> Nach einer derzeit weit verbreiteten Hypothese besteht ein Kausalzusammenhang zwischen dem Rauchen und einer ganzen Reihe unterschiedlicher Erkrankungen, von Krebs bis Arteriosklerose. Nachdem wir uns jahrelang mit dieser Frage und insbesondere dem berichteten Zusammenhang mit primärem Bronchialkarzinom befaßt haben, bin ich zu dem wohlerwogenen Schluß gekommen, daß keine Beweise für diese Hypothese vorliegen.
>
> Für viele sind Zigaretten, in Maßen genossen, ein besseres Beruhigungsmittel … Vermutlich ist Fettleibigkeit ein größeres Gesundheitsrisiko für die amerikanische Bevölkerung als Zigaretten.

MacDonald ging sogar noch einen Schritt weiter. In einem Artikel in dem Magazin *U.S. News & World Report* ist er mit einer Zigarette in der Hand abgebildet und mit der Äußerung zitiert, daß das Rauchen von »bis zu 24 Zigaretten täglich ein harmloser Zeitvertreib« sei. Und dann fügte er hinzu: »In Abwandlung eines alten Sprichworts könnte man sagen: Eine Packung pro Tag, und du brauchst keinen Arzt gegen Lungenkrebs.«[17]

Erstaunlicherweise geschah all das gerade zu der Zeit, als die Umsätze der Zigarettenindustrie wegen der zunehmenden Besorgnis der Öffentlichkeit in bezug auf Lungenkrebs zu sinken begannen. Tatsächlich hatte die Tabakindustrie bereits der AMA die ersten zehn von insgesamt 18 Millionen Dollar für »Forschungen« über den Zusammenhang zwischen Rauchen und Gesundheit zur Verfügung gestellt.

Die Wirkung dieser wahren Geldflut aus einer Quelle, die ein gewisses – sagen wir mal – »Eigeninteresse« an den Forschungsergebnissen hatte, war unglaublich und sprach durchaus *nicht* für die AMA. Sie machte nämlich aus einem relativ schlichten und unkomplizierten Projekt ein Monster von Verwirrung und Verschwendung (öffentlicher Gelder).

In dem Bericht der AMA-Kommission für Forschungen über Tabak und Gesundheit steht folgendes:

> Zum gegenwärtigen Zeitpunkt sind ca. 14 Millionen Dollar [von der Tabakindustrie] für 203 Einzelforschungsprojekte an 90 Universitäten zur Verfügung gestellt worden. Als direkte Folge dieser

---

17 »Here's Another View: Tobacco May be Harmless«, *U.S. News & World Report*, 2. August 1957, S. 85–86.

> Zuwendungen wurden 450 Berichte in wissenschaftlichen Zeitschriften veröffentlicht.[18]

Der Bericht führte dann die einzelnen Forschungsprojekte und die jeweiligen Forschungsziele auf. Hier nur einige Beispiele:

> *Nikotinrezeptoren in bestimmten Zellen des Kleinhirns.*
>
> *Auswirkung von Nikotin auf das Verhalten von Mäusen.*
>
> *Zusammenhang zwischen Angina pectoris und Bronchitis – Eine Untersuchung an amerikanischen und schwedischen Zwillingshähnen.*
>
> *Überreifesyndrom bei trächtigen Ratten nach Nikotinabsorption in der Tragezeit.*
>
> *Interaktionen von Nikotin, Koffein und Alkohol bei Totenkopfaffen.*
>
> *Auswirkungen des Rauchens auf den Sauerstofftransport in der Placenta trächtiger Mutterschafe.*
>
> *Urinausscheidung, Gewebeverteilung und Abbau von Nikotin bei Affen und Hunden.*
>
> *Körperbau und Mortalität bei 105 000 Armeeveteranen des Zweiten Weltkriegs.*

Bei der Durchsicht früherer Berichte der AMA-Kommision für Forschungen über Tabak und Gesundheit sind nicht mehr als fünf Forschungsprojekte zu finden, die sich in erster Linie mit Krebs befassen. In einem davon ging es ausschließlich um Laborprüfverfahren, in einem zweiten um ein Experiment, mit dem festgestellt werden sollte, ob Zigarettenrauch zur *Heilung* von Hautkrebs eingesetzt werden könnte! Somit befassen sich lediglich *drei* Projekte wirklich mit einem Thema von größter Bedeutung für die Öffentlichkeit. Drei von 203 sind gerade mal etwa 1,5 Prozent – womit wir einiges über die wissenschaftliche Integrität der AMA beim Thema Rauchen und Krebs erfahren hätten.

Mit einem Aufwand von nicht mehr als achtzehn Millionen Dollar – wahrlich wenig im Vergleich zum Werbeetat der Tabakindustrie im glei-

---

[18] *Third Research Conference*, Committee for Research on Tobacco and Health, AMA Education and Research Foundation, 7. bis 9. Mai 1972, S. 4.

chen Zeitraum – war es möglich, die medizinischen Forschungen der AMA von der zentralen Krebsproblematik weg und auf Hunderte alberner Nebenkriegsschauplätze zu lenken, die die Wahrheit verschleiern und verzögern sollten.

Geblendet von dem Meteoritenregen von Tausend-Dollar-Scheinen veröffentlichte die AMA im *American Medical Association Journal* vom Dezember 1959 einen Leitartikel, in dem schlankweg behauptet wurde, daß zu wenig Nachweise vorlägen, die die »Annahme rechtfertigen«, daß das Zigarettenrauchen der wichtigste kontribuierende Faktor für die Zunahme von Lungenkrebs sei. Zudem erschwerte es die AMA mit ihrem riesigen Forschungsprogramm zusätzlich, einen solchen Nachweis zu führen.

Gab es irgendeinen Zusammenhang zwischen den 18 Millionen Dollar der Tabakindustrie für die AMA und den öffentlichen Erklärungen von MacDonald und Garland, zweier ihrer wichtigsten Vertreter in Kalifornien? Vielleicht nicht, obwohl das Gerücht umging, daß diese Herren Wissenschaftler für ihre »Zeugenaussagen« tatsächlich $ 50 000 erhielten.[19]

Ob das wahr ist oder nicht, ist mittlerweile nicht mehr wichtig. Wichtig ist allerdings die Tatsache, daß ihre medizinische Stellungnahme, wenn sie denn befolgt worden wäre, ganz eindeutig das Leiden und den Tod von vielen weiteren Millionen Menschen zur Folge gehabt hätte. Ebenso wichtig ist die Tatsache, daß es dieselben »Experten« sind, deren medizinische Stellungnahme zu Laetril immer wieder zitiert und befolgt wird.

Eine interessante Fußnote ist dieser Geschichte allerdings noch hinzuzufügen. Einige Jahre später verbrannte Dr. MacDonald in seinem Bett, weil seine Zigarette ein Feuer verursacht hatte. Dr. Garland, der sich damit gebrüstet hatte, seit frühester Jugend Kettenraucher und der lebende Beweis für die Harmlosigkeit von Zigaretten zu sein, starb einige Jahre darauf an Lungenkrebs.

1963, zehn Jahre nach der Veröffentlichung des ursprünglichen California-Reports, erklärte das Gesundheitsministerium von Kalifornien die Ergebnisse der überholten Studie offiziell für »wahr« und übernahm sie als seine eigenen. Dabei tat es der Öffentlichkeit allerdings

---

[19] Siehe *The Immoral Banning of Vitamin B17* von Stewart M. Jones, M.S., M.D., Palo Alto, Calif., Januar 1974, S. 1. Ebenso *Cancer News Journal*, Januar/April 1971, S. 3.

einen unerwarteten Gefallen, denn zum ersten Mal veröffentlichte es sämtliche Originalexperimente und -studien, die die Grundlage des Berichts bildeten, und machte damit die Beweisdokumente öffentlich, die bewiesen, daß MacDonald und Garland ihre Zusammenfassung dieser Experimente *gefälscht* hatten.

In dem Bericht von 1953 veröffentlichten die Verfasser die Schlußfolgerungen von Dr. med. John W. Mehl, daß die Freisetzung von Zyanid aus Laetril nicht möglich sei. Wie in einem späteren Kapitel gezeigt werden wird, ist die Freisetzung von Zyanid an der Krebszelle einer der Gründe für die Wirksamkeit von Laetril. Die Behauptung, daß *kein* Zyanid gebildet werden *kann*, war daher ein schwerer Schlag gegen die Glaubwürdigkeit der Laetriltheorie. Mehl wurde folgendermaßen zitiert: »Diese Ergebnisse sind nicht schlüssig und werden Gegenstand weiterer Untersuchungen sein, sie stützen jedoch nicht die Behauptungen hinsichtlich der Wirkungen von Laetril.«

Als jedoch zehn Jahre später die Originalexperimente veröffentlicht wurden, kam ein ganz anderer Sachverhalt ans Licht. Begraben unter einer Flut von Statistiken, Tabellen und Graphiken findet sich ein Dokument namens »Anhang 4 zum Laetril-Bericht«, ein Laborbericht mit den Unterschriften von G. Schroetenboer und W. Wolman. Darin steht:

> Nach dreistündigem Rücklauf war der Geruch von Wasserstoffzyanid feststellbar ... Das Wasserstoffzyanid wurde zu Natriumhydroxid destilliert und mit Preußisch-Blau nachgewiesen.[20]

Dieser Bericht trug das Datum vom 14. Januar 1953 – zwei Monate, *bevor* Mehl behauptete, daß keine Freisetzung von Zyanid aus Laetril möglich sei. Bezeichnenderweise ignorierten MacDonald und Garland den positiven Bericht völlig und betonten den negativen umso stärker.

Seit dieser Zeit wurde die Freisetzung von Zyanid mehrfach bestätigt, vom chemischen Labor der AMA, der Abteilung für Zellchemie des *National Cancer Institute* und sogar vom kalifornischen Gesundheitsministerium – demselben Gesundheitsministerium, das später den ursprünglichen Bericht offiziell für »wahr« erklärte und ihn als seinen eigenen übernahm.

---

[20] *Report by Cancer Advisory Council on Treatment of Cancer with Beta-Cyanogenic Glucosides (»Laetriles«)*, California Department of Public Health, 1963, Appendix 4, S. 1–2.

MacDonald und Garland behaupteten außerdem, daß mikroskopische Untersuchungen an Tumoren von mit Laetril behandelten Patienten absolut keine Anzeichen für einen positiven chemischen Effekt erbracht hätten. Zehn Jahre später stellte sich diese Behauptung allerdings als dreiste Lüge heraus. Anhang 3 enthält die Ergebnisse zweier Pathologen, die unmißverständlich feststellten, daß sie sehr wohl tumorhemmende Wirkungen beobachtet hatten, die tatsächlich auf Laetril zurückzuführen sein könnten. In einem Dokument vom 15. Dezember 1952 stellt Dr. med. John W. Budd beispielsweise fest: »Fall 1M ..., ausgedehnte hämorrhagische Tumornekrose ... Eine Interpretation als chemotherapeutischer Effekt ist möglich.«

Ebenso beschreibt ein Autopsiebericht von J. L. Zundell vom 10. September 1952 zwei Fälle, in denen eindeutig ein tumorhemmender Effekt beobachtet wurde:

> M-1 ... Dies könnte eine chemische Wirkung sein, da die betroffenen Zellen Koalgulationsnekrose und Pyknose aufweisen ...
>
> M-3 ... Die Tumorzellen in den Lymphknoten scheinen stärker degeneriert. Meines Erachtens kann es sich hier um das mögliche Ergebnis eines chemischen Wirkstoffs handeln ...
>
> Zwei Fälle ... wiesen mäßige Veränderungen auf ..., die als toxische Zellveränderungen aufgrund von Chemotherapie interpretiert werden können ...[21]

Das ist deutlich genug. Dennoch behaupten MacDonald und Garland im California-Report einfach: *»Von keinem der Experten wurde ein Anzeichen für zytotoxische Veränderungen beobachtet.«*[22] Diese Behauptung war natürlich eine Lüge gigantischen Ausmaßes.

Selbst wenn die Ergebnisse der Forscher nicht von MacDonald und Garland falsch zusammengefaßt worden wären, wäre der Bericht von 1953 immer noch als Urteil der Wissenschaft gegen Laetril völlig untauglich, da die bei Krebspatienten eingesetzten Dosierungen zu gering waren, um beweiskräftig zu sein. Tatsächlich lagen sie bei etwa einem Fünfzigstel dessen, was üblicherweise eingesetzt wird, um optimale Ergebnisse zu erzielen.

---

21 *Report by Cancer Advisory Council on Treatment of Cancer with Beta-Cyanogenic Glucosides (»Laetriles«)*, California Department of Public Health, 1963, Appendix 3, S. 1–2.

22 *Report by Cancer Advisory Council, op. cit.*, S. 324.

In den Anfängen der Laetrilforschung arbeiteten die Kliniker mit der vorsichtigen Dosierung von nur 50 bis 100 mg pro Gabe. In dem Maße, wie mit der Erfahrung auch das Vertrauen wuchs, wurden diese Mengen allmählich gesteigert, bis 1974 Laetril intravenös in Dosierungen von 6000 bis 9000 mg pro Tag gegeben wurde. In der Regel ist die Akkumulation von 50 000 bis 70 000 mg über einen Zeitraum von etwa einer Woche nötig, bis der Patient spürbare Anzeichen der Verbesserung berichtet. In den Versuchen für den California-Report hingegen lag die typische Dosis bei nur 50 mg pro Injektion. Die maximale Einzeldosis lag bei 200 mg, und die maximale kumulierte Dosis bei lediglich 2000 mg, verteilt auf zwölf Injektionen. Fünf Patienten erhielten nur zwei Injektionen, fünf weitere nur eine.

Es ist daher nicht überraschend, daß die kalifornischen Versuche keinen schlüssigen Nachweis der Wirksamkeit von Laetril gegen Krebs erbringen konnten. Wie Dr. Krebs damals feststellte: »Nichts ist so leicht zu erzielen wie ein Mißerfolg.«

Trotz all der unglaublichen Entstellungen der Wahrheit und der wissenschaftlichen Wahrheiten mußten die Herren MacDonald und Garland auf Seite drei ihres Berichts zugeben:

> Alle Ärzte, deren Patienten überprüft wurden, berichteten von einer Verbesserung hinsichtlich Befinden, Appetit, Gewichtszunahme und Abklingen der Schmerzen …

Im Bestreben, diese wichtigen Ergebnisse kleinzureden, fügten sie hinzu:

> ... als ob diese Beobachtungen den Nachweis einer definitiven therapeutischen Wirkung darstellten.

Diese Bemerkung allein hätte den California-Report schon disqualifizieren müssen, denn diese Beobachtungen *gehören tatsächlich* zu genau den Anzeichen, aus denen der Arzt erkennt, ob seine medikamentöse Therapie Wirkung zeigt oder nicht.[23] Die meisten Ärzte wären überglücklich, wenn sie erreichen könnten, daß sich bei ihren Krebspatienten eine Verbesserung des Wohlbefindens und des Appetits, eine Gewichtszunahme und ganz besonders ein Nachlassen der Schmerzen einstellt.

---

[23] *Current Diagnosis & Treatment* (Palo Alto: Lange Med. Publications, 1972), S. 902.

In den 1970er Jahren bestand wenig Aussicht, daß Laetril die Chance erhalten würde, von anderen als von seinen Gegnern getestet zu werden. Wann immer Befürworter versuchten, eine Prüfungsgenehmigung zu erhalten, wurden sie abgeschmettert. Am 6. April 1970 stellte beispielsweise die McNaughton-Stiftung, finanziert von Andrew McNaughton, bei der FDA einen Antrag auf Genehmigung der Phase 1 der klinischen Prüfung vor Zulassung als Arzneimittel. Die Genehmigung wurde am 26. April erteilt. Aber dann, um es mit den Worten eines Reporters auszudrücken, »war plötzlich die Hölle los«.[24] Anscheinend war bei der FDA ein Anruf einer erzürnten und politisch einflußreichen Persönlichkeit eingegangen mit der Anweisung: »Tests aufhalten!«

Am nächsten Tag teilte die FDA der Stiftung in einem zweiten Schreiben mit, bei einer Überprüfung der Aufzeichnungen hätten sich gewisse »Mängel« in dem Antrag für die klinische Prüfung herausgestellt, und man forderte umfangreiche weitere Daten innerhalb der *nächsten zehn Tage* an. Eigenartigerweise wurde dieses Schreiben der NcNaughton-Stiftung erst am 6. Mai zugestellt, neun Tage, nachdem es angeblich verfaßt worden war, und der Verdacht kam auf, das Schreiben sei erst wesentlich später erstellt und einfach rückdatiert worden, um eine Einhaltung der ohnehin haarsträubenden Zehn-Tage-Frist unmöglich zu machen. Am 12. Mai, sechs Tage nach Erhalt des »Mängel-Schreibens«, erhielt McNaughton ein Telegramm der FDA, in der die Mitteilung stand, daß die Genehmigung für die Medikamentenprüfung zurückgezogen worden sei.

In der Hoffnung, die FDA werde nach Erhalt der zusätzlichen Unterlagen die Prüfungsgenehmigung wieder in Kraft setzen, fuhr McNaughton mit der Erstellung der Dokumente fort und sandte am 15. Mai, nur neun Tage, nachdem er die Anordnung der FDA erhalten hatte, alle geforderten Unterlagen nach Washington. Die FDA blieb allerdings bei ihrer Ablehnung. *Keine* Laetriltests.

Ein früherer hoher Beamter der FDA teilte Dr. Dean Burk vom *National Cancer Institute* mit, daß er sich an keinen Fall in seiner 30-jährigen Tätigkeit erinnern könne, in dem eine 50-seitige Antwort auf angebliche Mängel innerhalb von nur zehn Tagen verlangt worden sei. Und am 1. Oktober 1970 fand sich im FDA-Verfahrenshandbuch keinerlei Hinweis darauf, daß nach einer Frist von nur zehn Tagen ein Widerruf

---

[24] Don C. Matchan, »Why Won't They Test Laetrile?«, *Prevention*, Januar 1971, S. 149–150.

ausgesprochen werden müsse.[25] Die ganze Aktion erfolgte eindeutig auf politischen Druck als Vorwand, um die Prüfung von Laetril zu verhindern.

Der Widerruf der Prüfungsgenehmigung wurde unter anderem damit begründet, daß Laetril toxisch sein könnte. Feierlich erklärte die FDA:

> Obwohl in der klinischen Prüfung vor der Zulassung oft festgestellt wird, daß Amygdalin nicht toxisch sei, fehlen Daten, die eine solche Nicht-Toxizität untermauern … Wir halten es für riskant, die Eingangsdosis für eine Langzeit- (über sechs und mehr Wochen) Humanstudie nach einer Einzeldosisstudie an Mäusen zu richten. Es ist weiterhin riskant, Humanstudien einzuleiten, solange die Art der Toxizität nicht an größeren Tierspezies geklärt wurde.[26]

Diese Äußerung ist einfach unglaublich. Erstens ist, wie in einem späteren Kapitel gezeigt werden wird, die Nicht-Toxizität von Amgydalin seit hundert Jahren bekannt, akzeptiert und unbestritten. Zweitens lieferten die mit dem Prüfungsantrag eingereichten Krankengeschichten weitere Beweise für die Unbedenklichkeit von Laetril. Und drittens ist schon allein die Frage nach der Toxizität absurd, weil *alle* von der FDA zugelassenen Medikamente, die derzeit in der orthodoxen Krebstherapie eingesetzt werden, *extrem* toxisch sind. Die Prüfung von Laetril mit der Begründung zu verweigern, es *könnte* toxisch sein, ist der Gipfel der Spitzfindigkeit.

Als weiteren Grund für die Verweigerung der Prüfungsgenehmigung für Laetril führte die FDA an, daß die Ärzte, die es eingesetzt hatten, dies nicht detailliert genug klinisch dokumentiert hätten. Auch dies war ein lahmer Vorwand, denn für Studien der Phase 1 ist keine klinische Dokumentation erforderlich.

In gerechtem Zorn schrieb der mutige Dr. Burk vom *National Cancer Institute* wie folgt an Elliot Richardson, den damaligen US-Minister für Gesundheit, Bildung und Soziales, dem die FDA unterstand:

---

[25] Brief von Dr. Dean Burk an den US-Gesundheitsminister Elliot Richardson vom 19. Oktober 1971; G. Edward Griffin, ed., *Private Papers Relating to Laetrile* (Westlake Village, CA: American Media, 1997).

[26] *The Ad Hoc Committee of Oncology Consultants For Review and Evaluation of Amygdalin (Laetrile)*, FDA, 12. August 1961, S. 3–4.

Für die Erteilung einer Genehmigung für die Phase 1 der klinischen Prüfung gibt es keine absolute oder unabänderliche Erfordernis klinischer Studien, wenngleich der Träger gehalten ist, ihm etwa bekannte Hinweise anzugeben, was die McNaughton-Stiftung bis zur Grenze des derzeit Möglichen getan hat. Dr. Contreras [Mexiko] und Dr. Nieper [Deutschland] ging es berechtigtermaßen in erster Linie um die Behandlung von Krebspatienten mit Laetril und verwandten Zusatztherapien und nicht um die Durchführung einer klinischen Evaluierung von Laetril nach den exakten und lückenlosen FDA-Verfahren. Wenn Sie anmerken, daß ihre Protokolle für einen solchen Zweck unzureichend seien, so ist dies eindeutig ein Ablenkungsmanöver, da zum einen eine solche Anforderung für die Phase 1 der klinischen Prüfung nicht besteht und zum anderen nie behauptet wurde, daß die Dokumentation adäquat sei.[27]

Es half nichts. Eine Prüfungsgenehmigung für Laetril wurde *nicht* erteilt, ohne Rücksicht auf die Fakten. Am 1. September 1971 teilte die FDA mit, daß der Sonderausschuß von Fachärzten für die Prüfung und Evaluierung von Laetril zu dem Schluß gekommen sei, es gebe »keinen akzeptablen Nachweis einer therapeutischen Wirkung, der eine klinische Erprobung rechtfertige«. Und weiterhin teilte sie mit, daß aufgrund dieser Schlußfolgerungen Laetril in den USA nicht mehr beworben, verkauft, ja nicht einmal mehr *getestet* werden dürfe.[28]

Der California-Report wird von Krebs»experten« weiterhin bis zum Überdruß als eine der wichtigsten Autoritäten zitiert und dient als Grundlage für die gesetzlichen Beschränkungen für Laetril. Zudem hat die Krebsindustrie den Befürwortern von Laetril die Möglichkeit zur Durchführung eigener klinischer Erprobungen mit so fadenscheinigen Vorwänden verweigert, daß es komisch wäre, wenn es nicht so ernste Konsequenzen hätte. Das alles beruht auf Vorurteilen, nicht auf Objektivität. Die Berichte und Erklärungen sollen täuschen, nicht aufklären. Wir haben es mit Geboten zu tun, nicht mit Wissenschaft.

Warum geschieht das? Zu diesem Teil der Geschichte kommen wir im nächsten Kapitel.

---

27 Schreiben von Dr. Dean Burk an Elliot Richardson, 19. Oktober 1971, *op. cit.*

28 Pressemitteilung, Gesundheitsministerium/FDA, 1. September 1971.

Kapitel 2

Völkermord in Manhattan

Weitere Versuche der Krebsindustrie, die Wertlosigkeit von Laetril zu beweisen, Unterschlagung von Laborberichten des* Sloan-Kettering-*Institutes mit dem Nachweis der Wirksamkeit von Laetril, Rockefeller und seine Verbindung zur Pharmaindustrie, und wie eine Gruppe von* Sloan-Kettering-*Mitarbeitern die Welt die Wahrheit wissen ließ.

NEBEN DEM CALIFORNIA-REPORT gibt es zahlreiche andere Studien zu Laetril von angeblich qualifizierten und angesehenen Institutionen. Dazu zählen ein Projekt der *Stanford University* von 1953, eine Studie der *University of California* in Berkeley von 1961, eine weitere der *Diablo Labs* in Berkeley von 1962 und eine Studie von 1965, die im Auftrag des kanadischen Ärzteverbandes von der *McGill University* in Montreal durchgeführt wurde. Jede einzelne dieser Studien krankt an dem gleichen Makel wie der California-Report von 1953 – wissenschaftliche Inkompetenz, Voreingenommenheit und glatte Täuschung. Einige der Studien gaben Hinweise auf eine krebshemmende Wirkung zwar offen zu, beeilten sich aber, diese Wirkung anderen Ursachen zuzuschreiben. Einige waren ausschließlich Toxizitätsuntersuchungen, sollten also gar nicht herausfinden, ob Laetril wirkt, sondern nur, wieviel man braucht, um den Patienten umzubringen.

In den meisten dieser Versuche wurde der Erfolg von Laetril nur an der Verringerung der Tumorgröße gemessen. Das mag zunächst sinnvoll erscheinen, allerdings sollte man berücksichtigen, daß sich die meisten Tumore aus bösartigen und gutartigen Zellen zusammensetzen und die Tumortransplantate, mit denen man bei Labormäusen arbeitet, nur zu etwa drei bis vier Prozent aus echtem Krebsgewebe bestehen. Bei gesunden Mäusen werden die bösartigeren Gewebe abgestoßen, sie können also nicht erfolgreich verpflanzt werden. Selbst wenn Laetril den Krebs zu 100 Prozent zerstören würde, würden diese Tumore *höchstens* um drei bis vier Prozent schrumpfen. Das einzig sinnvolle Erfolgskriterium ist die Verlängerung der Überlebensdauer, nicht die Verringerung der Tumorgröße.

Nachdem Laetril monatelang an Mäusen getestet worden war, verfaßte das *Southern Research Institute* in Birmingham, Alabama, 1973 einen Bericht über die Ergebnisse für das *National Cancer Institute* (NCI). Daraufhin teilte das NCI mit, diese Untersuchungen hätten wieder einmal belegt, daß Laetril in der Krebsbehandlung keine Wirkung zeige. Bei genauerem Hinsehen stellte sich allerdings heraus, daß der Anschein trog. Dr. Burk unterzog die Rohdaten in den Tabellen und Graphiken des Berichts einer genauen Überprüfung und stellte fest, daß in dem Versuch an drei verschiedenen Gruppen von Mäusen mit Laetril gearbeitet worden war: (1) einer großen Gruppe, die zu wenig Laetril erhalten hatte, (2) einer weiteren großen Gruppe, die zuviel erhalten hatte, und (3) einer kleinen Gruppe, die die optimale Dosis erhalten hatte. Die Mäuse, die zu wenig bekommen hatten, starben ebenso schnell wie die Mäuse in der Kontrollgruppe, die gar kein Laetril erhielten. Diejenigen, die zuviel erhielten, starben eher als die in der Kontrollgruppe. Aber diejenigen mit der richtigen Dosierung überlebten wesentlich länger als die, die gar kein Laetril erhielten!

Angesichts dieser Ergebnisse kann man sich fragen, wie das *National Cancer Institute* behaupten konnte, Laetril sei ohne Wert. Ganz einfach: Alle *drei* Gruppen wurden in derselben Statistik zusammengefaßt – auch die mit der zu niedrigen und der zu hohen Dosis. Wenn diese großen Gruppen mit der kleinen Gruppe mit den signifikant längeren Überlebenszeiten zusammengefaßt wurden, setzten sie den *Durchschnitt* so weit herab, daß man guten Gewissens behaupten konnte, daß diese Mäuse *als Gesamtgruppe* nicht wesentlich länger überlebten als die, die kein Laetril erhalten hatten. Die Statistik hatte nicht gelogen. Aber die Statistik war von Lügnern benutzt worden.[1]

In der Zwischenzeit wuchs die Gruppe von sich erholenden Krebspatienten, die das Loblied von Laetril sangen, weiter an. Diese Patienten und ihre Familien gründeten eine nationale Basisorganisation, die sich *Committee for Freedom-of-Choice in Cancer Therapy* (Komitee für Wahlfreiheit in der Krebstherapie) nannte. Mehrere hundert Ortsgruppen im ganzen Land veranstalteten öffentliche Versammlungen und Pressekonferenzen und gaben vor gesetzgebenden Ausschüssen der einzelnen Bun-

---

[1] Am 22. März 1974 legte Dr. Dean Burk in einem 14 Seiten langen offenen Brief an Dr. Seymour Perry vom NCI eine vernichtende Analyse dieser statistischen Manipulation vor. Siehe *Private Papers Relating to Laetrile*, herausgegeben von G. Edward Griffin (Westlake Village, Calif.: American Media, 1997).

desstaaten Stellungnahmen ab, in denen die Freigabe von Laetril gefordert wurde. Irgendwie mußte man auf diese »Laetrilisten« reagieren.

Also initiierte das *National Cancer Institute* 1978 eine weitere Studie, um der Bewegung ihren Nimbus zu nehmen. Dazu wurden 93 Krebsfälle ausgewählt, bei denen die medizinische Dokumentation auf eine Wirksamkeit von Laetril schließen ließ. Die Angaben wurden einer Gruppe von zwölf Fachleuten zur Beurteilung übermittelt. Es wurden auch Fälle mit konventioneller Therapie darunter gemischt, wobei den Experten nicht bekannt war, welcher Patient welche Therapie erhalten hatte. Die Beurteilung sollte ausschließlich aufgrund der Ergebnisse erfolgen. Das NCI sichtete die Laetrilfälle und sonderte die meisten aus, so daß die Experten lediglich 22 von ihnen prüfen durften.[2]

Nach welchen Kriterien soll man den Erfolg einer Krebsbehandlung bewerten? Überlebensdauer? Lebensqualität? Subjektives Wohlbefinden und Schmerzfreiheit? Normale Funktionsfähigkeit im Alltag? All diese Kriterien werden von den Ärzten angewandt, die Krebs ernährungsmedizinisch behandeln. Ihnen geht es nicht um die Größe eines Tumors, denn sie wissen, daß ein Tumor, wie bereits erwähnt, in den meisten Fällen eine Mischung von bösartigen und gutartigen Zellen ist, wobei die meisten nur eine geringe Anzahl von Krebszellen enthalten. Auch wenn Laetril den Krebs eines Patienten zu 100 Prozent zerstört, nimmt sein Tumor vielleicht nur um zehn bis 15 Prozent ab. Aber wen stört das? Der Patient kehrt wieder zurück unter die Lebenden. Der Tumor ist nicht die Krankheit, er ist lediglich ihr Symptom.

Die orthodoxe Medizin dagegen ist völlig auf den Tumor fixiert. Für die meisten Onkologen ist der Tumor gleichbedeutend mit dem Krebs. Wenn sie ihn herausoperieren oder wegbestrahlen, verkünden sie dem Patienten freudestrahlend: »Gute Nachrichten! Wir haben ihn ganz erwischt!« Es mag ja sein, daß sie den Tumor ganz haben, aber haben sie auch seine *Ursache*? Und haben sie bei der Aktion vielleicht einige der bösartigen Zellen aufgestört, die jetzt über die Blutbahn durch den Körper wandern und sich an anderer Stelle einnisten? Ist das vielleicht der Grund, warum so viele Krebspatienten nur wenige Monate nach diesem lächerlichen »Wir haben ihn ganz erwischt!« an multiplen Metastasen sterben?

Laetrilärzte sind der Überzeugung, daß von allen Erfolgskriterien die

---

2 Ralph Moss, Ph.D., *Cancer Therapy; The Independent Consumer's Guide to Non-Toxic Treatment & Prevention* (New York: Scribner & Sons, 1959), S. 271.

Reduktion der Tumorgröße am wenigsten aussagekräftig ist. Und für welches Hauptkriterium entschied sich das NCI? Für die Tumorgröße natürlich. Das lag nicht nur auf derselben Linie wie die orthodoxe Sicht von Krebs, es beeinflußte auch die Ergebnisse zugunsten von Therapieformen wie Chemo- und Strahlentherapie, die den Tumor stärker schrumpfen lassen als Laetril. Ein lebender, gesunder Patient, dessen Tumor nur um 15 Prozent kleiner geworden ist, wäre demnach ein Fehlschlag. Ein an der Krankheit sterbender Patient, dessen Tumor um 60 Prozent geschrumpft ist, wäre ein Erfolg.

Trotz dieser unfairen Ausgangsposition kamen die Experten zu folgendem Schluß: Bei den geprüften Laetrilfällen zeigten zwei Patienten eine vollständige Remission (der Tumor wurde völlig abgebaut), vier eine Teilregression (Tumor wurde zu mehr als 50 Prozent abgebaut), neun waren »stabilisiert« (kein weiteres Tumorwachstum), und drei hatten »mehr krankheitsfreie Zeiten«. Mit anderen Worten: 18 von 22, d. h. 82 Prozent, reagierten positiv – selbst wenn die Tumorgröße als Kriterium verwendet wurde. Wenige »zugelassene« Krebsmedikamente haben so gute Erfolge vorzuweisen.

Aber all diese ermutigenden Zahlen bewirkten gar nichts. Im offiziellen Bericht des NCI wird festgestellt: »Diese Ergebnisse erlauben keine endgültigen Schlußfolgerungen zugunsten einer krebshemmenden Wirkung von Laetril.«[3] Die Formulierung war wunderbar irreführend. Kein Mensch erwartete von einer Einzelstudie »endgültige Schlußfolgerungen«. Aber eine aufrichtige und vollständige Darstellung der Ergebnisse wäre doch ganz schön gewesen. Diese feinziselierte Formulierung erweckte nun allerdings den Eindruck, als hätte Laetril wieder einmal einen wissenschaftlichen Test nicht bestanden. Hier dienten Worte nicht der Kommunikation, sondern der Verschleierung.

Der nächste Akt in diesem Drama über Pseudowissenschaft war eine klinische Prüfung an 178 Patienten durch die Mayo-Klinik. Wieder einmal sollte Amygdalin getestet werden, diesmal jedoch in Kombination mit einer »Stoffwechseltherapie«, bestehend aus Diät, Enzymen und Nahrungsergänzungen – genau das, wofür ernährungsmedizinisch ausgerichtete Ärzte eingetreten waren. Die führenden Laetrilärzte wehrten sich jedoch erbittert, weil der Versuchsaufbau keinen Vergleich mit ihren

---

3 N. M. Ellison, »Special Report on Laetrile: The NCI Laetrile Review. Results of the National Cancer Institute's Retrospective Laetrile Analysis.« *New England Journal of Medicine* 299: 549–552, 7. September 1978.

eigenen Prüfungen ermöglichte. Zudem bestanden erhebliche Zweifel an der Reinheit des verwendeten Amygdalin. Der Verdacht kam auf, daß das gesamte Experiment von vornherein bewußt so angelegt war, daß es scheitern mußte. Und genau das tat es. Die Ärzte der Mayo-Klinik berichteten: »Es wurden keine nennenswerten positiven Wirkungen beobachtet.«

Diese kontinuierliche Serie von Täuschungen unter dem Deckmantel der Wissenschaft ist schwer zu toppen, aber was ein paar Jahre später im *Sloan-Kettering Cancer Center* in Manhattan geschah, stellte alles bisherige in den Schatten. Fünf Jahre lang, von 1972 bis 1977, wurde Laetril bei *Sloan-Kettering* unter der Leitung von Dr. Kanematsu Sugiura eingehend getestet. Als Forschungsleiter mit mehr als 60 Jahren Erfahrung genoß Sugiura aufgrund seiner Kompetenz und Integrität höchstes Ansehen. In einem wissenschaftlichen Labor, dem es um die Wahrheit und nichts als die Wahrheit geht, wäre er der richtige Mann für diese Aufgabe gewesen. Für *Sloan-Ketterings* Zwecke allerdings hätte die Wahl auf keinen Ungeeigneteren fallen können.

Sugiura teilte seine Experimente auf in Testreihen an unterschiedlichen Versuchstieren und unterschiedlichen, teils verpflanzten, teils natürlich aufgetretenen Tumoren. Nach Abschluß der Versuche berichtete er folgende fünf Ergebnisse: (1) Laetril verhinderte Metastasenbildung (die Ausbreitung des Krebses) bei Mäusen, (2) es verbesserte deren Allgemeinzustand, (3) es wirkte auf kleine Tumore wachstumshemmend, (4) es brachte Schmerzlinderung und (5) es wirkte vorbeugend gegen Krebs. Im offiziellen Bericht hieß es:

> Die Ergebnisse zeigen deutlich, daß Amygdalin bei Mäusen mit primären Brusttumoren eine signifikante Hemmung des Auftretens von Lungenmetastasen bewirkt und die Hemmung des Primärtumorwachstums signifikant verstärkt … Laetril schien auch das Auftreten neuer Tumore leicht einzuschränken … Generell ist stets eine Verbesserung im Gesundheitszustand und Aussehen der behandelten Tiere im Vergleich zur Kontrollgruppe zu beobachten … In seiner umfassenden Erfahrung mit anderen chemotherapeutischen Wirkstoffen hat Dr. Sugiura nie eine vollständige Regression dieser Tumore beobachtet.[4]

---

4 »A Summary of the Effect of Amygdalin Upon Spontaneous Mammary Tumors in Mice«, Bericht von Sloan-Kettering, 13. Juni 1973.

Der Leser sollte diesen letzten Absatz noch einmal lesen, denn wir werden sehen, daß, nur wenige Monate darauf, Sprecher von *Sloan-Kettering* die Existenz von Nachweisen für den Wert von Laetril glattweg abstritten.

Um das, was anschließend geschah, wirklich verstehen und würdigen zu können, muß man den Hintergrund etwas genauer kennen. Der Vorstand von *Sloan-Kettering* wird praktisch kontrolliert von Managern, die die finanziellen Interessen der Pharmaunternehmen vertreten. Größtenteils liegt die Kontrolle in den Händen der Rockefeller-Dynastie und ihrer Kartellpartner. Zur Zeit, als Sugiura seine Tests durchführte, saßen im Vorstand drei Herren aus der Rockefeller-Dynastie (James, Laurance und William) und über ein Dutzend Männer, deren Unternehmen in irgendeiner Weise finanziell mit dem Rockefeller-Imperium zusammenhingen.

Wie die Verbindung der Rockefellers zur Pharmaindustrie zustande kam, wird im zweiten Teil dieses Buches berichtet. Aber um zu erkennen, wie sich das auf diesen Teil unserer Geschichte auswirkt, muß man wissen, daß John D. Rockefeller senior und sein Sohn J. D. II seit dem Jahre 1927 das *Memorial Hospital* mit Spenden unterstützten. Unter anderem stifteten sie einen komplettes Areal Land, auf dem dann in den 1930er Jahren das neue Krankenhaus gebaut wurde. Es gab keine Spende ohne Gegenleistung. In diesem Fall war es die Kontrolle über eines der wichtigsten medizinischen Zentren der Welt. Wie das geschah, berichtete Ralph Moss, ehemals Stellvertretender Direktor für Öffentlichkeitsarbeit bei *Sloan-Kettering*. Über die Expansion von *Sloan-Kettering* nach dem Zweiten Weltkrieg schrieb er:

> Die damalige Zusammensetzung des Stiftungsvorstands zeigt ein gewisses Machtgleichgewicht, wobei die Rockefellers und ihre Verbündeten die Kontrolle über das Ganze hatten, während Interessenvertreter der Morgans zahlreiche weitere Machtpositionen besetzt hatten … Von dieser Zeit an wurde das größte private Krebszentrum von einer Gruppe geführt, die einem Konsortium der wichtigsten Banken und Unternehmen der Wall Street zum Verwechseln ähnlich sieht.

Mitte der 1970er Jahre hatte der Stiftungsvorstand des MSKCC ein ziemlich homogenes Aussehen angenommen. Auffallend war, daß viele seiner wichtigsten Mitglieder Leute waren, deren Unternehmen je nach dem Ausgang des »Kriegs gegen den Krebs« erhebliche Summen zu verlieren oder zu gewinnen hatten.[5]

Angesichts dieses Hintergrunds dürfte es nicht überraschen, daß Sugiuras Forschungsergebnisse seinem Arbeitgeber absolut nicht gefielen. Die Vorgänge im Labor sind normalerweise für Vorstandsmitglieder ziemlich uninteressant. Sie gehen davon aus, daß dabei wie auch immer ein Patent für ein neues Medikament herauskommen wird, das ihnen neues Geld in die Taschen spült. Sie begriffen erst allmählich, was Sugiuras Arbeit für Konsequenzen hatte, aber als sie es erst mal begriffen hatten, brach in der Vorstandsetage die Hölle los. Wenn man in einem Extrakt aus dem bescheidenen Aprikosenkern ein Mittel gegen den Krebs fände, wäre das ein harter Schlag für die Industrie für Krebsmedikamente.

Noch nie zuvor war Sugiuras Arbeit in Frage gestellt worden. 1962 wurden über 200 seiner wissenschaftlichen Arbeiten in einer vierbändigen Ausgabe veröffentlicht. In der Einleitung dazu schrieb Dr. C. Chester Stock, der Leiter der Abteilung Laborprüfung bei *Sloan-Kettering*:

> Kaum ein Name ist in der Krebsforschung allgemein so bekannt wie der von Kanematsu Sugiura ... Das hohe Ansehen, das sein Werk genießt, kommt vielleicht am besten in einer Bemerkung zum Ausdruck, die ein russischer Krebsforscher, der die USA besuchte, mir gegenüber machte. Er sagte: »Wenn Dr. Sugiura etwas veröffentlicht, wissen wir, daß wir die Studie nicht wiederholen müssen, denn unsere Ergebnisse wären deckungsgleich mit den seinen.«

Jetzt, wo Sugiuras Ergebnisse eine finanzielle Bedrohung darstellten, war das alles vergessen. Derselbe Dr. Stock, von dem diese Zeilen stammten, war mittlerweile Vizepräsident von *Sloan-Kettering* und Teil der Meute, die lautstark nach neuen Tests verlangte. Sugiura *mußte* einfach widerlegt werden!

Es stellte sich heraus, daß Sugiuras Versuche bereits von diversen anderen dupliziert worden waren, die im wesentlichen dieselben positiven Resultate erzielt hatten. Dazu gehörten zum einen Dr. Elizabeth Stockert und zum anderen Dr. Lloyd Schloen. Beide waren Biochemiker und zur Zeit dieser Arbeiten Mitarbeiter von *Sloan-Kettering*. Schloen hatte den Injektionen sogar proteolytische Enzyme zugesetzt – ein von

[5] Ralph Moss, *The Cancer Syndrome* (New York: Grove Press, 1980), S. 258.

Laetrilärzten häufig angewandtes Verfahren – und berichtete eine Heilungsrate von 100 Prozent bei seinen Schweizer Albinomäusen![6] Das war nun gar nicht das gewünschte Ergebnis, es war im Gegenteil höchst peinlich. Es wäre so schön gewesen, hatte man diese Berichte einfach in einem tiefen Loch verschwinden lassen und so tun können, als hätte es sie nie gegeben. Aber dafür war es zu spät. Sie waren bereits veröffentlicht, und zu viele Leute kannten die Fakten. Also war es an der Zeit, all diese Ergebnisse unter einem Berg von gegenteiligen Berichten und Statistiken zu begraben. In einem Müllhaufen fällt eine Rose nicht auf, auch wenn sie noch so schön duftet.

Nichts in der Welt ist so leicht zu erreichen wie ein Mißerfolg. Es ist nicht schwer, die Wirkung von Laetril zu blockieren. Man muß nur den Versuchsplan ein bißchen abändern, die Dosierung senken, das Material von einem anderen Lieferanten beziehen, die Bewertungskriterien ändern, Verfahrensfehler machen und, wenn das nicht reicht, lügen. Alle diese Tricks wurden angewandt, um Sugiuras Ergebnisse zu diskreditieren.

Wer nicht glauben möchte, daß Wissenschaftler in so wichtigen Fragen lügen könnten, sollte sich daran erinnern, daß 1974 *Sloan-Kettering* der Schauplatz eines der größten wissenschaftlichen Skandale des 20. Jahrhunderts war. Dr. William Summerlin, einer der leitenden Forscher des Instituts, behauptete, eine Methode entdeckt zu haben, mit der bei Transplantationen die Abstoßungsreaktion des Empfängers gegen Fremdgewebe verhindert werden könne. Zum Beweis führte er weiße Mäuse mit quadratischen schwarzen Flecken im Fell vor und behauptete, daß die Hauttransplantationen von schwarzen Mäusen jetzt von den weißen toleriert würden. – Von wegen. Er hatte die schwarzen Flecken mit einem Markierstift aufgemalt.[7]

Ebenso gut wie Erfolg kann man auch Mißerfolg fälschen. Dr. Daniel S. Martin vom *Catholic Medical Center* in Queens, New York, war es bis dahin nicht gelungen, mit Laetril positive Ergebnisse zu erzielen, allerdings hatte er nach einem anderen Versuchsplan gearbeitet als Sugiura. Um dieses Problem zu beheben, wurde Sugiura gebeten, an einer zweiten Versuchsreihe von Martin mitzuarbeiten, was er auch tat. Diesmal allerdings *waren die Ergebnisse positiv für Laetril.*

---

6 Ralph Moss, *The Cancer Syndrome* (New York: Grove Press, 1980), S. 139.

7 Siehe Joseph Hixon, *The Patchwork Mouse; Politics and Intrigue in the Campaign to Conquer Cancer* (New York: Anchor Press/Doubleday, 1976).

Die visuelle Untersuchung zeigte, daß bei den nicht mit Laetril behandelten Mäusen doppelt so viele neue Tumore auftraten wie bei den Laetrilmäusen. Der nächste Schritt in Sugiuras Versuchsplan wäre eine mikroskopische Untersuchung des Lungengewebes (in dem der Krebs lokalisiert worden war) gewesen, um das Ausmaß des Tumorwachstums bei Beendigung des Experiments festzustellen. Martin war jedoch gegen visuelle oder mikroskopische Untersuchungen und bestand statt dessen auf einem sogenannten Bioassay. In diesem Bioassay wurde das Lungengewebe der Maus zerkleinert und dann zwei weiteren Mäusen injiziert. Falls eine von ihnen Krebs bekam, nahm man an, daß das injizierte Gewebe Krebsgewebe gewesen war.

Damit war die Streuung zwischen großer Verbesserung, geringer Verbesserung oder gar keiner Verbesserung verwischt. Ganz gleich, wie sehr der Krebs auch geschwächt worden sein mochte, ganz gleich, ob er vielleicht allmählich durch Laetril völlig zerstört wurde – solange nur irgendwelche Krebszellen für eine Übertragung auf lebende Mäuse übrig waren, wurde der Fall als Mißerfolg klassifiziert. Da die Originalmäuse getötet wurden, bevor Laetril längere Zeit hätte wirken können, war sichergestellt, daß bei praktisch allen noch Krebszellen vorhanden waren. Folglich wurden sie alle als Laetrilversagen klassifiziert. Ohne eine Miene zu verziehen, konnte Dr. Martin bei dieser Methode verkünden, daß zwischen behandelten und Kontrollmäusen keine Unterschiede festgestellt worden seien.[8] Wieder einmal wurde die Wissenschaft mißbraucht, um die Wahrheit zu verbergen.

Mittlerweile war eine Gruppe von Mitarbeitern von *Sloan-Kettering* so erbost über die Versuche der Geschäftsleitung, Sugiuras Ergebnisse zu vertuschen, daß sie unter dem Namen *Second Opinion* (Zweite Meinung) mehrere offene Briefe an die Öffentlichkeit in Umlauf brachten. Die Identität der Verfasser war nicht bekannt, aber aus den veröffentlichten Angaben war klar ersichtlich, daß sie in enger Verbindung zu dem Unternehmen standen. Fotokopien wichtiger interner Memos – sogar Kopien von Sugiuras Laboraufzeichnungen – wurden an Laetrilbefürworter und ausgewählte Vertreter der Presse gesandt.

Diese Breitseiten wurden zu einer Quelle der Peinlichkeit für die Geschäftsleitung, der sehr viel daran gelegen war, den Fall zu schließen und im Gedächtnis der Öffentlichkeit verblassen zu lassen. Einer der unverblümtesten Vertreter dieser Linie war Benno Schmidt, der Stellver-

---

8 Moss, *Cancer Syndrome, op. cit.*, S. 140.

tretende Vorsitzende von *Sloan-Kettering*. Schmidt war Investmentbanker und hatte Verbindungen zu allen wichtigen Leuten. Er war eng mit Laurance Rockefeller befreundet, Mitglied des SK-Vorstands und Vorsitzender des von Präsident Carter eingesetzten *National Panel of Consultants for the Conquest of Cancer* (Nationale Beratergruppe im Kampf gegen den Krebs). Das ist das Gremium, das sich den sogenannten »Krieg gegen den Krebs« ausgedacht hatte, der sich in der Folge hauptsächlich als Mittel herausstellte, Forschungszentren wie *Sloan-Kettering* mit Steuergeldern in Milliardenhöhe zu versorgen.

Für Schmidt bestand der Zweck der Prüfung von Laetril einzig und allein darin, die Öffentlichkeit von seiner Unwirksamkeit zu überzeugen. Ob es vielleicht wirkte oder nicht, war unwichtig. Ans Licht kam diese Tatsache – ohne Zweifel völlig unbeabsichtigt – in einem Interview mit Dr. Martin, das in der *Science*-Ausgabe vom 23. Dezember 1977 erschien. Auf die Frage des Journalisten, ob die Tests bei *Sloan-Kettering* in erster Linie für Wissenschaftler gedacht seien, antwortete Martin: »Unsinn. Natürlich dienten sie dazu, Leute wie [Benno] Schmidt und die Kongreßabgeordneten mit Argumenten gegen die Laetrilleute zu versorgen.«

Nicht zur Förderung der Wissenschaft, nicht, um ein mögliches Mittel gegen den Krebs zu prüfen, nicht, um die Wahrheit herauszufinden – um »Argumente gegen die Laetrilleute« zu sammeln!

In einer am 11. August 1975 in der *Medical World News* veröffentlichten Erklärung sagte Schmidt: »Klinische Erprobung? Auf keinen Fall! Ich glaube, es ist unmöglich, die Leute bei *Sloan-Kettering* davon zu überzeugen, daß eine Grundlage für weitere Versuche gegeben ist.«

Wenn der Stellvertretende Vorsitzende etwas als unmöglich bezeichnet, dann ist es das in der Regel auch. Aber das Aufsehen, das die Veröffentlichung von *Second Opinion* verursacht hatte, zwang die Strategen, die Angelegenheit vorerst noch nicht zu schließen und sich fair und offen zu geben. Und was hätte fairer sein können als eine weitere Prüfung?

Also ging die Sache in die nächste Runde. Am 6. Oktober, nicht einmal vier Wochen, nachdem es »keine Grundlage für weitere Versuche« gegeben hatte, veröffentliche *Medical World News* einen weiteren Artikel, in dem erklärt wurde, daß eine neue Runde von Versuchen angesetzt worden war. Darin stand: »Er [Sugiura] wird erneut Gelegenheit erhalten, in einem gemeinsamen Experiment mit Dr. Schmid [seine] Ansicht zu überprüfen.«

Franze A. Schmid war Veterinär und langjähriger Mitarbeiter von *Sloan-Kettering*. Außerdem war er Sugiuras Schwiegersohn und wohnte im gleichen Haus mit ihm in Westchester. Es braucht nicht betont zu werden, daß diese Beziehung in den folgenden Monaten erheblichen Belastungen ausgesetzt war.

Anscheinend wurde Schmid als zweiter Prüfungsleiter ausgewählt, weil er vorher schon zwei Laetrilprüfungen mit negativen Ergebnissen durchgeführt hatte. Das war jedenfalls die der Presse mitgeteilte Lesart. Tatsächlich hatte Schmid in dem ersten Versuch keine mikroskopische Untersuchung zur Evaluierung der Ergebnisse vorgenommen, so daß gar nicht festzustellen war, wie die Ergebnisse tatsächlich ausgefallen waren. Im zweiten Versuch war er angewiesen worden, eine Laetrildosis zu verwenden, die bei einem Fünfzigstel der von Sugiura verwendeten Menge lag. Natürlich zeigte sich keine positive Wirkung auf Tumorverkleinerung oder Metastasen. In beiden Fällen lebten die mit Laetril behandelten Mäuse jedoch länger als die Kontrollmäuse – eine Tatsache, die der Öffentlichkeit nie berichtet wurde. Niemand außerhalb des Instituts wußte davon, bis ein Journalist ein Jahr später diese Information aus Dr. Stock herausbekam.

Der neue Versuch, den Sugiura und Schmid gemeinsam durchführten, bestätigte Sugiuras frühere Ergebnisse auf der ganzen Linie. Die Krebshäufigkeit bei mit Laetril behandelten Mäusen lag um die Hälfte niedriger als in der Kontrollgruppe.

Die Ergebnisse wurden von *Second Opinion* prompt der Presse zugespielt, und die Wirkung war für die Abteilung Schadensbegrenzung bei SK nicht eben günstig. In einem langen Sonderbeitrag im *San Francisco Examiner* schrieb der Journalist Mort Young: »Die Mäuse in dem Versuch von Dr. Schmid teilten sich in folgende Gruppen auf: 100 Prozent der Kontrolltiere hatten Lungenmetastasen, dagegen kam es in der Laetrilgruppe bei 31 Prozent zu Lungenmetastasen ... Gegenüber Schmids früheren Versuchen bedeutet das eine dramatische Wende.«[9]

Ein unbefangener Beobachter hätte jetzt zu dem Schluß kommen können, daß die Angelegenheit damit endlich abgeschlossen sei. Sugiura war endgültig bestätigt. Aber dieser unbefangene Beobachter hätte sich getäuscht. Hier stand schlichtweg zu viel auf dem Spiel, als daß man einfach ans Netz gehen und dem Gegner zu seinem Sieg hätte gratulieren

---

9 »Sloan-Kettering Tests Continue«, *San Francisco Examiner*, 12. November 1975, S. 8.

können. Eher lautete die Devise: »Was soll's, spielen wir einfach noch eine Runde, und noch eine, und noch eine – solange bis die richtige Seite gewonnen hat.«

Sloan-Kettering reagierte auf die Niederlage in der einzig möglichen Weise – mit absolutem Schweigen. Dr. Schmid wurde angewiesen, über seine Ergebnisse Stillschweigen zu bewahren, und hielt sich brav daran. Die Reaktion der Geschäftsführung wiederum bestand darin, eine weitere Prüfung anzusetzen, um die Ergebnisse der letzten »aufzuklären«, was den Eindruck erwecken sollte, die letzte sei in irgendeiner Weise fehlerhaft gewesen. Niemand war bereit, darüber zu sprechen.

Die nächste Prüfung sollte am *Catholic Medical Center* durchgeführt und wie auch in früheren Fällen von Dr. Martin geleitet werden. Dieses Mal sollte allerdings Sugiura »blind gemacht« werden, wie man es nannte. Bei einem Blindversuch wissen weder die Patienten noch diejenigen, die die Versuche durchführen, wer das Medikament erhält und wer ein Placebo. Bei menschlichen Versuchspersonen ist das sinnvoll, weil sonst der Patient durch seine unbewußte Erwartungshaltung hinsichtlich der Ergebnisse beeinflußt werden kann. In diesem Fall waren die Patienten aber Mäuse. Anscheinend bestand die Befürchtung, daß Sugiura die Laetrilmäuse sanfter behandeln und ihren kleinen Seelen die Erwartung einflößen könnte, daß sie gesund werden würden. Vielleicht würde sich seine Vorinformation in telepathische Fähigkeiten umsetzen und das Urteilsvermögen des Bewertungsteams korrumpieren. Jedenfalls sollte nur Dr. Martin wissen, welche Mäuse Laetril erhielten – bzw. ob überhaupt *irgendwelche* von ihnen Laetril erhielten. Es lebe die Wissenschaft!

Anscheinend erhielt die Hälfte der Mäuse Laetril, denn nach vier Wochen konnte Sugiura sehen, welche Käfige Tiere mit weniger und kleinen Tumoren beherbergten. Und die waren auch munterer. Seine Vermutung wurde schließlich von keinem Geringeren als dem Vizepräsidenten von SK bestätigt. Hocherfreut berichtete Sugiura Ralph Moss die Neuigkeit. »Letzten Freitag«, sagte er, »erklärte mir Dr. Stock, daß ich die Kontrolltiere und die Versuchstiere korrekt identifiziert hätte … Das heißt, ich muß meinen Zwischenbericht nicht umschreiben.«[10] Am Ende des Versuchs ergab die Zählung, daß die Laetrilmäuse nicht einmal halb so viele Tumore hatten wie die Kontrolltiere. Wieder einmal war bewiesen, daß Sugiura Recht hatte.

---

10 Moss, *Cancer Syndrome*, *op. cit.*, S. 147.

Die Geschäftsleitung von *Sloan-Kettering* reagierte, wie zu erwarten war. Sie konnte gar nicht anders – angesichts der wirtschaftlichen Kräfte, die das Institut beherrschen –, als auch diesen Versuch für nichtig zu erklären und den nächsten anzufangen. Dr. Stock erklärte der Presse, man habe den Versuch beenden müssen, da Dr. Sugiura herausgefunden habe, welche Mäuse mit Laetril behandelt wurden. »Damit war es kein Blindversuch mehr«, sagte er. In einem Interview der Zeitschrift *Science* fügte er hinzu, daß der Versuch »aufgrund von Ungeschicklichkeiten beim Injektionsverfahren untauglich geworden sei«.

Nach dem offiziellen Laetril-Bericht von *Sloan-Kettering*, der sehr viel später veröffentlicht wurde, behauptete Dr. Martin, daß er nicht alle Laetrilmäuse in den gleichen Käfigen gehalten, sondern sie mit den Kontrolltieren gemischt habe. Also hätte Sugiura die Käfige gar nicht korrekt identifiziert haben können.[11] Das ist interessant. Es heißt entweder, daß (1) Dr. Stock log, als er sagte, es sei kein Blindversuch mehr, oder (2) Dr. Martin log, als er sagte, die Mäuse seien vermischt worden, oder (3) der Bericht fehlerhaft war.

Das Wahrscheinlichste ist, daß der Bericht fehlerhaft war. Die Verfasser hatten möglicherweise die Situation mit der in der nächsten Versuchsreihe (ja, es kam noch eine) durcheinander gebracht, bei der tatsächlich alle Mäuse gemischt wurden. Sie fand ebenfalls unter der Leitung von Dr. Martin statt und war ebenfalls für Sugiura ein Blindversuch, wurde aber bei *Sloan-Kettering* im Hause durchgeführt, wo man das Geschehen besser überwachen konnte. Sugiura warnte, daß es sehr gefährlich sei, die Mäuse zu mischen, da auf diese Weise nicht garantiert war, daß die Labortechniker die Tiere immer korrekt identifizierten. Was, wenn die Kontrolltiere versehentlich Laetril statt Kochsalzlösung erhielten? Seine Warnungen wurden in den Wind geschlagen, und der Versuch nahm seinen Lauf. Martin hatte absolute Kontrolle.

Anscheinend geschah genau das: Die falschen Mäuse wurden mit Laetril behandelt. Aus den Daten geht hervor, daß bei den Mäusen, denen angeblich Kochsalzlösung gespritzt wurde, in 40 Prozent der Fälle das Tumorwachstum aufhörte! Das ist unmöglich. Noch nie in der Geschichte hat Salzwasser Tumore am Wachsen gehindert. Und in diesem Test wurde es plötzlich zur Wunderwaffe. Wie erging es im Vergleich dazu den Laetrilmäusen? Nur bei 27 Prozent von ihnen wurde das Tumorwachstum gestoppt! Die unbehandelten Mäuse schnitten besser ab als die

---

[11] Moss, *Cancer Syndrome*, *op. cit.*, S. 147.

behandelten! Endlich hatte man die Ergebnisse, auf die man gewartet hatte.

Dr. Sugiura war empört über die Dreistigkeit, mit der offenkundig unmögliche Statistiken veröffentlicht wurden. Er erklärte:

> Hier stimmt etwas nicht. Die kleinen Tumore stellten bei 40 Prozent der Kochsalzkontrollgruppe das Wachstum ein, aber nur bei 27 Prozent der behandelten Gruppe. Als Chemotherapieexperten arbeiten wir mit Kochsalzlösung, gerade weil sie keine Auswirkungen auf das Tumorwachstum hat. Und auf einmal passiert das. Man darf nicht vergessen, daß in der Kontrollgruppe das Wachstum sogar noch stärker eingeschränkt wurde als in der behandelten Gruppe. Das mache ich nicht mit.[12]

Dr. Stock ging es nicht um die Korrektheit der Daten. Sie ließen jeden gewünschten Schluß zu, also waren sie gut genug. Seine abschließende Erklärung war kurz und bündig: »Die Ergebnisse des Versuchs bestätigen die früheren positiven Resultate von Dr. Sugiura nicht.« Natürlich nicht. Der Versuch war manipuliert.

Wieder einmal wurde die Wahrheit auf dem Altar der Geldgier geopfert. Der Fall war abgeschlossen. Weitere Versuche würde es nicht geben.

Fünf Monate später, am 15. Juni 1977, berief *Sloan-Kettering* eine Pressekonferenz ein, um über die endgültigen Ergebnisse der Laetrilprüfungen zu berichten. Alle wichtigen Leute waren anwesend: Dr. Robert Good, Direktor und Präsident des Instituts; Dr. Lewis Thomas, Präsident des Centers, und Dr. C. Chester Stock, Vizepräsident; Dr. Daniel Martin vom *Catholic Medical Center* und sieben weitere Personen, darunter auch Dr. Kanematsu Sugiura, der als Zuhörer, aber nicht als aktiver Teilnehmer eingeladen worden war.

Dr. Good begann die Konferenz mit der Verlesung der Pressemitteilung, die besagte, daß nach gründlichen und sorgfältigen Prüfungen »festzustellen ist, daß Laetril keine vorbeugenden, tumorreduzierenden, antimetastatischen oder heilenden Eigenschaften bei Krebs hat«. Nachdem er seine Erklärung beendet hatte, war es Zeit für die Fragen der Presse.

»Dr. Sugiura,« rief plötzlich jemand laut, »bleiben Sie bei Ihrer Behauptung, daß Laetril die Ausbreitung des Krebses verhindert?«

---

12 Moss, *Cancer Syndrome*, *op. cit.*, S. 148.

Die Fernsehkameras richteten sich sofort auf Sugiura, um seine Antwort festzuhalten. Es wurde still im Raum. Sugiura schaute den Journalisten an und antwortete laut und deutlich: »Ja, dabei bleibe ich!«

Im folgenden Monat, Juli 1977, fanden vor dem *Subcommittee on Health and Scientific Research* (Unterausschuß für Gesundheit und wissenschaftliche Forschung) unter dem Vorsitz von Senator Edward Kennedy mehrere Anhörungen statt. Der Zweck der Anhörungen war aus dem Titel, unter dem sie veröffentlicht wurden, klar erkennbar: »Verbot des Handels zwischen den Bundesstaaten mit dem Medikament Laetril durch die FDA«. Unter den als Zeugen berufenen Fachleuten war auch Dr. Lewis Thomas, Präsident von *Sloan-Kettering*. Hier seine Aussage:

> Es gibt nicht den geringsten wissenschaftlichen Hinweis auf irgendwelche krebshemmenden Eigenschaften von Laetril. Meines Wissens sind in keiner der zugelassenen medizinischen Fachzeitschriften der Welt wissenschaftliche Artikel mit Daten publiziert worden, die für diese Substanz sprechen, obwohl es verschiedene Artikel gibt, unter anderem einen kürzlich vom *Sloan-Kettering Institute* veröffentlichten, in denen das völlige Fehlen krebshemmender Eigenschaften bei einer Reihe von Versuchstieren berichtet wird.

In den folgenden Monaten setzten die Direktoren und Funktionäre von *Sloan-Kettering* die Verunglimpfung von Sugiuras Ergebnissen fort mit der Behauptung, niemand habe sie je reproduzieren können. Mit anderen Worten: Sie logen. Sie logen nicht nur, sie logen sogar über ein Thema mit erheblichen Konsequenzen für das Leben von Hunderttausenden von Krebsopfern jedes Jahr. Ohne Übertreibung kann man sagen, daß wegen dieser Lüge Millionen von Menschen gestorben sind, die nicht hätten sterben müssen. Es gibt ein Wort für so etwas.

Man nennt es Völkermord.

Einen großen Teil dieser Ereignisse erlebte Ralph Moss als Stellvertretender Direktor für Öffentlichkeitsarbeit bei *Sloan-Kettering* mit. Er war sogar derjenige, der die Pressemitteilung verfassen mußte, in der behauptet wurde, daß Laetril wirkungslos sei. Aber Moss war einer der führenden Köpfe der Untergrundaktivitäten von *Second Opinion* und half mit, daß die Welt die Wahrheit erfuhr. Im November 1977 beschloß er, »aufzutauchen« und an die Öffentlichkeit zu gehen. Er berief eine eigene Pressekonferenz ein und erhob vor den versammelten Journalisten und Kameraleuten den Vorwurf, daß Funktionäre von *Sloan-Kettering* Vertuschung in großem Stil betrieben hätten. Er lieferte Beweismaterial und nannte Namen.

Es überrascht nicht, daß Moss am nächsten Tag gefeuert wurde. Wie lautete die offizielle Begründung? Er berichtete: »Ich hätte ›die grundlegenden Aufgaben meiner Position nicht ausgeführt‹ – mit anderen Worten, ich habe nicht bei der Fälschung von Beweismaterial mitgemacht.«[13]

Moss und die anderen Informanten waren von der Mainstream-Presse bald vergessen, und der Öffentlichkeit blieben weitere Berichte über diesen Fall erspart. Letzten Endes hatte die Krebsindustrie gewonnen. Und wie in jedem Krieg liegt auch hier die Geschichtsschreibung in der Hand des Siegers. Das folgende Zitat zeigt, wie unsere Medizinhistoriker diese Episode inzwischen deuten. Es stammt von Dr. Arnold S. Relman und erschien am 28. Januar 1982 im *New England Journal of Medicine*:

> In den letzten Jahren haben wir Laetril sehr viel Aufmerksamkeit gewidmet. Bis zum Jahr 1978 hatte es einen gewissen Popularitätstatus erreicht und wurde als eine Art Anti-Establishment- und Naturheilmittel gefeiert, das von einer Verschwörung käuflicher Pharmahersteller und Ärzte unterdrückt wurde. Es ging die Mär, die Verschwörer ignorierten die Beweise der Wirksamkeit von Laetril und versuchten, ihre orthodoxeren (und toxischeren) Arten der Chemotherapie gegen Krebs zu fördern. Diese Behauptungen werden von keinerlei Tatsachen gestützt ...
>
> Meiner Meinung nach hat Laetril inzwischen hinreichend Gelegenheit gehabt, seine Wirksamkeit zu beweisen. Die Beweislage zeigt jenseits allen begründeten Zweifels, daß es den Patienten keinen Nutzen bringt ... Kein vernünftiger Mensch wird seine weitere Verwendung befürworten, und keine staatliche Gesetzgebung sollte es noch weiter sanktionieren.[14]

Soweit also der Hintergrund zu der sogenannten wissenschaftlichen Beweislage dafür, daß Laetril Humbug ist. Aufgrund dieser Verdrehung von Tatsachen wurden Gesetze verabschiedet, mit denen Verordnung, Verab-

---

13 Ralph Moss, *The Cancer Industry; Unraveling the Politics* (New York: Paragon House, 1989), S. xi.

14 »Closing the Books on Laetrile«, *New England Journal of Medicine*, 28. Januar 1982, S. 236.

reichung, Verkauf oder Vertrieb von Laetril ebenso illegal wurden wie »jegliche Erklärung, daß die besagten Substanzen für die Eindämmung, Linderung oder Heilung von Krebs irgendeinen Wert hätte«.[15]

Warum sollte irgend jemand in der Regierung oder außerhalb bewußt klinische Ergebnisse früherer Laetrilversuche fälschen und es dann anderen unmöglich machen, eigene Versuche durchzuführen? Trotz Dr. Relman's selbstgefälligem Spott *ist* die Pharmaindustrie der Schlüssel zum Verständnis. Das ist für sich genommen schon eine erstaunliche und faszinierende Geschichte mit so vielen Aspekten, daß sich der zweite Teil dieses Buchs ausschließlich damit befaßt. Was man aber zunächst einmal begreifen muß, ist die Tatsache, daß die wirtschaftlichen Aspekte der Krebstherapie oft sehr viel schwerer wiegen als die wissenschaftlichen.

Diese Tatsache wurde bei einem Treffen dramatisch deutlich, das am 2. Juli 1974 auf höchster Ebene bei *Sloan-Kettering* stattfand. Die Diskussionen waren strengst vertraulich – und sehr offen. Man hätte nie etwas darüber erfahren, wenn sich der Abgeordnete des Staatsparlaments von Michigan, John Kelsey, nicht einige Jahre später unter Berufung auf das Gesetz über Informationsfreiheit das Sitzungsprotokoll verschafft hätte. Aus dem Protokoll wird deutlich, daß schon damals viele Funktionäre von *Sloan-Kettering* von der Wirksamkeit von Laetril überzeugt waren, obwohl weiterhin Zweifel über das *Ausmaß* dieser Wirksamkeit bestand. Dann liest man im Protokoll: »*Sloan-Kettering* hält wenig davon, Amygdalin [Laetril] zu untersuchen, und würde eine Untersuchung von CN[Zyanid]-freisetzenden Substanzen vorziehen.«

Genau das habe ich 1974 in der ersten Ausgabe des Buches, das Sie gerade lesen, vorausgesagt (es steht immer noch darin, in Kapitel 24). Im wesentlichen sage ich dort, daß Amygdalin als natürlich vorkommende Substanz nicht patentierbar ist. Das große Geld ist nur mit patentierten Medikamenten zu machen. Also wird die Krebsindustrie nie ein Interesse an Amygdalin haben, und wäre es noch so wirksam. Statt dessen wird man versuchen, eine chemische Substanz zu kreieren, die seine Wirkungsweise nachahmt. Da die Wirkungsweise von Amygdalin auf der selektiven Freisetzung von Zyanid an krebsbefallenen Stellen beruht (siehe Kapitel 6), ist es logisch, daß *Sloan-Kettering* »wenig davon hält, Amygdalin zu untersuchen, und statt dessen die Untersuchung von CN-freisetzenden Substanzen vorziehen würde«.

---

15 Siehe Paragraph 10400.1, Absatz 17 des Calif. Administrative Code.

Obwohl die Analyse der wirtschaftlichen und politischen Aspekte der Krebsindustrie den gesamten zweiten Teil dieses Buches einnimmt, ist mit diesem einen Satz aus dem Protokoll einer Strategiesitzung bei *Sloan-Kettering* eigentlich schon alles gesagt.

Wir kommen wieder einmal zurück auf die leidige Frage, warum die Krebsindustrie Laetril den Krieg erklärt hat, und lesen dazu die Antwort des unbeirrbaren Dr. Burk in seinem Brief an den Abgeordneten Robert A. Roe vom 3. Juli 1973:

> Sie fragen sich vielleicht, Herr Kongreßabgeordneter, warum irgendjemand einen solchen Aufwand an Verlogenheit betreiben sollte, nur um nicht eingestehen zu müssen, was bei den Prüfungen des NCI geschah. Ein solches Eingeständnis ist absolut entscheidend. Sobald irgendjemand innerhalb der FDA-NCI-AMA-ACS-Hierarchie erst einmal zugibt, daß bei den Versuchen des NCI auch nur ein einziges Mal eine krebshemmende Wirkung beobachtet wurde, hätte der Panzer der Bürokratie einen dauerhaften Riß bekommen, der sich durch weitere geeignete Versuche unendlich verbreitern könnte. Aus diesem Grunde bezweifle ich stark, daß weitere Versuche … durchgeführt oder in die Wege geleitet werden. Vermutlich wird es im Gegenteil Anstrengungen geben, wie sie auch schon in der Vergangenheit unternommen wurden, die bereits beobachtete positive Wirkung durch vage, unwissenschaftliche und absichtlich irreführende Modalitäten »wegzuerklären«, ähnlich den Korruptionsmethoden, die wir am Anfang von Watergate erlebt haben …
>
> Mittlerweile nehmen Tausende von Menschen in den USA täglich Laetril. Hunderte von Ärzten untersuchen es oder nehmen es sogar selbst, und einige Kliniken haben Studien in die Wege geleitet. FDA oder nicht, NCI oder nicht, Verschleierung oder nicht – der Tag ist vielleicht nicht mehr fern, an dem die Sprecher von FDA und NCI unmöglich noch länger mit den eben beschriebenen Mitteln ihr Gesicht wahren können, wie ja auch Gerichtsverhandlungen und Anhörungen schon bei einigen an Watergate Beteiligten ans Licht gebracht haben, daß ihnen ihre persönliche Integrität weniger wichtig war als andere Erwägungen.[16]

---

16 Abgedruckt im *Cancer Control Journal*, September/Oktober 1973, S. 8, 9.

Das muß man sich erst einmal *trauen*. Ein Mann in den Diensten der Bundesregierung, insbesondere als Leiter der Abteilung für Zellchemie des *National Cancer Institute*, der gegen seine Vorgesetzten öffentlich den Vorwurf der Korruption erhebt – so ein Mann hat in Washington leider Seltenheitswert. Zum Abschluß seiner Aussage zu Laetril vor einem Kongreßausschuß im Jahr 1972 erklärte Dr. Burk:

> Ich halte mich nicht für einen Außenseiter. Ich sage Ihnen nur meine ehrliche Meinung, und wenn ich etwas wirklich für wahr halte, dann bin ich bereit, dazu zu stehen und die Konsequenzen zu tragen …
>
> Und jetzt gehe ich zurück in mein Labor, wo die Wahrheit destilliert wird.[17]

Lassen Sie uns im übertragenen Sinne Dr. Burk in sein Labor folgen. Wir wollen fürs erste die Frage von Politik und Korruption beiseite lassen und uns jetzt der Destillation wissenschaftlicher Wahrheiten zuwenden.

---

[17] Aus: Hearings, Subcommittee on Public Health and Environment of the Committee on Interstate and Foreign Commerce, House of Representatives, Ninety-Second Congress.

Kapitel 3

Jeden Tag einen Apfel

Hartnäckige wissenschaftliche Irrtümer in der menschlichen Geschichte, Dr. Ernst T. Krebs junior und sein 1952 entwickeltes Konzept von Krebs als Vitaminmangelerkrankung sowie ein Überblick über die Beispiele aus der Natur und der menschlichen Geschichte, die das Konzept bestätigen.

DIE GESCHICHTE DER WISSENSCHAFT ist die Geschichte des Kampfes gegen hartnäckige Irrtümer. Viele der wichtigsten Entdeckungen der Welt wurden zunächst von der Wissenschaft abgelehnt. Und diejenigen, die diese Entdeckungen machten oder vorantrieben, wurden oft als Quacksalber oder Scharlatane verspottet und verurteilt.

Columbus wurde für seine Überzeugung, die Erde sei rund, heftig angegriffen. Bruno wurde auf dem Scheiterhaufen verbrannt, weil er behauptet hatte, die Erde sei nicht der Mittelpunkt des Universums. Galilei kam ins Gefängnis für seine Lehre, daß die Erde sich um die Sonne dreht. Sogar die Gebrüder Wright wurden ausgelacht, weil sie sagten, eine Maschine könne fliegen.

In der Medizin verkündete im Jahr 130 n. Chr. der Arzt Galen gewisse anatomische Theorien, die sich zwar später als zutreffend erwiesen, wegen derer er aber zu seiner Zeit bitterste Feindschaft erntete und vor der Wut des Volkes sogar aus Rom fliehen mußte. Im 16. Jahrhundert wurde der Arzt Andreas Vesalius wegen seiner Entdeckungen auf dem Gebiet der menschlichen Anatomie als Hochstapler und Ketzer angezeigt. Nach seinem Tod wurden seine Theorien anerkannt, aber seine Entdeckungen ruinierten seine Karriere und zwangen ihn, aus Italien zu fliehen. William Harvey fiel als Arzt in Ungnade, weil er glaubte, daß das Blut vom Herzen in Arterien gepumpt wird und sich durch den ganzen Körper bewegt. Wilhelm Röntgen, der Entdecker der Röntgenstrahlen, wurde zunächst als Quacksalber beschimpft und dann verdammt, weil man befürchtete, sein »Strahl« könne in die Privatsphäre des Schlafzimmers eindringen. Als William Jenner einen Impfstoff gegen Pocken entwickelte, wurde er anfangs ebenfalls als Quacksalber beschimpft und dann als Arzt wegen seiner angeblich grausamen und unmenschlichen

Experimente an Kindern kritisiert. Und Ignaz Semmelweis wurde aus seiner Position am Wiener Krankenhaus entlassen, weil er von den Mitarbeitern seiner Entbindungsstation verlangte, sich die Hände zu waschen.

Vor einigen hundert Jahren wurden nicht selten die Teilnehmer ganzer Schiffsexpeditionen durch Skorbut ausgelöscht. Zwischen 1600 und 1800 verlor allein die britische Marine mehr als eine Million Seeleute. Die Mediziner jener Zeit waren ratlos, da ihre Suche nach irgendeinem seltsamen Bakterium, Virus oder Gift, das angeblich irgendwo im Dunkel des Schiffsrumpfs lauerte, vergeblich blieb. Dabei war das Gegenmittel bereits seit Jahrhunderten bekannt und dokumentiert.

Als der französische Entdecker Jacques Cartier im Winter 1535 mit seinen Schiffen im Eis vor dem St.-Lawrence-Strom festlag, begann der Skorbut seinen tödlichen Tribut zu fordern. Von 110 Matrosen waren bereits 25 gestorben, und die meisten anderen waren so schwer krank, daß man nicht mit einer Genesung rechnete.

Und dann zeigte ihnen ein freundlicher Indianer das simple Gegenmittel. Rinde und Nadeln der Weymouthskiefer – reich an Ascorbinsäure oder Vitamin C – wurden in ein Getränk gerührt, das sofortige Besserung und rasche Genesung brachte.

Nach seiner Rückkehr nach Europa berichtete Cartier den medizinischen Autoritäten von diesem Vorfall. Die allerdings zeigten sich amüsiert über solche »Heilmittel von Hexenmeistern unwissender Wilder« und gingen der Sache nicht weiter nach.[1]

Ja, das Mittel gegen Skorbut war bekannt. Aber aus wissenschaftlicher Arroganz verlor man noch mehr als 200 Jahre, die Hunderttausende von Leben kosteten, bis die medizinische Fachwelt allmählich dieses Wissen akzeptierte und danach handelte.

Schließlich entdeckte 1747 John Lind, ein junger Schiffsarzt in der britischen Marine, daß Orangen und Zitronen gegen Skorbut wirkten, und empfahl der *Royal Navy*, Zitrusfrüchte in den Proviant für all ihre Schiffe aufzunehmen. Und dennoch dauerte es *noch einmal* 48 Jahre, bevor diese Empfehlung in die Tat umgesetzt wurde. Als es dann aber endlich geschah, waren die Briten allen anderen seefahrenden Nationen überlegen, und die »Limeys« (so genannt wegen der Limonen, die sie auf ihren Schiffen mitnahmen) wurden schnell zu den Beherrschern der

---

[1] Siehe Virgil J. Vogel, *American Indian Medicine* (Norman, Oklahoma: University of Oklahoma Press, 1970).

Weltmeere. Ohne Übertreibung kann man sagen, daß die Macht und Größe des Britischen Weltreichs größtenteils darauf beruhte, daß wissenschaftliche Vorurteile gegen die Vitamintherapie überwunden wurden.

Das 20. Jahrhundert bildete keine Ausnahme von diesem Muster. Noch vor zwei Generationen fielen im Südosten der USA viele Menschen der gefürchteten Krankheit Pellagra zum Opfer. Der bekannte Arzt Sir William Osler erklärte in seinem Werk *Principles and Practices of Medicine*, daß in einer Einrichtung für Geisteskranke in Leonard, North Carolina, ein Drittel der Insassen während eines Winters an dieser Krankheit starb. Dies, so schrieb er, beweise, daß die Krankheit ansteckend und vermutlich von einem unbekannten Virus verursacht sei. Allerdings hatte bereits 1914 Dr. Joseph Goldberger bewiesen, daß die Krankheit ernährungsbedingt war, und später gezeigt, daß sie durch den Verzehr von Leber oder Hefe sehr leicht zu verhindern war. Aber erst in den 1940er Jahren – also fast dreißig Jahre später – akzeptierte die »moderne« Medizin Pellagra als Vitamin-B-Mangelkrankheit.[2]

Die Geschichte der Perniziösen Anämie ist praktisch die gleiche. Der Grund dafür, daß diese Krankheiten nur so zögernd als Vitaminmangelerkrankungen akzeptiert wurden, liegt darin, daß der Mensch eher nach positiven kausalen Beziehungen Ausschau hält, bei denen *etwas* etwas anderes *verursacht*. Weniger leicht begreift er die negative Beziehung, bei der *nichts* oder der *Mangel* von etwas eine Wirkung hervorrufen kann. Ein noch größeres Hindernis ist allerdings unter Umständen intellektueller Stolz. Ein Mensch, der sein Leben mit dem Erwerb wissenschaftlicher Kenntnisse verbracht hat, die das Verständnis seiner Mitmenschen weit übersteigen, ist nicht unbedingt bereit, einem anderen, der diese Kenntnisse nicht hat, geduldig zuzuhören – besonders wenn derjenige behauptet, daß die Lösung des verzwicktesten medizinischen Problems dieses Wissenschaftlers vielleicht in einer simplen hinterwälderischen oder nachgerade primitiven Mischung von Kräutern und Nahrungsmitteln zu finden ist. Wissenschaftler sind dafür ausgebildet, nach *komplexen* Lösungen zu suchen, und neigen dazu, mit amüsiertem Spott auf die herabzublicken, denen die Fähigkeiten abgehen, die sie sich selbst so mühsam erworben haben.

In unserem Zusammenhang bedeutet das, daß sich der heutige Durchschnittsmediziner über zehn Jahre lang intensiv über Gesundheit und

---

2 Siehe Edwin H. Ackerknecht, *History and Geography of the Most Important Diseases* (New York: Hafner Publishing Co., Inc., 1972) S. 148–149.

Krankheit hat ausbilden lassen. Dieser Ausbildungsprozeß dauert an, solange er seine Kunst ausübt. Die größte Herausforderung der Medizin von heute ist Krebs. Wenn die Lösung des Problems Krebs in den schlichten Lebensmitteln zu finden wäre, die wir essen (bzw. *nicht* essen), wie viele andere Krankheiten wären dann auf die gleiche Ursache zurückzuführen? Die Konsequenzen sind geradezu explosiv. Wie ein Arzt zutreffend bemerkte: »Meine medizinische Ausbildung war größtenteils umsonst. Ich habe das Falsche gelernt!« Und niemand stellt gern fest, daß er das Falsche gelernt – oder gelehrt – hat. Daher besteht bei vielen Wissenschaftlern und Ärzten eine unbewußte, aber natürliche Tendenz, das Konzept des Vitaminmangels als Erklärungsmodell für Krankheiten abzulehnen, bis es bewiesen und wieder und wieder bewiesen ist.

1952 hatte Dr. Ernst T. Krebs junior, ein Biochemiker aus San Francisco, seine Theorie verkündet, daß Krebs ebenso wie Skorbut und Pellagra nicht von einem mysteriösen Bazillus, Virus oder Toxin verursacht wird, sondern einfach eine Mangelerkrankung ist, die durch das Fehlen eines wichtigen Nahrungsbausteins in der modernen Ernährung entsteht. Diesen Baustein identifizierte er als Angehörigen der Familie der Nitriloside, der in der Natur in über 1200 eßbaren Pflanzen und in fast allen Teilen der Welt vorkommt. Besonders hohe Mengen enthalten die Samen von Pflanzen der *Prunus-rosacea*-Familie (Bittermandel, Aprikose, Schwarzdorn, Kirsche, Nektarine, Pfirsich und Pflaume), er findet sich aber auch in Gräsern, Mais, Sorghum, Hirse, Kassava, Leinsamen, Apfelkernen und vielen anderen Nahrungsmitteln, die in der Ernährung der modernen Zivilisation keine Rolle mehr spielen.

Wie ein Nitrilosid genau zu klassifizieren ist, ist schwer zu sagen. Da es nicht isoliert, sondern in Nahrungsmitteln auftritt, sollte es selber vermutlich nicht unter die *Nahrungsmittel* gezählt werden. Es ist ein Nahrungsbestandteil oder eine Nahrungskomponente wie Zucker. Ebenso wenig kann man es als Arzneimittel klassifizieren, da es eine natürlich vorkommende, nichttoxische, wasserlösliche Substanz ist, die für den menschlichen Stoffwechsel völlig normal und vertraut ist. Die korrekte Bezeichnung einer Nahrungskomponente mit solchen Eigenschaften ist *Vitamin*. Da dieses Vitamin normalerweise in Verbindung mit dem B-Komplex auftritt und die siebzehnte derartige Substanz war, die aus diesem Komplex isoliert wurde, identifizierte Dr. Krebs es als *Vitamin* B_{17}. Er sagte:

> Ist für die wasserlöslichen nichttoxischen Nitriloside die Bezeichnung Nahrungsmittel korrekt? Wahrscheinlich nicht im engeren Sinne des Wortes. Sie sind sicherlich nicht Arzneimittel *per se* … Da die Nitriloside weder Nahrungs- noch Arzneimittel sind, können sie als begleitende Nahrungskomponenten bezeichnet werden. Eine andere Bezeichnung für wasserlösliche, nichttoxische begleitende Nahrungskomponenten ist Vitamin.[3]

Eine chronische Krankheit ist eine Krankheit, die normalerweise nicht von allein abklingt. Eine Stoffwechselerkrankung ist eine Erkrankung, die innerhalb des Körpers auftritt und nicht auf andere übertragbar ist. Demzufolge ist Krebs logischerweise eine chronische Stoffwechselerkrankung.

Der moderne Mensch wird von vielen derartigen Krankheiten heimgesucht, zum Beispiel Muskelschwund, Herzkrankheit, multiple Sklerose und Sichelzellenanämie. Mit einem Milliardenaufwand haben Wissenschaftler versucht, ein Mittel zur Vorbeugung gegen diese verkrüppelnden und tödlichen Krankheiten zu finden, aber sie sind heute einer Antwort nicht näher als am Anfang. Vielleicht kommt das daher, daß sie immer noch nach dem *etwas* suchen, das diese Leiden verursacht, und nicht nach dem *Mangel* an etwas.

Dr. Krebs hatte darauf hingewiesen, daß es in der Geschichte der Medizin nicht eine chronische Stoffwechselerkrankung gegeben hat, die durch Medikamente, Operationen oder mechanische Manipulation des Körpers geheilt oder verhindert worden wäre. In jedem Fall – ob es sich nun um Skorbut, Pellagra, Rachitis, Beriberi, Nachtblindheit, perniziöse Anämie oder irgendeine andere dieser Krankheiten handelte – lag die Lösung letztlich immer bei Faktoren, die mit einer angemessenen Ernährung zu tun haben. Und er hält dies für ein wichtiges Indiz dafür, auf welchen Bereich wir bei der Suche nach einem besseren Verständnis der Krankheiten unserer Zeit, insbesondere von Krebs, unsere wissenschaftliche Neugier konzentrieren sollten.

Aber es gibt noch weitere Hinweise. Jeder, der einen Hund oder eine Katze besitzt, hat schon beobachtet, daß diese Haustiere oft gezielt bestimmte Gräser zum Fressen suchen, obwohl sie von anderem Futter durchaus gesättigt sind. Das passiert besonders häufig, wenn es den Tieren

---

3 Krebs, *The Laetriles/Nitrilosides in the Prevention and Control of Cancer* (Montreal: The McNaughton Foundation, nicht datiert), S. 16.

nicht gut geht. Interessanterweise wählen sie instinktiv die Grassorten mit einem besonders hohen Gehalt an Nitrilosiden oder Vitamin B_{17}.

Wenn Affen oder andere Primaten im Zoo frische Pfirsiche oder Aprikosen erhalten, schälen sie das weiche Fruchtfleisch sorgfältig ab, knacken den harten Stein und fressen gierig den weichen Kern. Ihr Instinkt zwingt sie dazu, obwohl sie diese Art Obst vorher nie gesehen haben. Diese Samen gehören zu den konzentriertesten Nitrilosidquellen in der gesamten Natur.

Wild lebende Bären nehmen große Mengen von Nitrilosiden mit ihrer Nahrung auf. Sie suchen nicht nur nach Beeren, die viel von dieser Substanz enthalten. Auch wenn sie kleine grasfressende Tiere reißen, lassen sie instinktiv zunächst das Muskelfleisch beiseite und fressen zuerst die Weichteile und den Pansen, die große Mengen nitrilosidhaltiger Gräser enthalten.[4]

In der Gefangenschaft können Tiere selten all die Nahrung zu sich nehmen, die sie instinktiv wählen würden. Im Zoo von San Diego enthält das normale Futter für Bären, das ansonsten durchaus nahrhaft ist, praktisch keine Nitriloside. In einer Bärengrotte starben innerhalb von sechs Jahren allein fünf Bären an Krebs. Die Fachleute spekulierten allgemein, daß ein Virus die Ursache gewesen sei.

Bezeichnenderweise findet man bei Wildtieren, die bei der Jagd getötet wurden, selten Krebs. Die Tiere erkranken nur daran, wenn sie vom Menschen gehalten und gezwungen werden, das von ihm zur Verfügung gestellte Futter oder die Reste seiner eigenen Mahlzeiten zu fressen.

Es ist erstaunlich, wie Krebsforscher den Beweis für diesen Sachverhalt mit eigenen Augen sehen und dennoch seine Bedeutung verkennen konnten. Dr. Dennis P. Burkitt, der Mann, der erstmals die als Burkitt'sches Lymphosarkom bezeichnete Form von Krebs identifizierte, hielt einen Vortrag an der Medizinischen Fakultät der *University of Iowa*. In zwei Jahrzehnten Forschungserfahrung in Uganda und ähnlichen Regionen beobachtete er, daß nichtinfektiöse (chronische Stoffwechsel-) Krankheiten wie Dickdarmkrebs, Divertikulitis, Colitis ulcerosa, Polypen und Blinddarmentzündung alle irgendwie zusammenzuhängen schienen. »Sie treten zusammen auf, und ich würde so weit gehen zu sagen, daß sie eine gemeinsame Ursache haben.« Er fuhr fort, daß all diese Erkrankungen in

---

4 Siehe Peter Krott, Ph.D., *Bears in The Family* (New York: E.P. Dutton & Co., 1962).

primitiven Gesellschaften unbekannt sind und stets »in den wirtschaftlich weiterentwickelten Ländern am häufigsten auftreten«.

Dann sprach Dr. Burkitt speziell über Krebs und bemerkte dazu folgendes:

> Diese Krankheit hat ihre Ursache in unserer Lebensweise. Diese Form von Krebs ist im Tierreich praktisch unbekannt. Die einzigen Tiere, die an Krebs oder Polypen des Dickdarms erkranken, sind diejenigen, deren Lebensweise unserer eigenen am ähnlichsten ist – unsere Haushunde, die die Reste unserer Mahlzeiten fressen.[5]

Das ist hervorragend beobachtet. Aber offensichtlich waren weder Dr. Burkitt noch irgendjemand in seiner geschätzten Zuhörerschaft in der Lage, die Bedeutung dieser Tatsachen zu erkennen. Der Vortrag endete mit der Schlußfolgerung, daß Dickdarmkrebs mit Bakterien im Dickdarm zusammenhängt und wir alle mehr Kleie und andere Getreidefasern essen sollten, um den Ballaststoffanteil in unserem Verdauungstrakt und unser Stuhlvolumen zu steigern!

Wenigstens schenkte Dr. Burkitt den Nahrungsmitteln, die wir zu uns nehmen, Beachtung, und das war schon ein riesiger Fortschritt. Immerhin war er schon mal auf dem richtigen Weg, wenn auch die Richtung die falsche war. Wenn mehr Krebsforscher über Nahrungsmittel und Vitamine statt über Bakterien und Viren forschen würden, hätten sie nicht so lange gebraucht, um zu merken, warum der Anteil der Krebserkrankungen in den USA stetig zunimmt.

Gemessen an Geschmack, Menge und Abwechslungsreichtum essen die Amerikaner wirklich gut. Aber teures oder wohlschmeckendes Essen ist noch nicht unbedingt gutes Essen. Viele Menschen nehmen an, daß es keinen großen Unterschied macht, was in ihren Magen kommt, solange er nur voll ist. Wie durch Zauberei wird sich alles, was da hineinkommt, in perfekte Gesundheit verwandeln. Die Vorstellung einer angemessenen Ernährung finden sie lächerlich. Dabei nehmen es viele von ihnen sehr genau mit dem, was sie an ihre Rassehunde und -katzen oder ihre Zuchtrinder oder -pferde verfüttern.

Dr. George M. Briggs, Professor für Ernährungswissenschaft an der

---

5 »The Evidence Leavens: We Invite Colon Cancer«, *Medical World News*, 11. August 1972, S. 33, 34.

University of California und Mitglied des Forschungsbeirats für die Nationale Behörde für Viehzucht und Fleischproduktion, sagte einmal: »Die typische amerikanische Kost ist eine nationale Katastrophe … Wenn ich das ohne Zusatz von Vitaminen und anderen Ergänzungen an Schweine oder Rinder verfüttern würde, könnte ich damit die gesamte Viehindustrie ruinieren.«[6]

Ein kurzer Blick auf die amerikanische Ernährung sagt schon alles. Die Regale der Lebensmittelabteilungen sind voll von kohlehydratreichen Lebensmitteln, die verarbeitet, verfeinert, synthetisiert, mit künstlichen Geschmacksstoffen aufgepeppt und mit chemischen Konservierungsmitteln vollgestopft sind.[7] Einige Hersteller, die mit ihrer Werbung besonders ernährungsbewußte Verbraucher ansprechen wollen, brüsten sich sogar damit, wie wenig echte Nahrung in ihren Produkten enthalten ist.

Jeder Mensch weiß, daß die modernen Verarbeitungsmethoden unseren Nahrungsmitteln viele der ursprünglich darin enthaltenen Vitamine entziehen, aber man sagt uns, das sei kein Grund zur Sorge, weil sie wieder hinzugefügt worden seien, bevor das Produkt in den Verkauf kam. Und so finden wir den fröhlichen Aufdruck »angereichert« auf unseren Brot-, Milch- und sonstigen Lebensmittelpackungen. Aber man täusche sich nicht, das ist *nicht* dasselbe wie das Original. Im *Journal of the American Geriatric Society* vom Juni 1971 wurde berichtet:

> Vitamine, die Nahrungsmitteln entnommen und später als »Anreicherung« wieder hinzugefügt wurden, sind kein unbedenklicher Ersatz, wie aus der Studie von Roger J. William, Ph.D. hervorgeht. Er berichtet, daß Ratten, die mit einer Diät von angereichertem Brot ernährt wurden, entweder starben oder schwer verkümmerten, weil sie fehlernährt waren. Im Vergleich dazu gediehen fast alle Ratten, die mit vollwertigerem Brot ernährt wurden.
>
> Wir finden allmählich heraus, daß viele Krankheiten auf einen

---

6 »University of California Nutrition Professor, A Health Advisor to the U.S. Government … Charges the Typical American Diet is a National Disaster«, *National Enquirer*, 5. Dezember 1971, S. 2.

7 In Lebensmitteln in den USA werden etwa 3000 Zusätze als Aroma-, Farb- oder Konservierungsstoffe eingesetzt. Die meisten sind in den verwendeten Mengen unbedenklich, aber viele dieser Chemikalien stellten bei längerfristiger Verwendung ein gravierendes Gesundheitsrisiko dar. Siehe *Toxics A to Z* von Harte, Holdren, Schneider und Shirley (Berkeley: University of California Press, 1991).

> Mangel an Vitaminen und Mineralen zurückzuführen sein könnten. Selbst bei Senilität ist nachgewiesen worden, daß sie von einem Mangel an Vitamin B und C verursacht wird.

Das wäre ein Experiment, das im Sachunterricht jeder Grundschulklasse einmal durchgeführt werden könnte und sollte. Nagetiere, die nur mit »angereichertem« Brot gefüttert werden, zeigen sehr bald asoziales Verhalten. Manche werden sogar zu Kannibalen, anscheinend als instinktive Triebreaktion, um die fehlenden lebensnotwendigen Nährstoffe zu erhalten. Die meisten sterben innerhalb von ein bis zwei Monaten. Wenn Kinder das einmal mit angesehen haben, finden die wenigsten von ihnen Weißbrot noch so toll wie vielleicht vor dem Experiment.

»Angereichertes« Brot ist nur ein kleiner Teil des Gesamtbildes. Früher war Hirse das Hauptnahrungsgetreide der Welt. Sie enthält viel Nitrilosid. Inzwischen ist sie von Weizen verdrängt worden, der praktisch überhaupt kein Nitrilosid enthält – nicht einmal Vollkornweizen. Mit dem gleichen Ergebnis ist Sorghumrohr durch Zuckerrohr ersetzt worden. Sogar das Futter für unser Vieh besteht zu einem immer höheren Anteil aus rasch wachsenden, nitrilosidarmen Grassorten, so daß auch das Fleisch, das wir essen, weniger Vitamin B_{17} enthält. Mancherorts besteht das Viehfutter zu 15 Prozent aus *Papier*, um die Rinder schneller schlachtreif zu mästen.[8]

Rückblickend stellt man fest, daß vieles, was unsere Großeltern praktizierten, damals zwar nicht wissenschaftlich untermauert war, aber doch auf in Hunderten von Jahren durch Versuch und Irrtum gesammelter Erfahrung beruhte und sich in der Zwischenzeit als unendlich weise erwiesen hat. »Iß täglich einen Apfel, und du brauchst keinen Arzt« könnte durchaus mehr gewesen sein als ein schöner Spruch, zumal in einer Zeit, in der es allgemein üblich war, die Kerne dieser Äpfel mitzuessen. Es ist eine Tatsache, daß ein ganzer Apfel – einschließlich der Kerne – eine unglaublich hohe Konzentration von Vitaminen, Mineralen, Fetten und Proteinen enthält, die für die Gesundheit unentbehrlich sind. Apfelkerne enthalten besonders viel Nitrilosid oder Vitamin B_{17}. Das widerliche »Frühlingstonikum« aus Sorghummelasse mit Schwefel war ebenfalls ein hervorragender Nitrilosidlieferant. Und zu Omas eingemachten Aprikosen und Pfirsichen gehörten fast immer auch die Kerne der konservierten Früchte zum Verzehr in den Wintermonaten. Wahr-

---

8 »Paper Fattens Cattle«, (UPI) *Oakland Tribune*, 22. November 1971.

scheinlich wußte sie nicht, was sie enthalten oder warum sie gesund sind. Aber sie wußte, *daß* sie gesund sind, einfach weil sie es von ihrer Mutter gelernt hatte.

Und so sehen wir, daß die Lebensmittel, die die Amerikaner früher reichlich mit natürlichen Vitamin B_{17} versorgten, allmählich von anderen an den Rand gedrängt oder vollkommen ersetzt wurden, in denen diese Substanz praktisch völlig fehlt. Bezeichnenderweise ist in derselben Zeit die Krebshäufigkeit kontinuierlich gestiegen und hat heute einen Punkt erreicht, wo jeder Dritte in den USA an Krebs erkranken wird.

Das Argument, die Krebshäufigkeit habe nur deswegen zugenommen, weil andere Todesursachen an Bedeutung abgenommen haben und die Menschen deswegen länger leben, ist nicht stichhaltig. Erstens einmal leben sie *nicht* so viel länger – über die letzten vier Generationen ist die durchschnittliche Lebenserwartung nur um wenige Jahre gestiegen. 1972, ein Jahr, in dem die Bevölkerung der USA im Sinken begriffen war, in dem das Bevölkerungswachstum auf Null geschrumpft war, erreichte die Krebssterblichkeit ihren bis dahin höchsten Stand: das *Dreifache* des Jahres 1950.[9] Zweitens ist in den Ländern mit *höherer* Lebenserwartung als in den USA auch die Krebssterblichkeit *niedriger* als bei uns.

An der Bedeutung dieser Tatsachen kommen wir nicht vorbei. Während die Medizin, die amerikanische Regierung und die *American Cancer Society* Milliarden von Dollar und Millionen von Arbeitsstunden in die Suche nach einem exotischen Krebserreger investieren in der Absicht, dann ebensoviel in die Schaffung einer wirksamen, vom Menschen geschaffenen Impfung zu investieren, liegt die Antwort direkt vor ihrer Nase. Sie ist vielmehr seit Tausenden von Jahren Teil unserer schriftlichen und mündlichen Überlieferung:

> Und Gott sprach: Hiermit übergebe ich euch alle Pflanzen auf der ganzen Erde, die Samen tragen, und alle Bäume mit samenhaltigen Früchten. Euch sollen sie zur Nahrung dienen. (1. Buch Mose 1, Vers 29)

---

9 »Cancer Cure Still Eludes Scientists«, (NEA) *News Chronicle* (Calif.), 29. August 1973, S. A-9.

Kapitel 4

Der endgültige Test

Ein Blick auf die zahlreichen Kulturen der Welt, die krebsfrei sind oder waren, und eine Analyse ihrer heimischen Lebensmittel.

AM BESTEN KÖNNTE MAN die Theorie, daß es sich bei Krebs um eine Vitaminmangelerkrankung handelt, beweisen oder widerlegen, wenn man eine große Gruppe von mehreren tausend Menschen viele Jahre lang konsequent mit nitrilosidreichen Lebensmitteln ernähren und dann anschließend die Ergebnisse untersuchen würde. Das wäre mit Sicherheit der endgültige Test.

Zum Glück gab es ihn schon.

In einer entlegenen Region des Himalaja zwischen Westpakistan, Indien und China liegt das winzige Königreich der Hunza. Diese Menschen sind in der ganzen Welt für ihre erstaunliche Langlebigkeit und Gesundheit bekannt. Die Hunza werden nicht selten über 100 Jahre alt, manche sogar 120 und mehr. Medizinische Teams, die aus der Außenwelt zu ihnen kamen, berichteten, daß sie keine Form von Krebs bei ihnen gefunden haben.

Obwohl die Wissenschaft bisher nicht erklären kann, *warum* diese Menschen keinen Krebs haben, ist die Beobachtung interessant, daß die traditionelle Nahrung der Hunza mehr als zweihundertmal so viele Nitriloside enthält wie die amerikanische Durchschnittsdiät. Tatsächlich wurde in diesem Land, in dem Geld unbekannt war, der Reichtum eines Mannes in der Zahl der Aprikosenbäume gemessen, die er besaß. Und als das wertvollste aller Nahrungsmittel galt der Aprikosensamen.

Eine der ersten Medizinergruppen, die zu dem entlegenden Hunzareich Zutritt erhielten, stand unter der Leitung des weltberühmten britischen Arztes und Chirurgen Dr. Robert McCarrison. Im *Journal of The American Medical Association* berichtete er in der Ausgabe vom 7. Januar 1922:

> Bei den Hunza ist kein Fall von Krebs bekannt. Sie haben … Aprikosen im Überfluß. Sie trocknen sie in der Sonne und verwenden sie in vielen ihrer Gerichte.

Besucher bei den Hunza, denen eine frische Aprikose oder ein Pfirsich angeboten wird, lassen gewöhnlich den harten Stein fallen, wenn sie das Fruchtfleisch gegessen haben. Ihre Führer sehen dies mit Kummer und ungläubigem Staunen. Für sie ist der Kern im Innern das Beste an der Frucht.

Einer dieser Besucher war Dr. Allen E. Banik, ein Augenarzt aus Kearney, Nebraska. In seinem Buch *Hunza Land* beschreibt er seine Erlebnisse:

> Meine erste Erfahrung mit den Aprikosen der Hunza, frisch vom Baum, machte ich, als mein Führer ein paar pflückte, sie in einem Bergbach wusch und mir gab. Ich aß die köstlichen Früchte und warf die Kerne achtlos auf den Boden. Einer der älteren Männer warf mir einen ungläubigen Blick zu und bückte sich, um die Kerne aufzuheben. Er knackte sie zwischen zwei Steinen und gab sie mir. Der Führer sagte lächelnd: »Iß sie. Sie sind der beste Teil der Frucht.«
>
> Ich war neugierig geworden und fragte: »Was macht ihr mit den Kernen, die ihr nicht eßt?«
>
> Der Führer erzählte mir, daß viele aufbewahrt werden, die meisten aber sehr fein gemahlen und dann unter Druck zu einem sehr nahrhaften Öl gepreßt werden. »Dieses Öl«, behauptete mein Führer, »sieht ganz ähnlich aus wie Olivenöl. Manchmal essen wir einfach einen Löffel davon, wenn wir es nötig haben. An Festtagen backen wir unsere *Chappattis* [Brot] darin aus. Unsere Frauen benutzen das Öl, um ihrem Haar für festliche Abende Glanz zu verleihen. Es ist ein gutes Mittel zum Einreiben bei blauen Flecken.«[1]

1973 erzählte Prinz Mohammed Ameen Khan, der Sohn des Mir von Hunza, Charles Hillfinger von der *Los Angeles Times*, daß die durchschnittliche Lebenserwartung in seinem Land bei 85 Jahren liege. Er fügte hinzu: »Viele Mitglieder des Ältestenrats, die meinen Vater bei der Regierung des Landes unterstützen, sind über 100 Jahre alt geworden.«[2]

Mit dem Mißtrauen des Wissenschaftlers gegenüber Erzählungen und

---

[1] Allen E. Banik und Renee Taylor, *Hunza Land* (Long Beach, Calif.: Whitehorn, 1960), S. 123–124.

[2] *Los Angeles Times*, 7. Mai 1973, Teil I-A.

Gedrucktem traf sich Dr. Ernst T. Krebs junior mit Prinz Khan zum Essen und fragte ihn, ob der Bericht der *Los Angeles Times* den Tatsachen entspräche. Der Prinz bestätigte dies nur zu gern und beschrieb dann, daß es durchaus üblich sei, nach dem Mittagessen einen kleinen Nachtisch von 30 bis 50 Aprikosenkernen zu essen.[3] Damit kann man bis zu 75 000 internationale Einheiten von Vitamin A täglich aufnehmen, plus bis zu 50 mg Vitamin B_{17}. Trotzdem oder vielleicht gerade deswegen liegt die Lebenserwartung bei den Hunza bei etwa 85 Jahren, bestätigte der Prinz. Im Vergleich mit den USA und deren damaliger Lebenserwartung von etwa 71 Jahren ist das erstaunlich. Auch heute, mehr als zwei Jahrzehnte später, liegt in den USA die Lebenserwartung bei der Geburt nur bei etwa 76 Jahren.

Das klingt als Zahl recht gut, aber man muß bedenken, daß darunter eine Menge alter Leute fallen, die zwar am Leben sind, aber nicht wirklich *leben*. Ihre Lebens*dauer* ist zwar durch Operationen oder Medikamente verlängert worden, aber die Lebens*qualität* ist dabei auf der Strecke geblieben. Das sind die Menschen, die ins Leere starren, weil ihre geistigen Fähigkeiten nachgelassen haben, oder die von lebenserhaltenden Maschinen abhängig oder bettlägerig sind und rund um die Uhr gepflegt werden müssen. In den Statistiken der Hunza verbergen sich keine solchen Fälle. Die meisten von ihnen sind bis wenige Tage vor ihrem Tod gesund, kräftig und vital. Lebensqualität ist wichtiger als -quantität. Die Hunzas haben beides.

Es wird Ihnen aufgefallen sein, daß die Vitamin-A-Menge, die die Hunza zu sich nehmen, bis zum Siebeneinhalbfachen der von der FDA pro Tablette oder Kapsel zugelassenen Höchstmenge betragen kann, wobei diese Behörde zudem noch versucht hat, den Verzehr von Aprikosenkernen per Gesetz völlig zu verbieten.

Die Frauen der Hunza sind für ihre auffallend glatte Haut bis ins hohe Alter berühmt. Generell wirken ihre Gesichter 15 bis 20 Jahre jünger als die Gleichaltriger in anderen Teilen der Welt. Sie führen dies auf das Aprikosenöl zurück, das sie fast täglich auftragen.

1974 besuchte Senator Charles Percy, ein Mitglied des Senatssonderausschusses für Altersfragen, das Land der Hunza. Nach seiner Rückkehr in die USA schrieb er:

---

[3] Die Aprikosenkerne der Hunza enthalten nur etwa sechs Prozent der Amygdalinmenge typischer kalifornischer Aprikosen. Der Verzehr von so vielen in den USA angebauten Kernen wäre unklug wegen der Möglichkeit einer toxischen Wirkung. Information zu Toxizität finden Sie in Kapitel sieben.

> Wir begannen, die Lebensweise der Hunza neugierig zu beobachten. Könnte der Schlüssel zu ihrer Langlebigkeit in ihren Eßgewohnheiten liegen? …
>
> Manche Hunza glauben, daß sie ihr langes Leben zum Teil der Aprikose verdanken. Als frische Frucht im Sommer, in der Sonne getrocknet für den langen Winter, ist die Aprikose eines der Hauptnahrungsmittel der Hunza, ähnlich wie in anderen Teilen der Welt Reis. Aprikosenkerne werden feingemahlen und zu einem nahrhaften Öl gepreßt, das sowohl zum Braten als auch als Lampenöl verwendet wird.[4]

Und so nutzen die Hunza die Aprikose, deren Kern und das Öl daraus für praktisch alles. Ebenso wie den meisten westlichen Wissenschaftlern sind ihnen die chemischen und physiologischen Wirkungen des Nitrilosidgehalts dieser Frucht unbekannt, aber sie haben die empirische Erfahrung gemacht, daß ihr Leben durch deren reichliche Verwendung gewinnt.

Es gibt fünf oder sechs hervorragende Bücher ähnlich dem von Dr. Banik, geschrieben von Leuten, die ihr Leben auf den tückischen Pässen des Himalaja aufs Spiel gesetzt haben, um nach Hunza zu kommen. Im Laufe der Jahre sind außerdem viele Artikel in Zeitschriften und Zeitungen erschienen. Alle zeichnen das gleiche Bild der üblichen Ernährung der Hunza. Zusätzlich zu der allgegenwärtigen Aprikose ernähren sich die Hunza hauptsächlich von Getreide und frischem Gemüse. Dazu gehören Buchweizen, Hirse, Alfalfa, Erbsen, dicke Bohnen, Rüben, Salat, Sprossen von Leguminosen und Getreide sowie verschiedene Beeren. Mit Ausnahme von Salat und Rüben enthalten alle diese Nahrungsmittel Nitriloside bzw. Vitamin B_{17}.

Leider ist in den letzten paar Jahren eine schmale Straße durch die Berge gebaut worden, und die Nahrungsmittel der »modernen Zeit« haben den Weg nach Hunza gefunden. Und die ersten Krebsfälle.

1927 wurde Dr. McCarrison zum Direktor für Ernährungsforschung in Indien ernannt. Unter anderem experimentierte er mit Albinoratten, um die Wirkung der Hunzaernährung mit der Ernährungsweise anderer Länder zu vergleichen. Über 1000 Ratten waren an dem Experiment beteiligt und wurden von Geburt an 27 Monate lang genau beobachtet, was bei einem Menschenleben etwa einem Zeitraum von 50 Jahren

---

4 »You Live To Be 100 in Hunza«, *Parade*, 17. Februar 1974, S. 11.

entspricht. Dann wurden die nach der Hunzadiät ernährten Ratten getötet und obduziert. McCarrison berichtete:

> In den vergangenen zweieinviertel Jahren gab es in der Population der Albinoratten keinen Krankheitsfall, keine natürlichen Todesfälle bei den ausgewachsenen Ratten und, von einigen Unfällen abgesehen, keine Todesfälle unter den jungen Ratten. Klinische Untersuchung und Obduktion dieser Gruppe haben gezeigt, daß sie auffallend krankheitsfrei war. Möglicherweise haben manche von ihnen irgendeine obskure Krankheit, jedoch konnte ich weder klinische noch mikroskopische Hinweise darauf finden.[5]

Im Vergleich dazu stellten sich bei den über 2000 mit einer typisch indischen und pakistanischen Diät ernährten Ratten bald Augenkrankheiten, Geschwüre, Furunkel, Zahnschäden, Rückgratverkrümmung, Haarausfall, Anämie, Hautkrankheiten, Herz-, Nieren- und Drüsenschwäche und eine ganze Reihe von Magen-Darm-Erkrankungen ein.

In späteren Experimenten verabreichte McCarrison einer Gruppe von Ratten die typische Kost der englischen Unterschicht. Sie bestand aus Weißbrot, Margarine, gezuckertem Tee, gekochtem Gemüse, Fleischkonserven und billigen Marmeladen und Gelees – eine Ernährung, die der der meisten Amerikaner gar nicht unähnlich ist. Die Ratten bekamen nicht nur alle möglichen chronischen Stoffwechselerkrankungen, sie wurden auch zu nervösen Wracks. McCarrison schrieb:

> Sie waren nervös und bissen ihre Wärter häufig; ihr Zusammenleben war nicht gut, und sie begannen am 16. Tag, die schwächeren Gruppenmitglieder zu töten und zu fressen.[6]

Vor diesem Hintergrund ist es keine Überraschung, daß die Bewohner der westlichen Welt der chronischen Stoffwechselerkrankung Krebs zum Opfer fallen, ein Bewohner von Hunza dagegen nicht. Und falls jemand auf die Idee verfallen sollte, dieser Unterschied sei genetisch bedingt, so sollte er wissen, daß Hunza, die ihre abgelegene Heimat verlassen und die Eßgewohnheiten anderer Länder annehmen, sehr bald denselben

---

[5] Zitiert nach Renee Taylor, *Hunza Health Secrets* (New York: Award Books, 1964), S. 96–97.

[6] Ibid., S. 97.

Krankheiten und Leiden – *einschließlich Krebs* – erliegen wie der Rest der Menschheit.

Die Eskimos sind ein weiteres Volk, das viele Jahrzehnte lang von Medizinern beobachtet und für vollkommen frei von Krebs befunden wurde. VilhJalmur Stefansons zeigt in seinem Buch *Cancer: Disease of Civilization? An Anthropological and Historical Study*,[7] daß die Ernährung der Eskimos erstaunlich reich an Nitrilosiden aus dem Fleisch von Karibus und anderen Weidetieren und aus der in der Arktis vielfach vorkommenden Lachsbeere ist. Eine weitere Eskimospezialität ist ein grüner Salat aus dem Mageninhalt von Karibus und Rentieren, der aus frischem Tundragras besteht. Unter diesen Gräsern ist das Pfeilgras (*Triglochin maritima*) sehr häufig. Studien des amerikanischen Landwirtschaftsministeriums haben nachgewiesen, daß Pfeilgras vermutlich mehr Nitriloside enthält als jede andere Grassorte.

Was geschieht, wenn ein Eskimo seine traditionelle Lebensweise aufgibt und die westliche Ernährungsweise annimmt? Er wird noch krebsanfälliger als der Durchschnittsamerikaner.

Dr. med. Otto Schaefer, der die Ernährung und Gesundheit der Eskimos untersucht hat, berichtet, daß diese Gruppe als indirekte Folge des Baus von Zivil- und Militärflughäfen in der kanadischen Arktis Mitte der 1950er Jahre eine drastische Veränderung ihrer Eßgewohnheiten durchgemacht hat. Diese Bauvorhaben lockten die Eskimos zu neuen Arbeitsstellen, neuen Wohnungen, neuen Schulen – und neuen Speisen. Nur gut eine Generation vorher ernährten sie sich fast ausschließlich von Wild und Fisch, in Verbindung mit Beeren, Wurzeln, grünen Blattpflanzen und Algen je nach Jahreszeit. Kohlehydrate fehlten fast völlig.

Mit einem Schlag wurde das alles anders. Dr. Schaefer berichtet:

> Wenn ein Eskimo seine Nomadenexistenz aufgibt und in eine feste Siedlung zieht, verändern er und seine Familie sich sehr. Seine Kinder wachsen schneller, werden größer und kommen früher in die Pubertät. Sie bekommen schlechte Zähne, seine Frau erkrankt an einem Gallenleiden, und sehr wahrscheinlich wird eines seiner Familienmitglieder eine der degenerativen Erkrankungen bekommen, für die der weiße Mann bekannt ist.[8]

---

7 New York: Hill and Wang, 1960.

8 *Nutrition Today*, November/Dezember 1971, zitiert in »Modern Refined Foods Finally Reach The Eskimos«, *Kaysers Health Research*, Mai 1972, S. 11, 46, 48.

Für viele andere Völker der Welt könnte dieselbe Beschreibung geliefert werden. Die Abchasier im Innern des Kaukasus nordöstlich des Schwarzen Meers sind ein Volk mit traditionell fast ebenso hervorragender Gesundheit und Langlebigkeit wie die Hunza. Die Parallelen zwischen beiden sind auffallend. Erstens ist Abchasien ein raues Land, dem nicht leicht eine Ernte abzutrotzen ist. Die Einwohner sind an lebenslange tägliche harte Arbeit gewohnt. Daher bleiben sie körperlich und geistig leistungsfähig bis zu ihrem Tod, dem eine kurze oder gar keine Krankheit vorausgeht. Wie die Hunza haben die Abchasier eine Lebenserwartung von weit über 80 Jahren. Viele sind über 100 Jahre alt. Der älteste Mensch der Welt war die Abchasierin Shirali Mislimov, deren Alter 1972 auf 165 Jahre geschätzt wurde.[9]

Die zweite Gemeinsamkeit ist natürlich die Ernährung, die typischerweise wenig Kohlehydrate und viel pflanzliches Eiweiß enthält und reich an Mineralen und Vitaminen, besonders Vitamin B_{17}, ist.

Auch die nordamerikanischen Indianer waren bemerkenswert frei von Krebs, solange sie an ihrer traditionellen Ernährungsweise festhielten. Die *American Medical Association* hat einmal die Bundesregierung gedrängt, eine Studie durchzuführen, um zu klären, warum Krebs bei den Hopi und Navajo so selten ist. Im Journal der AMA vom 5. Februar 1949 heißt es:

> Die Kost der Indianer erscheint karg, sowohl was die Menge als auch was die Qualität betrifft, und wenig abwechslungsreich. Die Ärzte fragten sich, ob ein Zusammenhang mit der Tatsache besteht, daß unter 30 000 in das Krankenhaus der *Ganado Arizona Mission* aufgenommenen Patienten nur 36 Fälle von bösartigem Krebs gefunden wurden. In einer weißen Population gleicher Größe, sagten die Ärzte, hätte die Zahl bei etwa 1800 gelegen.

36 Fälle im Vergleich zu 1800 sind nur zwei Prozent der erwarteten Zahl. Offensichtlich gibt es *irgendeinen* Grund dafür.

Dr. Krebs, der umfangreiche Forschungen auf diesem Gebiet angestellt hat, schrieb:

---

9 »The Secret of Long Life« von Sula Benet (N. Y. Times News Service) *Los Angeles Herald Examiner*, 2. Januar 1972, S. A-12. Auch »Soviet Study Finds Recipe for Long Life«, *National Enquirer*, 27. August 1972, S. 13.

> Auf der Grundlage von historischen und anthropologischen Aufzeichnungen habe ich den Nitrilosidgehalt der Nahrung dieser verschiedenen nordamerikanischen Stämme analysiert. Die Ergebnisse sollten die Vorstellung, daß nitrilosidhaltige Nahrungsmittel giftig sind, endgültig begraben. Einige dieser Stämme nahmen täglich bis zu 8000 mg Vitamin B_{17} (Nitrilosid) zu sich. Meine Daten zu den Modocindianern sind besonders vollständig.[10]

Ein kurzer Blick auf die krebsfreien eingeborenen Bevölkerungen tropischer Regionen, zum Beispiel Südamerika und Afrika, zeigt eine große Menge und Vielfalt nitrilosidreicher Nahrungsmittel. Tatsächlich enthalten mehr als ein Drittel aller in diesen Regionen heimischen Pflanzen Vitamin B_{17}. Eine der häufigsten ist die Kassawa, manchmal auch »das Brot der Tropen« genannt. Es handelt sich jedoch nicht um die süße Kassawa, die in den Städten der westlichen Zivilisation so beliebt ist. Die einheimische Pflanze ist bitterer, aber reich an Nitrilosid. Die süße Kassawa enthält erheblich geringere Mengen dieser lebenswichtigen Substanz und ist noch dazu so stark verarbeitet, daß sie praktisch keine Nitrilionen mehr enthält.[11]

Schon 1913 hatte Albert Schweitzer, der weltbekannte Arzt und Missionar in Afrika, seinen Finger an die Grundursache von Krebs gelegt. Er hatte keine spezifische Substanz isoliert, war aber aufgrund seiner Beobachtungen überzeugt, daß die Erklärung in Unterschieden bei der Ernährung zu suchen war. In seinem Vorwort zu dem Buch von Alexander Berglas, *Cancer: Cause and Cure* (Paris: Institut Pasteur, 1957) schrieb er:

> Bei meiner Ankunft in Gabun im Jahr 1913 war ich überrascht, keine Krebsfälle vorzufinden. Bei den Eingeborenen 200 Meilen von der Küste entfernt fand ich keinen einzigen … Natürlich kann ich nicht positiv behaupten, daß es absolut keinen Krebs gab, aber wie viele Ärzte an den Grenzen der Zivilisation kann ich nur sagen, daß, wenn es ihn überhaupt gab, er sehr selten gewesen sein muß. Dieses Fehlen von Krebs war anscheinend auf die

---

10 Brief von Dr. E. T. Krebs junior an Dr. Dean Burk vom National Cancer Institute vom 14. März 1972, Griffin; *Private Papers, op. cit.*

11 *The Laetrile/Nitrilosides, op. cit.*, S. 9, 10.

Unterschiede zwischen der Ernährung der Eingeborenen und der Europäer zurückzuführen …

In den Tagebüchern von Missionaren und Ärzten finden sich zahlreiche Aufzeichnungen über solche krebsfreien Völker in der ganzen Welt. Darunter finden sich Tropenvölker und Bewohner der Arktis, Jäger mit hohem Fleischverzehr und Vegetarier, die kaum Fleisch essen. Sie kommen von allen Kontinenten und gehören den verschiedensten Rassen an, aber eines ist allen gemeinsam: Der Grad ihrer Freiheit von Krebs ist direkt proportional zu der Menge von Nitrilosid oder Vitamin B_{17} in ihrer traditionellen Nahrung.

Skeptiker würden dem vielleicht mit entgegenhalten, daß diese primitiven Gruppen nicht den gleichen krebserregenden Wirkstoffen ausgesetzt sind wie der moderne Mensch und sie vielleicht aus *diesem* Grund dagegen gefeit sind. Wenn sie erst einmal dieselbe verschmutzte Luft atmen, dieselben Zigaretten rauchen, dieselben chemischen Zusätze in Lebensmitteln und Wasser zu sich nehmen, dieselben Seifen und Deos benutzen – *dann* wird man ja sehen, wie es ihnen ergeht.

Das Argument ist stichhaltig. Aber zum Glück ist auch diese Frage jetzt empirisch beantwortet. In dem dicht besiedelten und häufig mit Luftverschmutzung kämpfenden Staat Kalifornien lebt eine Population von mehr als 100 000 Menschen mit einer Krebshäufigkeit, die bei weniger als 50 Prozent der Rate der restlichen Bevölkerung liegt. Diese einzigartige Gruppe unterscheidet sich in der Zusammensetzung nach Geschlecht, Alter, sozialer und wirtschaftlicher Lage, Bildung, Beschäftigung, ethnischen und kulturellen Merkmalen nicht von dem Rest der Bevölkerung, der doppelt so häufig an Krebs erkrankt. Ich spreche von der Gruppe der Sieben-Tage-Adventisten.

Nur in einem wichtigen Punkt setzt sich diese Population von den übrigen Kaliforniern ab. Sie lebt überwiegend vegetarisch. Da diese Menschen erheblich mehr Gemüse zu sich nehmen, um das fehlende Fleisch auszugleichen, erhöht sich auch der Anteil von Vitamin B_{17} (Nitrilosid) in ihrer Nahrung entsprechend.[12] Der Grund dafür, daß diese

---

[12] Es gibt noch andere Substanzen in Gemüse, die sich ebenfalls als krebshemmend erwiesen haben, beispielsweise Betakarotin und die sogenannten Saponine, die in vielen Arten von Gemüse und Hülsenfrüchten vorkommen. Allerdings scheinen die Nitriloside am wirksamsten zu sein. Siehe »Vegemania, Scientists Tout the Health Benefits of Saponins« von Richard Lipkin, *Science News*, 9. Dezember 1995, S. 392–393.

Population nicht völlig krebsfrei ist – ebenso wie die Hunza, Eskimos und ähnliche Populationen –, ist vermutlich, daß (1) viele Mitglieder der Gruppe vorher bereits eine Zeitlang mit der Normal- oder Standardernährung gelebt hatten, (2) das verzehrte Obst und Gemüse nicht nach dem Vitamin-B_{17}-Gehalt ausgewählt wird und generell die Obstsamen nicht mitgegessen werden und (3) nicht *alle* Sieben-Tage-Adventisten vegetarisch leben.

Eine weitere Gruppe, die aus religiösen Gründen sehr wenig Fleisch und daher eine größere Menge von B_{17}-haltigem Getreide, Gemüse und Obst ißt, sind die Mormonen. Im Staat Utah, wo die Mormonen 73 Prozent der Bevölkerung ausmachen, liegt die Krebshäufigkeit 25 Prozent unter dem nationalen Durchschnitt. Im Bezirk Utah, in dem auch die Stadt Provo liegt und 90 Prozent der Bevölkerung Mormonen sind, liegt die Krebshäufigkeit bei Frauen um 28 Prozent und bei Männern um 35 Prozent niedriger als im amerikanischen Durchschnitt.[13]

Im Sommer 1940 wurden die Niederlande von den Streitkräften von Nazi-Deutschland besetzt. Ein diktatorisches Regime zwang eine ganze Nation von etwa neun Millionen Menschen zu einer drastischen Umstellung der Ernährungsgewohnheiten. Dr. C. Moerman, ein Arzt aus dem holländischen Vlaardingen, beschrieb, was in dieser Zeit geschah:

> Weißbrot wurde durch Vollkornbrot und Roggenbrot ersetzt. Die Versorgung mit Zucker wurde drastisch reduziert und bald gänzlich eingestellt. Wo vorhanden, verwendete man Honig. Die Öllieferungen aus dem Ausland wurden eingestellt und darum keine Margarine mehr hergestellt, so daß die Menschen versuchten, Butter zu bekommen. Dazu kam, daß die Menschen sich so viel Obst und Gemüse wie möglich verschafften, indem sie möglichst viel horteten und von Bauern kauften. Kurz gesagt: Die Menschen stillten ihren Hunger mit großen Mengen natürlicher, vitaminreicher Nahrungsmittel.

Und nun erinnern Sie sich, was später geschah: 1945 war diese Zwangsdiät plötzlich vorbei. Mit welchem Ergebnis? Die Menschen aßen wieder Weißbrot, Margarine, entrahmte Milch, Zucker und Fleisch in großen Mengen und nur wenig Gemüse und Obst … Kurz gesagt, die Menschen

---

13 »Cancer Rate for Mormons Among Lowest«, *Los Angeles Times*, 22. August 1974, Teil II, S. 1.

aßen zu viele denaturierte und zu wenig natürliche Lebensmittel und bekamen deswegen zu wenig Vitamine.[14]

Dr. Moerman wies nach, daß die Krebshäufigkeit von einem Spitzenwert im Jahr 1942 bis zu einem Tiefpunkt im Jahr 1945 fiel. Nach 1945 jedoch begann mit der Rückkehr verarbeiteter Nahrungsmittel die Krebshäufigkeit wieder anzusteigen und steigt bis heute stetig weiter.

Natürlich lassen die Erfahrungen in den Niederlanden oder bei den Sieben-Tage-Adventisten und Mormonen keine endgültigen Schlüsse zu, da sie die Frage nach den *spezifischen* Nährstoffen offen lassen, die dafür verantwortlich waren. Grenzen wir also die Fragestellung ein.

Seit den 1960er Jahren ist die Gruppe derjenigen, die die Theorie von Krebs als Vitaminmangelerkrankung akzeptiert und ihre Ernährung entsprechend umgestellt haben, stetig gewachsen. Zu ihr gehören Menschen aller Bevölkerungsschichten und Lebensalter, beiderlei Geschlechts und aus praktisch allen entwickelten Regionen der Erde. Allein in den USA zählt sie viele Tausende von Menschen.[15] Und bezeichnenderweise ist *kein* Fall bekannt, in dem einer von ihnen Krebs bekommen hätte, seitdem er eine Vitamin-B_{17}-reiche Diät praktiziert.[16]

Im Sommer 1973 wurde bekannt, daß Adelle Davis, eine der bekanntesten Ernährungswissenschaftlerinnen der USA – eine Frau, die als Autorität für den Zusammenhang zwischen Ernährung und Krebs gegolten hatte –, selbst an einer der aggressivsten Formen dieses Leidens erkrankt war. Im Mai des folgenden Jahres starb sie. Das Ende der

---

14 *The Solution of the Cancer Problem* (Manuskript, 1962) S. 31.

15 Dr. Dean Burk schrieb in einem Brief an den Kongreßabgeordneten Lou Frey junior, er sei von mindestens 750 Menschen angesprochen worden, »darunter viele promovierte Ärzte«, von denen »die Mehrzahl es lediglich zur Krebsvorbeugung einsetzten«. Siehe *Cancer Control Journal*, May/June, 1973, S. 1. Auch der Verfasser stand in den letzten zwanzig Jahren mit Tausenden von Laetrilanwendern in Verbindung.

16 Seit diese Bemerkung 1974 in diesem Buch geschrieben wurde, ist der Verfasser zwei Menschen begegnet, die behaupteten, an Krebs erkrankt zu sein, nachdem sie begonnen hatten, regelmäßig Aprikosenkerne zu essen. *Zwei!* Wie viele Kerne sie aßen, wie sie sich sonst ernährten (in einem Fall war bekannt, daß der Betreffende sich sehr schlecht ernährte), wie genau sie das Programm befolgten, wie gesund sie vorher gewesen waren oder welchen krebserregenden Stoffen sie vielleicht ausgesetzt waren, unter anderem Röntgenuntersuchungen und Rauchen, ist nicht bekannt. Dennoch zeigen diese Fälle, daß das Konzept der Krebsbekämpfung durch Vitamine nicht zu 100 Prozent wirksam ist. Würden Ihnen 99 Prozent reichen?

ernährungswissenschaftlichen Krebstheorie schien damit besiegelt. Bei genauerer Prüfung stellte sich allerdings heraus, daß sie in keinem ihrer zahlreichen Bücher oder Vorträge je Nitriloside als Vitamine oder zumindest als wichtige Nährstoffe behandelt hatte. Zwar hatte sie erwähnt, daß Laetril ihrer Meinung nach ein wirksames Mittel gegen einen *bereits bestehenden* Krebs war, es aber anscheinend nicht in seiner weniger konzentrierten und natürlicheren Form als wichtigen Teil der täglichen Ernährung betrachtet. Auch nachdem ihr Krebsleiden diagnostiziert war, war ihr der Zusammenhang anscheinend nicht völlig klar. Der Verfasser korrespondierte mit ihr über dieses Thema und erhielt unter anderem folgende Antwort:

> Da wir von hunderten krebserregenden Stoffen in Konservierungsstoffen, Zusätzen, giftigen Sprays, Kunstdüngern und wasser- und luftverschmutzenden Substanzen umgeben sind, ist die Behauptung, daß Krebs eine Mangelerkrankung sei, mit Sicherheit ungenau und zu stark vereinfachend.[17]

Es sollte an dieser Stelle festgehalten werden, daß die Dame eine ausgezeichnete Ernährungswissenschaftlerin war. Sie hatte Hunderten von Menschen geholfen, durch eine bessere Ernährung und gesünderes Kochen ihre Gesundheit wiederzuerlangen. Offensichtlich allerdings stimmte sie nicht mit der oben erwähnten Gruppe überein, die ihren Speisenplan so geändert hatte, daß er nitrilosidreiche Speisen enthielt, und daher widerlegt die traurige Tatsache, daß sie an Krebs erkrankte, die Wirksamkeit von Laetril *keineswegs*.

Die Realität ist doch folgende: Während von ihren Mitbürgern jeder dritte an Krebs erkrankt, weiß man in der Gruppe derjenigen, die regelmäßig Nitriloside zu sich nehmen, nicht einmal von einem pro *Tausend*, der diese furchtbare Krankheit bekommen hätte.

Viele Menschen finden die Logik all dieser Tatsachen zusammen bereits so bestechend, daß man den Fall schon jetzt abschließen könnte. Angesichts der starken Opposition gegen das Konzept wollen wir uns jedoch nicht auf die theoretische *Logik* beschränken. Wir wollen unsere Überzeugung auch mit *naturwissenschaftlichen* Fakten untermauern, um zu verstehen, *warum* die Theorie so funktioniert, wie sie das unserer Logik nach tun müßte.

---

[17] Mitteilung von Adelle Davis an G. Edward Griffin vom 1. August 1973. Griffin, *Private Papers, op. cit.*

Kapitel 5

Krebs – die Fülle des Lebens

Erklärung der Trophoblastenthese der Krebsentstehung, Beschreibung eines einfachen Urintests für Krebs, Würdigung des Impfstoffs BCG als Wirkstoff gegen Krebs und eine Schilderung der entscheidenden Rolle der Bauchspeicheldrüse bei der Beherrschung von Krebs.

IM JAHRE 1902 VERFASSTE John Beard, Professor der Embryologie an der Universität von Edinburgh in Schottland, einen Artikel für die englische medizinische Fachzeitschrift *Lancet*, in der er feststellte, daß sich Krebszellen und gewisse präembryonische Zellen, deren Auftreten im Frühstadium der Schwangerschaft normal ist, nicht voneinander unterscheiden. Fachleute bezeichnen diese normalen Zellen als *Trophoblasten*. Aufgrund seiner umfangreichen Forschungen war Dr. Beard zu dem Schluß gelangt, daß Krebs und Trophoblast tatsächlich ein und dasselbe sind. Daher ist seine Theorie als Trophoblastenthese der Krebsentstehung bekannt.[1]

Der während der Schwangerschaft auftretende Trophoblast weist in der Tat alle klassischen Merkmale von Krebs auf. Während er sich in der Uteruswand einnistet, breitet er sich rasch aus, und die Zellteilung geht rasch voran. Auf diese Weise bereitet er einen geeigneten Platz für den Embryo vor, an dem dieser geschützt ist und mit Nahrung versorgt wird.

Der Trophoblast bildet sich durch eine Kettenreaktion, die mit einer anderen, der sogenannten *diploid totipotenten* Zelle beginnt.[2] In unserem Zusammenhang wollen wir sie einfach als »Universal«-Zelle bezeich-

---

1 Zuweilen auch als unitäre Krebstheorie bezeichnet wegen der Annahme, daß alle Krebsarten im Grundsatz dasselbe sind.

2 Die Einzelheiten der Entstehung dieser Zellen müssen hier nicht behandelt werden, da sie uns nur mit Details belasten, die für das Verständnis der Grundtheorie unerheblich sind. Wer mehr wissen möchte, kann in öffentlichen Bibliotheken in jedem Lehrbuch der Embryologie weiteres nachlesen. Besonders geeignet sind John Beard, *The Enzyme Treatment of Cancer and Its Scientific Basis* (London: Chatto & Windus, 1911) und Charles Gurchot, *The Biology of Cancer* (San Francisco: Friedman 1948).

nen, da sie alle Merkmale des vollständigen Organismus enthält und die universale Fähigkeit hat, sich zu jedem Organ oder Gewebe oder zum Embryo selbst zu entwickeln.

Etwa 80 Prozent dieser Universalzellen finden sich in den Eierstökken oder den Hoden als genetisches Reservoir für spätere Nachkommen. Die anderen sind im Körper verteilt. Warum das so ist, ist noch nicht ganz geklärt, es könnte aber mit den Regenerations- bzw. Heilungsprozessen in geschädigtem oder alterndem Gewebe zusammenhängen.

Das Hormon Östrogen ist bekannt für seine Fähigkeit, Veränderungen im lebenden Gewebe hervorzurufen. Obwohl es normalerweise als weibliches Hormon gilt, kommt es bei Männern und Frauen vor und versieht viele lebenswichtige Aufgaben. Wann immer der Körper durch physisches Trauma, chemische Einwirkung oder Krankheit geschädigt wird, treten Östrogen und andere Steroidhormone in hoher Konzentration auf den Plan und dienen möglicherweise als Stimulatoren oder Katalysatoren für Zellwachstum und Körperheilung.

Inzwischen weiß man, daß die Universalzelle zur Produktion von Trophoblasten angeregt wird, wenn sie mit diesen als »organisatorische Reize« wirkenden Steroidhormonen in Berührung kommt. Wenn das in den Universalzellen passiert, die sich aus der befruchteten Eizelle entwickelt haben, bilden sich als Folge eine Placenta und eine Nabelschnur, über die der Embryo ernährt werden kann. Wenn dies aber nicht im Rahmen der Fortpflanzung, sondern als Teil des allgemeinen Heilungsprozesses eintritt, entwickelt sich Krebs. Genauer sollte man wohl sagen, daß Krebs dann vorliegt, *wenn* der Heilungsprozeß nicht beendet wird, sobald seine Aufgabe erledigt ist.

Dr. med. Hardin B. Jones kam in seinem höchst aufschlußreichen Vortrag »A Report on Cancer«[3] mit folgenden Worten auf dieses Phänomen zu sprechen:

> Eine zweite wichtige Erwägung im Zusammenhang mit Krebs ist, daß alle Formen von manifestem Krebs mit einer zufälligen Überlebenschance assoziiert sind, die mit der Dauer der Erkrankung nicht abnimmt. Das läßt stark vermuten, daß von Natur aus ein physiologisches Hemmnis gegen das Fortschreiten der Krankheit vorhanden ist und daß der Grund für die normalerweise beobach-

---

[3] Vortrag anläßlich der Eleventh Annual Science Writer's Conference der American Cancer Society, New Orleans, 7. März 1969.

tete rasche Entwicklung von Krebs im Endstadium auf dem Versagen der natürlichen Hemmung beruht.

Wir werden in Kürze sehen, warum diese natürliche Hemmung des Heilungsprozesses versagt, aber vorläufig und auf die Gefahr einer groben Vereinfachung hin können wir sagen, daß Krebs durch eine *zu gründliche Heilung* verursacht wird. Deswegen heißt es auch immer, daß Rauchen oder zu viel Sonne oder diverse schädliche Chemikalien anscheinend Krebs verursachen. *Alles*, was den Körper schädigt, kann Krebs verursachen, *wenn* der Heilungsprozeß des Körpers nicht richtig funktioniert – wie wir sehen werden.

Dr. Stewart M. Jones aus Palo Alto, Kalifornien, beschrieb den Prozeß so:

> Wann immer eine Trophoblastenzelle außerhalb der Schwangerschaft im Körper auftritt, kann es sein, daß die Kräfte, die sie während einer Schwangerschaft normalerweise in Schach halten, nicht vorhanden sind, und in diesem Fall beginnt sie, sich ungehemmt zu vermehren, in Gewebe einzudringen, sich auszubreiten und Metastasen zu bilden. Wenn dies passiert, wird es von einer organisierenden Substanz, meistens Östrogen, ausgelöst, deren Gegenwart die Trophoblastenaktivität wiederum verstärkt. Das ist der Beginn von Krebs.[4]

Wenn es zutrifft, daß die Trophoblastenzelle durch eine Kettenreaktion unter Mitwirkung von Östrogen oder anderen Steroidhormonen entsteht, wäre die logische Folge, daß eine unnatürlich hohe Menge dieser Substanzen einer der Faktoren ist, die das Entstehen von Krebs begünstigen. Tatsächlich wurde dies nachgewiesen. Die Verwendung von Diethylstilbestrol als Maststoff bei Rindern wurde 1972 verboten, weil nachgewiesen worden war, daß dieses synthetische Östrogen, das in winzigen Mengen auch in Rindfleisch für den menschlichen Verzehr gefunden wurde, in Versuchen mit Ratten Magenkrebs verursacht hatte.

Ebenso wurde festgestellt, daß bei Frauen, die die Pille nehmen – besonders östrogenhaltige Präparate –, sich nicht nur die Brust irreversibel verändert, sondern auch das Krebsrisiko fast dreimal so hoch ist wie

---

4 »Nutrition Rudiments in Cancer« von Dr. med. S. M. Jones, M.S., B.A., Ph.D. (Palo Alto, California, 1972), S. 6.

bei anderen Frauen. Diese Tatsache wurde von Dr. Otto Sartorius, dem Leiter der Krebsklinik am *Santa Barbara General Hospital* in Kalifornien, herausgestellt, und er fügte hinzu: »Östrogen ist das Futter, von dem sich das Karzinom [Krebs] ernährt. Um bei niederen Tieren Krebs zu erzeugen, schafft man zunächst eine Östrogenbasis.«[5]

Etwas verwirrend in diesem Zusammenhang ist die Tatsache, daß *manche* Arten von Krebs gelegentlich auf Hormontherapie anzusprechen scheinen – die Gabe von Östrogen oder Testosteron. Allerdings hat diese Therapie ausschließlich bei Krebserkrankungen der Geschlechtsdrüsen Erfolg, also von Brust oder Prostata, oder von Organen, die sehr stark von Sexualhormonen beeinflußt sind. Frauen werden männliche und Männern weibliche Hormone verabreicht. Die anscheinend positive Wirkung beruht auf dem Versuch der Hormone, die Tätigkeit dieser Drüsen zu hemmen oder zu neutralisieren. Wenn der Krebs verlangsamt wird, liegt das daran, daß die Funktion des *Organs* verlangsamt wird.

Als Nebenwirkung einer solchen Therapie ändert sich die geschlechtsspezifische Physiologie des Patienten. Zudem werden die dadurch hervorgerufenen positiven Wirkungen, wenn sie denn auftreten, von den Ärzten in der Regel als palliativ bezeichnet, was soviel bedeutet, daß der Krebs nicht geheilt, sondern nur vorübergehend verlangsamt wird. Das Schlimmste ist jedoch, daß – besonders bei Männern, die Östrogen einnehmen – das Vorhandensein unnatürlich hoher Steroidspiegel im ganzen Körper durchaus die Bildung von weiterem Krebsgewebe an anderen Stellen als der ursprünglich befallenen begünstigen könnte.

Wenn sich Krebs bildet, reagiert der Körper mit dem Versuch, ihn zu versiegeln und mit Zellen zu umgeben, die denen der Umgebung ähneln. Das führt zunächst zur Bildung eines Knotens oder einer Verdickung. Dr. Jones fährt fort:

> Um dem Effekt des Östrogens im Trophoblasten entgegenzuwirken, überschwemmt der Körper die Trophoblastenregion mit einer Flut von Beta-Glukuronidase (BG), die bei Kontakt alles Östrogen deaktiviert. Gleichzeitig versuchen die Zellen des Gewebes, in das die Trophoblasten eindringen, diese lokal einzudämmen, indem sie sich multiplizieren.

---

5 Zitiert nach »Birth Control Pills Endanger Your Breasts« von Ida Honorof, *Prevention*, Juli 1972, S. 89. Siehe auch »Pill Linked to Cancer Risk«, *Los Angeles Times*, 21. November 1972, S. A-21.

> In der Regel ist der Körper erfolgreich bei dem Versuch, den Trophoblastenherd unter Kontrolle zu bringen, der Trophoblast stirbt ab. Was bleibt, ist ein gutartiger Polyp oder anderer gutartiger Tumor als Denkmal für den Sieg des Körpers über den Krebs.[6]

Unter dem Mikroskop erscheinen viele dieser Tumoren als eine Mischung oder Hybridbildung aus Trophoblastzellen und den Zellen der Umgebung. Deswegen kamen viele Forscher zu dem übereilten Schluß, daß es sehr viele verschiedene Arten von Krebs gibt. Aber der Grad der Unterschiedlichkeit von Tumoren scheint dem Grad ihrer Gutartigkeit zu entsprechen, das heißt dem Maß, in dem sie *krebsfreie* Zellen enthalten.

Je bösartiger Tumore sind, desto stärker ähneln sie sich und um so deutlicher nehmen sie alle klassischen Merkmale eines Schwangerschaftstrophoblasten an. Und die bösartigste Spielart von Krebs – das Chorionepitheliom – ist von Trophoblastzellen fast nicht zu unterscheiden. Denn, wie Dr. Beard schon vor über hundert Jahren schrieb, sie sind ein und dasselbe.

Ein interessanter Nebeneffekt ist die Tatsache, daß Trophoblastzellen ein bestimmtes Hormon bilden, das im Urin sehr leicht nachzuweisen ist. Dies ist das Choriongonadotropin (CG).[7] Wenn es sich bei Krebs um Trophoblasten handelt, wäre zu erwarten, daß auch Krebszellen dieses Hormon absondern. Und das tun sie tatsächlich. Außerdem ist keine andere Zellart bekannt, die CG bildet.[8] Das heißt also, wenn im Urin CG nachgewiesen wird, befindet sich im Körper entweder ein normaler Schwangerschaftstrophoblast oder ein abnormer bösartiger Krebs. Eine Patientin ist entweder schwanger, oder sie hat Krebs. Bei einem männlichen Patienten kann nur Krebs die Ursache sein.

Das hat weitreichende Implikationen. Mit einem simplen Urintest ähnlich dem üblichen Schwangerschaftstest kann man das Vorhandensein von Krebs nachweisen, lange bevor er sich als Krankheit oder Knoten manifestiert, und dieser Test wirft ernsthafte Zweifel an der Berechtigung von chirurgischen Entnahmen von Gewebeproben auf.

---

6 Zitiert nach »Birth Control Pills Endanger Your Breasts« von Ida Honorof, *Prevention*, Juli 1972, S. 89. Siehe auch »Pill Linked to Cancer Risk«, *Los Angeles Times*, 21. November 1972, S. 7.

7 In der Humanbiologie auch als hCG (humanes Choriongonadotropin) bezeichnet.

8 Eine ähnliche, aber nicht identische Substanz wird in der vorderen Hypophyse (Hirnanhangdrüse) gebildet.

Viele Ärzte sind überzeugt, daß jeder Schnitt in einen bösartigen Tumor, sei es auch nur für eine Gewebeprobe, die Wahrscheinlichkeit erhöht, daß der Tumor streut. (Dazu mehr in einem späteren Kapitel.) Auf jeden Fall ist die Notwendigkeit solcher Verfahren durchaus fraglich angesichts der Verfügbarkeit des CG-Urintests.[9] In den 1960er und 1970er Jahren bot Dr. Manuel Navarro, Professor für Innere Medizin und Chirurgie an der *University of Santo Tomas* in Manila, amerikanischen Ärzten diesen Test an und berichtete eine Genauigkeit von 95 Prozent bei der Identifizierung sowohl von Krebs- als auch von krebsfreien Patienten. Bei fast allen sogenannten Fehlern handelte es sich um einen Nachweis von Krebsaktivität bei Patienten, die angeblich keinen Krebs hatten. Jedoch zeigte ein hoher Prozentsatz auch dieser Patienten zu einem späteren Zeitpunkt klinische Manifestationen von Krebs, was darauf schließen läßt, daß der CG-Test doch genau war. Ärzte, die Erfahrungen mit diesem Text sammelten, haben gelernt, ihn nie für fehlerhaft zu halten, wenn er die Gegenwart eines Trophoblasten anzeigt.

Unsere nächste Frage gilt den Abwehrmechanismen. Bevor wir hoffen können, den Krebs zu besiegen, müssen wir zunächst herausfinden, wie die *Natur* den Krebs besiegt – wie die *Natur* den Körper schützt und das Wachstum von Trophoblastzellen hemmt. Man möchte annehmen, daß dies die Hauptstoßrichtung der modernen Krebsforschung wäre. Leider ist dem keineswegs so. In der Mehrzahl der Forschungsprojekte geht es um exotische und toxische Substanzen oder Maschinen, die tödliche Strahlen auf bestimmte Regionen des Körpers abfeuern. In der Natur findet sich nichts Entsprechendes, und es ist nicht verwunderlich, daß die Ergebnisse bisher enttäuschend waren. Vor kurzem allerdings hat eine kleine Gruppe von Forschern begonnen, sich wieder mit den natürlichen Mechanismen zu beschäftigen, und wenn sie auf diesem Weg weitergehen, muß das zwangsläufig irgendwann zum Ziel führen. Die größte Hoffnung in diesem Bereich liegt in der Erkenntnis über die natürlichen Immunmechanismen des Körpers.

Alle Tiere haben Milliarden von weißen Blutkörperchen. Man unterscheidet zwischen verschiedenen Typen, nämlich Lymphozyten, Leukozyten und Monozyten, aber alle erfüllen dieselbe Funktion: alles anzu-

---

9 Dies ist ein modifizierter und empfindlicherer Mikro-Aschheim-Zondek-Test, nicht zu verwechseln mit dem Anthrone-Test, der auf dem gleichen Prinzip beruht, aber aufgrund technischer Probleme im Test selbst bisher nicht so zuverlässig ist wie der CG-Test.

greifen und zu zerstören, was unserem Körper fremd oder gefährlich ist. Menschen mit einer niedrigen Zahl weißer Blutkörperchen neigen zu Infektionen aller Art. Wenn die Anzahl sehr gering ist, können sie sogar an einer einfachen infizierten Schnittwunde oder einer ganz normalen Erkältung sterben.

Da die weißen Blutkörperchen die Aufgabe haben, Fremdkörper zu vernichten, müßten sie logischerweise auch Krebszellen angreifen, wie in einer medizinischen Zeitschrift dargelegt:

> Eine entscheidende Eigenschaft unseres Körpers ist die Fähigkeit zur Unterscheidung zwischen Selbst und Nicht-Selbst. Mit anderen Worten, wir können (biologisch) fremdes Material erkennen, das den Weg in unseren Körper findet. Diese Fähigkeit ermöglicht uns, Infektionen abzuwehren und eine Resistenz gegen spätere Infektionen aufzubauen. Sie bedeutet auch, daß eine Organtransplantation mehr als ein komplizierter chirurgischer Eingriff ist. Für die Abwehrsysteme des Körpers – den Immunapparat – sind Bakterien, Viren und transplantierte Organe sämtlich fremde Eindringlinge, die abgewehrt werden müssen. Was den Immunologen schon sehr lange ein Rätsel aufgibt, ist die Tatsache, daß Krebszellen, obwohl ohne Zweifel körperfremd, der tödlichen Aufmerksamkeit der Immunsysteme entgehen. Die entscheidende Frage ist, wie?[10]

In diesem ansonsten ausgezeichneten Artikel findet sich eine der entscheidenden falschen Annahmen, an der fast die gesamte Krebsforschung heute krankt: die Annahme, daß Krebszellen körperfremde Zellen sind. Sie sind ganz im Gegenteil ein entscheidender Bestandteil des Lebenszyklus (Schwangerschaft und Heilung). Folglich hat die Natur sie mit einem wirksamen Mechanismus zur Vermeidung der Entdeckung durch die weißen Blutkörperchen ausgerüstet.

Ein Kennzeichen des Trophoblasten ist die ihn umgebende dünne Hülle, die elektrisch negativ geladen ist. Der Fachbegriff dafür lautet *perizelluläre Sialomucin*hülle. Die weißen Blutkörperchen sind ebenfalls negativ geladen. Und da sich gleiche Pole abstoßen, ist der Trophoblast gut geschützt. Der Blockadefaktor ist nichts anderes als ein elektrostati-

---

[10] »New Assaults on Cancer« von Roger Lewin, *World of Research*, 13. Januar 1973, S. 32.

sches Feld um die Zelle. Zur Bedeutung dieses Tatbestands schrieb Dr. Krebs:

> Ein Dreivierteljahrhundert lang ist die klassische Immunologie in der vergeblichen Suche nach »Krebsantigenen«, der Bildung von Krebs-Antikörpern etc. etc. gegen eine Mauer gerannt. Die perizelluläre Sialomucinhülle bewirkt, daß die Krebs-Trophoblastzelle nicht antigen ist …[11]

An der natürlichen Lösung des Problems sind, wie Prof. Beard schon 1905 zeigte, die zehn oder mehr Pankreasenzyme beteiligt, unter denen Trypsin und Chymotrypsin für die Zerstörung von Trophoblasten eine besonders wichtige Rolle spielen. Diese Enzyme liegen in der *inaktiven* Form (als Zymogene) in der Bauchspeicheldrüse (Pankreas) vor. Erst wenn sie in den Dünndarm gelangt sind, werden sie in die aktive Form umgewandelt. Wenn sie über die Blutbahn den Trophoblasten erreichen, bauen sie dessen negativ geladene Proteinhülle ab. Damit ist der Krebs dem Angriff der weißen Blutkörperchen schutzlos ausgeliefert und stirbt ab.[12]

In den meisten Erörterungen über dieses Thema wird davon ausgegangen, daß die Lymphozyten die aktivsten unter den weißen Blutkörperchen sind. Allmählich zeichnet sich allerdings eine Änderung dieser Auffassung ab. In einer Studie wurde beispielsweise berichtet, daß die Monozyten die eigentlichen Aggressoren sind. Obwohl Monozyten nur zwei bis drei Prozent der Gesamtmenge ausmachen, zeigte sich, daß sie eine wesentlich stärkere Zerstörungswirkung auf Krebszellen haben als die zahlreicheren Lymphozyten. Wie dem auch sei, das Endergebnis ist dasselbe.[13]

---

11 Brief von Dr. Krebs an Andrew McNaughton, The McNaughton Foundation, San Francisco, Calif., vom 2. August 1971; Griffin, *Private Papers, op. cit.*

12 Der Vorgang ist wesentlich komplexer, als diese vereinfachte Beschreibung erkennen läßt, und in weiten Teilen noch nicht geklärt. Beispielsweise ist den Forschern bisher noch ein Rätsel, wie die Schwangerschaftstrophoblasten in der Frühphase der Schwangerschaft vor Chymotrypsin geschützt sind. Offensichtlich besitzen sie *irgendeinen* zusätzlichen Blockadefaktor, der Trophoblasten außerhalb einer Schwangerschaft fehlt. Möglicherweise wird er durch einen lokal erhöhten Cobalominspiegel bewirkt, der die Hydrozyansäure in Thiozyanat (Vitamin B_{12}) umwandelt und den Rhodanesespiegel (des Schutzenzyms) zeitweilig erhöht. Das ist aber keineswegs erwiesen und ein interessantes Gebiet für künftige Forschungen.

Kurz nachdem Beard seine erstaunliche Theorie veröffentlicht hatte, begannen Ärzte mit Pankreasenzymen in der Krebsbehandlung zu experimentieren, und die ersten positiven Berichte erschienen in den medizinischen Zeitschriften der Zeit. 1906 beschrieb Dr. med. Frederick Wiggins seinen Erfolg bei einem Fall von Zungenkrebs und schloß mit der Hoffnung, »daß weitere Diskussionen von und klinische Erfahrungen mit Trypsin und Amylopsin in absehbarer Zukunft zweifelsfrei erweisen werden, daß uns ein sicheres und wirksames Mittel für die Behandlung bösartiger Erkrankungen zur Verfügung steht«.[14]

Im Zeitraum von November 1906 bis Januar 1907 erschienen in medizinischen Zeitschriften dieser sowie drei weitere Berichte über die erfolgreiche Behandlung von Krebs mit Pankreasenzymen.

Von 1972 an entwickelte sich eine hektische Publizität um die »vielversprechenden« Versuche mit BCG (dem als Bacillus Calmette Guerin bekannten Tuberkuloseimpfstoff). Dahinter steht die Theorie, daß BCG – ein TB-Virus, das so weit abgeschwächt wurde, daß es keine Gefahr für den Patienten darstellt – die Bildung von weißen Blutkörperchen durch den Körper als Teil des natürlichen Abwehrmechanismus steigert. Wenn der Impfstoff in die Blutbahn gelangt, erkennt der Körper nicht, daß das TB-Virus geschwächt ist, und beginnt mit der Bildung von weißen Blutkörperchen, um den Eindringling abzuwehren. Diese bilden eine bleibende Barriere gegen einen eventuell später in den Körper eindringenden echten TB-Virus. Diese weißen Blutkörperchen wirken später jedoch nicht nur als Barriere gegen TB, theoretisch müßten sie auch gegen Krebs wirken. Und es gibt vorsichtige Berichte über einen gewissen Fortschritt in diese Richtung. Allerdings ist, wie wir gesehen haben, das Vorhandensein von weißen Blutkörperchen *allein* erst ein Teil der Lösung für das Problem Krebs. Ohne Berücksichtigung der Faktoren Bauchspeicheldrüse und Ernährung wird echter Fortschritt in dieser Richtung sehr gering bleiben.

Viele der Erfolge, die von BCG berichtet wurden, könnten auch auf Ernährungsfaktoren beruhen. Ein solcher Bericht beschreibt die Krebsbehandlung durch Dr. Virginia Livingston. Der Patient, ebenfalls Arzt,

---

13 Siehe »Cancer Killing Cells Found to Eat Tumors« von Harry Nelson, Medizinjournalist der *Times*, *Los Angeles Times*, 4. April 1973, S. 32.

14 Wiggin, F. H., »Case of Multiple Fibrosarcoma of the Tongue, with Remarks on the Use of Trypsin and Amylopsin in the Treatment of Malignant Disease«, *J. Am. Med. Assoc.*, 15. Dezember 1906; 47: S. 2003–2008.

hatte aufgrund seiner eigenen Erfahrungen angesichts der Erfolglosigkeit konventioneller Krebstherapien beschlossen, es statt dessen mit BCG zu versuchen. Er setzte sich daher mit Dr. Livingston in Verbindung, die damals eine der wenigen war, denen dieser Ansatz bekannt war. In dem Artikel wurde die Behandlung dann geschildert:

> Dr. Wheeler (der Patient) erhielt BCG-Injektionen, er wurde auf eine streng cholesterinarme Diät gesetzt und erhielt Antibiotika. Bei dieser Diät, sagte er, waren weißer Zucker, Geflügel und Eier verboten und rohes Gemüse, viel Fisch und Multivitaminpräparate zur Ergänzung gefordert.
>
> Innerhalb von zwei Monaten war die Schwellung verschwunden, sagte Dr. Wheeler.
>
> Vor kurzem zeigten Laborversuche eine Remission der Krebszellen – das heißt, die Rückkehr zu einem normalen gesunden Zustand – und das Vorhandensein von neuem gesundem Gewebe, sagte er.[15]

Analysieren wir das einmal. Die von Dr. Wheeler praktizierte Diät besteht aus Nahrungsmitteln, bei deren Verdauung *keine* Pankreasenzyme verbraucht werden. In dieser Hinsicht gleicht sie der Diät, die von Ärzten zusammen mit einer Vitamin-B_{17}-Therapie verordnet wird, weil sie fast alle Enzyme in den Blutstrom freisetzt, so daß sie auf die Krebszelle einwirken können. Zusätzlich erhielt Dr. Wheeler »Multivitaminpräparate zur Ergänzung«. Es ist also durchaus möglich, daß diese beiden Faktoren eine ebenso große Rolle spielten wie die Verabreichung von BCG.

Um noch einmal auf das Thema Pankreasenzyme zurückzukommen: Es hat sich gezeigt, daß beim normalen Embryo die Trophoblastzellen bis zur achten Woche weiterwachsen und sich ausbreiten. Dann hören sie plötzlich und ohne erkennbaren Grund zu wachsen auf und gehen zugrunde. Dr. Beard kannte die Antwort auf die Frage, warum das so ist, in Umrissen bereits im Jahr 1905. Neuere Forschungen haben jedoch eine genaue Erklärung geliefert. *In der achten Woche nimmt die Bauchspeicheldrüse des Embryos ihre Funktion auf.*

Bezeichnenderweise ist der Dünndarm nahe der Einmündung der

---

15 »Vaccine BCG Used With Amazing Success-Brings Complete Reversal of Cancer in Patient With Malignant Neck Tumor«, *National Enquirer*, 26. November 1972.

Bauchspeicheldrüse einer der wenigen Orte im Körper, an dem fast nie Krebs auftritt. Die Bauchspeicheldrüse *selbst* ist oft von bösartigen Primärtumoren betroffen, was jedoch daher kommt, daß die so wichtigen Enzyme erst aktiviert werden, wenn sie die Bauchspeicheldrüse verlassen und in den Darm oder das Blut gelangen. Daher finden sich im Dünndarm diese Substanzen in sehr großer Menge, wogegen die Bauchspeicheldrüse selbst unter Umständen nur sehr wenig abbekommt. Wie ein Kliniker beobachtete:

> Mit am auffallendsten an der Pathologie bösartiger Erkrankungen ist das fast völlige Fehlen von Karzinomen [Krebs] im Zwölffingerdarm [dem Anfang des Dünndarms] sowie die Tatsache, daß sie im Magen-Darm-Trakt in direktem Verhältnis zur Entfernung von diesem davon verschonten Segment an Häufigkeit zunehmen.[16]
>
> Außerdem stellen wir fest, daß bei Diabetikern – Menschen mit einer Fehlfunktion der Bauchspeicheldrüse – die Wahrscheinlichkeit, an Krebs zu erkranken, dreimal so hoch ist wie bei Nicht-Diabetikern.[17]

Diese Tatsachen, die die medizinische Forschung seit Jahren vor ein Rätsel stellen, sind mit der Trophoblastenthese der Krebsentstehung endlich zu erklären. Dr. Krebs stellte fest, daß diese These »kein von ihren Befürwortern inflexibel vertretenes Dogma ist; sie ist lediglich die einzige Erklärung, die mit allen zum Thema Krebs bekannten Fakten vereinbar ist«.

Dem fügt Dr. Stewart M. Jones hinzu:

> Diese Theorie ist zur Zeit die älteste, aussagekräftigste und plausibelste Krebstheorie. Sie hat 70 Jahre der Konfrontation mit neuen Informationen über Krebs überdauert, ohne je durch eine neue Tatsache widerlegt worden zu sein ... Die umfangreiche und heterogene Wissenschaft vom Krebs, die sich seitdem entwickelt hat, hat nur im Lichte dieser Theorie einen Zusammenhang.[18]

---

16 Raab, W.: *Klin. Wchnschr.* 14: S. 1633, zitiert nach *Laetriles/Nitrilosides, op. cit.*, S. 35.

17 Jones, *Nutrition Rudiments in Cancer, op. cit.,* S. 8.

18 Ibid., S. 1, 6.

Dies als *Theorie* zu bezeichnen ist der Gipfel der Zurückhaltung. Es kommt die Zeit, wo man zugeben muß, daß Wahrheit Wahrheit und die Zeit des Suchens vorüber ist. Am 15. Oktober 1995 war es endlich soweit, in den Seiten einer orthodoxen medizinischen Zeitschrift – 93 Jahre, nachdem Prof. Beard seine Theorie veröffentlicht, und 43 Jahre, nachdem Dr. Krebs sie überall verkündet hatte. An diesem Tag erschien ein Bericht über eine am *Allegheny Medical College* in Pittsburgh von Dr. Acevedo, Dr. Tong und Dr. Hartsock durchgeführte Studie. Die Studie über die genetischen Merkmale des menschlichen Hormons Choriongonadotropin bestätigte, daß Krebs und Trophoblast dasselbe sind. Der Bericht schloß: »Nach 93 Jahren hat sich Beards Konzept als korrekt erwiesen.«[19]

Dennoch wird die Debatte weitergehen. Für viele ist das Suchen faszinierender (und einträglicher) als das Finden. Also werden sie weiter ihre Labore und Gehirne mit aussichtslosen Theorien und Projekten füllen, bis ihnen das Geld ausgeht.

Dabei ist die Wahrheit ebenso verblüffend wie einfach. Während die meisten Forscher davon ausgehen, daß Krebs ein körperfremdes Phänomen und Teil eines Prozesses von Tod und Verfall ist, ist er doch in Wirklichkeit ein wichtiger Teil des Lebenszyklus und Zeichen der Fülle des Lebens und der Heilung.

---

19 »Human Chorionic Gonadotropin-Beta Subunit Gene Expression in Cultured Human Fetal and Cancer Cells of Different Types and Origins« von Herman F. Acevedo, Ph. D., Jennifer Y. Tong, Ph. D. und Robert J. Hartsock, M. D., *Cancer*, 15. Oktober 1995, Volume 76, No. 8, S. 1467–1473.

Kapitel 6

Der Gesamtmechanismus

Nährstoffe als Stütze der Enzyme, das Leben von Dr. Ernst T. Krebs junior und die Entwicklung von Laetril, die positive Wirkung von Vitamin B_{17} bei den verschiedensten Krankheiten des Menschen und die Komplexität der natürlichen Krebsabwehr.

Wie im vorigen Kapitel dargelegt, kann man sich Krebs wie einen außer Kontrolle geratenen Heilungsprozeß vorstellen, bei dem der Körper bei dem Versuch, eine bestimmte Gewebeschädigung oder Gewebealterung zu überwinden, Trophoblastzellen bildet. Diese Trophoblastzellen sind durch eine elektrostatisch geladene Proteinhülle geschützt. Wenn jedoch genügend Pankreasenzyme auf sie einwirken, wird diese Schutzhülle abgebaut und verschwindet, so daß der Trophoblast der Zerstörungskraft der weißen Blutkörperchen ausgesetzt ist. Die Natur hat also der Bauchspeicheldrüse die wichtige Aufgabe zugewiesen, Trophoblastzellen unter Kontrolle zu halten und damit eine Krebserkrankung zu verhindern.

Was geschieht aber nun, wenn aus Gründen des Alters oder einer erblichen Veranlagung die Bauchspeicheldrüse schwach ist, oder wenn die Nahrungsmittel, die wir zu uns nehmen, für ihre Verdauung praktisch alle Pankreasenzyme verbrauchen und keine übrig lassen, die ins Blut übergehen könnten? Was, wenn sich durch Operationen oder Bestrahlung um den Krebs herum Narbengewebe bildet, das die Blutversorgung einschränkt und so die Enzyme daran hindert, ihn zu erreichen? Und was, wenn der Krebs so schnell wächst, daß die Pankreasenzyme nicht mithalten können? Was passiert dann?

Die Antwort auf diese Frage lautet, das die Natur einen Sicherheitsmechanismus vorgesehen hat, eine zweite Verteidigungslinie, die immer noch sehr gute Chancen hat, mit dem Problem fertigzuwerden, auch nachdem die erste Verteidigungslinie gefallen ist. Daran beteiligt ist eine einzigartige chemische Substanz, die die bösartigen Krebszellen buchstäblich vergiftet, aber gleichzeitig alle anderen mit Nährstoffen versorgt. Und an diesem Punkt kommt endlich das Konzept von Krebs als Vitaminmangelerkrankung wieder ins Spiel.

Die chemische Substanz, von der hier die Rede ist, ist Vitamin B_{17}, das in nitrilosidhaltigen natürlichen Nahrungsmitteln enthalten ist. Es ist auch unter dem Namen Amygdalin bekannt und wurde als solches seit gut 100 Jahren angewandt und ausgiebig untersucht. In der von Dr. Krebs speziell für die Krebstherapie entwickelten konzentrierten und gereinigten Form wird es jedoch als Laetril bezeichnet. Um der Klarheit dieses Buches willen nennen wir es lieber bei seinem weniger komplizierten Namen Vitamin B_{17}.

Professor John Beard, der als erster die Trophoblastenthese der Krebsentwicklung propagierte, hatte den Verdacht, daß es zusätzlich zum Faktor Enzym auch einen Ernährungsfaktor geben müßte, war jedoch nie in der Lage, ihn zu identifizieren. Erst 1952 wurde dieser »extrinsische« Faktor von Dr. Ernst T. Krebs junior und seinem berühmten gleichnamigen Vater entdeckt.

Während der großen Grippeepidemie von 1918, der mehr als zehn Millionen Amerikaner zum Opfer fielen, konnte Dr. Krebs senior fast alle der Hunderte von Patienten retten, die zu ihm in Behandlung kamen. Als ausgebildeter Apotheker, der auch als zugelassener Arzt in Nevada praktizierte, war er fasziniert von der Tatsache, daß die Washoe-Indianer dieser Region nur sehr selten an den Atemwegserkrankungen des weißen Mannes litten. Er entdeckte, daß sie für solche Krankheiten ein traditionelles Heilmittel namens »Dortzawasser« hatten, einen Sud aus der Wurzel einer petersilienähnlichen Wildpflanze mit dem botanischen Namen *Leptotaenia dissecta*. In Experimenten mit der Pflanze stellte er fest, daß sie eine erstaunliche antiseptische und heilende Wirkung hatte. Mit diesem Extrakt rettete er während der Epidemie von 1918 seinen Patienten das Leben.

Damit war Krebs senior 1918 der erste, der ein Antibiotikum in die wissenschaftliche Medizin einführte und anwandte. Allerdings galt damals schon die bloße Behauptung, daß so etwas wie ein Antibiotikum oder »internes Germizid«, das Bakterien abtöten könnte, ohne dem Körper zu schaden, überhaupt existieren könnte, als lächerlich. Das *Journal of the American Medical Association* lehnte in seiner Ausgabe vom 5. Juni 1920 diese Behauptung rundheraus ab. Es vergingen dreißig Jahre, bis Carlson und Douglas von der *Western Reserve University* in Cleveland, Ohio, Leptonin – das in den Wurzeln der Leptotaenia enthaltene Antibiotikum – wiederentdeckten und im Mai 1948 ihre Ergebnisse im *Journal of Bacteriology* publizierten. Sie fassen wie folgt zusammen:

> Die antibiotische Wirkung von Bestandteilen des Öls aus der Wurzel der Leptotaenia dissecta wurde für 62 Bakterien-, Schimmel- und Pilzstämme bestimmt. Der … Wirkstoff erwies sich als bakterizid bei gram-positiven Bakterien … und bei gram-negativen Bakterien.

1953 veröffentlichten Wissenschaftler der *Utah School of Medicine* eine Reihe von Artikeln unter dem Titel *Studies on the Antibiotic Extract of Leptotaenia* (*Untersuchungen über das Antibiotikum Leptotaenia-Extrakt*).[1] Sie bestätigten die antivirale Wirkung, die Krebs senior dem Leptonin bereits gegen Grippeviren zugeschrieben hatte. Leptonin als Breitbandantibiotikum war inzwischen so etabliert, daß das Bakteriologische Institut der Medizinischen Fakultät der *University of Southern California* einem Studenten für Untersuchungen darüber den Mastertitel in Mikrobiologie verlieh. Derselbe Student, Daniel Everett Johnson, erwarb dann 1953 an der *University of California* in Los Angeles den Doktortitel in Mikrobiologie mit seiner Arbeit über die antibiotische Wirkung von Leptonin gegen Hunderte verschiedener Mikroorganismen.

Krebs senior hatte sich ebenfalls früh für Krebs interessiert. Ihm fiel auf, daß es sich dabei hauptsächlich um eine Krankheit der weißen Bevölkerung handelte. Eingedenk der Lehre aus dem »Dortzawasser« vermutete er die Lösung des Problems entweder in einer Pflanze oder in der Ernährung. Die entscheidende Entdeckung machte dann allerdings nicht er, sondern sein Sohn, der sich inzwischen vollkommen der Suche nach der Lösung des Krebsrätsels verschrieben hatte.

Dr. Ernst T. Krebs junior hatte ursprünglich seinem Vater nachfolgen und Arzt werden wollen. Bald nach Beginn seiner medizinischen Ausbildung stellte er fest, daß die Welt der medizinischen Chemie ihn mehr interessierte als die Behandlung von Patienten. Nach dreijähriger Ausbildung in Anatomie und Innerer Medizin am *Hannemann Medical College* sattelte er um und wandte sich der Biochemie zu.

Von 1938 bis 1941 absolvierte er das Grundstudium an der *University of Illinois*. 1942 erhielt er den Grad des Bachelor mit dem Schwerpunkt Bakteriologie. Das Graduiertenstudium absolvierte er an der *University of Mississippi* sowie an der *University of California*, sein Doktortitel ist allerdings ein Ehrendoktor.

Im Laufe seines Lebens verfaßte Dr. Krebs junior zahlreiche wissen-

---

[1] *Antibiotics and Chemotherapy* (3 [4] 393), 1953.

schaftliche Artikel, unter anderem »The Unitarian or Trophoblastic Theory of Cancer« (Die unitäre oder Trophoblastentheorie der Krebsentstehung) und »The Nitrilosides in Plants and Animals« (Nitriloside in Tieren und Pflanzen). Er erhielt zahlreiche Ehrungen und Doktorate aus dem In- und Ausland. Bis zu seinem Tod im Jahre 1996 war er Direktor der Abteilung für Naturwissenschaften der *John Beard Memorial Foundation*. Er war außerdem der Entdecker des Vitamin B_{15} (Pangamsäure), das sich als wichtige Zusatztherapie in der Behandlung vieler Kreislaufkrankheiten erwiesen hat.

Schon als Student stieß Dr. Krebs auf die Trophoblastentheorie der Krebsentstehung von Professor John Beard. Geleitet von diesem Konzept und ermutigt von Dr. Charles Gurchot, Professor der Pharmakologie an der Medizinischen Fakultät der *University of California*, machte er sich auf die Suche nach dem von Beard vermuteten Ernährungsfaktor.

Bis zum Jahr 1950 hatte er die spezifische Zusammensetzung dieser Substanz ermittelt, sie in kristalliner Form isoliert, ihr den Namen Laetril[2] gegeben und sie in Tierversuchen getestet, um sicherzugehen, daß sie ungiftig war. Als nächster Schritt stand der Beweis ihrer Unbedenklichkeit beim Menschen an. Dazu gab es nur eine Möglichkeit. Also krempelte er den Ärmel hoch und injizierte sie sich selbst.

Wie er vorausgesagt hatte, traten keinerlei schädliche oder unangenehme Nebenwirkungen ein. Damit war er bereit für die letzte Stufe der Versuche – mit echten Krebspatienten.

Das B_{17}-Molkül setzt sich aus zwei Glukose-(Zucker-)einheiten, nämlich Benzaldehyd und Zyanid, zusammen, die in diesem Molekül eine stabile Verbindung eingegangen sind. Es ist allgemein bekannt, daß Zyanid hochgiftig und in hinreichend hoher Dosis sogar tödlich sein kann. In seiner natürlichen gebundenen Form ist es jedoch chemisch inaktiv und hat keinerlei Wirkung auf lebendes Gewebe. Das läßt sich mit folgender Analogie veranschaulichen: Wir wissen, daß auch Chlorgas tödlich ist. Doch wenn sich das Chlor mit Natrium zu Natriumchlorid verbindet, ist es eine relativ harmlose Substanz, die wir alle als Speisesalz kennen.

Es gibt nur eine Substanz, die das B_{17}-Molekül »knacken« und das

---

2 Das Material wurde aus Aprikosenkernen gewonnen. Da es in polarisiertem Licht linksdrehend (*lae*vorotatorisch) und chemisch ein Mandeloni*tril* war, wurde aus der ersten Silbe des einen und der letzten Silbe des zweiten Merkmals die Bezeichnung *Laetril* gebildet.

Zyanid freisetzen kann. Dies ist ein Enzym namens *Beta-Glukosidase*, das wir als »Spaltenzym« bezeichnen wollen.[3] Wenn B_{17} unter Anwesenheit von Wasser mit dieser Substanz in Kontakt kommt, wird nicht nur das Zyanid, sondern auch das Benzaldehyd freigesetzt, das isoliert ebenfalls hochtoxisch ist. Wenn diese beiden Substanzen zusammenwirken, sind sie mindestens hundert Mal so giftig wie jede für sich, ein Phänomen, das in der Biochemie als Synergie bezeichnet wird.[4]

Zum Glück findet sich das Spaltenzym nirgendwo im Körper in nennenswerter Menge *außer an der Krebszelle*, wo es stets in sehr großen Mengen vorhanden ist. Dort ist die Konzentration manchmal mehr als hundertmal so hoch wie in den gesunden Zellen der Umgebung. Das führt dazu, daß B_{17} an der Krebszelle aufgespalten wird und seine Gifte auf die Krebszelle, und *nur auf die Krebszelle*, losläßt.

Es gibt ein weiteres wichtiges Enzym namens Rhodanese (Thiosulfat-Sulfurtransferase), das wir »Schutzenzym« nennen wollen,[5] weil es die Fähigkeit hat, Zyanid zu neutralisieren, indem es dieses sofort in Nebenprodukte umwandelt, die sogar nützlich und für die Gesundheit erforderlich sind. Dieses Enzym findet sich in hohen Mengen in allen Teilen des Körpers *außer in Krebszellen*, die folglich nicht geschützt sind.

Interessant sind nun die Fälle, die zunächst aussehen, als bildeten sie die Ausnahme von dieser Regel. Wir haben gesagt, das Spaltenzym findet sich an keiner Stelle des Körpers in gefährlicher Menge, außer an der Krebszelle. Das ist richtig, aber beachten Sie die Formulierung »in gefährlicher Menge«. In unterschiedlichen Konzentrationen finden wir nämlich das Spaltenzym *überall* im menschlichen Körper. Besonders hochkonzentriert ist es in der gesunden Milz, Leber und in den endokrinen Organen. In allen diesen Fällen findet sich allerdings *auch* eine noch

---

3 Dies ist ein Oberbegriff für eine ganze Kategorie von Enzymen. Dasjenige, das speziell die als Laetril bekannte synthetische Form von Vitamin B_{17} aufspaltet, ist die *Beta-Glukosidase*.

4 Interessanterweise hat die Natur dieselbe Synergie als Schutzmechanismus des in Lousiana und Mississippi vorkommenden giftigen Tausendfüßlers angewendet. Dieses Tier besitzt paarige Drüsen an elf seiner Segmente. Wenn es sich bedroht fühlt, sondert es aus diesen Drüsen Zyanid und Benzaldehyd ab, deren tödliche Wirksamkeit nur zu bekannt ist. Siehe »Secretion of Benzaldehyde and Hydrogen Cyanide by the Millipede Pachydesmus Crassicutis«, *Science*, 138: S. 513; 1962.

5 Seit etwa 1965 erscheint Rhodanese in der Fachliteratur unter der Bezeichnung Thiosulfat-Sulfurtransferase.

größere Menge des Schutzenzyms Rhodanese. Gesundes Gewebe ist daher geschützt, da der Überschuß diese Schutzenzyms die Wirkung des Spaltenzyms vollständig neutralisiert.

Dagegen findet sich in der bösartigen Zelle nicht nur eine höhere Konzentration des Spaltenzyms als in den meisten normalen Zellen, ihr fehlt außerdem das Schutzenzym völlig. Sie reagiert damit besonders empfindlich auf die Freisetzung von Zyanid und Benzaldehyd.

Nicht von Krebs befallene Organe sind also von der Natur mit der einzigartigen Fähigkeit ausgerüstet, sich selbst gegen die Aufnahme des B_{17}-Moleküls zu schützen bzw. es sogar als Nährstoff zu verwenden, wogegen Krebsgewebe die gleichen Vitaminsubstanzen in starke Toxine umwandelt, gegen die es keinen Schutz besitzt.

Wenn man sich diese Tatsachen bewußt macht, ist es amüsant, wie die wissenschaftlichen »Experten« unter den Laetrilgegnern ihre Unwissenheit und Arroganz zu diesem Thema zur Schau stellen. Im California-Report von 1963 lesen wir beispielsweise:

> Dr. Jesse P. Greenstein, Leiter des Biochemischen Labors des *National Cancer Institute*, wurde um eine Stellungnahme zur Frage der Verteilung der Beta-Glucuronidase in neoplastischem [Krebs-] und nicht neoplastischem [gesundem] Gewebe und zu der Frage der Existenz eines »Tumor«[Spalt]-Enzyms Beta-Glucuronidase gebeten. Tatsache ist, so berichtete Dr. Greenstein, daß Beta-Glucuronidase in allen Geweben jedes tierischen Organismus vorhanden ist … Mit anderen Worten, in jedem tierischen Organismus gibt es erheblich mehr »normale« Beta-Glucuronidase als »Tumor«-Beta-Glucuronidase. In einem Brief vom 10. November 1952 schrieb Dr. Greenstein, »Aussagen wie … ›die bösartige Zelle … ist praktisch eine Insel in einem Meer von Beta-Glucuronidase‹ sind barer Unsinn«.[6]

Dr. Greenstein hat völlig recht mit der Beobachtung, daß das Spaltenzym sich in allen Geweben des tierischen Organismus findet, aber wenn er sich über sein überreichliches Vorhandensein in und um die bösartige Zelle lustig macht, liegt er vollkommen falsch. Seine mangelnde Kenntnis wird mehr als deutlich aus der Tatsache, daß ihm die entsprechende Anwesenheit und Gegenwirkung des Schutzenzyms in diesen Geweben

[6] Report by Cancer Advisory Council, *op. cit.*, S. 14, 15.

völlig unbekannt ist. Was er als »baren Unsinn« kritisiert, ist in Wirklichkeit ein biochemischer Mechanismus, von dem er anscheinend keine Ahnung hat.

Dr. Otto Warburg erhielt den Nobelpreis für seinen Nachweis, daß sich Krebszellen nicht, wie gesunde Zellen, durch Oxidation ernähren, sondern durch die Fermentierung von Zucker. Warburg erklärte:

> Vom Standpunkt der Physik und der Chemie des Lebens aus gesehen ist kein größerer Unterschied denkbar als dieser zwischen normalen Zellen und Krebszellen. Das Gas Sauerstoff, der Energiespender für Pflanzen und Tiere, wird in den Krebszellen vom Thron gestoßen und durch eine energieerzeugende Reaktion der niedrigsten Lebensformen ersetzt, nämlich der Fermentierung von Glukose.[7]

Daraus ist leicht erkennbar, warum alles, was die normale Zellatmung verbessert, das Krebswachstum hemmt. Wichtig ist allerdings, daß Benzaldehyd, das etwa von der Krebszelle wegdiffundiert und in Kontakt mit gesunden Zellen kommt, oxidiert und in ungefährliche Benzoesäure umgewandelt wird. Benzoesäure ist für gewisse antirheumatische, antiseptische und analgetische Eigenschaften bekannt. Dies könnte teilweise erklären, warum B_{17} den unerwarteten Effekt einer Linderung der heftigen Schmerzen bei Krebs im Endstadium hat, und zwar ohne Zuhilfenahme von Narkotika. Obwohl *an sich* kein Schmerzmittel, setzt es beim Kontakt mit Krebszellen Benzoesäure direkt an der befallenen Stelle frei und badet diese Stelle in einem natürlichen Analgetikum.[8] Gleichzeitig findet sich das an der Krebszelle zurückbleibende Benzaldehyd in einer fast sauerstofflosen Umgebung, in der es deswegen länger unverändert verharrt und seine tödliche Synergiewirkung ausübt.

Wenn andererseits Zyanid in geringen Mengen in normale Zellen der Umgebung diffundieren sollte, wird es bei Anwesenheit von Schwefel durch das Enzym Rhodanese in Thiozyanat umgewandelt, das, wie bereits erwähnt, völlig harmlos ist. Mehr noch, Thiozynat ist als natürlicher Blutdruckregulator bekannt. Es dient zudem als Stoffwechselreservoir

---

7 Zitiert nach *Prevention*, Mai 1968.

8 Nach Ansicht der Laetrilkliniker ist allerdings der *primäre* Grund für die Linderung der Schmerzen wahrscheinlich darin zu sehen, daß Laetril die Ausbreitung des Tumors und die Zerstörung von gesundem Gewebe aufhält.

für die körpereigene Produktion von Vitamin B_{12} oder Cyanocobalamin, eine Substanz, die für die Gesundheit unerläßlich ist. Viele Leute sind völlig überrascht zu hören, daß Zyanid ein wesentlicher und integraler Bestandteil sowohl von Vitamin B_{12} als auch von Vitamin B_{17} ist.[9]

Eine weitere unerwartete, aber hochwillkommene Wirkung von B_{17} ist die Tatsache, daß es die Menge von Hämoglobin, also der roten Blutkörperchen, erhöht. Bereits 1933 wurde bei Mäusen, die einer geringen Menge von Zyanidgas ausgesetzt wurden, dieser Effekt nachgewiesen,[10] aber erst seit Beginn der Forschungen von Dr. Krebs wurde er auch beim Menschen als Folge der internen chemischen Wirkung von Laetril demonstriert.

Weitere Experimente deuten darauf hin, daß geringste Mengen von Zyanid und Benzaldehyd, die im Mund und Darm freigesetzt werden, keineswegs ein Grund zur Panik, sondern in Wirklichkeit vielmehr Teil des empfindlichen natürlichen Gleichgewichts sind und ausschließlich positiven Zwecken dienen. Diese chemischen Substanzen greifen Bakterien im Mund und im Magen an, die Karies und schlechten Atem verursachen. Im Darm wirken sie mit der bakteriellen Mikroflora zusammen bei der Unterdrückung oder Beseitigung der seit langem mit westlicher Nahrung assoziierten Blähungen.

Zu den interessanten Nebenaspekten gehört jedoch der vermutete Zusammenhang von B_{17} mit der *Sichelzellenanämie*. In Afrika hat die schwarze Bevölkerung Sichelzellen im Blut offenbar als natürlichen Immunitätsfaktor gegen Malaria ausgebildet. Die Entwicklung dieses Merkmals war zum Teil abhängig von dem hohen Nitrilosidgehalt der traditionellen afrikanischen Ernährung. Sobald die Schwarzen in die modernen Städte Amerikas und Europas einwanderten, änderten sich ihre Ernährungsgewohnheiten drastisch. Das Resultat ist die schmerzhafte hämolytische Krise, die durch das Verklumpen der roten Blutkörperchen verursacht wird. Man weiß bereits, daß diese Krankheit durch Zyanattabletten gelindert werden kann. Aber Zyanat kann auch durch die Wirkung von Vitamin B_{17} im Körper gebildet werden, und die Annahme ist logisch, daß dies der von der Natur vorgesehene Versorgungsweg ist.

---

9 Vitamin B_{12} wird nicht in pflanzlichem Gewebe gebildet. Es ist ein tierisches Stoffwechselprodukt, in dem sich das Zyanidradikal mit Hydrocobalamin (B_{12a}) zu Cyanocobalamin (B_{12}) verbindet.

10 Maxwell and Bischoff, *Journal of Pharmacology and Experimental Therapy*, 49: S. 270.

Was bedeuten nun diese Hinweise? Ist es möglich, daß die rheumatischen Erkrankungen, gewisse Aspekte der Hypertonie (Bluthochdruck), Karies, diverse Magen-Darm-Erkrankungen, Sichelzellenanämie – *und Krebs* – alle direkt oder indirekt mit einem simplen Vitamin-B_{17}-Mangel zusammenhängen? Und wenn das der Fall sein könnte, was ist dann mit den anderen nicht-infektiösen Krankheiten, die die Menschen plagen und der Medizin Rätsel aufgeben? Könnte auch hier die Lösung eher in der Ernährung als in Medikamenten liegen?

Eine vollständige Antwort auf diese Fragen wird vielleicht erst in einigen Jahrzehnten möglich sein, aber wir wollen uns wieder unserem Hauptthema – Krebs – und dem Fragenbereich zuwenden, für den wir schon einige Antworten *kennen*. Mittlerweile ist es nicht mehr nur Spekulation, sondern eine von einem Berg von Beweisen gestützte Tatsache, daß Vitamin B_{17} ein unerläßlicher Teil eines erstaunlichen biochemischen Vorgangs ist, der Krebszellen zerstört und gleichzeitig gesunde Zellen mit Nährstoffen versorgt und stärkt.

Wegen des stetigen und normalen Regenerationsprozesses besitzt jeder Mensch Trophoblastzellen. Diese werden allerdings von der Stoffwechselbarriere aus dem Pankreasenzym Chymotrypsin und der Nitrilosidnahrungskomponente Vitamin B_{17} in Schach gehalten. Diese Barriere ist ein komplexer und perfekter natürlicher Mechanismus, der unmöglich zufällig entstanden sein kann.

Wie bereits im vorigen Kapitel erwähnt, wird heute viel über Karzinogene spekuliert – die Dinge, die angeblich Krebs erzeugen. Man sagt uns, daß Rauchen oder zu starke Sonneneinwirkung oder chemische Nahrungsmittelzusätze oder sogar bestimmte Viren Krebs verursachen können. Wie wir aber gesehen haben, ist der wahre Grund ein Vitamin- und Enzymmangel. Diese anderen Dinge sind lediglich die spezifischen Auslöser, die den Prozeß ins Rollen bringen.

Alles, was länger andauernde Belastung oder Schäden im Körper bewirkt, kann den Heilungsprozeß in Gang setzen. Wenn dieser unkontrolliert weiterläuft, weil dem Körper die notwendigen chemischen Substanzen fehlen, um das Gleichgewicht wiederherzustellen, führt dies zu Krebs.

Spezifische Karzinogene wie Zigarettenrauch oder Viren *verursachen* deswegen keinen Krebs; sie bestimmen lediglich, wo er auftritt.

Zur natürlichen Krebsabwehr gehört viel mehr als die Pankreasenzyme und Vitamin B_{17}. Beispielsweise berichten europäische Ärzte, daß *Hyperthermie* – die gezielte Anhebung der Körpertemperatur des

Patienten – die Vitamintherapie in ihrer Wirksamkeit so sehr gesteigert hat, daß dies auf einen weiteren Synergieeffekt schließen läßt, ähnlich wie dem zwischen Zyanat und Benzaldehyd. Wenn die Körpertemperatur von den normalen 37 Grad Celsius auf 41 Grad angehoben wird, wird eine drei- bis zehnfache Wirkungssteigerung erzielt. Mit anderen Worten, bei der höheren Temperatur von 41 Grad ist nur ein Drittel bis zu einem Zehntel der jeweiligen Laetrilmenge erforderlich, um einen bestimmten krebshemmenden Effekt zu erzielen. Möglicherweise hemmt die vermehrte Anreichung mit Sauerstoff und Durchblutung durch das Fieber den Fermentationsprozeß in der Krebszelle.

In diesem Zusammenhang ist der Bericht von Dr. Wilfrid Shute (dem in aller Welt berühmten Befürworter der Vitamin-E-Therapie für Herzpatienten) interessant, demzufolge aus ihm nicht bekannten Gründen Patienten, die sehr hohe Dosierungen von Vitamin E erhielten, seltener an Krebs erkrankten als andere Patienten. Der Nobelpreisträger Dr. Linus Pauling deutete an, daß auch Vitamin C als krebshemmender Wirkstoff wertvoll sein könnte. Dr. Umberto Saffiotti vom *National Cancer Institute* hat mit Vitamin A bei Mäusen Lungenkrebs gestoppt.[11] Und wie im Oktober 1971 in *Biomedical News* berichtet, verringerten massive orale Dosen des Vitamin-B-Komplexes im Versuch mit Mäusen das Krebswachstum um bis zu 70 Prozent.

Es ist ganz offenkundig, daß wir sehr vieles noch nicht wissen, und niemand behauptet, daß Vitamin B_{17} allein die Lösung ist. Zusätzlich zu Hyperthermie und den Vitaminen A, B, C und E spielen vermutlich weitere Vitamine, weitere Enzyme und sogar pH-Werte eine wichtige Rolle. Von allen diesen Faktoren scheint Vitamin B_{17} der wichtigste mit der unmittelbarsten Wirkung, jedoch darf keiner von ihnen ignoriert werden, da jeder ein Rädchen im natürlichen Gesamtmechanismus darstellt.

Zum Glück muß der Mensch diesen Mechanismus nicht bis ins kleinste Detail verstehen, um ihn für sich zu nutzen. Es reicht, wenn er weiß, daß er Nahrungsmittel mit einem hohen Gehalt an allen Vitaminen und Mineralen – besonders Vitamin B_{17} – zu sich nehmen und Dauerstreß für den Körper nach Möglichkeit vermeiden sollte.[12]

---

11 »Is There An Anti-Cancer Food?« von Gena Larsen, *Prevention*, April, 1972.

12 Eine ausgezeichnete Anleitung zur Zubereitung von Speisen mit hohem Vitamin-B_{17}-Gehalt ist *The Little Cyanide Cookbook* von June de Spain (Westlake Village, CA: American Media, 1975).

Kapitel 7

Angstmache mit Zyanid

Zeitungsbericht über ein Ehepaar mit angeblicher Aprikosenkernvergiftung, genaue Überprüfung der Faktenlage zu diesem Fall, Bewertung des toxischen Potentials von B_{17}-haltigen Samen und der klinische Beweis, daß Laetril weniger giftig ist als Zucker.

Am 1. September 1972 gab das Gesundheitsministerium des Staates Kalifornien die monatliche Morbiditätsstatistik für Ärzteschaft und Presse heraus. Darin enthalten war ein Eintrag über ein Ehepaar aus Los Angeles, das nach dem Genuß von dreißig Aprikosenkernen wegen »Zyanidvergiftung« behandelt worden war. Am 4. September brachte der *Los Angeles Examiner* einen UPI-Bericht mit der Überschrift: »OBSTKERNE VERURSACHEN ZYANIDVERGIFTUNG«. Sechs Tage darauf erschien ein ähnlicher Bericht in der New York Times: »ZUSAMMENHANG ZWISCHEN APRIKOSENKERNEN UND VERGIFTUNGEN AN DER WESTKÜSTE«.

Alle Amerikaner waren gewarnt – und verschreckt – worden: Finger weg von diesen Kernen! Für diejenigen, die mit der Geschichte von Laetril nur wenig vertraut waren, hieß das praktisch das Ende der Anwendung von Vitamin B_{17}. Und wie in einem späteren Kapitel gezeigt werden wird, steht zu vermuten, daß genau das erreicht werden sollte.

Als Antwort auf diese Zeitungsberichte schickte Jay Huchinson, ein ehemaliger Krebspatient, der seine Genesung Laetril zuschreibt, umgehend per Luftpost und Eilboten folgenden verschmitzten Brief an Mohammed Jamel Khan, den Mir von Hunza:

> Sehr geehrter Mir und Rhani von Hunza,
>
> ich lasse Ihnen auf dem schnellsten Weg diese ganz dringende Warnung zukommen, damit Sie sofort Ihre Regierung und Ihr Volk über die Gesundheitsrisiken aufklären können, die vom Gesundheitsministerium des Staates Kalifornien in der Woche des 3. September 1972 berichtet wurden. Ich füge Artikel aus Zeitungen von San Francisco bei …

> Herr Mir, Sie müssen erreichen, daß Ihr Volk aufhört, diese Kerne zu essen! Hören Sie auf, Mehl daraus herzustellen! Hören Sie auf, Ihren Neugeborenen das Öl aus diesen Kernen einzuflößen und, um Mohammeds Willen, hören Sie auf, sie damit einzusalben! …
>
> Bitte, schreiben Sie bald zurück – und könnten Sie uns bei der Gelegenheit bitte auch erklären, warum Ihr Volk zu den gesündesten der Welt gehört und warum Männer und Frauen bei Ihnen bis weit über die Neunzig gesund und kräftig sind, und warum Sie und Ihr wunderbares Volk fast nie Krebs bekommen?[1]

An die meisten Leser war dieser Sarkasmus allerdings komplett verschwendet. Sie nahmen die Geschichte von dem vergifteten Ehepaar *tod*ernst. Viele, die gehört hatten, daß diese Samen gegen Krebs helfen könnten, aber die dahinterstehenden chemischen Zusammenhänge nicht verstanden, bekamen jetzt Angst davor, sie zu essen, oder hatten Zweifel. Ein übereifriges Gesundheitsministerium in Hawaii konfiszierte alle Aprikosenkerne aus den Reformhausregalen, und die meisten Läden auf dem amerikanischen Festland wurden soweit eingeschüchtert, daß sie sie aus dem Sortiment nahmen. Die »Nachrichten«meldung hatte ihren Zweck erfüllt.

Da er den Verdacht hatte, daß mehr dahinterstecken könnte, als es zunächst den Anschein haben mochte, versuchte der Verfasser dieses Buches, vom Gesundheitsministerium Einzelheiten zu erfahren – besonders die Namen des betreffenden Ehepaars. Anscheinend war dem Gesundheitsministerium jedoch eine Befragung des Paares nicht genehm. Dr. Ralph W. Weilerstein, der Gesundheitsbeauftragte der FDA Kalifornien, antwortete: »Wir bedauern Ihnen mitteilen zu müssen, daß wegen der Vertraulichkeit der für die Morbiditätsstatistik erhobenen Daten ein Interview mit den Patienten, die in Los Angeles eine Vergiftung erlitten, nicht möglich ist.«[2]

Anscheinend konnte Dr. Dean Burk vom *National Cancer Institute* mehr Informationen bekommen. In einem Schreiben vom 13. Dezember 1972 erklärte er:

---

1 Zitiert nach »Of Apricot Pits and Hunzaland« von Mike Culbert, *Berkeley Daily Gazette*, 13. August 1972.

2 Schreiben an den Verfasser vom 20. September 1972; Griffin, *Private Papers, op. cit.*

> Dieses Ehepaar aus Los Angeles … erkrankte sehr schwer und wurde im Notfallkrankenhaus behandelt, und zwar nach der oralen Einnahme eines Gemischs aus Aprikosenkernen, Aprikosenfruchtfleisch und destilliertem Wasser, das über Nacht stehen gelassen worden war – ein Gemisch, das vermutlich über Nacht leicht zu gären begonnen hatte, zweifellos sehr bitter war und nach »etwa einer Stunde« die Erkrankung (Übelkeit, Erbrechen, etc.) verursachte. Dies ist eine ungewöhnlich lange Zeit für Zyanid, das normalerweise innerhalb von Minuten nach der Einnahme wirkt. Mr. Murray [Mitarbeiter des Bezirksgesundheitsamts von Los Angeles] war nicht bereit, verbindlich zu erklären, daß Zyanid die Hauptursache der Erkrankung war, von der sich das Ehepaar anscheinend rasch erholte. Er sagte, »daß man unter den gegebenen Umständen … keine vorschnellen Schlüsse ziehen und ihre Erkrankung definitiv der Einnahme von Amygdalin zuschreiben möchte … Ich glaube nicht, daß ich persönlich behaupten könnte, bewiesen zu haben, daß ihre Erkrankung auf die Aprikosenkerne zurückzuführen war.«

Es ist natürlich interessant, daß unter den, wie ich vermute, Tausenden von Fällen in den monatlichen Morbiditätsberichten des Staates Kalifornien ausgerechnet der Murray-Chinn-Bericht zu Amygdalin [die Geschichte des Paares aus Los Angeles] es in die nationale Presse schaffte – vermutlich mit Hilfe und Unterstützung der staatlichen Gesundheitsbehörden.

In einem einleitenden Artikel schrieb Mr. Gray: »Die Politik des Gesundheitsministeriums war schon immer, Laetril zu diskreditieren, ohne das je offen zu erklären. Die Presse hat dies unterstützt, wo sich die Journalisten bei der Recherche für ihre Berichte auf die Informationen beschränkten, die sie aus den Büros des Ministeriums erhielten.«[3]

In einem weiteren Schreiben vom 20. Dezember 1972 machte Dr. Burk seine Ansicht noch deutlicher:

> Tatsache ist, daß eine erhebliche Zahl von Menschen ohne irgendwelche Beschwerden im Laufe eines Tages zehn bis 20 Aprikosenkerne essen und nach einer Gewöhnungszeit sogar 50 bis 100

---

[3] Brief von Dr. Dean Burk an Mr. M. Standard, 13. Dezember 1972; Griffin, *Private Papers, op. cit.*

> Kerne, allerdings nicht auf einmal, wie dies die Gastronomen aus Los Angeles taten. Dasselbe trifft auf eine ganze Reihe normaler Nahrungsmittel zu, die giftig oder allergen sein können, zum Beispiel Erdbeeren, Zwiebeln, Krabben und so weiter, die nie *en masse* oder *in toto* von Gesundheitsbehörden, die im Geiste des Großen Bruders handeln, aus den Regalen der Lebensmittelläden entfernt werden …

Die Warnung einer Gesundheitsbehörde an die Bevölkerung vor den gesundheitlichen Folgen von unklugen oder Ausnahmehandlungen ist eine Sache. Die Menschen eines hervorragenden und bei normalem und vernünftigem Verzehr für 99,999 Prozent der Bevölkerung völlig unbedenklichen Nahrungsmittels zu berauben ist eine ganz andere.[4]

Wir haben bereits gesagt, daß Vitamin B_{17} für nicht von Krebs befallene Zellen ungefährlich ist. Das stimmt, aber genauer müßte man sagen, es ist so ungefährlich, wie irgendeine Substanz nur sein *kann*. Schließlich kann sogar lebenswichtiges Wasser oder Sauerstoff in unnatürlich großen Mengen tödlich sein. Das selbe gilt für das Vitamin B_{17}. Beispielsweise findet sich in den Samen der meisten nitrilosidhaltigen Früchte normalerweise eine sehr geringe Menge Beta-Glukosidase (des »Spalt«enzyms). Wenn dieses Enzym durch die Sekretionen des Mundes oder des Magens aktiviert wird, werden an diesen Stellen geringste Mengen von Zyanid und Benzaldehyd freigesetzt. Wie bereits erwähnt, sind begrenzte Mengen dieser Substanzen in Mund, Magen und Darm nicht gefährlich, sie scheinen sogar Teil eines absichtlichen, empfindlichen natürlichen Gleichgewichts zu sein, dessen Fehlen Karies, schlechten Atem und die verschiedensten Arten von Magen-Darm-Störungen hervorrufen kann. Aber was passiert, wenn man diese Kerne in riesigen Mengen ißt?

Es gibt da den Fall eines Mannes, der – so wird berichtet – starb, nachdem er rasch fast eine ganze Tasse Apfelkerne aß. Dieser Fall ist übrigens nie bestätigt worden und könnte durchaus frei erfunden sein; aber selbst angenommen, er wäre wahr: Wenn der Mann die Äpfel ganz gegessen hätte, hätte er zusätzlich auch soviel Rhodanese (das »Schutz«enzym) aus dem Fruchtfleisch zu sich genommen, daß es die

---

[4] Brief von Dr. Dean Burk an Mr. B. Stenjen, Präsident des Ortsverbands Waikiki der National Health Federation, 20. Dezember 1972, Griffin, *Private Papers, op. cit.*

Wirkung selbst so riesiger Mengen von Apfelkernen in seinem Magen ausgeglichen hätte. Dazu hätte er allerdings mehrere *Kisten* voller Äpfel essen müssen, was natürlich von vornherein unmöglich gewesen wäre.

Man muß wissen, daß es in manchen Regionen der Welt Aprikosensorten gibt, deren Kerne im Vergleich zu den in den USA angebauten Sorten die zehnfache Nitrilosidmenge enthalten. Natürlich sind auch diese Kerne in vernünftigen Mengen und zusammen mit der ganzen Frucht gegessen nicht gefährlich. Wenn jedoch nur die Samen in großen Mengen gegessen werden, kann das ein Risiko bedeuten. Bei den Hunza werden die Kerne der ersten Früchte jedes neuen Aprikosenbaums von den Ältesten darauf geprüft, ob sie besonders bitter schmecken. Wenn das der Fall ist – was sehr selten vorkommt –, wird der Baum gefällt.

Gelegentlich findet man diese seltenen Bäume auch in der Türkei. Hier werden sie jedoch nicht gefällt, da der Kern als »gesund« gilt. Infolgedessen hat es in der Türkei einen oder zwei Fälle gegeben, in denen kleine Kinder die Kerne der »wilden Aprikose« für die der Kultursorte hielten, und sie wurden krank und starben. Aber auch in der Türkei ist dies höchst selten. In den USA gibt es natürlich nicht einmal Berichte darüber, daß solche Bäume je dort existiert hätten.

Bei einem öffentlichen Vortrag über Laetril wurde Dr. Ernst T. Krebs junior von einer Frau im Publikum gefragt, ob beim Verzehr von zu vielen B_{17}-haltigen Kernen irgendein Risiko bestünde. Hier seine Antwort:

> Das ist eine sehr gute Frage. Sie zeigt, wie verbohrt Menschen sein können. Wenn wir den Kern zusammen mit der ganzen Frucht essen, können wir unmöglich zu viel Nitriloside aus den Kernen zu uns nehmen. Wenn wir allerdings Äpfel nehmen, das ganze Fruchtfleisch wegwerfen, eine halbe Tasse Apfelkerne sammeln und dann beschließen, die halbe Tasse Apfelkerne zu essen, besteht durchaus die Möglichkeit, daß wir wegen einer Überdosis Zyanid ernsthaft erkranken …
>
> Man kann gar nicht genug Pfirsiche oder Aprikosen oder Pflaumen oder Äpfel essen, um so viele Kerne zusammenzubekommen, daß eine toxische Menge von Nitrilosiden erreicht wird, aber wenn man nur einen Teil der Pflanze nimmt, geht das.[5]

---

5 *Cancer News Journal*, September/Dezember 1970, S. 7, 8.

Dr. Krebs erklärte dann, daß beim Rösten der Kerne das Vitamin B_{17} nicht zerstört wird, wohl aber das Spaltenzym. Wer also Angst vor Gift hat, kann als zusätzliche Vorsichtmaßnahme die Kerne rösten, bevor er sie ißt.[6] Allerdings sollte man bedenken, daß dies nicht die von der Natur vorgesehene Art ist, sie zu essen, und daß dadurch vielleicht jegliche positive chemische Wirkung im Mund, Magen und Darm verlorengeht.

Wie viel Nitrilosid der Körper braucht, weiß man nicht. Vielleicht wird sich das auch nie festlegen lassen, da es sich sicher von Person zu Person unterscheidet – je nach Alter, Geschlecht, Zustand der Bauchspeicheldrüse, Ernährung, Gewicht und erblicher Veranlagung. Deswegen wäre es absurd, wenn man versuchen wollte, eine sogenannte Tagesmindestmenge oder Empfohlene Tagesmenge zu propagieren oder per Gesetz einzuführen.

Zudem besteht die Tendenz, bei Mangelerkrankungen in Ja-Nein-Kategorien zu denken: Man hat sie oder man hat sie nicht, und dazwischen gibt es nichts. Entweder Sie haben Skorbut oder nicht. Das ist unter Umständen irreführend. Skorbut ist die *Extremform* des Vitamin-C-Mangels. Eine weniger ausgeprägte Form manifestiert sich vielleicht nicht in den klassischen Skorbutsymptomen, sondern in Müdigkeit, Infektanfälligkeit und anderen nicht tödlichen Krankheiten.

Der weltbekannte Biologe Albert Szant-Gyorgyi drückte es so aus:

> Skorbut ist nicht das erste Mangelsymptom. Er ist das Zeichen des endgültigen Zusammenbruchs des Organismus, ein prämortales Syndrom, und zwischen Skorbut und völliger Gesundheit liegt eine sehr große Spanne …
>
> Wenn Sie sich wegen unzureichender Ernährung erkälten und an Lungenentzündung sterben, wird Ihre Diagnose Lungenentzündung und nicht Mangelernährung lauten, und höchstwahrscheinlich hat Ihr Arzt Sie auch nur auf Lungenentzündung behandelt.[7]

Ebenso unmöglich ist festzulegen, welche gesundheitlichen Probleme durch *partiellen* Vitamin-B_{17}-Mangel verursacht sein können. Daher sind

---

6 In diesem Fall schlägt Dr. Krebs vor, die Kerne 30 bis 50 Minuten bei 100 Grad Celsius zu rösten, um die Beta-Glukosidase zu deaktivieren.

7 *The Living State; With Observations on Cancer* (New York and London: Academic Press, 1972), S. 77.

sich Beobachter weitgehend einig, daß im Zweifelsfalle ein Überschuß besser ist als eine Unterversorgung.

Dr. Krebs hat für einen gesunden Erwachsenen ein Minimum von 50 Milligramm Vitamin B_{17} pro Tag vorgeschlagen. Jemand mit einer Veranlagung für Krebs würde natürlich mehr brauchen, und jemand, bei dem die Krankheit bereits besteht, *viel* mehr.

Ein normal großer Kern der in den USA gängigen Aprikosensorten enthält etwa vier bis fünf Milligramm B_{17}. Das ist aber nur eine durchschnittliche Zahl und kann um den Faktor sechs variieren, je nach Art des Kerns, Baumart, Klima und Bodenverhältnissen. Aber ausgehend von der durchschnittlichen Zahl sehen wir, daß man zehn bis zwölf Aprikosenkerne täglich brauchen würde, um auf fünfzig Milligramm B_{17} zu kommen.

Ist diese Menge gefährlich? Kaum. Es wird von Fällen berichtet, wo Menschen ohne negative Wirkungen 85 bis 100 Aprikosenkerne täglich verzehren. Allerdings muß ganz schnell hinzugefügt werden, daß es sich hierbei nicht um eine empfohlene Dosis handelt. Da die Kerne sich im Nitrilosidgehalt um bis zu sechs zu eins unterscheiden können, wäre es denkbar, daß 85 Kerne von einem Baum mehr als *fünfhundert* Kernen von einem anderen Baum entsprächen.

Die Natur kann nicht alles leisten. Exzesse solcher Art kann sie nicht voraussehen. Daher hält man sich klugerweise an die simple Regel, nicht mehr Kerne zu essen, als man schaffen würde, wenn man eine vernünftige Menge Fruchtfleisch mitessen würde. Diese Regel, die auf dem gesunden Menschenverstand basiert, läßt einen breiten Sicherheitsspielraum und ist völlig unbedenklich anzuwenden.

Keine natürlich vorkommende Substanz ist mehr mißverstanden worden als Zyanid. Im Laufe der Jahre hat sich eine an Aberglauben grenzende Unkenntnis aufgebaut, zurückgehend auf die frühen Tage der Wissenschaft, als zum ersten Mal festgestellt wurde, daß Zyanid toxisch sein kann. Diese irrige Meinung früherer Zeiten hat sich bis in die Gegenwart erhalten, so daß der Durchschnittsmensch *Zyanid* mit *Gift* gleichsetzt. Demzufolge hat unsere Kultur eine Antipathie gegen diese Substanz ausgebildet, wo auch immer sie in unserer Nahrung festgestellt wird. Es wurde jede Anstrengung unternommen, sie zu eliminieren. Die örtlichen Gesundheitsbehörden schwärmen in unsere Lebensmittelmärkte aus, um sicherzustellen, daß sie uns nicht erreicht, und die Bundes-FDA hat sogar Gesetze erlassen, die den Verkauf jeder Substanz verbieten, deren Gehalt dieser Substanz höher als ein vierhundertstel Prozent beträgt![8] Bei so viel

»Schutz« ist es kaum verwunderlich, daß die amerikanische Bevölkerung der fulminanten Mangelerkrankung namens Krebs zum Opfer fällt.

So viel zu Zyanid in natürlichen Lebensmitteln. Was ist mit den synthetischen Formen von Vitamin B_{17}, die unter den Bezeichnungen Amygdalin und Laetril bekannt sind? Hier besteht *noch* weniger Grund zur Besorgnis. Seit über 100 Jahren wird die Substanz in den Lehrbüchern der Pharmakologie als ungiftig beschrieben. In fast zwei Jahrhunderten der Anwendung überall in der Welt gab es nicht einen damit verbundenen Todes- oder ernsthaften Erkrankungsfall.

Amygdalin wurde 1830 von dem deutschen Chemiker von Liebig entdeckt. Laut dem *American Illustrated Medical Dictionary* (Ausgabe von 1944) bedeutet Amygdalin so viel wie »mandelartig« und weist darauf hin, daß diese Substanz erstmals aus dem Bittermandelkern isoliert wurde.[9] In der einen oder anderen Form ist sie seitdem praktisch ständig angewendet und untersucht worden und, so sagt Dr. Burk, »Über die chemischen und pharmakologischen Eigenschaften von Amygdalin ist mehr bekannt als über die meisten anderen allgemein gebräuchlichen Arzneimittel«. Seit 1834 ist es in Arzneimittelverzeichnissen aufgeführt. Bereits 1848 wurden damit Toxizitätsstudien an Hunden durchgeführt. 1907 wurde es in den *Merck-Index* aufgenommen. Und 1961 fand es Eingang in die chinesisch-koreanischen Listen pflanzlicher Arzneimittel von Sun Chu Lee und Yung Chu Lee, wo über seine Anwendung speziell als Mittel zur »Krebsauflösung« berichtet wird.[10]

Wie viele chemische Verbindungen kommt Amygdalin in mehreren verschiedenen kristallinen Formen vor. Die Form variiert je nach der darin enthaltenen Zahl von Wassermolekülen. Unabhängig von der Form ergeben alle Kristalle bei Auflösung ein und dasselbe Amygdalin.

Der von Dr. Krebs entwickelte und als Laetril bekannte Amygdalinkristall ist einzigartig, da er sehr viel leichter löslich ist als andere

---

8 Siehe *Requirements of the United States Food, Drug, and Cosmetic Act*, FDA Publication No. 2, Revidierte Fassung Juni 1970, S. 26.

9 Die in den USA im Handel erhältlichen »süßen Mandeln« enthalten kein B_{17}. »Bittermandeln« dagegen enthalten diese Substanz in großen Mengen – sogar noch mehr als Aprikosenkerne. Allerdings wurden, zum einen, weil die Amerikaner süße Mandeln vorziehen, zum anderen wegen der Einschränkung der Vermarktung von Bittermandeln durch die FDA (siehe Fußnote 8), mittlerweile fast alle Bittermandelbäume gefällt.

10 Brief von Dr. Dean Burk an Mr. M. Standard, 13. Dezember 1972; Griffin, *Private Papers, op. cit.*

Formen und folglich dem Patienten bei der gleichen Menge von Injektionslösung in weit höherer Konzentration injiziert werden kann.

Was die Frage der potentiellen Toxizität von Laetril angeht, so hat Dr. Burk sie in folgender nachdrücklicher Feststellung zusammengefaßt:

> In 45 Jahren von Untersuchungen und Forschungen über das Krebsproblem, davon die letzten 33 Jahre am *National Cancer Institute* der USA, und mit einer Sammlung von Dossiers über praktisch die gesamte jemals publizierte Literatur zum Gebrauch von Amygdalin (»Laetril«) bei Krebs sowie ungezählten Dossiers voller unveröffentlichter Dokumente und Briefe habe ich keine Erklärung gefunden, daß die pharmakologische Schädlichkeit von Amygdalin für den Menschen in den von Ärzten in den USA oder im Ausland empfohlenen oder angewandten Dosierungen nachgewiesen worden wäre.[11]

Dr. D. M. Greenberg, Professor Emeritus für Biochemie an der *University of California* in Berkeley und Berater für den *Cancer Advisory Council* des Gesundheitsministeriums von Kalifornien, bestätigte dies mit folgenden Worten:

> Es besteht kein Zweifel, daß reines Amygdalin (Laetril) eine nicht-toxische Substanz ist. Niemand, der die dem *Cancer Advisory Council* des Staates Kalifornien vorgelegten Berichte aufmerksam gelesen hat, bezweifelt dies.[12]

In den Anfängen der Laetrilversuche wurde befürchtet, daß die Substanz bei oraler Einnahme toxisch sein könnte. Diese Sorge rührte daher, daß anfangs die Methoden zur Entfernung der Beta-Glukosidase (des Spaltenzyms) aus dem Aprikosenextrakt noch nicht ausgereift waren. Da Laetril eine hochkonzentrierte Form von B_{17} ist, bestand die theoretische Befürchtung, daß es bei Aktivierung durch die Magensäfte Probleme verursachen könnte. Daher wird in einigen früheren Schriften zu Laetril die Anwendung ausschließlich in Form von Injektionen empfohlen und

---

11 Brief von Dr. Dean Burk an Stephen Wise und Gregory Stout, Rechtsanwälte, vom 17. Dezember 1972; Griffin, *Private Papers, op. cit.*

12 Erklärung vom 13. Oktober 1969, zitiert nach dem Bericht in der Anlage zum Brief von Dr. Dean Burk, Ibid.

vor einer oralen Verabreichung gewarnt. Diese Warnung ist aber inzwischen längst überholt, und es gibt keinen medizinischen Grund gegen eine orale Einnahme.

Aspirintabletten sind zwanzigmal giftiger als die gleiche Menge Laetril. Die Toxizität von Aspirin ist kumulativ und kann sich über Tage oder sogar Monate aufbauen. Der von B_{17} ausgelöste chemische Prozeß dagegen ist innerhalb weniger Stunden abgeschlossen und hinterläßt keinerlei Rückstände. In den USA sterben alljährlich mehr als 90 Menschen an Aspirinvergiftung. Noch nie ist jemand an B_{17} gestorben.

Aspirin ist das Analog einer in der Natur vorkommenden Substanz, aber es ist immer noch ein synthetisches Mittel. Es ist nicht identisch mit dem Modell, dem es nachgebildet ist. B_{17} dagegen ist eine Substanz, die in eßbaren Pflanzen in großen Mengen vorkommt. Es ist keine synthetische Substanz und dem Körper nicht fremd. In seiner Reinform Laetril ist es sogar noch weniger toxisch als Zucker.

Als Ergebnis einer Testreihe mit ausgewachsenen Mäusen berichtet Dr. Burk, daß diese bei bester Gesundheit ein extrem hohes Alter erreichen konnten, wenn ihr Futter zu 50 Prozent aus entfetteten Aprikosenkernen bestand. Seiner Aussage nach bedeutete das die gewaltige Menge von 125 Milligramm B_{17} täglich für jede Maus. Und er fügte hinzu, daß die Kerne »gleichzeitig ein hochwertiges vitamin- und mineralstoffreiches Futter« lieferten.[13]

In einer anderen Versuchsreihe wurde weißen Ratten das Siebzigfache der menschlichen Dosis Laetril verfüttert, und die einzigen Nebenwirkungen waren gesteigerter Appetit, Gewichtszunahme und besserer Gesundheitszustand, eben exakt das, was man von der Einnahme eines Vitamins erwarten würde.

Ach, übrigens. Es gibt Schätzungen, daß alljährlich 100 000 Menschen an verschreibungspflichtigen Medikamenten sterben.[14]

---

13 Brief von Dr. Dean Burk an den Kongreßabgeordneten Lou Frey junior vom 30. Mai 1972, abgedruckt in *Cancer control Journal*, Mai/Juni 1973, S. 6.

14 »System to control deadly drug interaction failing« von Andrea Knox, *Knight Ridder Newspapers*, 7. Januar 2001.

Kapitel 8

Die Laetril-»Quacksalber«

Namen, Positionen, medizinische Verdienste und klinische Ergebnisse von einigen der bekannteren Ärzte, die für den Einsatz von Laetril eintreten, positive Nebenwirkungen von Laetril, Vorschlag einer Krebsdiät und eine kurze Beschreibung von Vitamin B_{15}.

»Laetril ist eine verdammte ›Quacksalberei!‹« – So urteilte Helene Brown, Präsidentin der *American Cancer Society of California*.[1]

Schon 1974 gab es mindestens 26 veröffentlichte Artikel namhafter Ärzte, die Laetril in der Behandlung ihrer eigenen Patienten angewandt hatten und zu dem Schluß gekommen waren, daß Laetril in der Krebsbehandlung sowohl unbedenklich als auch wirksam ist.[2] Weiterhin existieren umfangreiche private Dokumentationen von Ärzten, die es klinisch eingesetzt, ihre Ergebnisse jedoch außer in Briefen an Kollegen oder öffentlichen Vorträgen und Interviews nie publiziert haben. Die *American Cancer Society* und andere Vertreter der orthodoxen Medizin wollen uns allen Ernstes glauben machen, daß sich nur Quacksalber oder Sonderlinge dieser Schlußfolgerung angeschlossen haben. Aber die Ärzte, die diese Versuche durchführten, und die, die zu den gleichen Schlußfolgerungen gelangten, sind *keine* Quacksalber. Nachfolgend nur ein paar Namen:

In Deutschland arbeitet Dr. med. Hans Nieper, ehemaliger Leiter der Abteilung für Innere Medizin an der Paracelsus-Klinik am Silbersee in Hannover. Er ist der Wegbereiter der medizinischen Kobalt-Therapie gegen Krebs und entwickelte das Krebsmittel *Cyclophosphamid*. Von ihm stammt das Konzept der »Mineraltransporter« zur Verhinderung von Herznekrosen. Er war Leiter des Labors für chemische Kreislaufforschung am Allgemeinen Krankenhaus von Aschaffenburg. Er steht im *Who's*

---

1 »The Pain Exploiters; The Victimizing of Desperate Cancer Patients«, *Today's Health*, November 1973, S. 28.

2 Für eine vollständige Liste dieser Publikationen siehe *The Laetriles/Nitrilosides, op. cit.*, S. 84, 85.

Who in World Science und war Präsident der Deutschen Gesellschaft für Onkologie. Er zählt zu den bekanntesten und meistgeachteten Krebsspezialisten der Welt.

Bei einem Besuch der Vereinigten Staaten im Jahr 1972 erklärte Dr. Nieper vor Journalisten:

> Nachdem ich mich 20 Jahre lang dieser hochspezialisierten Arbeit gewidmet habe, muß ich feststellen, daß die nicht-toxischen Nitriloside – also Laetril – anderen bekannten Behandlungs- oder Vorbeugungsmaßnahmen gegen Krebs weit überlegen sind. Meiner Meinung nach ist Laetril die einzige verfügbare Methode, den Krebs wirklich in den Griff zu bekommen.

In Kanada lebt Dr. med. N. R. Bouziane, ehemaliger Leiter der Forschungslaboratorien am St.-Jeanne-d'-Arc-Krankenhaus in Montreal und für Chemotherapie verantwortliches Mitglied des Tumorbeirats an diesem Krankenhaus. Er promovierte summa cum laude in Medizin an der Universität Montreal. Er ist außerdem Inhaber eines Doktortitels in Naturwissenschaften der Universität Montreal und der *St. Joseph's University*, einer Schwesteruniversität der Universität Oxford in New Brunswick. Er war Forschungsassistent in Chemie und in Hämatologie und hat sich in Bakteriologie, Hämatologie und Biochemie qualifiziert. Er war zudem Dekan der *American Association of Bio-Analysts*.

Nach der ersten Versuchsreihe mit Laetril kurz nach der Einführung berichtete Dr. Bouziane:

> Uns liegt in jedem Fall eine histologische [auf mikroskopischer Gewebeanalyse basierende] Diagnose vor. Wir haben keinen Fall aufgenommen, in dem kein histologischer Krebsbefund vorlag …
>
> In unserer Untersuchung bestand für einige Fälle im Endstadium so wenig Hoffnung, daß sie nicht einmal die 30 Gramm erhielten, die unserer Meinung nach die Basisdosis bilden sollte. Die meisten Fälle konnten jedoch mit der Erhaltungsdosis das Krankenhausbett verlassen, und einige haben innerhalb dieser kurzen Zeit ihre normale Tätigkeit wieder aufgenommen.[3]

---

3 »The Laetrile Story«, *op. cit.* S. 3. Auch *Cancer News Journal*, Januar/April 1971, S. 20.

Auf den Philippinen lebt Dr. med. Manual Navarro, ehemaliger Professor für Innere Medizin und Chirurgie an der Universität von Santo Tomas in Manila, Außerordentliches Mitglied des Nationalen Forschungsbeirats der Philippinen, Fellow des *Philippine College of Physicians*, der *Philippine Society of Endocrinology and Metabolism* und Mitglied der *Philippine Medical Association*, der *Philippine Cancer Society* und vieler anderer medizinischer Fachgruppen. Er ist international anerkannter Krebsforscher und Verfasser von über 100 bedeutenden wissenschaftlichen Artikeln, die zum Teil vor dem *International Cancer Congress* vorgetragen wurden. 1971 schrieb Dr. Navarro:

> Ich ... bin seit 18 Jahren auf Onkologie [Tumorforschung] spezialisiert. Ebenso lange verwende ich Laetril-Amygdalin in der Behandlung meiner Krebspatienten. In diesen 18 Jahren habe ich insgesamt über 500 Patienten mit verschiedenen Darreichungsformen von Laetril behandelt, unter anderem oral und intravenös. Die Mehrzahl meiner mit Laetril behandelten Patienten befanden sich bei Behandlungsbeginn im Endstadium.
>
> Als praktizierender Onkologe und Wissenschaftler in diesem Bereich vertrete ich die klinisch begründete Auffassung, daß ich mit dem Einsatz von Laetril-Amygdalin bei der Behandlung von Patienten mit Krebs im Endstadium sehr wichtige und ermutigende Ergebnisse erzielt habe und daß diese Ergebnisse den von mir mit toxischeren Standardcytotoxika erzielten Ergebnissen vergleichbar oder überlegen waren.[4]

In Mexiko leitet Dr. Ernesto Contreras seit über 30 Jahren die *Good Samaritan Cancer Clinic*, jetzt *Oasis Hospital*, in Tijuana. Er ist einer der angesehensten Vertreter der Medizin in Mexiko. Er erhielt seine medizinische Fachausbildung am *Harvard Children's Hospital* in Boston. Er war als Professor für Histologie und Pathologie an der Medizinischen Fakultät der Mexikanischen Armee und als leitender Pathologe am Armeekrankenhaus in Mexico City tätig.

Dr. Contreras hörte erstmals 1963 durch eine todkranke Krebspatientin aus den Vereinigten Staaten von Laetril, die ihn darauf aufmerksam

---

4 Brief von Dr. Navarro an Mr. Andrew McNaughton, The McNaughton Foundation, vom 8. Januar 1971, veröffentlicht in *Cancer News Journal*, Januar/April 1971, S. 19, 20.

machte und auf eine Behandlung damit drängte. Die Frau erholte sich, und Dr. Contreras begann umfangreiche Untersuchungen der Eigenschaften und Anwendung von Laetril. Seitdem hat er viele Tausende von Krebspatienten damit behandelt, überwiegend Amerikaner, denen in ihrem Heimatland die Anwendung von Laetril verweigert wird.

Dr. Contreras faßt seine Erfahrungen mit der Vitamintherapie so zusammen:

> Die palliative Wirkung [die Fähigkeit einer Substanz, das Befinden eines Patienten zu verbessern] zeigt sich in 60 Prozent der Fälle. Mit signifikanter Häufigkeit beobachte ich in etwa 15 Prozent der sehr fortgeschrittenen Fälle einen Stillstand der Krankheit oder sogar eine Regression.[5]

In Japan lebt Shigeaki Sakai, ein bekannter Arzt in Tokyo. In einem im *Asian Medical Journal* im Oktober 1963 veröffentlichten Artikel berichtete Dr. Sakai:

> In der Anwendung bei Krebspatienten zeigte sich Laetril als völlig nebenwirkungsfrei, und ich möchte behaupten, daß kein Krebsmittel so rasch eine Verbesserung bei Krebspatienten herbeiführt wie Laetril. Es muß nicht erwähnt werden, daß Laetril den Krebs unter Kontrolle bringt und an jeder befallenen Stelle wirksam bekämpft.

In Italien lehrt Professor Dr. med. Etore Guidetti an der Medizinischen Fakultät Turin. Bei der Tagung der *International Union Against Cancer* in Brasilien 1954 hielt er einen Vortrag, in dem er zeigte, wie die Anwendung von Laetril die unterschiedlichsten Tumore zerstört hatte, unter anderem Tumore von Uterus, Gebärmutterhals, Mastdarm und Brust. »In manchen Fällen«, sagte er, »war zu beobachten, wie eine Ansammlung von stürmisch wachsenden, blumenkohlartigen Neoplasmen sich sehr rasch auflöste.« Er berichtete, daß er nach der Behandlung von Patienten mit Lungenkrebs »auf dem Röntgenbild eine Regression des Neoplasmas bzw. der Metastasen« beobachten konnte.

---

5 *Cancer News Journal*, Januar/April 1971, S. 20. Man muß bedenken, daß es sich hierbei um Patienten mit Krebs *im Endstadium* handelt. Bei *dieser* Gruppe ist eine Erholung in 15 Prozent der Fälle eine höchst beeindruckende Leistung.

Nach Guidettis Vortrag erhob sich im Publikum ein amerikanischer Arzt und verkündete, daß Laetril in den USA erforscht und für wertlos befunden worden sei. Worauf Dr. Guidetti erwiderte: »Es ist mir gleichgültig, was in den USA festgestellt wurde. Ich berichte hier lediglich, was ich in meiner eigenen Klinik beobachtet habe.«[6]

In Belgien lebt Professor Dr. med. Joseph H. Maisin senior, ehemaliger Direktor des Krebsinstituts der Universität Leuwen. Er war zudem Präsident Emeritus der Internationalen Liga gegen den Krebs, die alle vier Jahre den Internationalen Krebskongreß abhält.

Und in den USA finden wir solche geachteten Namen wie Dr. Dean Burk vom *National Cancer Institute*, Dr. John A. Morone vom *Jersey Medical Cente*r, Dr. Ernst T. Krebs junior, der Laetril entwickelt hat, Dr. John A. Richardson, den mutigen Arzt, der das Recht des Staates anfocht, den Gebrauch von Laetril in den USA zu verbieten,[7] Dr. Philip E. Binzel junior, ein Arzt in *Washington Court House*, Ohio, der seit über 20 Jahren Laetril mit herausragendem Erfolg anwendet. In über 20 anderen Ländern arbeiten weitere Fachleute mit ebenso makellosem Namen.

Die meisten dieser praktizierenden Ärzte berichten unabhängig voneinander, daß Patienten in der Regel eine Reihe bedeutsamer Nebenwirkungen zeigen. Dazu gehört die Normalisierung des Blutdrucks bei Hypertonikern, besserer Appetit, eine Zunahme von Hämoglobin und roten Blutkörperchen, das Verschwinden des Fötor (des unangenehmen Geruchs, der häufig bei Krebs im Endstadium auftritt) und vor allem ein Abklingen der Schmerzen ohne Narkotika. Selbst wenn die Laetril-Therapie so spät begonnen wurde, daß der Patient nicht gerettet werden kann, ist allein der letztere Effekt ein Segen.

Daraus darf nicht geschlossen werden, daß der Wert von Laetril nur darauf beruht, dem Patienten das Sterben zu erleichtern. Für viele Patienten ist die *Verlängerung* der Lebensdauer der große Gewinn. In seinem Buch *Alive and Well* verglich Dr. Binzel die langfristigen Überlebensraten seiner ernährungsmedizinisch behandelten mit denen von konventionell behandelten Patienten. In seiner Studie ging es um 108 Patienten mit insgesamt 23 verschiedenen Arten von Krebs. Hier sein Bericht:

---

6 *Cancer News Journal*, Januar/April 1971, S. 19.

7 Siehe Dr. med. John A. Richardson und Patricia Griffin, R. N., *Laetrile Case Histories; The Richardson Cancer Clinic Experience* (Westlake Village, CA: American media, 1977).

> Das heißt, daß in einem Zeitraum von 18 Jahren von 108 Patienten mit metastasierendem Krebs 76 (70,4 Prozent) nicht an dieser Krankheit starben. Selbst wenn ich bei den neun Patienten, die aus »unbekannter Ursache« verstarben, als Todesursache Krebs annehme, ergibt das immer noch einen Prozentsatz von 62,1 Prozent [von langfristig Überlebenden] …
>
> Wenn man nur die Patienten berücksichtigt, die fünf und mehr Jahre überlebten, bedeutet dies, daß die von mir erzielten Überlebensraten um 287 Prozent besser waren, als sie die *American Cancer Society* für die Behandlung von *metastasierendem* Krebs durch ausschließlich »orthodoxe« Methoden berichtet.[8]

Die auf der nächsten Seite folgende, Dr. Binzels Buch *Alive and Well* entnommene Graphik zeigt seinen Vergleich zwischen ernährungsmedizinischer und konventioneller Therapie. Unter *Primärtumor* sind Patienten mit nur einem Tumor zusammengefaßt, unter *Metastasen* die Patienten, deren Krebs sich auf mehrere Stellen im Körper ausgebreitet hat.

Neben den von diesen Ärzten bei der Behandlung von Menschen erzielten Ergebnissen zeigen mindestens fünf sorgfältig kontrollierte Experimente an Mäusen die eindeutig krebshemmende Wirkung von Laetril. Dazu gehören (1) die Versuche von *Scind Laboratories* in San Francisco von 1968, (2) die Studien, die 1971 am *Institut Pasteur* in Paris abgeschlossen wurden, (3), die des Von-Ardenne-Instituts in Dresden von 1973, (4) die Versuche am *Southern Research Institute* von 1973 und (5) zahlreiche Prüfungen bei *Sloan-Kettering* aus den Jahren 1972 bis 1977. Trotz alledem behaupten die Vertreter der orthodoxen Medizin immer noch, die Wirksamkeit von Laetril sei nie nachgewiesen worden. Dabei sind die Nachweise überall zu finden.[9]

Obwohl sich schon der Gebrauch von Laetril allein in vielen Fällen als wirksam erwiesen hat, werden in der Regel mit einer zusätzlichen Nahrungsergänzung noch bessere Ergebnisse erreicht. Unter den Ärzten, die mit Laetril arbeiten, erzielte der verstorbene Dr. med. John Richardson

---

8 Philip E. Binzel, M. D., *Alive and Well: One Doctor's Experience with Nutrition in the Treatment of Cancer Patients* (Westlake Village, CA: American Media, 1994), S. 113.

9 »See How They Lie, See How They Lie« von Dr. Dean Burk, *Cancer News Journal*, Vol. 9, No. 3 (Juni 1974), S. 5.

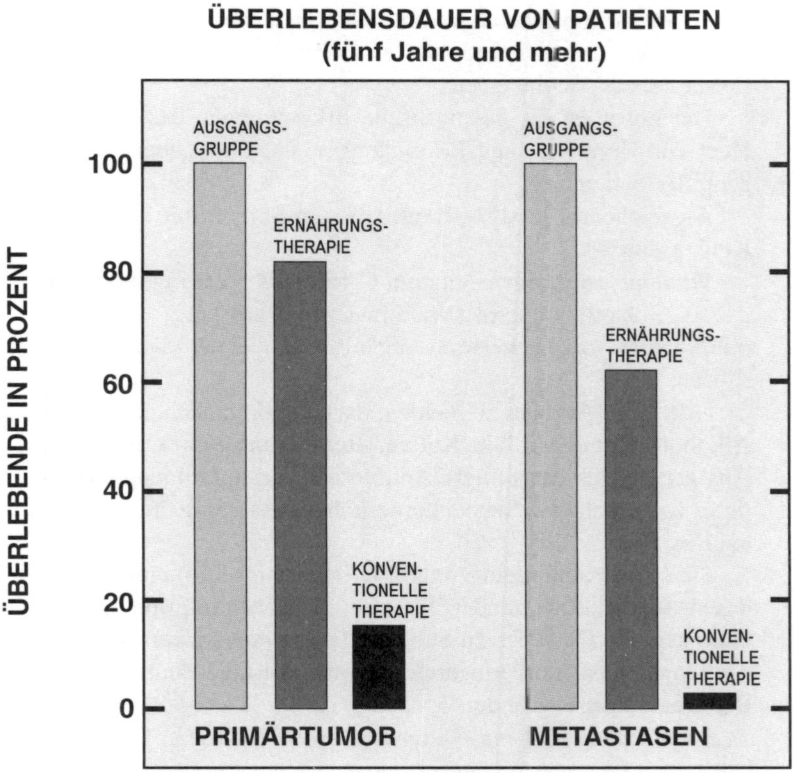

aus San Francisco mit die höchsten Genesungsraten der Welt. Hier seine Ratschläge an seine Patienten:

Pflanzenreich: Aus dem Pflanzenreich sollten Sie alles und jedes essen, was eßbar ist und wogegen bei Ihnen keine Unverträglichkeit besteht. Essen Sie alles im Ganzen. Essen Sie alle eßbaren Teile des Nahrungsmittels – besonders die Ballaststoffe. Diese Nahrungsmittel sollten vorzugsweise roh gegessen werden, aber wenn Sie sie roh nicht vertragen, kochen Sie sie eben so lange, bis sie gerade verträglich sind.

Tierreich: Essen Sie jeden oder allen Fisch so frisch wie möglich leicht und ohne tierisches Fett gegart (Pflanzenöle sind erlaubt). Essen Sie Geflügelfleisch ohne Haut. Vergessen Sie alles, was nicht in diese Kategorie paßt. Essen Sie es nicht. Die

Kategorie ist umfassend, es muß also nicht besonders erwähnt werden: keine Milchprodukte, Rindfleisch, Lamm, Schweinefleisch, Speck, Schinken etc.

Die Leber ist für neoplastische Erkrankungen das, was das Herz für Herz-Kreislauf-Erkrankungen ist. Die Leber ist von zentraler Bedeutung.

Ausreichend Flüssigkeit, mit frischen Säften, mit oder ohne Kohlensäure.

Vitaminergänzungen: Vitamin C 1500 bis 5000 mg, 800–200 i. E. d-Alpha-Tocopherol (Vitamin E) und ein gutes Multivitaminpräparat, vorzugsweise aus organischen oder natürlichen Rohstoffen.

Gifte aller Art sind zu meiden, dazu gehören auch Tabak und Alkohol. Vermeiden Sie Kaffee, Beruhigungsmittel aller Art, Analgetika (Schmerzmittel). Antibiotika sind in Ordnung. Wichtig ist Ruhe, schonen Sie bei körperlicher Betätigung die erkrankten Regionen …

Sie sollten außerdem Vitamin B_{15} (Pangamsäure) einnehmen, das als transmethylierender Wirkstoff die Leber entgiftet und die Fähigkeit des Gewebes zu Sauerstoffaufnahme steigert. Da sich der Trophoblast von Fermentierung ernährt, ist die Einnahme von B_{15} offenkundig begründet.

Supplementierung mit Pankreasenzymen: In unserer Erfahrung haben sich Pankreastrockensubstanzen als wirksam erwiesen.[10]

Dr. Richardsons Diätbeschränkungen gelten für Personen, die bereits an Krebs erkrankt sind. Für Gesunde sind sie nicht zu empfehlen, da sie unnötig restriktiv sind. Für Personen, die keinen Krebs haben, sollte eine normale Diät mit nitrilosidreichen Lebensmitteln ausreichen.[11] Dr. Krebs schlägt dazu vor:

Zum Frühstück Grütze aus Buchweizen, Hirse und Leinsamen, mit Holunderbeergelee auf Hirsetoast. Dazu gekochte Trockenpflaumen.

---

[10] Offener Brief an interessierte Ärzte vom November 1972, überarbeitet 1974; Griffin, *Private Papers, op. cit.*

[11] Auch hier empfehlen wir wieder *The Little Cyanide Cookbook, op. cit.* von June de Spain.

Zum Mittagessen Limabohnen oder Kichererbseneintopf, Hirsebrötchen mit Pflaumenmarmelade, Holunderbeerwein.

Zum Abendessen ein Salat mit Bohnen- und Hirsesprossen; Brötchen aus Buchweizen und Hirse gesüßt mit Sorghum-Melasse aus Sorghumrohr, Fleisch von Kaninchen, die hoffentlich mit Klee gefüttert wurden; und nach dem Essen Aprikosen-, Pfirsich-, Kirsch- oder Pflaumenschnaps aus der ganzen Frucht.

Als Imbiß zwischendurch alle Mitglieder der Gattung Rubus (Himbeeren, Brombeeren etc.), auch Macadamianüsse und Bambussprossen sind gut.

Dr. Krebs weist darauf hin, daß das Alte Testament ein Rezept für die Vorbereitung von Körnern zum Brotbacken enthält. Von den dort erwähnten sechs Zutaten haben fünf einen hohen Nitrilosidgehalt: Gerste, Bohnen, Linsen, Hirse und Kichererbsen.[12]

Um das von der Natur beabsichtigte Gleichgewicht zu erzielen, sind bei Vitamin B_{17} ebensowenig riesige Mengen in der täglichen Nahrung erforderlich wie bei den anderen Vitaminen. Möglicherweise wäre durch den Verzehr der Kerne von ein oder zwei Äpfeln pro Tag schon eine ausreichende Versorgung gegeben. Aber das wäre wohl die Untergrenze, besonders in Anbetracht der Tatsache, daß die westliche Ernährung in der Regel keine weiteren B_{17}-Quellen enthält. Daher wäre wahrscheinlich eine höhere Zufuhr ratsam.

Es liegt auf der Hand, daß der durchschnittliche Stadtbewohner einige der von Dr. Krebs erwähnten Lebensmittel nicht ohne weiteres bekommen kann. Als Ersatz haben sich viele Menschen einfach angewöhnt, täglich sechs bis zwölf Aprikosen- oder Pfirsichkerne zu essen oder sie im Mixer zu mahlen und als leichtes Gewürz für ihre Cerealien, Salate oder ähnliches zu verwenden. Wer den leicht bitteren Geschmack der Kerne nicht mag, kann sie mahlen und in leere Arzneikapseln füllen. Es braucht also keiner auf dieses Vitamin zu verzichten, der es wirklich haben will.

Vitamin B_{15} ist bereits mehrfach als wichtige Zusatztherapie zu Vitamin B_{17} erwähnt worden, und die beiden werden oft verwechselt. Also wollen wir uns einen Moment Zeit nehmen und die Unterschiede herausarbeiten.

Vitamin B_{15} wird auch gelegentlich als Pangamsäure bezeichnet. *Pan*

---

12 Hesekiel 4, Vers 9.

bedeutet so viel wie *überall*, und *gami* heißt *Samen*. Es wurde so genannt, weil es in geringen Mengen praktisch überall auf der Welt in Samen zu finden ist, meist in Verbindung mit anderen Vitaminen des B-Komplexes.

Ebenso wie B_{17} wurde auch B_{15} von Dr. E. T. Krebs junior entdeckt, als dieser 1952 die Eigenschaften von Aprikosenkernen untersuchte. Man könnte sagen, es war ein unerwarteter Zusatzgewinn oder ein Nebenprodukt der Suche nach Vitamin B_{17}.

Am besten versteht man die Wirkung von Vitamin B_{15}, wenn man es sich wie eine Art sofort löslichem Sauerstoff vorstellt. Es steigert die Sauerstoffversorgung im ganzen Körper und unterstützt die Ausscheidung von giftigen Abfallstoffen. Da Krebszellen in Gegenwart von Sauerstoff nicht gedeihen, sondern von der Fermentierung von Glukose abhängig sind, ist mit hoher Wahrscheinlichkeit anzunehmen, daß B_{15} ein Krebsfeind ist.

Vitamin B_{15} ist in den USA kaum bekannt oder genutzt. Der Grund dafür ist praktisch derselbe wie bei Laetril. Die Regierung hat sich offiziell geweigert, den Wert von B_{15} anzuerkennen. In der Zwischenzeit wird es in anderen Ländern ausgiebig eingesetzt. Besonders in Rußland ist man den USA im Gebrauch dieser Substanz weit voraus und hat umfangreiche Studien zu ihrer Verwendung betrieben. 1965 hat die Akademie der Wissenschaften der UdSSR sogar einen Symposiumsband von 205 Seiten über die bis dahin gewonnenen Erkenntnisse veröffentlicht. 1968 bestätigte der Wissenschaftliche Beirat des Gesundheitsministeriums offiziell alle in dem Symposiumsbericht erhobenen Behauptungen und genehmigte die Aufnahme der Massenproduktion von B_{15} durch die sowjetische Pharmaindustrie für den allgemeinen Gebrauch.

Es wurde berichtet, daß russische Sportler während ihrer Teilname an der Olympiade B_{15} in hohen Dosen erhielten. Falls das stimmt, hat es gute Gründe. In Versuchen ist nachgewiesen worden, daß diese Substanz, obwohl sie nur eine natürliche Nahrungskomponente ist, die körperliche Leistungsfähigkeit und Ausdauer erheblich steigert. Als man Ratten in Wasserbecken setzte und sie zwang zu schwimmen, schwammen alle diejenigen, die Vitamin B_{15} erhalten hatten, noch lange, nachdem die anderen müde geworden und ertrunken waren. In einem anderen Versuch, in dem Ratten in Glasbehälter gesetzt wurden, aus denen der Sauerstoff allmählich abgepumpt wurde, überlebten die vitaminisierten Ratten erheblich länger – also mit weniger Sauerstoff – als die Kontrollgruppe.

Die sowjetischen Wissenschaftler entdeckten, daß Vitamin B_{15} bei Problemen wie Kreislaufschwäche, Herzleiden, hohen Blutcholesterinwerten, Hautkrankheiten, Arterienverhärtung, Asthma bronchiale, Diabetes mellitus und Wundheilung wirksam ist. Besonders betonten sie ihre Erkenntnis, daß B_{15} den Alterungsprozeß verzögert. Professor Shpirt vom Städtischen Krankenhaus Nr. 60 in Moskau kam zu der Schlußfolgerung: »Ich glaube, die Zeit wird kommen, an dem Kalziumpangamat (B_{15}) bei jeder Familie mit Mitgliedern über vierzig auf dem Eßtisch neben dem Salzstreuer stehen wird.«[13]

Ärzte in Amerika, die Vitamin B_{15} anwenden wollen, sind gezwungen, am Rande der Legalität zu operieren, weil ihre Regierung dessen Hersteller schikaniert und die Vermarktung blockiert. Dr. Krebs beobachtete:

> Uns geht es um Vitamin B_{15} – einen natürlichen Bestandteil natürlicher Nahrungsmittel, dessen definitiver Wert für die Steigerung der Krankheitsabwehr und die Aufrechterhaltung gesunder Körperfunktionen experimentell bewiesen wurde.
>
> Pangamsäure gibt den Menschen in Rußland, Japan, Jugoslawien, Frankreich, Spanien und Deutschland einen ungeheuren Bonus an Gesundheit und Langlebigkeit. Aber uns, die wir in dem Land leben, in dem es entdeckt wurde, ist es nicht zugänglich.

Glücklicherweise gibt es Anzeichen, daß B_{15} trotz der von der Regierung aufgebauten Hindernisse von diversen angesehenen medizinischen Organisationen endlich anerkannt wird. Hoffentlich setzt sich diese Tendenz stürmisch fort.

Es ist gut möglich, daß B_{15} von der orthodoxen Medizin lange vor B_{17} anerkannt und akzeptiert wird. Das kommt daher, daß weniger verdeckte Interessen zu überwinden sind. Es ist nicht von der AMA in vollmundigen Erklärungen verdammt worden, daher steht niemandes fachlicher Ruf auf dem Spiel. Aber mit der Zeit wird einfach das Gewicht der Tatsachen die Akzeptanz auch von B_{17} erzwingen. Und die Männer, die jetzt im Zentrum der Kontroverse, der beruflichen Ächtung und gesellschaftlichen Verachtung stehen, werden sich nicht als Quacksalber, sondern als die großen medizinischen Pioniere ihrer Zeit erweisen.

---

[13] Für eine detaillerte Analyse dieser Ergebnisse siehe *Vitamin B_{15} (Pangamic Acid); Properties, Functions, and Use.* (Moscow: Science Publishing House, 1965), Übersetzung und Nachdruck durch McNaughton Foundation, Sausalito, Calif.

Kapitel 9

Krebsmittel »ohne nachgewiesene Wirkung«

Klinische Beweise für die Trophoblastenthese, Laborversuche zeigen die Zerstörung von Krebszellen durch Laetril, Fallgeschichten todkranker Krebspatienten, die ihre Genesung der Wirkung von Laetril zuschreiben.

DIE EBEN BESCHRIEBENE ZYANIDPANIK war in dem Dauerbombardement der Bürokratie gegen Laetril nur eine kleine Salve. Das Waffenarsenal der Laetrilgegner reicht von Panikmache bis zu krassen Unwahrheiten. Die am häufigsten verwendete Waffe ist allerdings die Äußerung irgendwelcher Wissenschaftler, die – meist unter dem Deckmantel angeblicher Sorge um das Wohl der Bevölkerung – feststellen, daß die Vitamintheorie ja in der Theorie recht gut klingt, aber in der Praxis einfach nicht funktioniert.

Dr. Ralph Weilerstein, Gesundheitsbeauftragter bei der FDA Kalifornien, hat rundweg behauptet: »Niemand hat bisher anhand von verläßlichen Daten bewiesen, daß Laetril irgendeinen Wert hat.«[1] Die Bundes-FDA behauptet: »Der FDA liegen keine qualifizierten wissenschaftlichen Beweise dafür vor, daß Laetril in der Krebsbehandlung wirksam ist.«[2] Und die *American Cancer Society* stellt in einem eindrucksvollen Band mit dem Titel *Unproven Methods of Cancer Management* (*Methoden ohne nachgewiesene Wirkung im Krebsmanagement*) fest:

> Nach eingehender Prüfung der Literatur und anderer ihr zur Verfügung stehenden Informationen liegt der *American Cancer Society* keinerlei Nachweis dafür vor, daß eine Laetritherapie in der Krebsbehandlung beim Menschen einen objektiven Nutzen bewirkt.«[3]

---

1 »Food Additive Ban Likely«, *San Jose Mercury* (Calif.), 9. September 1972.

2 *A Cancer Journal for Clinicians* (herausgegeben von der ACS), Juli/August 1972.

3 *Unproven Methods of Cancer Management*, 1971, S. 139.

Dr. Dean Burk vom *National Cancer Institute* kommentierte diese Feststellung so:

> … eine Feststellung von einem wissenschaftlichen Wert nahe Null, wenn auch mit beträchtlichen Propagandawert. Tatsache ist, … es werden praktisch nirgendwo Methoden »mit nachgewiesener Wirkung« in großem Maßstab praktiziert, so daß die Verwendung des Begriffs »ohne nachgewiesene Wirkung« durch die ACS in hohem und unberechtigtem Maße tendenziös ist.[4]

Die Öffentlichkeit ist allerdings bereits überzeugt, wenn die *American Cancer Society* Vitamin B_{17} oder Laetril als »Krebsmittel ohne nachgewiesene Wirkung« einstuft. Daher kann man die offiziellen Verlautbarungen renommierter Organisationen wie dieser schwerlich ignorieren. Ebensowenig kann man jedoch die positiven Ergebnisse der Kliniker ignorieren, die Laetril bei ihren eigenen Patienten angewendet haben. *Einer* muß sich irren!

In einem früheren Kapitel haben wir die wissenschaftliche Integrität der Forschungsprojekte unter die Lupe genommen, die der amtlichen Opposition gegen Laetril als Basis dienen, und wir haben gesehen, daß sie auf der ganzen Linie schockierend gering ist. Wir haben auch festgestellt, daß fast alle Krebs»experten«, die sich gegen Laetril ausgesprochen haben, ihre Äußerungen nicht aufgrund eigener Erfahrung oder Versuchsergebnisse getätigt haben, sondern ausschließlich aus ihrem völligen Vertrauen in die wissenschaftliche Integrität dieser kompromittierten Organisationen heraus.

Der Nachweis des Betrugs in der Beweiskette gegen Laetril ist allerdings noch kein Beweis *für* Laetril. Also muß man die Belege dafür überprüfen, daß Laetril *tatsächlich* in der Praxis ebenso wirksam ist wie in der Theorie.

Die Stichhaltigkeit der Trophoblastenthese als Grundlage der Krebstherapie wurde sowohl im Labor als auch in der klinischen Anwendung belegt. Lange vor der Entwicklung von Laetril hat zum Beispiel Dr. Isabella Perry vom Institut für Pathologie der Medizinischen Fakultät der *University of California* im Jahr 1935 eine Reihe von Versuchen

---

4 Brief von Dr. Dean Burk an Dr. Frank Rauscher, Direktor des National Cancer Institute, vom 20. April 1973, abgedruckt in *Cancer Control Journal*, September/Oktober 1993, S. 5.

durchgeführt, in denen sie Ratten mit Tumoren längere Zeit Zyaniddämpfe einatmen ließ. Sie schreibt darüber:

> Ein erheblicher Prozentsatz der so behandelten Tiere zeigte eine völlige Regression des Tumors. Bei den behandelten Tieren zeigten sowohl regredierende als auch wachsende Tumore geringe Transplantationsfähigkeit.[5]

Perry beobachtete, daß diese Versuche für Menschen von geringem Wert wären, da die Zyaniddämpfe, um zu wirken, gefährlich nah an eine tödliche Konzentration herankommen müßten – ein Problem, das sich nicht stellt, wenn das Zyanid nur an der Krebszellen freigesetzt wird, wie das bei der Wirkungsweise von Vitamin B_{17} geschieht. Dennoch zeigten diese Ratten nicht nur eine komplette Tumorregression, sondern auch im Vergleich mit der Kontrollgruppe, die dem Zyanid nicht ausgesetzt wurde, eine durchschnittliche Verlängerung der Lebensdauer von über 300 Prozent.

Wenn wir uns den Laborberichten über *Laetril* zuwenden, sind die Ergebnisse noch ermutigender, zumal hier keines der Risiken auftritt, die mit der Einatmung der Zyaniddämpfe verbunden sind. Dr. Dean Burk, Direktor der Abteilung für Zellchemie am bundeseigenen *National Cancer Institute*, berichtete, daß in einer Reihe von Versuchen mit tierischem Gewebe das B_{17} keine Schäden an gesunden Zellen verursachte, bei einem Kontakt mit Krebszellen jedoch so viel Zyanid und Benzaldehyd freisetzte, daß keine dieser Zellen in der Lage war zu überleben. Er sagte: »Wenn man einer Krebskultur unter dem Mikroskop Laetril hinzufügt und gleichzeitig das Enzym Glukosidase vorhanden ist, kann man dabei zusehen, wie die Krebszellen sterben wie die Fliegen.«[6]

Bei seiner Teilnahme am Siebten Internationalen Chemotherapiekongreß in Prag im Jahre 1971 erklärte Dr. Burk:

> Laetril scheint gegen viele Arten von Krebs einschließlich Lungenkrebs wirksam zu sein. Und es ist absolut nicht toxisch …
>
> *In-vitro*-Versuche am Ehrlich-Ascites-Karzinom [eine besondere Krebskultur] zeigten, daß Zyanid allein ein Prozent und

---

5 »The Effects of Prolonged Cyanide Treatment on The Body and Tumor Growth in Rats«, *American Journal of Cancer*, 1935, 25: S. 592.

6 »Laetrile Ban May Be Lifted,«, *Twin Circle*, 16. Juni 1972, S. 11.

> Benzaldehyd allein 20 Prozent der Zellen zerstörte, eine Kombination der beiden jedoch alle Zellen abtötete. Bei Hinzufügung von Glucosidase [dem »Spaltenzym«] bewirkte auch Amygdalin [Laetril] die Zerstörung von 100 Prozent der Aszites-Zellen, da dabei dieselben zwei chemischen Substanzen freigesetzt werden.[7]

Aus einer weiteren Versuchsreihe berichtet Dr. Burk, daß Laetril die Überlebensdauer von Ratten mit Krebs im Vergleich zu einer nicht geimpften Kontrollgruppe um 80 Prozent verlängerte.[8]

Diese Erkenntnisse stammen von einem der führenden Krebsspezialisten der Welt. Ihm waren der Gerhard-Domagk-Preis für Krebsforschung und der Hillebrand-Preis der *American Chemical Society* verliehen worden sowie der Rang eines Ritters des Ordens Unserer Lieben Frau von Bethlehem (Rom), der 1459 von Papst Pius II. als Krankenpflegeorden gegründet wurde. Er war Doktor der Biochemie (*University of California*). Er war Forschungsmitarbeiter des *National Research Council* der *University of London*, des Kaiser-Wilhelm-Instituts für Biologie und der *Harvard University*. Er war Leitender Chemiker am *National Cancer Institute*, das er mitbegründet hatte, und wurde 1946 Direktor der Abteilung für Zellchemie. Er war Mitglied von elf wissenschaftlichen Organisationen, schrieb drei Bücher zum Thema Chemotherapie bei Krebs und war Autor oder Koautor von über 200 wissenschaftlichen Artikeln auf dem Gebiet der Zellchemie.

Wenn Dr. Burk sagt, Laetril wirkt, dann *wirkt es*!

Dr. Burk ist kein Arzt. Er ist Biochemiker. In seinen Versuchen arbeitet er mit Krebskulturen und Versuchstieren, nicht mit Menschen. Aber wie wir gesehen haben, ergibt sich aus den Berichten über den Gesundheitszustand der Hunza und Eskimos und anderer Gruppen in der ganzen Welt die statistische Schlußfolgerung, daß Vitamin B_{17} – zusammen mit weiteren Substanzen, mit denen es in der Natur gemeinsam vorkommt – beim Menschen mit fast hundertprozentiger Wirksamkeit

---

7 »Amygdalin Claimed Nontoxic Anti-Cancer Therapeutic Agent«, *Infectious Diseases*, 15. Oktober 1971, S. 1, 23.

8 Aussage in den Anhörungen vor dem Unterausschuß für Gesundheit und Umwelt, Ausschuß für Handel zwischen den Bundesstaaten und Außenhandel, Abgeordnetenhaus, Zweiundneunzigster Kongreß, zitiert in *Cancer News Journal*, Juli/Oktober, 1972, S. 48.

Krebs verhindert. Aber was ist, wenn der Krebs bereits da ist? Kann B_{17} einen Menschen heilen, *nachdem* er bereits erkrankt ist?

Die Antwort auf diese Frage lautet ja, *wenn* rechtzeitig eingegriffen wird und *wenn* der Patient nicht durch Bestrahlungen oder toxische Medikamente in der Vergangenheit zu sehr geschädigt ist. Leider beginnen die meisten Patienten erst mit der Laetrilbehandlung, wenn ihre Krankheit so weit fortgeschritten ist, daß sie von der Normalmedizin als hoffnungslos aufgegeben wurden. Meistens wurde ihnen gesagt, daß sie nur noch wenige Wochen oder Monate zu leben hätten. Und in dieser tragischen Situation des nahe bevorstehenden Todes wenden sie sich der Vitamintherapie als letzter Möglichkeit zu. Wenn sie sterben – und das tun viele –, werden sie in der Statistik als Mißerfolge für Laetril verbucht. In Wirklichkeit ist die Tatsache, daß überhaupt *einer* von ihnen in diesem Stadium gerettet wird, ein Sieg für Laetril. Wenn eine Mangelkrankheit erst einmal so weit fortgeschritten ist, sind die Schäden, die sie angerichtet hat, einfach nicht mehr rückgängig zu machen.

Zum Beispiel ist bekannt, daß ein gravierender Vitamin-A-Mangel bei einem trächtigen Tier bei den Jungen völlige Blindheit verursacht. Die Jungen kommen ohne Augenhöhle, ohne Netzhaut und sogar ohne Sehnerv zur Welt. Zu diesem späten Stadium kann alles Vitamin A der Welt die Augen nicht mehr nachwachsen lassen.

Ebenso kann ein Kind, dessen Beine durch Rachitis, einer Vitamin-D-Mangelkrankheit, verformt sind, nie wieder einen normalen Knochenbau bekommen, ganz gleich, wie viel Vitamin D es später bekommt.

Bei Krebs läuft der Prozeß anders ab – nicht durch *Ausbleiben* der Entwicklung von gesundem Gewebe oder *Miß*bildung, sondern buchstäblich durch Zerstörung von gesundem Gewebe. Das Krebsgeschwür dringt in das Gewebe ein, zerstört es und hinterläßt Organe, die nicht mehr funktionsfähig sind, weil sie fast völlig abgebaut sind.

Jemand, der von einer Gewehrkugel getroffen wurde, kann sich die Kugel herausoperieren lassen und dennoch an der Wunde sterben. Ebenso kann bei einem Patienten der Krebs durch Vitamin B_{17} deaktiviert werden, und er stirbt dennoch an den vorher verursachten irreversiblen Schäden an lebenswichtigen Organen.

Darum ist angesichts dieses ungeheuren Handicaps die Zahl der todkranken Patienten, die sich wieder erholt *haben*, sehr eindrucksvoll. In den medizinischen Dokumenten kann man buchstäblich Tausende solcher Krankengeschichten finden. Die *American Cancer Society* hat versucht, den Eindruck zu erwecken, daß nur Hypochonder, bei denen nie wirklich eine Krebserkrankung vorlag, behaupten, durch Laetril gerettet worden zu sein. Aber medizinische Dokumente zeigen ein ganz anderes Bild. Hier nur einige Beispiele.

DAVID EDMUNDS

David Edmunds aus Pinole, Kalifornien, wurde im Juni 1971 wegen Dickdarmkrebs operiert, der bereits Metastasen in der Blase gebildet hatte. Beim Öffnen der Bauchdecke stellte der Operateur fest, daß das bösartige Gewebe sich bereits so weit ausgebreitet hatte, daß es praktisch unmöglich war, es ganz zu entfernen. Die Darmblockade wurde durch eine Durchtrennung des Dickdarms und Verlegung des Darmausgangs auf die Bauchdecke entfernt – ein Verfahren, das als Kolostomie bezeichnet wird. Fünf Monate später hatte sich der Krebs weiter verschlimmert, und Mr. Edmunds wurde mitgeteilt, daß er nur noch einige Monate zu leben hätte.

Mrs. Edmunds, eine examinierte Krankenschwester, hatte von Laetril gehört und beschloß, es damit zu versuchen. Sechs Monate später lag Mr. Edmunds nicht auf dem Sterbebett, sondern überraschte seine Ärzte damit, daß er ein fast normales Leben führte.

Eine Blasenzystoskopie zeigte, daß der Krebs verschwunden war. Auf eigenes Betreiben wurde er erneut stationär aufgenommen, um zu versuchen, seinen Dickdarm wieder zusammenzufügen. Bei der Operation wurde nichts gefunden, was einem Krebsgewebe auch nur im entferntesten ähnlich sah. Also wurde der Dickdarm wieder angeschlossen und er zur Rekonvaleszenz nach Hause entlassen. Das war die erste *umgekehrte* Kolostomie bei einer solchen Erkrankung in der Geschichte des Krankenhauses.[9]

Als der Verfasser das letzte Mal mit Mr. Edmunds Kontakt hatte, führte dieser ein normales und gesundes Leben.

JOANNE WILKINSON

1967 wurde in Walnut Creek, Kalifornien, Joanne Wilkinson, einer Mutter von sechs Kindern, ein Tumor aus dem linken Oberschenkel entfernt. Vier Monate später hatte sich ein neuer Tumor gebildet, so daß eine erneute Operation nötig wurde, bei der diesmal auch Muskel- und Knochengewebe entfernt wurde.

---

[9] Siehe »Cancer ›Miracle-Cure‹« von Mark Trantwein, *Berkeley Daily Gazette*, 27. Juli 1972.

Ein Jahr darauf erschien ein schmerzhafter Knoten in der Leiste, aus dem Flüssigkeit austrat. Eine Gewebeprobe zeigte, daß ihr Krebs zurückgekehrt war und sich weiter ausbreitete. Ihr Arzt erklärte ihr, daß sie wieder operiert werden müsse. Diesmal müßte man allerdings das Bein, die Hüfte und vermutlich auch die Blase und eine Niere amputieren. Zunächst wolle man aber die Lunge öffnen, um festzustellen, ob der Krebs auch diese befallen hatte. Falls ja, würde man keine Amputation vornehmen, da man sie ohnehin nicht retten könne.

Auf Drängen ihrer Schwester und einer gemeinsamen Freundin entschied sich Mrs. Wilkinson gegen eine Operation, um es statt dessen mit Laetril zu versuchen. Ihr Arzt war äußerst erzürnt darüber und erklärte ihr, ohne die Operation würde sie höchstens noch zwölf Wochen leben. Hier ist Mrs. Wilkinsons Beschreibung der nun folgenden Ereignisse:

> Das war am Samstag, dem 16. November 1968. Den Tag werde ich nie vergessen. Die Fäden von der Entnahme der Gewebeprobe waren noch in meinem Bein.
>
> Dr. Krebs[10] gab mir eine Laetrilspritze – und der Tumor reagierte. Er schwoll stark an – von der Größe einer Walnuß auf die einer kleinen Zitrone – und blutete vier oder fünf Tage lang. Fünf Wochen lang ging ich jeden Montag, Mittwoch und Freitag in seine Praxis, um mir die Spritzen geben zu lassen, und dann wurde der Tumor allmählich kleiner. Fünf Wochen später konnte ich ihn nicht mehr tasten.
>
> Am ersten Montag und danach in regelmäßigen Abständen wurde ich geröntgt, um die Entwicklung zu überwachen. Die Spritzen wurden sechs Monate lang fortgesetzt – zehn Kubikzentimeter dreimal die Woche, und natürlich die Diät: keine Milchprodukte, nichts mit weißem Mehl – keine Eier – aber weißer Fisch, Hühnchen, Pute.
>
> Und mir ging es blendend! Im August 1969 sagte mir dann der Doktor, ich brauchte keine Spritzen mehr. Meine Röntgenbilder waren ohne Befund und zeigten, daß der Tumor geschrumpft und offenbar von Narbengewebe eingeschlossen und nicht aktiv war.[11]

---

10 Der Arzt, von dem sie spricht, ist Dr. med. Byron Krebs, der Bruder von Dr. E. T. Krebs junior.

11 Siehe »Laetrile – An Answer to Cancer?«, *Prevention*, Dezember 1971, S. 172–175.

Als ich das letzte Mal mit Mrs. Wilkinson sprach, war es neun Jahre her, daß ihr Arzt ihr erklärt hatte, sie würde ohne Operation höchstens noch zwölf Wochen leben. Sie war gesund und aktiv, und die einzige böse Erinnerung an ihre knappe Rettung war eine kleine Narbe von der Gewebeprobe.

JOE BOTELHO

Joe Botelho aus San Pablo, Kalifornien, wurde operiert (Prostataresektion), und sein Arzt teilte ihm mit, er habe einen Prostatatumor, der unbedingt entfernt werden müsse. Seine Reaktion?

> Ich war nicht bereit, ihn rausnehmen zu lassen, weil ich dachte, daß er sich dann nur ausbreiten würde. Der Doktor sagte mir, dann hätte ich nicht mehr lange zu leben. Er wollte mir Kobalt verordnen, das wollte ich aber auch nicht.
>
> In einem Reformhaus hörte ich dann von einem Arzt in San Francisco, der mit Laetril arbeitete. Ich ging zu ihm, und er sagte mir, meine Prostata sei so groß wie ein Stück Seife. Mehrere Monate lang bekam ich alle vier Tage eine Spritze.[12]

Mr. Botelho, der damals 65 Jahre alt war, hielt auch eine strikte Diät speziell zur Schonung des körpereigenen Pankreasenzym Trypsin. Als der Verfasser ihn drei Jahre später interviewte, war sein Tumor verschwunden, und er erzählte sogar, daß sein Haar wieder dunkel wurde. Er war nicht sicher, was die Ursache dafür war, aber er schrieb es seiner gesünderen Ernährung zu.

ALICIA BUTTONS

Alicia Buttons, die Frau des berühmten Schauspielers und Komikers Red Buttons, ist eine von Tausenden von Amerikanern, die ihr Überleben der Wirkung von Laetril zuschreiben. Vor einer Krebskonvention in Los Angeles erklärte Red Buttons:

> Laetril hat Alicia vom Krebs gerettet. Im November des letzten Jahres gaben die Ärzte hier in den USA ihr nur noch ein paar Monate. Aber jetzt ist sie gesund und munter, eine schöne und

---

[12] Siehe »Laetrile – An Answer to Cancer?«. *Prevention*, Dezember 1971, S. 175, 176.

> vitale Frau und Mutter; Gott und den wunderbaren Männern sei Dank, die den Mut haben, für ihre wissenschaftlichen Überzeugungen einzustehen.[13]

Mrs. Buttons hatte an einem fortgeschrittenen Rachenkrebs gelitten und war von den Schulmedizinern aufgegeben worden. Als letzten Ausweg war sie nach Deutschland zu Dr. Hans Nieper an der Paracelsus-Klinik am Silbersee in Hannover gefahren. Innerhalb weniger Monate hatte sich ihr Krebs vollkommen zurückgebildet, die Schmerzen waren verschwunden, ihr Appetit war wieder zurückgekehrt, und sie war so gesund und kräftig wie eh und je. Ärzte in den USA bestätigten diese erstaunliche Genesung, konnten aber nicht glauben, daß ein bloßes Vitamin dafür verantwortlich war. 23 Jahre später ist Alicia immer noch gesund und munter.

CAROL VENCIUS

Die Abneigung vieler Ärzte, Krebs als Mangelerkrankung zu akzeptieren, wurde von Carol Vencius, einer ehemaligen Krebspatientin aus Marin County, Kalifornien, sehr gut beschrieben. Nach erfolgreicher Behandlung durch Dr. Ernesto Contreras in Tijuana, Mexiko, kehrte Miss Vencius nach Hause zurück. Sie berichtet folgendes:

> Ich ging zu einem anderen Arzt, der mich behandelt hatte. Er begrüßte mich mit den Worten: »Na, was machen die denn da unten? Zermahlt man den Aprikosenkern und badet darin? Zünden sie Weihrauch über Ihnen an?«
>
> Ich sagte: »Schon gut, jetzt mal im Ernst«, und forderte ihn auf, den Artikel in der *College of Marin Times* [in dem etwas über Laetril stand] zu lesen. Er sagte, das interessierte ihn nicht. Als ich drängte, sagte er schließlich: »Carol, wahrscheinlich können Sie mir ja doch helfen. Ich habe nämlich Schlafstörungen, und wenn ich diesen ganzen Artikel lesen würde, würde ich bestimmt einschlafen.«[14]

---

13 »Comedian Red Buttons Says ›Laetrile Saved My Wife From Death By Cancer‹«, *The National Tattler*, 19. August 1973, S. 5.

14 »Laetrile Works Through C.O.M. Times«, *College of Marin Times*, 12. April 1972.

Leider ist so etwas kein Einzelfall. Carol Vencius hatte zunächst über allgemeines Unwohlsein geklagt: Nachtschweiß, Jucken, Fieber und Kopfschmerzen. Nach gründlichen Untersuchungen im Krankenhaus wurde ihr mitgeteilt, daß sie am Hodgkins-Syndrom litt (eine Form von Krebs, die als erstes die Lymphknoten angreift). Miss Vencius fuhr fort:

> Nur ein paar Tage danach besuchte mich ein Freund und erzählte mir von einer Vitamintherapie in Mexiko mit Laetril. Ich habe seinen Rat gar nicht weiter verfolgt, ich hatte viel zu viel Angst. Und außerdem hatte ich damals volles Vertrauen in meine Ärzte …
>
> Als erstes versuchten sie es mit Kobalt-Bestrahlungen. Kurz nachdem sie damit angefangen hatten, sagte mein Arzt: »Carol, Sie wissen natürlich, daß diese Therapie Sie unfruchtbar macht.« Verdammt noch mal, gar nichts wußte ich. Ich war natürlich unheimlich wütend … Mit 28 kam ich in die Wechseljahre.

Andere »Nebenwirkungen« waren unbeschreibliche Schmerzen, Appetitverlust und vorübergehender Haarausfall. Sechs Monate nach der Behandlung bildeten sich Flüssigkeitsansammlungen in der Lunge und der Herzhöhle. Die Ärzte versuchten, die Flüssigkeit mit einer Kanüle abzusaugen, aber sie sammelte sich immer wieder an. Sie bekam leichte Herzanfälle.

Sechs Wochen und drei Herzpunktionen später diskutierten ihre Ärzte immer noch, ob man ihr das Perikard (die Membran, die die Herzhöhle umschließt) entfernen sollte. Am 28. November 1970 wurde sie dann operiert.

Im Juli waren die allgemeine Müdigkeit, Schlafstörungen und Appetitverlust wieder da und wurden immer schlimmer, bis man nach ein paar Monaten beschloß, es mit einer medikamentösen Behandlung zu versuchen.

> Nach der ersten Spritze war mir leicht übel. Zwei Wochen später bekam ich weitere Spritzen, die zu heftiger Übelkeit und Durchfall und dann zu einer Woche heftiger Schmerzen im Kiefer führten. Es war so schlimm, daß ich nicht essen konnte. Danach kam eine Woche Migräne, dann Magenkrämpfe, dann Krämpfe in den Beinen. Alles in allem hielten die Symptome vier Wochen an.
>
> Danach fühlte ich mich allerdings zehn Tage lang bestens, so

> gut wie seit Jahren nicht. Diese positive Wirkung, so sagte man mir, sei ein Zeichen, daß die Krankheit noch aktiv sei und die Medikamente etwas genützt hätten. Dann ging es wieder bergab, die Schmerzen kamen wieder, die Schlaflosigkeit, die Müdigkeit und der ganze Rest. Da beschloß ich, keine Chemotherapie mehr zu machen, was auch passieren mochte.

An diesem Punkt kam Miss Vencius zu dem Schluß, daß sowieso keine Hoffnung bestand und sie also ebenso gut nach Mexiko fahren und es mit Laetril versuchen könnte. Dr. Contreras erklärte ihr, daß Hodgkins langsamer auf die Vitamintherapie anspricht als viele andere Arten von Krebs, zum Beispiel Lungen-, Bauchspeicheldrüsen-, Leber- oder Dickdarmkrebs, aber daß es auf jeden Fall einen Versuch wert sei. Aber schon nach drei Tagen mit Laetrilbehandlung berichtete sie, daß ihre Schmerzen verschwunden waren, und nach nur einer Woche fühlte sie sich fast wieder normal. Innerhalb weniger Monate war ihre Gesundheit wiederhergestellt, und sie nahm nur noch eine Erhaltungsdosis von Vitamin B_{17}.

Die Erhaltungsdosis ist ein wichtiger Punkt. Wenn jemand einmal an Krebs erkrankt und wieder genesen ist, ist der Bedarf an Vitamin B_{17} anscheinend erheblich höher als bei Menschen, die nie krank waren. Die meisten Ärzte, die Laetril in der Krebstherapie angewandt haben, haben aus Erfahrung gelernt, daß ihre Patienten, wenn sie erst einmal genesen sind, die Dosis reduzieren können. Wenn sie Laetril aber ganz absetzen, kommt der Krebs mit an Sicherheit grenzender Wahrscheinlichkeit wieder. Aus diesem Grunde sagen Ärzte, die mit Laetril arbeiten, auch nie, daß es Krebs *endgültig heilt*. Sie verwenden lieber die genauere Formulierung *im Griff behalten* und machen damit deutlich, daß der Prozeß nie abgeschlossen ist.

MARGARET DeGRIO

Das zeigte sich am dramatischsten und tragischsten am Fall von Margaret DeGrio, der Frau eines Landrats in Sierra County, Kalifornien. Nach zwei Operationen, nach denen sich ihr Krebs weiter ausbreitete, wurde ihr von drei Ärzten gesagt, daß keine Hoffnung für sie bestehe und die moderne Medizin nichts mehr für sie tun könne. Mike DeGrio hatte jedoch etwas über Laetril gelesen und beschloß, seine Frau zur Behandlung nach Mexiko zu bringen. Die bekannte Geschichte wiederholte sich: Sofort stellte sich Besserung ein, und sie kehrte nach vier Monaten intensiver Behandlung mit nur noch geringen Symptomen ihrer ursprünglichen Krebserkrankung nach Nordkalifornien zurück. Ihr amerikanischer Arzt bestätigte das rasche Verschwinden ihrer Tumore, auch wenn er es sich nicht erklären konnte.

Kurz darauf erkrankte Mrs. DeGrio jedoch an einer schweren Atemwegsinfektion und kam mit Lungenentzündung nach San Francisco ins Krankenhaus. Während ihres mehr als dreiwöchigen Aufenthalts dort verboten ihr die dortigen Ärzte und Schwestern, die Erhaltungsdosis Laetril einzunehmen, weil sie Angst hatten, gegen das kalifornische Gesetz gegen Quacksalbererei zu verstoßen. Die Verweigerung dieser Dosis kam zu einem kritischen Zeitpunkt in der Genesungs- und Heilungsphase. Mrs. DeGrio erlag ihrem Krebsleiden am Abend des 17. Oktober 1963.[15]

DALE DANNER

1972 stellten sich bei Dr. Dale Danner, einem Fußorthopäden aus Santa Paula, Kalifornien, Schmerzen im rechten Bein und schwerer Husten ein. Das Röntgenbild zeigte beidseitigen Lungenkrebs und etwas, was wie massive Metastasen im Bein aussah. Der Krebs war inoperabel und sprach auf Radiotherapie nicht an. Die Prognose lautete: unheilbar und tödlich.

Auf Drängen seiner Mutter war Dr. Danner bereit, eine Behandlung mit Laetril zu versuchen, obwohl er nicht an deren Wirkung glaubte. Hauptsächlich ihretwillen besorgte er sich eine größere Menge aus Mexiko. Allerdings war er aufgrund seiner Lektüre medizinischer Zeitschriften überzeugt, daß das Ganze nur Quacksalberei und Betrug war. »Vielleicht ist es sogar gefährlich«, dachte er, da er der Literatur entnahm, daß es Zyanid enthielt.

Innerhalb weniger Wochen waren die Schmerzen und der Husten so heftig geworden, daß auch die stärksten Medikamente nicht mehr halfen. Er konnte nur noch auf Händen und Knien kriechen und drei Tage und Nächte nicht schlafen, und er war deprimiert und verzweifelt. Völlig erschöpft von Schlafmangel, den Medikamenten und den Schmerzen ging er endlich an seinen Laetrilvorrat.

---

15 »The Laetrile Story« von Jim Dean und Frank Martinez, *The Santa Ana Register*, September 1964. Eine hervorragende Schilderung der Sinnlosigkeit und Tragik orthodoxer Krebstherapie findet sich bei Wynn Westover, *See the Patients Die* (Sausalito, CA: Science Press International, 1974).

Er nahm noch eine große Dosis seiner Medikamente in der Hoffnung, dann endlich schlafen zu können, und spritzte sich dann das Laetril direkt in die *Arterie*. Bevor er das Bewußtsein verlor, hatte er es geschafft, sich mindestens die einer Zehn-Tages-Dosis – und möglicherweise sogar einer Zwanzig-Tages-Dosis – entsprechende Menge auf einmal zu injizieren.

Als er nach 36 Stunden wieder zu sich kam, war er nicht nur zu seiner großen Überraschung noch am Leben, auch der Husten und die Schmerzen waren erheblich abgeklungen. Er hatte wieder Appetit, und er fühlte sich besser als seit Monaten. Widerstrebend mußte er zugeben, daß Laetril wirkte. Also besorgte er sich einen neuen Vorrat und begann die Routinebehandlung mit kleineren Mengen. Drei Monate später war er wieder arbeitsfähig.[16]

WILLIAM SYKES

Im Herbst 1975 bekam William Sykes aus Tampa, Florida, lymphozytäre Leukämie sowie Milz- und Leberkrebs. Nachdem ihm die Milz entfernt worden war, erklärten ihm seine Ärzte, daß er bestenfalls noch einige Monate zu leben habe.

Obwohl eine Chemotherapie empfohlen wurde – nicht zur Heilung, sondern um den Tod noch ein paar Wochen hinauszuzögern –, entschied sich Mr. Sykes statt dessen für einen Versuch mit Laetril. Was dann passierte, schildert er so:

> Als wir ein paar Wochen später zum Doktor kamen, erklärte er uns, wie und warum Laetril vielen Krebspatienten hilft, und schlug eine Serie von täglichen i. V.-Spritzen mit 30 Kubikzentimetern über die nächsten drei Wochen vor. Außerdem gab er mir Enzyme und eine Diätanweisung plus Nahrungsergänzungen.
>
> Nach ein paar Tagen ging es mir besser, aber bei unserem dritten Termin sagte mir der Arzt, er könne mich nicht weiterbehandeln. Ihm war mitgeteilt worden, daß ihm die Zulassung entzogen würde, wenn er weiter mit Laetril arbeitete. Er zeigte meiner Frau, wie sie mir das Laetril geben sollte, verkaufte uns seine Bestände und gab uns eine Adresse, wo wir noch mehr bekommen konnten.
>
> In der nächsten Woche machte ich mit dem Programm weiter und fühlte mich von Tag zu Tag besser. Eines Nachmittags rief der

---

16 Die Geschichte wurde dem Verfasser in einem Tonbandinterview bestätigt.

Arzt aus Ann Arbor an und fragte, warum ich nicht zur Chemotherapie gekommen sei. Er sagte mir, ich spiele »Russisches Roulette« mit meinem Leben. Schließlich überredete er mich, zur Chemotherapie zu ihm zu kommen, also fuhr ich nach Ann Arbor und fing die Behandlung an. Es ging mir von Tag zu Tag schlechter. Meine Augen brannten, mein Magen fühlte sich an, als stünde er in Flammen. In nur wenigen Tagen war ich so geschwächt, daß ich kaum noch aus dem Bett kam … Das »Heilmittel« brachte mich schneller um als die Krankheit! Ich hielt es nicht mehr aus, brach also die Chemotherapie ab, ging wieder an meinen Vorrat von Laetril und Nahrungsergänzungen und fühlte mich bald wieder besser. Diesmal dauerte es länger, weil ich nicht nur gegen den Krebs, sondern auch gegen die Wirkung der Chemotherapie ankämpfen mußte …

Nach kurzer Zeit konnte ich wieder meine Liegestütze und Übungen machen, ohne müde zu werden. Heute, mit 75 Jahren (20 Jahre, nachdem man mir gesagt hatte, ich hätte nur noch ein paar Monate zu leben), spiele ich immer noch zweimal die Woche Racquetball.[17]

In einem Brief an den Verfasser vom 19. Juni 1996 lieferte Hazel Sykes folgende Zusatzinformation:

… Nachdem Bill den Krebs besiegt hatte, bekam er eines Tages Besuch von einem Arzt (einem Dr. med., der in einem bekannten Krankenhaus Patienten mit Chemotherapie behandelte). Er wollte wissen, wie Bill seinen Krebs überwunden hatte, weil seine Frau schwer krebskrank war. Bill sagte: »Warum machen Sie keine Chemotherapie mit ihr?« Und er antwortete: »Meine Familie oder meine Freunde würde ich nie mit Chemotherapie behandeln.«! Er war nicht der einzige Arzt, der mit dieser Frage zu Bill kam.[18]

BUD ROBINSON

Der folgende Brief von Bud Robinson aus Phoenix, Arizona, spricht für sich. Der Empfänger war Dr. Ernst Krebs junior.

---

[17] Offener Brief an »Liebe Freunde«; Griffin, *Private Papers, op. cit.*

[18] Brief an den Verfasser, 19. Juni 1996; Griffin, *Private Papers, op. cit.*

Lieber Herr Doktor Krebs,

vielen Dank dafür, daß Sie mir noch einen Geburtstag geschenkt haben (17. Mai).

Bitte erinnern Sie sich wieder an den 15. November 1979, als mein Arzt und vier weitere Urologen mir mit meinem Prostatakrebs maximal vier Monate zu leben gaben und Termine für Bestrahlung und Chemotherapie festlegten, von denen ich sicher war, daß sie mich umbringen würden, wenn der Krebs es nicht tun würde, so daß ich ihre Behandlung verweigerte.

Dann, eines Sonntag nachmittags, rief ich Sie an und fing mit Ihrem einfachen Programm an.

Ich bin 71 Jahre alt und in meinem 13. Überlebensjahr. *Drei* der vier Urologen sind an Prostatakrebs gestorben, und 40 oder 50 Menschen sind gesund und munter, weil sie mein simples »Krebs«-Programm befolgten.

Noch einmal vielen Dank, daß Sie mir das Leben wiedergeschenkt haben.

Ihr Freund

H. M. »Bud« Robinson[19]

Dieser Brief stammt aus dem Jahr 1992. Als der Autor den Briefschreiber im Juni 1996 kontaktierte, war Mr. Robinson immer noch gesund und fit. Da war er bereits 75, nicht 71 Jahre alt, und die Zahl der Krebspatienten, zu deren Genesung er beigetragen hatte, lag inzwischen bei 90.

Der Einsatz von Amygdalin in der Krebsbehandlung ist nicht neu. Der früheste dokumentierte Fall wurde 1845 in der *Gazette Medicale de Paris* veröffentlicht.[20] Ein junger Krebspatient erhielt 1842 über einen Zeitraum von mehreren Monaten 46 000 Milligramm Amygdalin und war Berichten zufolge drei Jahre später immer noch am Leben, als der Artikel erschien. Eine Frau mit Krebs im ganzen Körper erhielt unterschiedliche Mengen von Amygdalin, erstmalig 1834 (!), und hatte bis zum Zeitpunkt des Berichts elf Jahre später überlebt.

Seit der Veröffentlichung dieses ersten Berichts wurden buchstäblich *Tausende* ähnlicher Krankengeschichten berichtet und dokumentiert. Das muß man wissen, denn, wie bereits oben gezeigt, die Vertreter der

---

19 Brief von Bud Robinson an Ernst T. Krebs junior, 18. Mai 1992; Griffin, *Private Papers, op. cit.*

20 *Gazette Medicale de Paris*, Vol. 13, S. 577–582.

orthodoxen Medizin haben entschieden erklärt, es gebe einfach keine Beweise für die Wirksamkeit von Laetril. In Wirklichkeit sind die Beweise überall.

Aus professioneller Voreingenommenheit gegen die Ernährungsmedizin suchen viele Ärzte nach anderen Erklärungen, wenn man sie mit diesen Beweisen konfrontiert. Am beliebtesten ist dabei die Version, daß der Krebs mit Verzögerung auf eine frühere Behandlung, beispielsweise Bestrahlung oder Chemotherapie, angesprochen habe. Und in den Fällen, in denen es vor Laetril keine Behandlung gegeben hat, behaupten sie, daß der Patient nie Krebs gehabt habe. Und wenn man ihnen zeigt, daß die Existenz des Krebses durch operative Maßnahmen oder Gewebeproben nachgewiesen ist, ist ihre letzte Zuflucht die sogenannte *Spontanremission*, sprich, der Krebs ist einfach von selbst und ohne Zutun von außen verschwunden.

Es gibt natürlich Fälle, in denen ein Krebs auch ohne Behandlung entweder nicht weiter wächst oder verschwindet.[21] Aber sie sind selten. Bei Krebs in bestimmten Körperregionen – zum Beispiel Chorionepitheliom der Hoden – sind sie so selten, daß sie statistisch gar nicht erfaßbar sind. Und wenn man dann eine Serie solcher Fälle anführt, in denen alle Krebserkrankungen nachgewiesen waren und auf B_{17} angesprochen haben, spottet die Erklärung Spontanregression jeglicher Vernunft.

In einer Tischrede in San Francisco am 19. November 1969 besprach Dr. Krebs *sechs* solcher Fälle. Und fuhr dann fort:

> Es hat durchaus etwas für sich, vorher nicht bestrahlt worden zu sein, denn wenn Sie vorher keine Bestrahlung bekommen haben, die versagt hat, können Sie auch nicht in den Genuß des imaginären Nutzens einer verzögerten Wirkung der Bestrahlung kommen. Dieser Junge fällt also eindeutig unter die Kategorie Spontanregression …
>
> Und wenn wir das wissenschaftlich betrachten, wissen wir, daß eine Spontanregression in weniger als einem von 150 000

[21] Es wäre interessant, solche Fälle auf eine Änderung der Ernährungsgewohnheiten hin zu überprüfen, um einen möglichen Zusammenhang herauszufinden. Ich würde vermuten, daß eine solche Studie einen Wechsel zu einer Ernährung zeigen würde – entweder gezielt oder durch eine Änderung des Aufenthaltsorts –, die die Bauchspeicheldrüse weniger belastet und/oder mehr Lieferanten von natürlichem Vitamin B_{17} enthält.

> Krebsfällen eintritt. Die statistische Wahrscheinlichkeit einer Spontanregression zur Erklärung einer kompletten Auflösung in sechs aufeinanderfolgenden Fällen von Chorionepitheliom der Hoden ist wesentlich geringer als die, daß die Sonne morgen früh nicht aufgeht.[22]

Mit jedem Jahr, das vergeht, und dem wachsenden Strom von Patienten, die der lebende Beweis für diese Behauptung sind, wird es schwieriger, diese Genesungen zu ignorieren oder abzutun. Wenn es sich wirklich um Spontanremissionen handelt, muß man fairerweise zumindest sagen, daß Laetril wesentlich mehr Spontanremissionen produziert als alle anderen Formen der Krebstherapie zusammen!

---

22 Rede anläßlich der Tagung der International Association of Cancer Victims and Friends im Jack Tar Hotel, New York, 19. November 1967.

Foto: *San Francisco Medical Society*

Foto: *L. A. County Medical Bulletin*

Dr. Ian MacDonald (links) und Dr. Henry Garland (rechts) verfaßten den berühmten Bericht der *California Medical Association* 1953, der seitdem als Grundlage der Ablehnung von Laetril durch die Wissenschaft dient. Später stellte sich allerdings heraus, daß die in diesem Bericht beschriebenen Ergebnisse gefälscht waren.

Beide Ärzte behaupteten, Rauchen sei ungefährlich und stehe in keinerlei Zusammenhang mit Lungenkrebs. Von Dr. MacDonald stammt die öffentliche Erklärung: »Jeden Tag eine Schachtel Zigaretten, und du brauchst keinen Arzt.«

Fotos: © Peter Chowka

Dr. Kanematsu Sugiura (links) war Leiter des Forschungslabors des *Sloan-Kettering Cancer Research Institute*. Er berichtete, daß in seinen Versuchen an Mäusen Laetril wirksamer gegen Krebs war als irgendeine andere Substanz, die er je geprüft hatte. Seine Vorgesetzten waren nicht bereit, dieses Ergebnis zu akzeptieren. Statt einen möglichen Durchbruch zu begrüßen, schalteten sie weitere Forscher ein, die Sugiuras Experimente wiederholen und deren Fehlerhaftigkeit nachweisen sollten. Die neuen Versuche bestätigten jedoch Sugiuras Ergebnisse. Seine Vorgesetzten ließen sich nicht abschrecken und forderten neue und immer neue Versuche, die so angelegt waren, daß sie zu einem Mißerfolge führen mußten. Das taten sie endlich auch, und dieser Mißerfolg wurde publik gemacht.

Ralph Moss (rechts) war zur Zeit der Laetrilversuche Stellvertretender Direktor für Öffentlichkeitsarbeit bei *Sloan-Kettering*. Als er von seinen Vorgesetzen die Anweisung erhielt, gefälschte Informationen über diese Versuche an die Öffentlichkeit zu bringen, kündigte er aus Protest.

Die Hunza-Ältesten, typischerweise neunzig Jahre und älter

Die Hunza sind in der ganzen Welt berühmt für ihre erstaunliche Langlebigkeit und Gesundheit. Krebs ist in Hunza unbekannt. Ihre traditionelle Nahrung enthält mehr als zweihundertmal so viel Vitamin B_{17} wie die durchschnittliche Ernährung in Industriegesellschaften.

(Fotos mit freundlicher Genehmigung von Dr. J. Milton Hoffman)

In Hunza gelten die Aprikose und ihre Kerne als das wertvollste Nahrungsmittel.

Foto: Verfasser

Foto: Verfasser

Foto: *International Association of Cancer Victims and Friends*

Foto: Verfasser

Dr. med. John A. Richardson (oberes Bild) zeigt dem Verfasser seine Sammlung von Zeitungsausschnitten. Dr. Richardson stand in der juristischen Auseinandersetzung um das Recht eines Arztes, Laetril anzuwenden, in der vordersten Linie.

Dr. Ernst T. Krebs junior (gegenüberliegende Seite oben links), der Biochemiker, der Laetril und der Theorie von Krebs als Vitaminmangelerkrankung den Weg bahnte. Er wird vermutlich als der Louis Pasteur unserer Zeit in die Geschichte eingehen.

Dr. Ernesto Contreras (gegenüberliegende Seite oben rechts), einer der führenden Mediziner Mexikos, gründete das weltweit erste Krankenhaus, das sich auf Laetril als Krebstherapie der Wahl spezialisierte.

Das Foto auf der gegenüberliegenden Seite unten zeigt (von links nach rechts) Dr. Dean Burk, Leiter der Abteilung für Zellchemie des *National Cancer Institute*, Dr. Krebs und Dr. Hans Nieper, den berühmten Krebsspezialisten aus Hannover. Dr. Burk und Dr. Nieper zählen zu den zahlreichen bekannten Persönlichkeiten, die Dr. Krebs und seine Arbeiten zu Laetril unterstützen.

Foto: Verfasser

Foto: Verfasser

Dr. Dale Danner (gegenüberliegende Seite oben), selbst an Krebs im Endstadium erkrankt, glaubte anfangs nicht an Laetril. Dem Tode nah, spritzte er sich selbst als letztes Mittel eine massive Dosis und stellte erstaunt fest, daß sie ihn von seinen Schmerzen befreite und den Appetit zurückbrachte. Drei Monate später war er wieder arbeitsfähig.

1967 teilte man der krebskranken Joanne Wilkinson (gegenüberliegende Seite unten) mit, daß man ihr das Bein und die Hüfte amputieren und die Blase und eine ihrer Nieren entfernen müsse. Als sie sich statt dessen für eine Behandlung mit Laetril entschied, warnten ihre erzürnten Ärzte sie, daß sie unmöglich länger als zwölf Wochen überleben könne. Dieses Foto entstand viele Jahre später. Mrs. Wilkinson ist gesund und aktiv.

Alicia Buttons, die Frau des berühmten Schauspielers und Komikers Red Buttons (unten), war von den Schulmedizinern als hoffnungsloser Fall aufgegeben worden. Nach einigen Monaten Laetriltherapie war ihr Krebs jedoch völlig verschwunden. Dieses Bild zeigt die Buttons bei der *Cancer Control Convention* 1973 in Los Angeles. 23 Jahre danach war Alicia immer noch gesund und fit.

Foto aus *The Tattler*

Foto: Familie Sykes

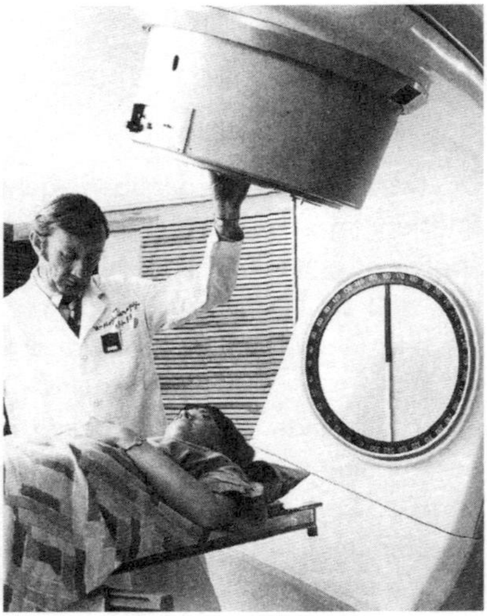

Foto: Varian

Bill Sykes (links) wurde mit lymphozytärer Leukämie im vierten Stadium und Krebstumoren in Milz und Leber als hoffnungsloser Fall aufgegeben. Man erklärte ihm, daß eine Chemotherapie sein Leben vielleicht um höchstens einige Monate verlängern könne. Er ließ sich statt dessen mit Laetril und Enzymen behandeln. Das war vor mehr als 20 Jahren. Bill ist mittlerweile 74 und spielt zweimal in der Woche Raquetball.

Röntgenstrahlen (rechts) sind dafür bekannt, daß sie Krebs verursachen, nicht heilen. Der Patient stirbt häufig nicht an Krebs, sondern an Röntgenschäden. Unbehandelte Patienten leben oft genauso lange – oder länger – als Patienten, die sich mit Bestrahlung oder Chemotherapie behandeln lassen. Die orthodoxen Krebstherapien behandeln das Symptom (den Tumor) und nicht die Ursache.

Kapitel 10

Krebsmittel »mit nachgewiesener Wirkung«

Die Wirkung von Operationen und Bestrahlung in der Krebsbehandlung und ein Vergleich, der zeigt, daß unbehandelte Patienten genauso lange oder sogar länger überleben als behandelte.

Die Befürworter der Laetriltherapie haben immer wieder betont, daß es bei Krebserkrankungen keine *Heilung* im eigentlichen Sinne gibt. Da es sich im wesentlichen um eine Mangelerkrankung handelt, kann man nur von *Vorbeugung* oder *Kontrolle,* aber nicht von *Heilung* sprechen. Unter den Befürwortern der orthodoxen Therapien findet man diese Zurückhaltung allerdings nicht. Ohne mit der Wimper zu zucken, erzählen die offiziellen Sprecher der Krebsindustrie der amerikanischen Öffentlichkeit, sie hätten *Heilmethoden mit nachgewiesener Wirkung* gegen den Krebs, und jeder, der zu Geheimmittelchen wie Laetril greife, verschwende nur kostbare Zeit, die er viel besser für eine Behandlung mit diesen Heilmethoden mit nachgewiesener Wirkung nutzen könne. Was sind das für Heilmethoden? Operationen, Bestrahlungen und Medikamente.

Der folgende Bericht einer Zeitung in Los Angeles ist typisch für viele.

> Die *American Cancer Society* warnte heute vor einer zunehmenden Aktivität von Krebsquacksalbern im San Fernando Valley.
>
> Mrs. Stanley Grushesky, Bildungsreferentin der *American Cancer Society* für den Bezirk San Fernando Valley, zeigte sich besorgt über die Möglichkeit, daß einige Anwohner in den vergangenen Wochen durch Propaganda für unorthodoxe Heiler getäuscht worden sein könnten, die behaupteten, »Heilmittel« gegen den Krebs zu besitzen …, was arglose Opfer leicht in in die Hände von Quacksalbern treiben könnte …
>
> Mrs. Grushesky sagte … »viele arglose Krebsopfer sterben durch Quacksalberei, weil durch betrügerische Mittel und Be-

> handlungen eine effektive Behandlung so lange verzögert wird, bis für den Patienten jede Hilfe zu spät kommt«.[1]

Ähnliches erklärte Dr. Ralph Weilerstein vom kalifornischen Gesundheitsministerium:

> Die ausschließliche Anwendung von Laetril bei Krebs im Frühstadium könnte sich sehr wohl als gefährlich erweisen, da eine Behandlung mit akzeptablen, modernen Heilmethoden – Operationen oder Bestrahlungen – dadurch unter Umständen so lange verzögert wird, bis sich Metastasen gebildet haben, so daß der Krebs nicht mehr heilbar ist.[2]

In öffentlichen Bibliotheken findet man häufig in Büchern zum Thema Krebs Lesezeichen der *American Cancer Society*. Eines davon zeigt ein Pik-As und dazu den Satz: DAS KREBSMITTEL OHNE NACHGEWIESENE WIRKUNG. SETZEN SIE IHR LEBEN NICHT DARAUF. Auf der Rückseite steht: »Mehr Informationen über Heilmethoden mit nachgewiesener Wirkung bei Krebs erhalten Sie durch einen Brief oder Anruf bei der *American Cancer Society*.« Der Verfasser hat daraufhin in einem Brief an die *American Cancer Society* seine Überraschung darüber ausgedrückt, daß es irgendeine Krebstherapie gibt, die so erfolgreich ist, daß sie die Bezeichnung »Heilmethode mit nachgewiesener Wirkung verdient«. Die Antwort darauf lautete:

> An Herrn G. Edward Griffin:
>
> Wir danken Ihnen für Ihr Schreiben. Es *gibt* Heilmethoden mit nachgewiesener Wirkung – *wenn* die Krankheit rechtzeitig erkannt wird: Operationen und/oder Bestrahlung, und zunehmend gewinnt auch die Chemotherapie an Bedeutung.[3]

1996 behauptete die *American Cancer Society*, es seien mittlerweile *Millionen* von Menschen geheilt worden. In den für das betreffende Jahr veröffentlichen Statistiken finden wir folgende Bemerkung:

---

1 »Amer. Cancer Soc. Warns of Valley Quacks«, *The Valley News* (Van Nuys, Calif.) 10. Dezember 1972.

2 Zitiert nach *College of Marin Times* (Kentfield, Calif.), 26. April 1972.

3 Schreiben von Mabel Burnett vom 18. Dezember 1972; Griffin, *Private Papers, op. cit.*

> Nach Schätzungen wurde bei über zehn Millionen heute lebenden Amerikanern in der Vergangenheit Krebs diagnostiziert, bei sieben Millionen erfolgte diese Diagnose vor fünf oder mehr Jahren. Die meisten dieser sieben Millionen können als geheilt gelten.[4]

Soweit also der Standpunkt der orthodoxen Medizin. Es ist deswegen an der Zeit, sich Ergebnisse und Nutzen der durch Operationen, Bestrahlungen und Chemotherapie erzielten sogenannten Heilungen näher anzusehen.

Die Operation ist die harmloseste der drei Methoden. Sie kann Leben retten, besonders, wenn Darmverschlüsse behoben werden müssen, um tödliche Sekundärkomplikationen zu verhindern. Eine Operation bietet zudem den psychologischen Nutzen, daß der Tumor sichtbar entfernt wird und der Patient neue Hoffnung schöpft. Allerdings nützt eine Operation nur in dem Maße, in dem der Tumor *nicht* bösartig ist. Je höher der Anteil an Krebszellen, desto geringer die Wahrscheinlichkeit, daß eine Operation hilft. Die bösartigsten Tumore gelten in der Regel als inoperabel.

Eine weitere Komplikation bei Operationen besteht darin, daß das Aufschneiden eines Tumors – auch für eine Gewebeprobe – die Erkrankung auf zweierlei Weise verschlimmern kann. Zum einen verursacht sie ein Trauma im Gewebe. Das bringt den Heilungsprozeß in Gang, in dem als Nebenprodukt wiederum mehr Trophoblastzellen entstehen (siehe Kapitel 9). Zum anderen können, wenn der Krebs nicht komplett ausgeräumt wird, die verbleibenden Teile sich nach der Operation in Narbengewebe einkapseln. Der Krebs ist damit tendenziell von der Wirkung der Pankreasenzyme abgeschnitten, die wesentlich daran beteiligt sind, Trophoblastzellen der Überwachung durch die weißen Blutkörperchen zugänglich zu machen.

Der stärkste Punkt der Anklage gegen eine Operation ist wohl die Tatsache, daß es keine stichhaltigen statistischen Beweise gibt, daß Patienten, die zu einer Operation bereit sind, eine höhere Lebenserwartung haben als andere. Die erste statistische Analyse zu dieser Frage wurde 1844 von Dr. Leroy d'Etoilles zusammengestellt und von der französischen Akademie der Wissenschaften veröffentlicht. Bis heute ist sie die umfangreichste Studie ihrer Art. Über einen Zeitraum von 30 Jahren wurden von 174 Ärzten Krankengeschichten von 2781 Patienten eingereicht. Die durchschnittliche Überlebensdauer nach einer Operation lag bei lediglich einem Jahr und fünf Monaten – nicht viel anders als heute.

---

4 *Cancer Facts & Figures* – 1996, S. 1.

Dr. Leroy d'Etoilles trennt in seiner Statistik danach, ob Patienten sich einer Operation oder Verätzung unterzogen oder sie ablehnten. Seine Ergebnisse waren brisant:

> Unterm Strich bringt eine Operation oder Verätzung eine Verlängerung der Lebensdauer von zwei Monaten bei Männern und sechs Monaten bei Frauen. Das galt allerdings nur in den ersten paar Jahren nach der Krebsdiagnose. Zu einem späteren Zeitpunkt lagen die Überlebenschancen der Patienten, die nicht in eine Behandlung eingewilligt hatten, um 50 Prozent höher.[5]

Untersuchungen in jüngerer Zeit haben die gleichen Resultate geliefert. Patientinnen mit Brustkrebs wurde früher nicht nur der Tumor, sondern die ganze Brust und die Lymphknoten entfernt und in der gleichen Operation oft auch noch die Eierstöcke, weil die darin gebildeten Hormone Krebs begünstigen. Endlich wurde 1961 eine Großstudie begonnen, das sogenannte *National Surgical Adjuvant Breast Project*. Nach siebeneinhalb Jahren statistischer Analyse waren die Resultate eindeutig: Der Prozentsatz überlebender Patientinnen, bei denen die kleine Operation durchgeführt worden war, unterschied sich nicht signifikant von dem überlebender Patientinnen nach der größeren.

Es war zu erwarten, daß man versuchen würde, die Glaubwürdigkeit dieser Untersuchung in Zweifel zu ziehen. Kontrollteams durchkämmten die Aufzeichnungen von 5000 Ärzten an den 484 teilnehmenden medizinischen Einrichtungen. 1991 wurde verkündet, die Studie sei nicht zuverlässig. Warum? Weil einer der Ärzte (von insgesamt 5000) seine Daten gefälscht hatte und in zwei der Einrichtungen (von 484) nicht mehr alle Laborberichte und Einverständniserklärungen der Patienten auffindbar waren.[6]

Aber man konnte die Beweise nicht so einfach unter den Tisch kehren. Am *Irvine College of Medicine* an der *University of California* führte eine ähnliche Studie aus den Jahren 1984 bis 1990 zu folgender

---

5 Walter H. Walshe, *The Anatomy, Physiology, Pathology and Treatment of Cancer* (Boston: Ticknor & Co., 1844).

6 Siehe Ravdin, R. G., et. al., »Results of a Clinical Trial Concerning The Worth of Prophylactic Oophorectomy for Breast Carcinoma«, *Surgery, Gynecology & Obstetrics*, 131: S. 1055, Dezember 1970. Auch »Breast Cancer Excision Less with Selection«, *Medical Tribune*, 6. Oktober 1971, S. 1. Auch »Breast Cancer Research on Trial«, *Science News*, 30. April 1994, S. 277, 282, 283, 286.

Schlußfolgerung: »Bei ansonsten gleichen Bedingungen ergibt sich weder für krankheitsfreies Überleben noch für das Überleben generell eine Differenz zwischen brusterhaltender Chirurgie und Totalmastektomie.«[7]

Einer der bedeutendsten amerikanischen Statistiker auf diesem Gebiet ist Dr. med. Hardin B. Jones, ehemals Professor für medizinische Physik und Physiologie an der *University of California* in Berkeley. Nach Jahren der Analyse des statistischen Materials legte er bei einer Tagung der *American Cancer Society* folgenden Bericht vor:

> Bei operativen Eingriffen ließ sich bei nachgewiesenen bösartigen Tumoren kein Zusammenhang zwischen dem Umfang des Eingriffs und der Überlebensdauer feststellen. Vielmehr führte die einfache Tumorexzision im wesentlichen zu denselben Ergebnissen wie eine Radikalexzision mit Entfernung der Lymphabflüsse.[8]

Diese Daten bezogen sich natürlich auf Brustoperationen. Mit Bezug auf operative Eingriffe generell fuhr Dr. Jones fort:

> Obwohl es nur wenige unbehandelte Fälle für einen statistischen Vergleich mit behandelten gibt, ist erstaunlich, daß das Sterberisiko der beiden Gruppen auch hier so ähnlich ist. Bei dem Vergleich wurde davon ausgegangen, daß behandelte und unbehandelte Fälle voneinander unabhängig sind. Diese Annahme ist jedoch irrig. Zunächst sind alle Fälle unbehandelt. Im Laufe der Zeit werden einige behandelt, und die Wahrscheinlichkeit einer Behandlung nimmt mit dem zeitlichen Abstand zum Beginn der Krankheit zu. Die Fälle, in denen das Neoplasma langsam fortschreitet [und in denen daher automatisch die Aussichten für ein längeres Überleben günstiger sind], werden mit größerer Wahrscheinlichkeit zu »behandelten« Fällen. Das Überleben dieser Personen, mit oder ohne Behandlung, beruht aber auf der gleichen Ursache. Um für unbehandelte Krebspatienten wirklich repräsentativ zu sein, müßten die Überlebensstatistiken die Tatsache be-

---

7 »Treatment Differences and Other Prognostic Factors Related to Breast Cancer Survival: Delivery Systems and Medical Outcomes« von Anna Lee-Feldstein, Hoda Anton-Culver und Paul J. Feldstein, *Journal of the American Medical Association*, ISSN: 0098-7484, 20. April 1994.

8 Dr. med. Hardin B. Jones, »A Report on Cancer«, Referat anläßlich der 11. Annual Science Writers Conference der ACS, New Orleans, 7. März 1969.

> rücksichtigen, daß bei den per se längerlebigen Fällen ein Wechsel in die Kategorie »behandelt« wahrscheinlicher ist als der Verbleib in der Kategorie »unbehandelt bis zum Zeitpunkt des Todes«.
>
> *Wenn dies in der Statistik berücksichtigt wird, scheint die Lebenserwartung unbehandelter Krebspatienten höher zu sein als die der behandelten.* [Hervorhebung durch den Verfasser]

Wie hoch *ist* denn nun die statistische Wahrscheinlichkeit eines langfristigen Überlebens von fünf und mehr Jahren nach einer Operation? Das, so sagt man uns, hängt davon ab, wo der Krebs lokalisiert ist, wie schnell er wächst und ob er Sekundärtumore an anderer Stelle gebildet hat. Unter den Krebsarten, die eine Operation erforderlich machen, sind Brust- und Lungenkrebs die beiden häufigsten. Bei Brustkrebs ist eine Operation oder Bestrahlung nur in 16 Prozent der Fälle erfolgreich. Bei Lungenkrebs liegt die Zahl der Patienten, die fünf Jahre nach der Operation überleben, zwischen fünf und zehn Prozent.[9] Und das sind noch optimistische Zahlen im Vergleich zu der Überlebensdauer bei einigen anderen Arten von Krebs wie zum Beispiel dem Chorionepitheliom der Hoden.

Wenn wir uns nun den Fällen mit Sekundärmetastasen zuwenden, wird das Bild so gut wie hoffnungslos – ob mit oder ohne Operation. Ein Krebsspezialist hat das sehr kraß zusammengefaßt:

> Bei einem Patienten mit klinisch feststellbaren Fernmetastasen bei der Erstuntersuchung ist die Prognose praktisch hoffnungslos. Das gleiche gilt für Patienten, bei denen zu diesem Zeitpunkt anscheinend keine Fernmetastasen vorlagen, die aber später mit Fernmetastasen wiederkommen.[10]

Objektiv ist also festzustellen, daß statistisch die langfristige Überlebensrate nach einem chirurgischen Eingriff durchschnittlich *bestenfalls* bei

---

9 Siehe »Results of Treatment of Carcinoma of the Breast Based on Pathological Staging« von F. R. C. Johnstone, M.D., *Surgery, Gynecology & Obstetrics*, 134: S. 211, 1972. Auch »Consultant's Comment« von George Crile, Jr., M.D., *Calif. Medical Digest*, August 1972, S. 839. Auch »Project Aims at Better Lung Cancer Survival«, *Medical Tribune*, 20. Oktober 1971. Auch Aussage von Dr. Lewis A. Leone, Direktor der Onkologischen Abteilung am Rhode Island Hospital in Providence, zitiert nach »Cancer Controls Still Unsuccessful«, *L.A. Herald Examiner*, 6. Juni 1972. S. C-12.

10 Johnstone, »Results of Treatment of Carcinoma of the Breast«, *op. cit.*

zehn bis 15 Prozent liegt. Und wenn der Krebs erst einmal an anderer Stelle Metastasen gebildet hat, hat eine Operation praktisch *keinen* Überlebenswert. Das kommt daher, daß, ebenso wie andere von der orthodoxen Medizin befürwortete Therapien, eine Operation nur den Tumor entfernt. Die Ursache räumt sie nicht aus.

Eine Bestrahlung verfährt ähnlich wie eine Operation. Zweck ist es, den Tumor zu entfernen, der allerdings in diesem Falle nicht weggeschnitten, sondern weggebrannt wird. Auch hier werden in erster Linie gesunde Zellen zerstört. Je bösartiger der Tumor, desto resistenter ist er gegen Bestrahlung. Wenn es anders wäre, hätte die Strahlentherapie eine hohe Erfolgsquote – was sie natürlich nicht hat.

In der Regel besteht ein Tumor aus Krebszellen und normalen Zellen, und wenn Strahlung normale Zellen stärker zerstört als Krebszellen, ist logischerweise zu erwarten, daß das Ergebnis der Bestrahlung eine *Verkleinerung* des Tumors, gleichzeitig aber ein *zunehmender Prozentanteil bösartiger Zellen* ist. Und genau das passiert auch.

Dr. John Richardson erklärte diesen Mechanismus so:

> Bestrahlung und radiomimetische Toxine verringern tatsächlich tastbare, starke oder meßbare Tumorbildung. Diese Verringerung kann 75 Prozent und mehr der Tumormasse betragen. Diese Methoden wirken selektiv – durch Strahlung und Toxine. Sie zerstören selektiv alles außer den eindeutig neoplastischen [Krebs-] Zellen.
>
> Ein gutartiges Gebärmuttermyom zum Beispiel schmilzt in der Regel bei Bestrahlung wie Schnee in der Sonne. Falls sich innerhalb eines solchen Tumors auch neoplastische Zellen befinden, bleiben sie zurück. Der Tumor kann also um 90 Prozent an Umfang schrumpfen, gleichzeitig steigt jedoch die Konzentration bösartiger Zellen um 90 Prozent.
>
> Wie jeder erfahrene Kliniker weiß – oder doch wissen sollte –, verbessert sich nach der Verkleinerung des Gesamttumors durch Bestrahlung oder Toxine der Allgemeinzustand des Patienten nicht wesentlich. Oft nimmt vielmehr die Läsion explosiv oder fulminant an Bösartigkeit zu. Dieser Vorgang ist gekennzeichnet durch das Auftreten diffuser Metastasen und einen raschen Abfall der allgemeinen Vitalität, worauf nach kurzer Zeit der Tod folgt.[11]

---

[11] Offener Brief an interessierte Ärzte, November 1972; Griffin, *Private Papers, op. cit.*

Das zeigt, daß die Strahlentherapie die gleichen Nachteile hat wie eine Operation. Allerdings hat sie noch einen weiteren, der von entscheidender Bedeutung ist: Sie vergrößert sogar noch die Wahrscheinlichkeit, daß auch an anderen Stellen des Körpers Krebs entsteht!

Eine zu hohe radioaktive Strahlenbelastung ist eine bewährte Methode, Krebs zu verursachen. Das zeigte sich erstmals an der hohen Krebshäufigkeit bei den Überlebenden von Hiroshima, ist aber seitdem in vielen unabhängigen Untersuchungen bestätigt wurde. Zum Beispiel informierte uns vor kurzem eine Schlagzeile in einer überregionalen Zeitung: »›ALARMIERENDE‹ ANZAHL VON KREBSFÄLLEN 20 JAHRE NACH RÖNTGENTHERAPIE.«[12]

Das *Textbook of Medical and Surgical Nursing* (*Lehrbuch der Krankenpflege in Innerer Medizin und Chirurgie*), ein Standardwerk für examiniertes Pflegepersonal, geht auf diesen Punkt besonders ein:

> Wir haben es hier mit einem Problem für das gesamte Gesundheitswesen zu tun, da eine beträchtliche Anzahl von Menschen über längere Zeit einer gewissen Strahlenbelastung ausgesetzt sein könnte. Das klassische Beispiel sind die Arbeiterinnen, die in den frühen 20er Jahren (radiumhaltige) Leuchtfarben auf die Zifferblätter von Uhren und Armbanduhren auftrugen. Aufgrund der krebserregenden Eigenschaften von Radium kam es Jahre später zu Knochensarkomen. Ebenso tritt Leukämie bei Radiologen häufiger auf als bei anderen Ärzten. Ein weiteres Beispiel sind die Überlebenden von Hiroshima, an denen sich die Wirkungen einer niedrigen Strahlenbelastung zeigen …
>
> Eine der gravierendsten Spätfolgen von Strahlenschäden ist die erhöhte Anfälligkeit für maligne Metaplasien und die Bildung von Krebs an früher bestrahlten Körperregionen. Ein solcher Zusammenhang wird vermutet aufgrund der Häufung von Haut-, Knochen- und Lungenkrebs nach einer Latenzperiode von 20 oder mehr Jahren nach der Bestrahlung der betreffenden Regionen. Diese Vermutung wird zudem durch die relativ hohe Häufigkeit von Schilddrüsenkrebs sieben oder mehr Jahre nach einer geringdosierten Bestrahlung der Thymusdrüse im Kindesalter sowie die größere Leukämiehäufigkeit nach Ganzkörperbestrahlung in jedem Lebensalter zusätzlich bestätigt.[13]

---

[12] *National Enquirer*, 7. Oktober 1973, S. 29.

1971 berichtete ein Forscherteam der *University of Buffalo* unter der Leitung von Dr. Robert W. Gibson, daß bereits weniger als ein Dutzend der üblichen medizinischen Röntgenuntersuchungen desselben Körperteils das Leukämierisiko bei Männern um mindestens 60 Prozent steigern.[14] Andere Wissenschaftler sind zunehmend besorgt über die wachsende Vorliebe der Amerikaner für Röntgenuntersuchungen und drängen, dem Wahnsinn ein Ende zu machen, ja, sie haben sogar gefordert, die mobilen Röntgenuntersuchungen zur TB-Erkennung einzustellen.[15] Und diese »Routine«-Untersuchungen sind sehr harmlos im Vergleich zu der intensiven Strahlendosis, mit der Krebspatienten tagtäglich beschossen werden.

Die krebsauslösende Wirkung von Röntgenstrahlen beruht auf zwei Faktoren. Erstens richten sie physischen Schaden im Körper an, so daß im Zuge des Heilungsprozesses die Bildung von Trophoblastzellen in Gang gesetzt wird. Zweitens verringern oder stoppen sie die Bildung weißer Blutkörperchen, die, wie wir gesehen haben, im Immunmechanismus als erste Verteidigungslinie des Körpers gegen Krebs die entscheidende Rolle spielen.

Aus der Statistik läßt sich wenig bis gar nichts ableiten, was dafür spräche, daß Bestrahlungen die Überlebenschancen des Patienten tatsächlich steigern. Bei dem oben im Zusammenhang mit chirurgischen Eingriffen erwähnten *National Surgical Adjuvant Breast Project* wurden auch Studien zur Wirksamkeit von Strahlentherapie durchgeführt, die zu folgenden Schlußfolgerungen führten:

> … was den Prozentsatz derer angeht, die fünf oder mehr Jahre nach der Bestrahlung krebsfrei waren, hat postoperative Bestrahlung den so behandelten Patientinnen keinen erkennbaren Nutzen gebracht.[16]

---

13 Brunner, Emerson, Ferguson und Doris Suddarth, *Textbook of Medical-Surgical Nursing* (Philadelphia: J. B. Lippincott Co., 1970) 2. Auflage, S. 198.

14 »Too Many X-Rays Increase Risk of Leukemia, Study Indicates«, *National Enquirer*, 5. Dezember 1971, S. 11.

15 »Top FDA Officials Warn: Chest X-Rays in Mobile Vans Are Dangerous and Must Be Stopped«, *National Enquirer*, 10. September 1972, S. 8.

16 Fisher, B., et. al., »Postoperative Radiotherapy in the Treatment of Breast Cancer; Results of the NSAPP Clinical Trial«. *Annals of Surgery*, 172, No. 4, Oktober 1970.

Im August 1998 veröffentlichte die *Science News* einen Überblick über die Forschungsergebnisse von 30 Jahren und berichtete, daß Bestrahlung die Überlebenschancen eines Patienten sogar *verringern* kann:

> Die Ergebnisse aus neun Studien … zeigen, daß postoperative Strahlentherapie bei vielen Patienten die Überlebenschancen sogar beeinträchtigt, besonders bei Patienten, deren Krebs ursprünglich nicht gestreut hatte. Die Ergebnisse erschienen im *Lancet* vom 25. Juli … Die Überlebensrate zwei Jahre nach der Operation betrug 48 Prozent bei bestrahlten Patienten und 55 Prozent bei Patienten, bei denen nur ein chirurgischer Eingriff vorgenommen worden war.[17]

Das bringt die Radiologen in eine peinliche Situation, denn es stellt ihre Existenzberechtigung innerhalb der Medizin in Frage. Es ist also kaum zu erwarten, daß diese Thematik von Radiologen oder denen, die von Entwicklung, Verkauf, Gebrauch oder Wartung der millionenschweren Teilchenbeschleuniger leben, diskutiert wird. Entsprechend überraschend ist es, von drei Radiologen in dem gleichen Forum der selben Radiologentagung diese ungeschminkte Wahrheit zu hören. Diese drei waren Dr. med. William Powers, Direktor der Abteilung für Strahlentherapie an der Medizinischen Fakultät der *Washington University*, Dr. med. Phillip Rubin, Leiter der Abteilung für Strahlentherapie an der Medizinischen Fakultät der *University of Rochester*, und Dr. med. Vera Peters vom *Princess Margaret Hospital* in Toronto, Kanada. Dr. Powers erklärte:

> Obwohl die Strahlentherapie in großem Umfang und seit vielen Jahren präoperativ und postoperativ angewandt wird, ist der klinische Nutzen einer solchen Kombinationsbehandlung immer noch nicht eindeutig nachweisbar … Selbst wenn die Heilungsrate mit einer Kombination von Bestrahlung und Therapie zunimmt, müssen immer noch die *Kosten*, nämlich eine möglicherweise erhöhte Morbidität bei Patienten, die auf diese zusätzliche Therapie nicht ansprechen, ermittelt werden …[18]

---

17 »Lung Cancer Radiation Questioned«, *Science News*, 1. August 1998, S. 68.

18 »Preoperative and Postoperative Radiation Therapy for Cancer«, Vortrag anläßlich der 6. National Cancer Conference, mit Unterstützung der American Cancer Society und des National Cancer Institute, Denver, Colorado, 18. bis 20. September 1968.

Mit »erhöhter Morbidität« meint Dr. Powers die Tatsache, daß Strahlung die Leute krank macht. In einer Studie der Universität Oxford wurde festgestellt, daß viele Frauen, die mit Strahlentherapie behandelt worden waren, an Herzinfarkt starben, weil ihr Herz durch die Behandlung geschwächt war.[19] Strahlung schwächt außerdem das Immunsystem, was zum Tod durch sekundäre Ursachen, beispielsweise Lungenentzündung, führen kann. Viele Patienten, auf deren Totenschein als Todesursache Herzversagen oder Lungenentzündung oder Atemstillstand steht, starben in Wirklichkeit an Krebs – oder, genauer gesagt – an ihrer Krebs*behandlung*. Die Krebsstatistiken – die auf Daten von Totenscheinen beruhen – verschleiern die Wahrheit über das Versagen der orthodoxen Krebstherapie.

Anläßlich der erwähnten Radiologentagung gab Dr. Phillip Rubin einen Überblick über die im *Journal of the American Medical Association* publizierten Zahlen zur Überlebensrate bei Krebs. Zum Abschluß führte er aus:

> Klinische Ergebnisse und statistische Daten aus zahlreichen Untersuchungen werden zitiert, um zu zeigen, daß durch eine zusätzliche Bestrahlung die Überlebensrate nicht zunahm.

Und Dr. Peters fügte dem hinzu:

> Bei Brustkrebs ist die Mortalitätsrate immer noch ebenso hoch wie die Erkrankungsrate. Das beweist, daß wir mit der erfolgreichen Behandlung der Krankheit in den letzten 30 Jahren keine wirklichen Fortschritte gemacht haben, obwohl sich sowohl die chirurgischen als auch die radiotherapeutischen Methoden in dieser Zeit verbessert haben.

Obwohl fast alle Ärzte die gegenteilige Erfahrung gemacht haben, erzählt die *American Cancer Society* der Öffentlichkeit immer noch denselben Unsinn: daß *ihre* Statistiken für behandelte Patienten eine höhere Genesungsrate zeigen als für unbehandelte. Warum sollte denn sonst auch irgendjemand soviel Geld ausgeben oder die Schmerzen und Entstellungen auf sich nehmen, die diese orthodoxen Therapien mit sich

---

19 »Breast Cancer Update/Q & A« von Ridgely Ochs, *Newsday*, 19. Dezember 1995, S. B23.

bringen? Aber wie schafft es die *American Cancer Society*, mit solchen krassen Lügen durchzukommen?

Der Trick ist, daß sie nicht wirklich lügt – sie biegt nur die Wahrheit ein bißchen zurecht. Anders ausgedrückt, sie paßt nur die Methoden zur Erhebung und Evaluierung ihrer statistischen Daten so an, daß das gewünschte Ergebnis garantiert ist. Um es mit Dr. Hardin Jones zu sagen:

> Eine Evaluierung der klinischen Reaktion auf die Behandlung von Krebs durch Operationen und Bestrahlung, entweder einzeln oder in Kombination, ergibt folgende Erkenntnisse:
>
> Der Nachweis einer höheren Überlebensrate in der behandelten im Vergleich zur unbehandelten Gruppe ist das Ergebnis einer Verzerrung durch die Definition der Gruppen. Alle Studien, über die berichtet wird, erfassen die Fälle bei Einsetzen der Krankheit und verfolgen sie bis zum Zeitpunkt des Todes oder dem Ende des Studienzeitraums. Todesfälle in der unbehandelten oder Kontrollgruppe, die *zu irgendeinem Zeitpunkt* während des Studienzeitraums eintreten, werden als Todesfälle in der Kontrollgruppe definiert. In der behandelten Gruppe werden jedoch die Todesfälle, die vor dem Abschluß der Behandlung eintreten, aus der Datenmenge ausgeschlossen, da diese Patienten dann nicht die Kriterien der Definition »behandelt« erfüllen. Je länger die Zeit bis zum Abschluß der Behandlung, also beispielsweise bei einer mehrstufigen Therapie, desto gravierender ist dieser Fehler …
>
> Ohne Berücksichtigung dieses Effekts zeigen die häufigeren malignen Erkrankungen mit und ohne Behandlung eine bemerkenswert ähnliche Sterberate.[20]

Ein derartiger Statistikfehler ist signifikant, erklärt aber kaum die Lieblingsbehauptung der *American Cancer Society*, daß »eineinhalb Millionen Fälle dokumentiert sind, in denen Menschen durch die Bemühungen der Ärzteschaft und der *American Cancer Society* und mit Unterstützung der FDA von Krebs geheilt wurden«.[21]

Vielmehr liegt der Grund darin, daß es Formen von Krebs gibt, zum Beispiel Hautkrebs, die gut auf eine Behandlung ansprechen. Oft kom-

---

20 Jones, »A Report on Cancer«, *op. cit.*

21 Schreiben von Mrs. Glenn E. Baker, Executive Director, Southern District, ACS, an Mr. T. G. Kent, abgedruckt in *Cancer News Journal*, Januar/Februar 1972, S. 22.

men sie sogar ohne Behandlung zum Stillstand oder verschwinden. Selten verlaufen sie tödlich. Allerdings sind sie häufig – so häufig, daß sie die Statistik *drastisch* beeinflussen. Anfangs wurden Fälle von Hautkrebs nicht in die nationale Statistik aufgenommen. Zudem ließ sich damals fast niemand wegen Hautkrankheiten ärztlich behandeln. Lieber griff man zu Hausmitteln, die im übrigen häufig genauso gut wirkten wie die wissenschaftlich akzeptableren Methoden von heute.

Als die Zahl der Ärzte zunahm, die Menschen wohlhabender wurden und sich einen Arztbesuch eher leisten konnten und die alten Hausmittel immer mehr in Mißkredit gerieten, wuchs zumindest die Anzahl der *gemeldeten* Hautkrebsfälle allmählich, und heute führt die ACS die Haut als ein von Krebs »häufig betroffenes Organ« auf. Man mußte also nur Hautkrebs in die Statistiken aufnehmen – und schwupp, schon hatte man eineinhalb Millionen Heilungen!

Wie Dr. Hardin Jones enthüllte:

> Erstmals wurden 1940 nach einer Neufassung der Definitionen verschiedene fragwürdige Grade von Bösartigkeit als Krebs klassifiziert. Von diesem Zeitpunkt an nahm der Prozentsatz der geheilten »Krebs«fälle mit »normal« hoher Lebenserwartung rasch und in genau dem Maße zu, das dem Anteil fragwürdiger Diagnosen entsprach.[22]

Die *American Cancer Society* behauptet, daß die Patienten jetzt dank der orthodoxen Therapie länger überleben. Die Menschen überleben aber *nicht* länger, nachdem sie Krebs *bekommen*, sie leben länger, nachdem der Krebs *diagnostiziert* wurde. Mit den modernen diagnostischen Verfahren kann man Krebs früher erkennen. Die Zeitspanne zwischen Diagnose und Tod *ist* tatsächlich länger, aber das Leben an sich überhaupt nicht.[23] Das ist lediglich eine weitere statistische Täuschung.

Durch eine Röntgentherapie sinkt die Zahl der weißen Blutkörperchen, und dadurch wird der Patient anfällig für Infektionen und auch andere Krankheiten. Vielfach sterben diese Patienten zum Beispiel an Lungenentzündung und nicht an Krebs. Und dies ist dann, wie bereits oben erwähnt, die Todesursache, die auf dem Totenschein erscheint – und in der Statistik. Dr. Richardson beobachtete:

---

22 Jones, »A Report on Cancer«, *op. cit.*

23 Robert N. Proctor, *Cancer Wars: How Politics Shapes What We Know and Don't Know About Cancer* (New York: Basic Books, 1995), S. 4.

> Ich habe Patienten gesehen, die aufgrund einer Kobaltbestrahlung der Wirbelsäule gelähmt waren, und nach einer Vitaminbehandlung ist der CG-Test bei ihnen schwach positiv. Den Krebs haben wir zum Verschwinden gebracht, aber die Strahlenschäden sind so ausgeprägt, daß sie nicht laufen können … Das Kobalt bringt sie um, nicht der Krebs.[24]

Es gibt einen alten Witz über einen Arzt, der zu einer frisch verwitweten Frau sagt: »Es freut Sie doch sicher zu hören, daß wir die Krankheit Ihres Mannes ganz kurz vor seinem Tod heilen konnten.« Daß das keineswegs nur ein Witz ist, beweist der Tod von Senator Paul Tsongas im Januar 1997. In seinem Nachruf stand: »Tsongas wurde am 3. Januar wegen eines durch seine Krebsbehandlung verursachten Leberleidens ins Krankenhaus eingeliefert. Zum Zeitpunkt seines Todes war er krebsfrei.«

Auch wenn der Patient stark genug ist, die Bestrahlung zu überleben, bleibt seine Lage ausweglos. Wenn der Krebs erst einmal an anderer Stelle Metastasen gebildet hat, besteht für den Patienten praktisch keine Überlebenschance mehr. Zusätzlich zu einem Überlebenswert von praktisch Null gebührt der Strahlentherapie das zusätzliche Verdienst, den Krebs zu verbreiten, den sie eigentlich bekämpfen soll.

Zu den meistpublizierten Behauptungen der *American Cancer Society* gehört, daß Früherkennung und rechtzeitige Behandlung die Überlebenschancen steigern. Das ist eine dieser Parolen, die Millionen von Menschen für diese mystische Erfahrung der alljährlichen Vorsorgeuntersuchung in die Praxis ihres Arztes treibt. Kostenpflichtige Vorsorgeuntersuchungen sind vielleicht ein bewährtes Mittel zur Einkommensbelebung der Krebsindustrie, ihr medizinischer Wert ist allerdings nicht so eindeutig nachgewiesen, wie der Rummel glauben macht. Dr. Hardin Jones hat eindringlich darauf hingewiesen:

> Was die Zeitspanne bis zum Beginn der Behandlung von bösartigen Tumoren angeht, so hat keine Studie den vielbeschworenen Zusammenhang zwischen Früherkennung und besseren Überlebenschancen nach einer Behandlung belegt … Seriöse Bestrebungen, den Zusammenhang zwischen einer raschen Behandlung und den Heilungschancen zu ermitteln, waren nicht erfolgreich. Bei

---

24 Brief von Dr. med. John Richardson an G. Edward Griffin vom 2. Dezember 1972; Griffin, *Private Papers, op. cit.*

> einigen Formen von Krebs wurde sogar das Gegenteil des erwarteten Zusammenhangs zwischen kurzem Bestehen der Symptome und hoher »Heilungs«chance beobachtet. Bei einigen Formen von Brust- und Gebärmutterhalskrebs ist ein langes Bestehen der Symptome mit einer ungewöhnlich langen Überlebensdauer assoziiert … Weder der Zeitpunkt noch der Umfang der Behandlung echter bösartiger Erkrankungen änderten den Krankheitsverlauf wesentlich. Es besteht die Möglichkeit, daß eine Behandlung die durchschnittliche Situation verschlimmert.[25]

In dieser Situation ist es zum Verzweifeln, daß die Vertreter der orthodoxen Medizin die Öffentlichkeit immer noch vor dem Gebrauch von Laetril warnen mit der Begründung, es hindere Patienten daran, von Heilmethoden »mit nachgewiesener Wirkung« zu profitieren. Die am Anfang dieses Kapitels zitierte Bemerkung von Dr. Ralph Weilerstein vom kalifornischen Gesundheitsministerium ist typisch. Allerdings ist Dr. Weilerstein in zwei Punkten angreifbar. Zum einen sucht nur in den seltensten Fällen ein Patient Hilfe bei Laetril, der nicht vorher durch die Mühle der »modernen Heilmethoden« Operation und Bestrahlung gedreht wurde. In Wirklichkeit wurden die meisten nach dem Versagen dieser Methoden als hoffnungslos eingestuft und haben sich erst danach der Vitamintherapie als letztem Ausweg zugewandt. Dr. Weilersteins Einwände in diesem Punkt sind also nur Vorwände. Weit wichtiger ist allerdings, daß die von Weilerstein empfohlenen Methoden *einfach nicht wirken.*

Als einsamer Kämpfer im Lager des Feindes hat Dr. Dean Burk vom *National Cancer Institute* das mehrfach klargestellt. In einem Brief an seinen Vorgesetzten Dr. Frank Rauscher schrieb er:

> Trotz der oben aufgeführten Beweise … haben die Vertreter der *American Cancer Society* und sogar des *National Cancer Institute* weiterhin öffentlich proklamiert, daß etwa jeder vierte Fall von Krebs inzwischen »geheilt« oder »unter Kontrolle« sei. Den statistischen oder epidemiologischen Nachweis, durch den diese Feststellung, so wirksam sie auch in der Beschaffung finanzieller Mittel sein mag, erst wissenschaftlich untermauert würde, haben sie allerdings selten oder gar nicht beigebracht. Eine solche Fest-

---

[25] Jones, »A Report on Cancer«, *op. cit.*

> stellung ist in hohem Maße irreführend, denn sie verschleiert die Tatsache, daß bei systemischen oder metastasierenden Krebserkrankungen der tatsächliche Anteil der Fälle unter Kontrolle, definiert als fünfjährige Überlebensdauer, bei kaum mehr als einem unter zwanzig liegt …[26]

Man sollte Dr. Weilerstein einmal fragen, wo denn all die modernen Heilmethoden sind, die er und der *California Cancer Advisory Council* und auch so viele Angehörige der Gesundheitsbehörden so wortreich anpreisen? … Nein, die zahlreichen Arten und Formen von metastasierendem Krebs sind im großen und ganzen immer noch genauso »unheilbar« wie zur Zeit des Kefauver-Gesetzes vor zehn Jahren.[27]

Die Statistiken der ACS sind faszinierend. Sie enthalten seitenweise Tabellen und Grafiken, in denen Krebs nach befallener Körperregion, Geschlecht, Alter und geographischer Verteilung aufgeführt ist. Aber harte Zahlen über diese »Heilmethoden mit nachgewiesener Wirkung« findet man nicht. Nur die unbelegte Feststellung: »Heute wird jeder dritte Patient gerettet. Vor einer Generation war es erst jeder fünfte.« Das mag stimmen oder nicht, je nachdem, wie man das Wort *gerettet* definiert. Aber auch wenn wir diese Feststellung nicht anzweifeln, sollten wir bedenken, daß auch eine entsprechend höhere Zahl von Menschen an Krebs *erkrankt*. Warum? Die offizielle Erklärung lautet folgendermaßen:

> Wichtige Faktoren sind die längere Lebensdauer und die höheren Bevölkerungszahlen. Die Wissenschaft konnte viele Krankheiten besiegen, und die Amerikaner leben im Durchschnitt länger. Wer ein höheres Alter erreicht, kommt automatisch in die Lebensphase, in der Krebs häufiger auftritt – ab dem fünften Lebensjahrzehnt.

Das klingt alles ganz plausibel – bis man sich die Fakten genauer ansieht.

Erstens spielt der Bevölkerungszuwachs keine Rolle. Die statistischen Angaben »jeder dritte« oder »jeder fünfte« sind *proportionale* Angaben, nicht *absolute*. Sie bezeichnen *Anteile*, die unabhängig von der Bevölkerungszahl sind.

Zweitens ist die durchschnittliche Lebenserwartung zwischen 1980

---

[26] Brief von Dean Burk an Frank Rauscher, Griffin, *Private Papers, op. cit.*, S. 3.

[27] Brief von Dean Burk an Kongreßabgeordneten Frey; Griffin, *Private Papers, op. cit.*, S. 5.

und 1996 um nicht einmal drei Jahre gestiegen. Das erklärt unmöglich die drastisch gestiegene Zahl der Krebstoten in diesem Zeitraum.

Und drittens muß ein höheres Lebensalter nicht unbedingt zu Krebs führen – wie das völlige Fehlen von Krebs bei den Hunza und Abchasiern schlüssig beweist.

Im Mai 1986 lichtete sich der Propagandanebel, und ein Lichtstrahl der Wahrheit brach durch und erfaßte die medizinischen Medien. Das *New England Journal of Medicine* veröffentlichte einen Bericht von John C. Bailar III und Elaine M. Smith. Dr. Bailar war Mitarbeiter der Abteilung für Biostatistik an der *Harvard School of Public Health*, Dr. Smith Mitarbeiterin des Medizinischen Zentrums der *University of Iowa*. Ihr Bericht war von brutaler Ehrlichkeit:

> Bei einigen Parametern der Beherrschung von Krebs zeichnen sich erhebliche Fortschritte ab, bei einigen erhebliche Rückschritte, und einige bleiben praktisch unverändert. Durch die gezielte Auswahl von Parametern kann man jeden gewünschten Eindruck erwecken – von überwältigendem Erfolg gegen den Krebs bis zur Katastrophe.
>
> Als bester Parameter für den Fortschritt im Kampf gegen den Krebs erschien uns die kombinierte Sterblichkeitsrate für alle Formen von Krebs, altersbereinigt gegenüber dem US-Standard von 1980. Dieser Parameter eliminiert den Veränderungseffekt aufgrund der veränderten Bevölkerungszahl und ihrer Alterszusammensetzung, verhindert das selektive Zitieren von Daten zur Begründung einer bestimmten Ansicht, minimiert den Effekt von Veränderungen der diagnostischen Kriterien aufgrund verbesserter Screening- und Erkennungsverfahren und mißt direkt das entscheidende Ergebnis – den Tod …
>
> Altersbereinigt zeigen die Sterblichkeitsziffern einen langsamen und stetigen Zuwachs über mehrere Jahrzehnte, und es gibt keinerlei Anzeichen für eine fallende Tendenz in jüngerer Zeit. In diesem klinischen Sinn verlieren wir den Krieg gegen den Krebs. … Die wichtigste Schlußfolgerung aus unserer Arbeit ist, daß die intensiven Anstrengungen von etwa 35 Jahren Arbeit an einer Verbesserung der Behandlungsmethoden als bedingter Fehlschlag zu bezeichnen sind.[28]

---

[28] »Progress Against Cancer?«, *New England Journal of Medicine*, 8. Mai 1986, S. 1231.

In einem elf Jahre später veröffentlichten Anschlußbericht zeigte Dr. Bailar, daß das düstere Bild sich nicht verbessert hatte. Er schrieb: »Seit Jahrzehnten unternehmen wir alle Anstrengungen: Milliarden von Dollars an Fördergeldern, die besten wissenschaftlichen Köpfe. Sie haben sich nicht ausgezahlt.«[29]

Es ist klar, daß die *American Cancer Society* – oder zumindest irgendjemand in einer ziemlich hohen Position darin – versucht, den Amerikanern ein X für ein U vorzumachen. Die Wahrheit ist, daß – trotz aller ACS-Statistiken – die orthodoxe Medizin *kein* »Mittel mit nachgewiesener Wirkung gegen den Krebs« zu bieten hat. Und was sie zu bieten *hat*, ist mehr als kümmerlich angesichts des Prestiges, das sie genießt, der Gelder, die ihr zufließen, und der arroganten Verachtung, mit der sie all jene überhäuft, die ihre Behandlungsmethoden ablehnen.

---

29 »$ 30 billion ›War on Cancer‹ a bust?«, *USA Today*, 29. Mai 1997, S. 1.

Kapitel 11

Mord in neuer Dimension

Krebsmedikamente unwirksam und krebsfördernd; von der FDA genehmigte Experimente am Menschen führen zu Todesfällen durch die Medikamente, nicht durch Krebs.

DER FOLGENDE ARTIKEL ERSCHIEN unter der Überschrift »SCHLAG GEGEN KREBS›HEILMITTEL‹ LAETRIL« am 18. August 1973 in der *Los Angeles Times*:

> Los Angeles (UPI) – Die Hersteller und Vertreiber des Mittels Laetril wurden am Mittwoch von der Vorsitzenden der kalifornischen Sektion der *American Cancer Society* als »Betrüger und üble Quacksalber« bezeichnet.
>
> Helene Brown ... sagte, die FDA habe Laetril regelmäßig mit negativem Ergebnis getestet und seine Anwendung als Krebsmittel verboten.
>
> Brown nennt Quacksalberei bei Krebs »Mord in neuer Dimension«, … zehn Arten von Krebs seien mittlerweile durch Chemotherapie – medikamentöse Behandlung – heilbar oder beherrschbar.

Nicht einmal einen Monat später behauptete Mrs. Brown in einem Vortrag vor der ACS-Konferenz über Pflege bei Krebserkrankungen rundweg: »Mit dem heutigen medizinischen Wissen ist eine Heilung in 70 Prozent aller Krebsfälle möglich, sofern sie rechtzeitig erkannt werden.«[1]

Vertreter der *American Cancer Society* verkünden unermüdlich den Mythos von »Heilmethoden mit nachgewiesener Wirkung«. Selten erscheinen sie allerdings in den Augen derer, die ein bißchen über die wahren Überlebensstatistiken wissen, alberner, als wenn sie von Heilungen durch *Chemotherapie* sprechen.

---

1 »Cancer Quacks Deadly«, (AP) *The Clarion Ledger* (Miss.), 13. September 1973.

Auf die kümmerlichen Ergebnisse von orthodoxer Chirurgie und Bestrahlung sind wir bereits kurz eingegangen. Die Ergebnisse der sogenannten *Medikamente* gegen den Krebs sind allerdings noch schlechter. In erster Linie kommt das daher, daß die meisten derzeit gebräuchlichen hochgiftig sind. Nicht nur für den Krebs, sondern auch für den übrigen Körper. Generell sind sie für das gesunde Gewebe tödlicher als für die bösartige Zelle.

In genügend hohen Mengen können alle Substanzen toxisch wirken. Das gilt für Aspirin, für Zucker, für Laetril und sogar für Wasser. Im Gegensatz zu diesen sind jedoch Krebsmedikamente giftig, nicht in Überdosis oder in ihren *Neben*wirkungen, sondern in ihrer *primären* Wirkung. Anders ausgedrückt, ihre giftige Wirkung ist nicht der Preis, der in Kauf genommen werden muß, um eine bestimmte Wirkung zu erzielen, sie *ist* die gewünschte Wirkung.

Diese chemischen Substanzen werden ausgewählt, weil sie zwischen verschiedenen Zellen differenzieren und daher manche Zellarten stärker vergiften können als andere. Daraus sollte man allerdings nicht den voreiligen Schluß ziehen, daß sie zwischen Krebszellen und normalen Zellen unterscheiden und nur die Krebszellen abtöten, denn das tun sie nicht.

Die in der heutigen Krebstherapie eingesetzten Zellgifte können nicht zwischen Krebszellen und anderen unterscheiden. Ihre Unterscheidung trennt zwischen rasch wachsenden und langsam oder gar nicht wachsenden Zellen. Ihr Ziel sind Zellen mit hoher Teilungsgeschwindigkeit. Also zerstören sie nicht nur die sich teilenden Krebszellen, sondern auch eine große Menge anderer Körperzellen, die sich gerade teilen.

Theoretisch werden die Formen von Krebs, bei denen die Zellteilung schneller abläuft als bei normalen Zellen, getötet, bevor der Patient getötet wird, aber das Ganze ist ein knappes Rennen. Bei einem Krebs, der sich ebenso langsam oder langsamer teilt als normale Zellen, besteht nicht einmal *theoretisch* eine Chance auf Erfolg.

In jedem Fall ist jedoch der Zweck dieser Medikamente eine systemische Vergiftung, und die dadurch verursachten Schmerzen und Symptome sind oft quälender als die Krankheit selbst. Die Toxine erfassen die sich teilenden Blutzellen und verursachen eine Blutvergiftung. Das Verdauungssystem gerät in Aufruhr, und Übelkeit, Durchfall, Appetitverlust, Krämpfe und fortschreitende Schwäche sind die Folge. Haarzellen wachsen schnell, deswegen kommt es während der Behandlung zu Haarausfall. Die Fortpflanzungsorgane sind betroffen, Sterilität ist die

Folge. Das Gehirn ermüdet. Seh- und Hörkraft leiden. Jede nur denkbare Körperfunktion ist gestört, mit solch quälenden Folgen für den Patienten, daß viele lieber an Krebs sterben, als die Behandlung fortzusetzen.

Ironischerweise befolgt das Personal, das diese Medikamente verabreicht, jede nur erdenkliche Vorsichtsmaßnahme, um sich vor dem Kontakt mit ihnen zu schützen. Das *Handbook of Cancer Chemotherapy*, ein bedeutendes Lehrbuch für medizinisches Personal, enthält folgende Warnung:

> Die möglichen Risiken eines Umgangs mit Zytostatika haben die Angehörigen der Gesundheitsberufe beunruhigt. In der Literatur wird über verschiedene Symptome wie Augen-, Schleimhaut- oder Hautreizungen, ebenso wie Schwindel, Übelkeit und Kopfschmerzen bei Personal berichtet, das die für eine sichere Handhabung erforderlichen Vorsichtsmaßnahmen nicht beachtet hatte. Zudem besteht Besorgnis hinsichtlich mutagener und teratogener (Mißbildungen bei Neugeborenen verursachenden) Wirkungen, die noch untersucht werden. *Zahlreiche Chemotherapeutika, insbesondere die Alkylanzien, sind für ihre krebserregende Wirkung in therapeutischen Dosen bekannt.*[2] [Hervorhebung durch den Autor]

Wegen der Gefährlichkeit dieser Medikamente zählt das *Chemotherapy Handbook* 16 Arbeitsschutzmaßnahmen für das damit befaßte medizinische Personal auf. Dazu gehören das Tragen von Einmal-Gesichtsschutz und Mänteln, Schutzbrillen und *doppelten* Latexhandschuhen. Das Verfahren zur Entsorgung von Spritzbestecken und anderem in diesem Zusammenhang benutzten Gerät wird vom Umweltamt unter der Kategorie »Sondermüll« abgehandelt. Und gleichzeitig werden eben diese Substanzen in das Blut der unglücklichen Krebspatienten injiziert, um angeblich deren Krebs zu *heilen*!

Die meisten dieser Medikamente werden als *radiomimetisch* bezeichnet, das heißt, sie imitieren oder produzieren denselben Effekt wie Strahlung. Infolgedessen unterdrücken sie auch das Immunsystem, und das ist auch der Grund, warum sie dazu beitragen, daß der Krebs auf andere

---

2 Dr. med. Roland T. Skeel und Dr. med. Neil A. Lachant, *Handbook of Cancer Chemotherapy*, 4. Auflage (New York: Little, Brown and Company, 1995), S. 677.

Stellen im Körper übergreift. Aber im Gegensatz zu Röntgenstrahlen, die meist nur auf eine oder zwei Stellen gerichtet werden, tun diese Chemikalien ihr tödliches Werk an jeder Zelle im Körper. Dr. John Richardson schreibt:

> Sowohl Strahlentherapie als auch der Versuch der »Vertreibung durch Gift« führen zu einer tiefgreifenden Immunsuppression beim Wirt, die die Wahrscheinlichkeit von Metastasen erheblich steigert. Wie irrational wäre ein Versuch, immunologisch und/ oder physiologisch gegen den Krebs vorzugehen und gleichzeitig Immunsuppressiva in Form von Strahlung jeglicher Art, Methotrexat, 5-FU, Cytoxin und ähnlich nutzlosen und riskanten *allgemeinen* Zellgiften zu verabreichen. All diese Methoden sind, wie wir wissen, zur Unterdrückung der Abstoßungsphänomene nach Organtransplantationen angewendet worden. Das einzige Ziel einer rationalen Krebstherapie ist die *Verstärkung* der Abstoßungsphänomene.[3]

Nicht nur die Befürworter von Laetril sind der Ansicht, daß Mittel »gegen Krebs« in der Regel genau das Gegenteil von dem erreichen, was sie bezwecken. Es ist eine der Tatsachen des Lebens (oder sollten wir sagen: des Todes?), die auch von den Anwendern dieser Medikamente allgemein zugegeben wird. So sagt Dr. John Trelford von der Abteilung für Frauenheilkunde und Gynäkologie am *Ohio State University Hospital*:

> Nach dem derzeitigen Stand scheint Chemotherapie bei gynäkologischen Tumoren die Lebenserwartung nur in Einzelfällen zu erhöhen ... Das Problem bei einer blinden Chemotherapie ist, daß sie nicht nur die Wirkung der Medikamente verringert, sondern aufgrund der Toxizität dieser Wirkstoffe auch *die Resistenz der Patientin gegen die Krebszellen herabsetzt*.[4] [Hervorhebung durch den Verfasser]

---

3 Offener Brief an interessierte Ärzte, November 1972; Griffin, *Private Papers, op. cit.*

4 »A Discussion of the Results of Chemotherapylogical Cancer and the Host's Immune Response«, *Sixth National Cancer Conference Proceedings*, *op. cit.*

Dr. Trelford steht mit seiner Beobachtung nicht allein. Ein Bericht des *Southern Research Institute* vom 13. April 1972 auf der Grundlage von Forschungen im Auftrag des *National Cancer Institute* zeigt, daß die meisten der Medikamente, die von der *American Cancer Society* als »Heilmittel mit nachgewiesener Wirkung« bezeichnet werden, bei vorher gesunden Versuchstieren Krebs hervorriefen![5]

In einem mutigen Brief an Dr. Frank Rauscher, seinen Vorgesetzen am *National Cancer Institute*, verurteilte Dr. Dean Burk die Politik des Instituts, diese Medikamente weiterhin zu dulden, obwohl ihre krebserregende Wirkung allgemein *bekannt* war. Er argumentierte:

> Ironischerweise sind alle chemotherapeutischen Wirkstoffe gegen den Krebs, die derzeit von der FDA für die Anwendung oder Prüfung beim Menschen zugelassen sind, (1) in den angewandten Dosierungen hoch oder in unterschiedlichem Maße *toxisch*, (2) deutlich *immunosuppressiv*, zerstören also die Eigenresistenz des Patienten gegen eine Reihe von Krankheiten einschließlich Krebs, und (3) in den meisten Fällen hochgradig *karzinogen* [krebserregend] … Diese mittlerweile wohlbekannten Tatsachen sind in diversen Publikationen des *National Cancer Institute* selbst ebenso wie von anderen Quellen in den USA und sogar der ganzen Welt berichtet worden. Zudem gilt das, was für die von der FDA genehmigten Chemotherapeutika gegen Krebs gesagt wurde, ebenso, wenn auch vielleicht nicht ganz so augenfällig, für die radiologische und chirurgische Krebstherapie beim Menschen …
>
> In Ihrer Antwort auf meine Diskussion vom 19. März haben Sie bereitwillig zugegeben, daß die von der FDA zugelassenen Krebsmedikamente tatsächlich wie berichtet toxisch, immunosuppressiv und karzinogen sind. Dann jedoch – und dies trotz aller Beweise, unter anderem Ihre Erklärung für das Weiße Haus vom 5. Mai 1972, für die beklagenswert geringe Wirksamkeit solcher Medikamente – fuhren Sie fort – und das ist meines Erachtens widersinnig: »Ich bin der Meinung, daß das Programm für Chemotherapie bei Krebs eine der besten Programmkomponenten ist, die das *National Cancer Institute* je gehabt hat.« … Nebenbei sei

---

5 NCI-Forschungsauftrag PH-43-68-998. Information in einem Brief von Dean Burk an den Kongreßabgeordneten Lou Frey junior vom 30. Mai 1972; Griffin, *Private Papers, op. cit.*, S. 5.

> hier die Frage erlaubt, ob das nicht wenig Gutes für die »anderen Programmbereiche« vermuten läßt …
>
> Offen gestanden, ich kann Ihnen hier nicht folgen. Meines Erachtens können ein Programm und eine Reihe durch die FDA genehmigter Substanzen, deren »Wirksamkeit« bei lediglich fünf bis zehn Prozent liegt, kaum als »hervorragend« bezeichnet werden, um so weniger, als dies alles ist, was wir in unserer gemeinsamen 30-jährigen Anstrengung auf dem Gebiet der Krebstherapie erreicht haben.[6]

Es gibt kaum Beweise für ein langfristiges Überleben durch Chemotherapie. Im folgenden seien nur einige Beispiele für Negativbeurteilungen durch Ärzte, von denen viele dennoch *weiter diese Therapie verschreiben*, aufgezeigt.

Dr. B. Fisher schrieb im September 1968 in den *Annals of Surgery* folgendes:

> Aufgrund der hohen Toxizität und der mangelnden therapeutischen Wirkung ist eine weitere Anwendung von 5-FU als stützende Therapie bei Brustoperationen im Rahmen der Behandlung nicht gerechtfertigt.[7]

Dr. Saul A. Rosenberg, Associate Professor für Innere Medizin und Radiologie an der Medizinischen Fakultät der *Stanford University*:

> Bei vielen Patienten wird eine erhebliche Erleichterung erreicht. Jedoch kommt es unweigerlich zu einem Rezidiv des malignen Lymphoms, und aufgrund der Medikamentenresistenz oder Medikamentenunverträglichkeit kehrt die Krankheit zurück und macht eine Änderung des Chemotherapieprogramms erforderlich. Letztlich ist eine Beherrschung des Krankheitsverlaufs nicht mehr möglich.[8]

---

6 Brief an Frank Rauscher vom 20. April 1973; Griffin, *Private Papers, op. cit.*

7 »Surgical Adjuvant Chemotherapy in Cancer of the Breast: Results of A Decade of Cooperative Investigation«, *Annals of Surgery*, 168, No. 3, September 1968.

8 »The Indications for Chemotherapy in the Lymphomas«, *Sixth National Cancer Conference Proceedings*, *op. cit.*

Dr. Charles Moertal von der Mayo-Klinik:

> Unsere wirksamsten Behandlungsmethoden sind mit Risiken, Nebenwirkungen und praktischen Schwierigkeiten behaftet, und nachdem alle behandelten Patienten diesen Preis bezahlt haben, wird nur ein kleiner Prozentsatz mit einer vorübergehenden und in der Regel unvollständigen Tumorregression belohnt …
>
> Unsere akzeptierten und traditionellen Heilungsbemühungen haben demnach eine Mißerfolgsquote von 85 Prozent … Einige Patienten mit Krebs des Verdauungstrakts können sehr lange *ohne jegliche Behandlung* überleben [Hervorhebung vom Verfasser].[9]

Dr. Robert D. Sullivan, Abteilung für Krebsforschung an der *Lahey Clinic Foundation*:

> In der Krebsforschung wurden ungeheure Anstrengungen in der Entwicklung von Krebsmedikamenten zum Management neoplastischer Erkrankungen beim Menschen unternommen. Wir machen jedoch nur sehr langsame Fortschritte, und bisher wurden keine chemischen Wirkstoffe entwickelt, die einen generellen Heilungseffekt bei einem metastasierten Krebs bewirken könnten.[10]

Wenn es also zutrifft, daß die orthodoxe Chemotherapie (1) toxisch, (2) immunosuppressiv, (3) krebserregend und (4) vergebens ist, warum würden Ärzte sie weiterhin anwenden wollen? Die Antwort auf diese Frage ist, daß sie nicht wissen, was sie sonst tun könnten. In der Regel werden Patienten nicht einer Chemotherapie unterworfen, wenn ihr Zustand nicht schon so hoffnungslos ist, daß der Tod ohnehin unvermeidlich erscheint. Manche Ärzte bezeichnen dieses Stadium nicht als *Therapie,* sondern als *Experimentieren*, was ja, offen gestanden, auch die ehrlichere Beschreibung ist.

Ein weiterer Grund für den Einsatz von Medikamenten in der Krebsbehandlung ist die Tatsache, daß ein Arzt seinem Patienten nicht gern

---

9 Vortrag im Hörsaal des National Cancer Institute Clinical Center am 18. Mai 1972.

10 »Ambulatory Arterial Infusion in the Treatment of Primary and Secondary Skin Cancer«, *Sixth National Cancer Conference Proceedings*, *op. cit.*

sagt, daß keine Hoffnung besteht. Ihm selbst ist klar, das es keine gibt, aber ebenso klar ist ihm, daß der Patient das nicht hören will und zu einem anderen Arzt gehen wird, der irgendeine Behandlung fortsetzen wird, und sei sie noch so unnütz. Also löst er das Problem, indem er selber weiterbehandelt.

In seinem Buch *The Wayward Cell, Cancer*, stellt Dr. Victor Richards klar, daß Chemotherapie in erster Linie angewandt wird, um den Patienten in Behandlung zu halten und ihm moralische Unterstützung beim Sterben zu geben. Aber das ist nicht alles! Er schreibt:

> Dennoch spielt die Chemotherapie eine wertvolle Rolle, da sie den Patienten weiterhin auf eine echte medizinische Therapie ausrichtet und Patienten mit Krebs im späten und hoffnungslosen Stadium das Gefühl vermittelt, von den Ärzten nicht aufgegeben zu sein. *Die wohlerwogene Anwendung und Prüfung möglicherweise wirksamer Medikamente kann auch der Verbreitung von Quacksalbermethoden der Krebsbehandlung einen Riegel vorschieben.*[11] [Hervorhebung durch den Verfasser]

Der Himmel verhüte, daß irgendjemand die übelkeiterregenden, schmerzhaften, krebserregenden und zugegebenermaßen nutzlosen »Mittel mit nachgewiesener Wirkung« gegen »Quacksalbermethoden« wie Laetril eintauschen könnte!

Hier endlich wird das wahre Ziel vieler der sogenannten »Aufklärungsprogramme« der orthodoxen Medizin enthüllt – Patienten psychisch so zu konditionieren, daß sie keine andere Therapie probieren. Das ist der Grund, warum der Mythos von den »Heilmethoden mit nachgewiesener Wirkung« perpetuiert wird.

In ihrer Schrift *Unproven Methods of Cancer Management* erklärt die *American Cancer Society*:

> Wenn man bedenkt, daß 1 500 000 Amerikaner heute noch leben, weil sie rechtzeitig ihren Arzt aufgesucht haben, und daß für diese Heilungen die nachweislich wirksamen Behandlungsmethoden Bestrahlung und Operation verantwortlich sind, wird man weni-

---

11 Viktor Richards, *The Wayward Cell, Cancer; Its Origins, Nature, and Treatment* (Berkeley: The University of California Press, 1972), S. 215–216.

ger leicht geneigt sein, ein Risiko mit einem zweifelhaften Heiler oder einer Methode ohne nachgewiesene Wirkung einzugehen.[12]

Bevor wir das Gebiet der Krebstherapie verlassen und uns der Krebs*forschung* zuwenden, wollen wir unsere bisherigen Ergebnisse noch einmal klar zusammenfassen. Folgendes sind kurz skizziert die vier Therapieoptionen bei Krebs:

OPERATION: Am wenigsten schädlich. In manchen Fällen eine lebensrettende Sofortmaßnahme. Kein Nachweis, daß Patienten nach Radikal- oder ausgedehnten Operationen länger überleben als nach den konservativsten Operationen oder auch völlig ohne Operation. Erhöht möglicherweise die Wahrscheinlichkeit, daß der Krebs streut.

Bei der Operation innerer Tumore der Fortpflanzungs- oder lebenswichtigen Organe liegt die statistische Überlebensdauer bei durchschnittlich zehn bis 15 Prozent. Wenn sich bereits Metastasen gebildet haben, sinkt die statistische Überlebenschance auf nahe Null.

BESTRAHLUNG: In vieler Hinsicht sehr schädlich. Führt zur Ausbreitung des Krebses und schwächt die Widerstandskraft des Patienten gegen andere Krankheiten. Gravierende und schmerzhafte Nebenwirkungen bis hin zum Herzversagen. Kein Nachweis, daß behandelte Patienten im Durchschnitt länger leben als nicht behandelte. Statistische Langzeit-Überlebenschancen nach Metastasenbildung nahe Null.

CHEMOTHERAPIE: Trägt durch Schwächung der Immunabwehr und allgemeine Toxizität ebenfalls zur Ausbreitung des Krebses bei. Macht Patienten anfällig für andere Erkrankungen und Infektionen mit häufig tödlichem Verlauf. Sehr gravierende Nebenwirkungen. Kein Nachweis, daß behandelte Patienten im Durchschnitt länger leben als nicht behandelte. Statistische Langzeit-Überlebenschancen nach Metastasenbildung nahe Null.

VITAMINTHERAPIE: Nicht toxisch. Nebenwirkungen unter anderem vermehrter Appetit, Gewichtszunahme, Verringerung des

[12] *Unproven Methods of Cancer Management, op. cit.*, S. 17, 18.

> Blutdrucks, Erhöhung von Hämoglobin und roten Blutkörperchen. Schmerzfreiheit oder erhebliche Schmerzlinderung ohne Narkotika. Stärkung der Widerstandskraft gegen andere Krankheiten. Kommt als natürliche Substanz in Nahrungsmitteln vor und ist mit der biologischen Programmierung des Menschen vereinbar. Zerstört Krebszellen, stärkt gleichzeitig gesunde Zellen.

In Anbetracht der Tatsache, daß die meisten Patienten eine Vitamintherapie erst beginnen, nachdem sie bei orthodoxen Therapien Schnitte, Verbrennungen oder Vergiftungen davongetragen und erfahren haben, daß keine Hoffnung mehr für sie besteht, ist die Zahl der Patienten, deren Gesundheit langfristig wiederhergestellt wurde (15 Prozent), sehr ermutigend. Bei Patienten, bei denen die Vitamintherapie die *erste* Therapie ist, liegt die Überlebensrate bei über 80 Prozent! (Eine statistische Aufschlüsselung folgt im nächsten Kapitel).

Wenn wir uns nun der Krebs*forschung* zuwenden, stellen wir fest, daß sie denselben Enttäuschungen und hausgemachten Mißerfolgen unterliegt wie die Krebs*therapie*. Die ganz große Mehrzahl der laufenden Forschungsprojekte untersucht die Frage, wie Krebs *geheilt* werden kann, statt zu fragen, was Krebs eigentlich *ist*. Infolgedessen liegt das Grundproblem der Krebsforschung heute in der *Grundlagen*forschung, nicht der *angewandten* Wissenschaft.

In der dreizehnten Ausgabe der *Encyclopedia Britannica* von 1926 findet sich folgendes zur Krebstheorie:

> Schon die Anzahl und Vielfalt von Krebstheorien beweist, daß keine sich bisher durchgesetzt hat. Die meisten versuchen eine Erklärung des Fortschreitens der Krankheit, nicht ihrer Ursache.

Auf die angewandte Medizin bezogen ist diese Feststellung heute genauso zutreffend wie anno 1926. Folglich haben die Forscher eine immer länger werdende Liste von angeblichen »Ursachen« von Krebs vorgelegt – alles von Luftverschmutzung über Insektizide auf rohem Obst und Gemüse bis zu einer Vielfalt obskurer Viren. Da ihnen nicht klar ist, daß es sich hierbei lediglich um die Auslöser für die *wahre* Ursache handelt – nämlich einen Enzym- und Vitaminmangel –, verzetteln sie sich in die verschiedensten Richtungen auf der Suche nach tausend Einzel-»Heilmitteln«, um jeweils spezifisch die Luftverschmutzung auszufiltern, das Insektizid zu beseitigen, den Virus zu vernichten und so weiter. Je mehr sie forschen, desto mehr »Ursachen« finden sie, und desto hoffnungsloser wird ihre Aufgabe.

Trotz dieser fortgesetzten Mißerfolge lesen wir fast täglich in der Presse ermutigende Berichte darüber, daß ein Durchbruch im Kampf gegen den Krebs praktisch unmittelbar bevorsteht. Am 23. September 1972 verkündete der *Los Angeles Herald-Examiner* der Welt sogar in einer dicken Schlagzeile auf der ersten Seite: »HEILUNG FÜR KREBS GEFUNDEN!« Und renommierte Forscher aus den angesehensten medizinischen Einrichtungen der USA paradieren regelmäßig vor den Fernsehkameras mit Berichten, wie ihre neuesten Erkenntnisse endlich die Lösung des Krebspuzzles in Reichweite gebracht haben. Seit Jahrzehnten stehen wir »an der Schwelle eines entscheidenden Durchbruchs«!

Dafür gibt es einen einfachen Grund. Diese Männer sind die Nutznießer von Forschungsmitteln, die ihnen die Bundesregierung, die steuerbefreiten Stiftungen und die *American Cancer Society* zukommen lassen. Sie *müssen* einfach behaupten, daß sie ermutigende Fortschritte erzielen, sonst wird ihnen der Geldhahn zugedreht. Wenn sie wahrheitsgemäß berichten würden, daß sie mehr als 40 Jahre, Tausende von Forschern, Millionen von Arbeitsstunden und Milliarden von Dollars dafür aufgewendet haben, nichts Entscheidendes zu finden – na, man kann sich vorstellen, wie die Finanzierung ihrer Forschungsprojekte in Zukunft aussehen würde. Der Krebsforschungskuchen ist mittlerweile mehrere Milliarden Dollar im Jahr wert. Das größte Stück dieses Kuchens geht natürlich an die, die behaupten, »an der Schwelle eines entscheidenden Durchbruchs« zu stehen. Und wer möchte schon dafür verantwortlich sein, die Mittel zu streichen, wo doch das Heilmittel so greifbar nah ist?

In der Zwischenzeit beschäftigen sich die Forscher nicht damit, den Krebs zu verstehen, sondern damit, eine Substanz oder ein Verfahren zu finden, wie man ihn loswird. Und je wilder die Theorie, desto besser stehen anscheinend ihre Chancen auf eine Finanzierung aus Bundesmitteln.

Wenn Nachrichten über die Zuteilung von Forschungsmitteln an die Presse gehen, kommen sie häufig mit Schlagzeilen, die schon alles sagen: »SEESCHEIDEN HEMMEN KREBS BEI MÄUSEN« *(L.A.Times)*; »FACHLEUTE JAGEN MYSTERIÖSEN KREBSWIRKSTOFF« *(L.A.Times)*; »RATTENGIFT VERLÄNGERT LEBEN TODKRANKER KREBSPATIENTEN, SAGT ÄRZTETEAM« *(National Enquirer)*; »AUF DEN FLÜGELN DER SCHMETTERLINGE?« *(Medical World News)*.

Die letzte Schlagzeile bedarf wohl der Erklärung. Der Artikel begann mit folgenden Worten:

> Ausgehend von der Annahme, daß Insekten Substanzen bilden, die das Zellwachstum hemmen können, hat George R. Pettit, Chemiker an der *University of Arizona* in Tempe, sechs Jahre und ungefähr $ 100 000 dafür aufgewendet, chemische Substanzen aus einer Viertelmillion Schmetterlingen zu gewinnen ..., Teil eines Forschungsprogramms des *National Cancer Institute*. Um die nötige Zahl von Schmetterlingen zu erhalten, rekrutierte Dr. Pettit 500 Schmetterlingssammler in Taiwan.

Und so geht die Suche weiter – Rattengift, Flugzeugtreibstoff, Schmetterlingsflügel, Seescheiden – alles, nur nicht die von der Natur vorgesehene Nahrung des Menschen.

Bezeichnenderweise liefert die orthodoxe Forschung nur dann nützliche Informationen, wenn man ihre Erkenntnisse im Licht der Trophoblastenthese betrachtet. Oder, anders ausgedrückt, im Reich solider, durch jüngere Forschungen erzielter wissenschaftlicher Erkenntnisse gibt es nichts, das der Trophoblastenthese widerspricht. Das gilt für eine große Vielfalt von Forschungsprojekten.

Zum Beispiel steht die aufregende Möglichkeit einer krebshemmenden Wirkung von BCG im Einklang mit der Tatsache, daß die weißen Blutkörperchen eine erste wichtige Verteidigungslinie gegen Krebs bilden, wie schon Dr. John Beard mit seiner Theorie vor fast 100 Jahren vermutete.

Während seiner früheren Tätigkeit als Leiter des Pathologischen Instituts der *University of Minnesota* entdeckte Dr. Robert Good, der ehemalige Präsident des *Sloan-Kettering Institute*, daß eine Veränderung des Eiweißgehalts in der Nahrung von Mäusen anscheinend deren Krebsresistenz steigert. Er erklärte: »Unsere Arbeit führt zu Fragen über die Rolle der Ernährung bei Krebs beim Menschen.«[13]

Er begann seine Untersuchungen aufgrund der Beobachtung, daß die australischen Ureinwohner eine eiweißarme Ernährung praktizierten und hervorragende Immunität gegen Krebs besaßen. Der gute Dr. Good war auf der richtigen Fährte, aber er verfolgte sie nie weiter. Eine eiweißarme Diät läßt sich nicht patentieren.

---

13 »Protein Study – Diet Linked to Cancer Control«, *San Francisco Chronicle*, 21. Oktober 1971. Auch »American College of Surgeons, A New Cancer Link; Gene-Pool Pollution«, *Modern Medicine*, 29. November 1971, S. 13.

Auch Dr. J. N. Davis, Professor der Pathologie am *Albany Medical College*, stolperte über einen Aspekt der Lösung, als er bemerkte, daß in den letzten Jahren in Kenia Krebserkrankungen der Speiseröhre rapide zunahmen, während sie im benachbarten Uganda praktisch nicht existierten. Er bemerkte außerdem, daß es irgendeinen Zusammenhang zwischen Dickdarmkrebs und Ernährung gibt. Er fragte: »Wieso kommt Dickdarmkrebs in armen Ländern mit karger Ernährung seltener vor?«

Für die, die etwas über den traditionell hohen Nitrilosidgehalt nicht verarbeiteter Nahrungsmittel in armen Ländern wissen, liegt die Antwort auf der Hand. Wenn Dr. Davis weiter die richtigen Fragen stellt, muß er über kurz oder lang auch auf die richtigen Antworten stoßen. Und dann muß er sich mit dem gesamten medizinischen Establishment anlegen. Bisher ist er zu dem Schluß gekommen, daß der Unterschied in den verschiedenen Arten von Bier in den beiden Ländern liegen könnte – was vielleicht nicht allzu weit entfernt von der Wahrheit ist, denn die verschiedenen Biere werden aus unterschiedlichen Getreidesorten wie Mais, Sorghum und Hirse gebraut, die jeweils unterschiedliche Konzentrationen von Vitamin B_{17} aufweisen.[14] Solange allerdings Dr. Davis nur Theorien über das Bier verkündet und nicht über das Vitamin, ist ihm die Achtung seiner Kollegen gewiß und die weitere Finanzierung seiner Projekte wahrscheinlich.

Und so geht es weiter. Immer und immer wieder wird die Trophoblastenthese (-tatsache) von unabhängigen Forschern bestätigt, die allerdings leider nicht die geringste Vorstellung von der Bedeutung ihrer Entdeckung haben. Allerdings beginnen einige von ihnen allmählich zu begreifen. Dr. Bruce Halstead zum Beispiel, Leiter und Begründer des *World Life Institute* in Colton, Kalifornien, reiste in die Sowjetunion und stellte fest, daß die dortigen Wissenschaftler schon in den 1960er Jahren natürliche, nicht-toxische Substanzen untersuchten und den Vereinigten Staaten auf diesem Gebiet anscheinend weit voraus waren. In den höchsten Tönen lobte er eine solche Substanz namens Eleuterococcus, die seiner Beschreibung nach der von Dr. Krebs entdeckten Pangamsäure oder Vitamin B_{15} verdächtig ähnlich ist.

Allerdings schaffte Dr. Halstead es nicht, die FDA zur Genehmigung von Versuchen mit dieser Substanz zu bewegen. Er klagte:

---

14 Siehe »Seek Clues to Dramatic Rise of Throat Cancer in Kenya«, *Infectious Diseases*, 2. Juli 1972.

> Ich habe es überall versucht. Wegen der Bestimmungen der FDA, die auf spezifische Substanzen ausgerichtet sind, kann ich kein Pharmaunternehmen dazu bewegen, die Versuche zu fördern. Dieser Konflikt zieht sich durch die gesamte Medizin.

Auch Dr. Halstead war auf der richtigen Spur, was ohne Zweifel auch die Mauer des Widerstands von Seiten des medizinischen und politischen Establishments erklärt. Nach der Feststellung, daß der Kongreß soeben 1,6 Milliarden Dollar für die Krebsforschung bewilligt hatte, fügte er hinzu, daß seiner Ansicht nach dies nicht zu sinnvollen Ergebnissen führen werde, da alle Mittel für Forschungen über exotische und toxische synthetische Substanzen und nicht für die Erforschung natürlicher nichttoxischer Substanzen aufgewendet würden. Dr. Halstead erklärte weiterhin:

> Ich mache die Voraussage, daß Mittel gegen den Krebs aus dem Bereich der Natur zu erwarten sind. Eines Tages werden wir feststellen, daß irgendeine eingeborene Bevölkerung das Mittel gegen den Krebs besaß und anwendete. Vielleicht hat man es nicht bewußt und mit diesem Ziel angewendet, aber wir werden feststellen, daß es angewendet wurde und daß die Ergebnisse verläßlich waren.
>
> Wenn wir eine wirklich gründliche Studie aller von den primitiven Völkern der Welt verwendeten natürlichen Materialien durchführen könnten, bin ich sicher, daß wir (die USA) ein höchst produktives Forschungszentrum für Krebs werden könnten.[15]

Das ist aber nicht der Ansatz der Krebsindustrie. Statt dessen ist sie geblendet von den neuerworbenen Fähigkeiten zur Herstellung synthetischer Substanzen, verachtet die Natur und versenkt Milliarden an Steuergeldern in ihren giftigen Gemischen. Und für diese jahrein, jahraus entwickelten Medikamente müssen Krebspatienten als menschliche Versuchskarnickel für Tests herhalten.

Nicht bei allen Versuchen ist die Heilung von Krebs das Ziel. Viele werden nur durchgeführt, weil den Forschern ein großes Reservoir von Patienten zur Verfügung steht, die, so die Argumentation, ohnehin ster-

---

[15] »Russia, U.S. Join Ranks in Cancer Battle Project« *L.A. Herald Examiner*, 20. Februar 1972. S. A-18.

ben werden, weswegen man ihren Körper ruhig so lange nutzen kann, wie noch etwas Leben darin ist. Wenn Ihnen das zu brutal klingen mag, schauen Sie sich das mit Bundesmitteln geförderte Forschungsprojekt am *Maryland Psychiatric Research Center* in Cantonsville an. Leiter des Projekts war Dr. Stanislav Grof, ein aus der Tschechoslowakei stammender Psychiater, spezialisiert auf den Einsatz bewußtseinserweiternder Drogen, insbesondere LSD.

Diese Geschichte ist so bizarr, daß es vielen schwer fällt, sie zu glauben. Deshalb folgt hier der Augenzeugenbericht eines Journalisten der *Washington Post*, der das Forschungszentrum besuchte und Videobänder von einigen der Experimente ansah. Im übrigen war der Journalist durchaus für das ganze Versuchsprogramm und schilderte es im bestmöglichen Licht. Trotz seiner Voreingenommenheit ist der Bericht dennoch ein erschütterndes Zeugnis für die völlige Mißachtung, mit der diese Männer die ihnen für ihre Versuche zur Verfügung gestellten menschlichen »Exemplare« behandelten.

> Am Morgen seiner Sitzung erhält der Patient eine einzelne rote Rose in einer Vase. Der Musiktherapeut des Zentrums hat ein Musikprogramm zur Intensivierung des Erlebnisses ausgewählt – Vivaldi, Beethoven, Bach, Wagner, Simon and Garfunkel, den balinesischen Rarnazana-Affen-Gesang und andere …
>
> Folgendes ist ein Beispiel einer solchen Sitzung, die auf Video aufgenommen wurde. Der Krebspatient, ein Arbeiter Ende Vierzig, deprimiert und voller Angst vor dem nahen Tod, war ängstlich, als er im Gespräch mit Grof und der Schwester auf der Couch saß.
>
> »Es tut so weh«, sagte er mit erstickter Stimme. »Ich weine sonst nie, ich meine, ich kann nichts dagegen machen, früher oder später muß ich es einfach rauslassen.« Er schluchzte, und Grof tröstete ihn.
>
> Die Schwester spritzte ihm eine hohe Einzeldosis LSD intravenös, und er wartete zehn bis 30 Minuten, bis die Wirkung einsetzte. Als das geschah, war seine Reaktion Angst. »Ich weiß nicht, was ich tun soll«, schrie er, stöhnte und erbrach sich schließlich in eine Schale … Grof besänftigte ihn mit ein paar Worten und setzte ihm dann einen Stereokopfhörer auf. Der Patient war überwältigt von dem mächtigen Klang des vom *Mormon Tabernacle Choir* gesungenen »Vaterunser«.

Er lag reglos ... Nach langer Zeit begann der Patient zu sprechen.

»Wie eine feurige Kugel. Alles, woran ich mich erinnern kann, wurde hineingeworfen. Alles wurde endgültig zerstört. Es war alles weg. Ich weiß nicht mehr, wer, aber irgendjemand sagte, er wäre jetzt frei. Irgendwer war frei. Ich weiß nicht wer. Ich weiß nicht, wer es war, aber er war frei.«

Grof fragte, ob er selbst es war, der befreit worden war, und der Mann antwortete: »Ja, ja.«[16]

Am nächsten Tag war der Patient überzeugt, ein religiöses Erlebnis gehabt zu haben. Das Personal war erfreut, denn, so erklärte man, man habe dem Patienten geholfen, »seinem Leben einen Sinn zu geben und seine letzten Monate voll auszukosten«.

Vier Tage später starb der Mann an Krebs.

Es ist erschütternd, daß der Ethikkodex der FDA und des mittlerweile von ihr kontrollierten Ärztestandes nicht fordern, einen Patienten darüber aufzuklären, daß er oder sie an einem Versuch teilnimmt. Das ist bedenklich nicht nur für den Patienten, der die zu testende Substanz erhält, sondern auch für den, der medizinische Hilfe erwartet, aber statt dessen in die Kontrollgruppe eingeteilt wird und deswegen ein Placebo erhält – und überhaupt keine Hilfe. Robert N. Veatch, Fachmann für Ethik der Medizin, berichtete 1973 vor einem Senatsunterausschuß für Gesundheit, daß in nur einem typischen Versuch 91 Kinder, die als Kontrollgruppe für eine Studie zur Behandlung von Asthma fungierten, »über Zeiträume von bis zu 14 Jahren mit unwirksamen Mitteln behandelt wurden«. Er bestätigte zudem, daß »keine der an der Studie teilnehmenden Mütter oder Kinder wußten, daß eine solche Studie durchgeführt wurde«.[17]

Bis 1970 hatten über 100 000 Krebspatienten unwissentlich oder ohne ihre Zustimmung an Experimenten teilgenommen.[18]

In einem Bericht an den Vorsitzenden eines Senatsunterausschusses, der im Kongreßprotokoll vom 5. Oktober 1966 veröffentlicht wurde, enthüllte Dr. Miles H. Robinson:

---

16 »LSD Therapy: Quiet Revolution in Medicine«, *L.A. Times*, 15. Dezember 1972, Teil VII, S. 10, 11.

17 »Unethical Experiments Hit«, *Prevention*, Juli 1973, S. 97.

18 Omar Garrison, *The Dictocrats* (Chicago/London/Melbourne: Books for Today, Ltd., 1970), S. 271.

Nach Berichten in den *Cancer Chemotherapy Reports* des NCI ist eine unbekannte Zahl von Krebspatienten, deren Lebenserwartung andernfalls erheblich gewesen wäre, durch diese Versuche gestorben. Das ganze Ausmaß von Mortalität und Morbidität ist schwer zu schätzen, da, wie der Herausgeber der Zeitschrift mir erklärte, nur die »besten« Studien veröffentlicht werden.[19]

Die folgenden Feststellungen sind Beispiele aus nur einigen dieser »besten« offiziellen Chemotherapieberichten:

> Man war bemüht, Patienten auszuwählen, die gesund genug waren, die erwartete Toxizität zu vertragen … Wider Erwarten führte der frühe Tod von zwei der ersten fünf Patienten zu einer Senkung auf 8,0 mg/kg/Tag. Es wurde keine signifikante Tumorhemmung von nennenswerter Dauer beobachtet …
>
> In dieser Studie verstarben sechs der acht Patienten [Kinder] … Eine therapeutische Wirkung wurde nicht beobachtet. Klinische toxische Manifestationen waren Erbrechen, niedriger Blutdruck, Veränderungen der Mundschleimhaut und Durchfall, in dieser Reihenfolge. Bei allen Patienten, die während der Behandlung mit diesem Medikament verstarben, wurden bei der Obduktion Nierenschäden und Zerebralödeme festgestellt …
>
> Der Tod zweier Patienten ist zweifelsfrei auf die Toxizität des Medikaments zurückzuführen … Acht der 14 Patienten, die die erste Behandlungsrunde überlebten, zeigten eine rasche allgemeine Verschlechterung und starben innerhalb von zehn Wochen nach Behandlungsbeginn. Unseres Erachtens trug die Toxizität des Medikaments zum raschen Tod dieser Patienten bei …
>
> Aufgrund der hohen Toxizität, die bei einigen der 40 Patienten, die mit der von den Forschern in Wisconsin angewandten vollen fünftägigen »Initialdosis« dieses Medikaments behandelt wurden, zum Tode führte, entschieden sich die Forschergruppe an der Ostküste, jeweils auf die fünfte »Initial«dosis in jedem Zyklus zu verzichten.[20]

---

[19] Omar Garrison, *The Dictocrats* (Chicago/London/Melbourne: Books for Today, Ltd., 1970), S. 273.

[20] Ibid., S. 273, 274.

Es ist eine Tatsache, daß viele dieser Versuche nicht gemacht werden, um herauszufinden, ob die Substanz gegen Krebs wirkt, sondern um festzustellen, wie hoch man sie dosieren kann, bevor der Patient aufgrund ihrer toxischen Wirkung erkrankt.

Für einen normalen Menschen ist es schwer, das Ausmaß dieser legalisierten Folterungen und Morde auszuloten, die im Namen der Wissenschaft an arglosen Opfern begangen werden. Und es ist ein trauriges Zeugnis, daß so viele Angehörige des Ärztestandes sie ohne Protest hinnehmen. Noch schlimmer ist es, daß die FDA die vermehrte Anwendung dieser Killer-Substanzen finanziert und fördert, während sie gleichzeitig Ärzten verbietet, mit Laetril zu experimentieren – das bekanntermaßen mindestens tausendmal weniger toxisch ist – mit der absurden Behauptung, daß seine *Unbedenklichkeit* noch nicht belegt sei. Für *keines* der von der FDA zugelassenen Krebsmedikamente ist die Unbedenklichkeit belegt, die meisten von ihnen haben sich vielmehr als extrem *bedenklich* erwiesen. Und dann besitzt die *American Cancer Society* die Frechheit, den Einsatz von Laetril als »Mord in neuer Dimension« zu verteufeln, obwohl in Wirklichkeit sie und ihre wertlosen Mittel ohne nachgewiesene Wirkung es sind, die diese Bezeichnung wirklich verdient haben.

Kapitel 12

Ein statistischer Vergleich

Systematische Schwächen aller Krebsstatistiken, Notwendigkeit statistischer Vergleiche trotz dieser Schwächen, Vergleich der von orthodoxen und von Laetrilärzten erzielten Ergebnisse und die Konsequenzen einer Konsens-Medizin.

Ein nicht unerheblicher Teil der Mittel der *American Cancer Society* und des *National Cancer Institute* fließt in die Erstellung von Statistiken. Alljährlich werden die Aufzeichnungen von Tausenden von Ärzten durchforstet, um Statistiken nach Wohnort, Alter, Geschlecht des Patienten, Lokalisierung, Ausdehnung und Behandlung der Erkrankung und Überlebensdauer des Patienten zu erarbeiten – eine Mammutaufgabe, die Hunderttausende von Arbeitsstunden und Millionen von Dollar verschlingt. Diese Tätigkeit ist für einen Sieg über den Krebs etwa so entscheidend wie die Zählung von Gefallenen im Krieg. Die Fachleute wissen alles darüber, wer Krebs *hat*, aber nichts über seine Heilung.

Im Gegensatz zu den Vertretern der orthodoxen Medizin, die bändeweise Statistiken über so ziemlich alles und jedes herausgeben, sind die Befürworter der Vitamintherapie mit einer solchen Argumentation sehr zurückhaltend. Das mag zunächst wie mangelnde Sicherheit ihrerseits erscheinen oder, schlimmer noch, als ein Zeichen dafür, daß sie keine handfesten Belege für ihre Behauptungen haben. Ihre Zurückhaltung hat allerdings gute Gründe.

Der erste Grund ist, daß für Statistiken, die einen aussagekräftigen Vergleich ermöglichen sollen, eine Kontrollgruppe nötig ist. Mit anderen Worten: Diejenigen, die von der Vitamintherapie überzeugt sind, müßten Patienten annehmen, dann jedoch einige von ihnen gar nicht oder mit orthodoxen Methoden behandeln. Für die betreffenden Ärzte wäre das gleichbedeutend mit Mord, und sie könnten daran nicht mitwirken. Diese Männer haben ja bereits die tragischen Resultate orthodoxer Therapien an den Patienten gesehen, die zu ihnen als letztem Ausweg kommen. Von diesen Ärzten zu verlangen, einige ihrer Patienten für die Fortsetzung der bisherigen Behandlung einzuteilen, käme der Forderung gleich, jemandem ein glühendes Eisen auf die Haut zu drücken, um zu prüfen, ob das

Verbrennungen und Schmerzen verursacht. Wenn man aber eine solche Kontrollgruppe nicht einrichtet, könnte irgendjemand behaupten, daß die Genesung eines Patienten auf anderen Ursachen beruht, zum Beispiel »Spontanregression« oder »verzögertes Ansprechen auf orthodoxe Therapien«.

Eine weitere Tatsache ist, daß, auch wenn Kontrollgruppen eingerichtet werden, man unmöglich sicherstellen könnte, daß sie aussagekräftig wären. Es gibt ungeheuer viele Variablen in Faktoren wie befallenes Organ, Grad der Metastasenbildung, Ernährungssituation, erbliche Veranlagung, psychischer Zustand, Alter, Geschlecht, Allgemeinzustand, Vorgeschichte, Umfeld etc. Fast jede dieser Variablen könnte als Grund für die mangelnde Gültigkeit der Statistik ins Feld geführt werden.

Wann immer die Befürworter der Vitamintherapie versucht haben, Studien mit ihren klinischen Ergebnisse vorzulegen, wurde ihnen von den Schulmedizinern vorgeworfen, daß ihre Studien keine angemessenen Kontrollgruppen aufwiesen oder die Resultate auch durch andere Faktoren erklärbar oder ihre Folgedokumentationen nicht ausreichend waren. In den meisten Fällen waren diese Beanstandungen berechtigt. Aber genau die gleichen Schwächen finden sich auch in den meisten statistischen Untersuchungen der orthodoxen Medizin. Der Hauptunterschied ist, daß bei orthodoxen Studien Genauigkeit *vorausgesetzt* wird und sie daher selten in Frage gestellt werden.

In Wahrheit ist es so, daß wegen der oben erwähnten Vielzahl von Variablen auf keinem Gebiet der Medizin die Statistiken so verwirrend und bedeutungslos sind wie bei Krebs. Häufig sind sich die Pathologen sogar uneins, ob es sich bei einem bestimmten Gewebe überhaupt um Krebs *handelt* oder nicht.

Deswegen könnte man nicht nur die Statistiken der Ernährungstherapeuten in Frage stellen. Allerdings sind in der Regel die Ernährungstherapeuten ehrlich genug, dieses Problem anzuerkennen, weswegen sie ungern harte Zahlen oder Quoten nennen. Dr. Krebs hat sich häufig geweigert, Statistiken zu zitieren, weil er der Meinung ist, daß sie aus wissenschaftlicher Sicht bedeutungslos sind und die Wahrheit seiner Theorie nicht beweisen können. Jeder, der auf Zahlen besteht, so sagt er, zeigt sein mangelndes Verständnis des wissenschaftlichen Konzepts. Ebensogut könnte man die Bedeutung von Sauerstoff dadurch nachzuweisen versuchen, daß man Fallgeschichten von Menschen sammelt, die behaupten, daß Atmen sie am Leben erhalten hat. *Natürlich* hat es sie am Leben erhalten. Aber jeder, der das nicht glauben wollte, könnte hundert plausible Erklärungen dafür finden, warum irgend etwas *anderes* als Sauerstoff der Grund dafür ist, daß sie leben.

Auch Dr. Richardson riet eindringlich von der Verwendung von Statistiken ab und fügte hinzu:

> Aber hier handelt es sich um eine Vitamin- und Enzymmangelerkrankung. Wir wagen nicht, über Überlebensraten von fünf Jahren zu sprechen, wenn es in Wirklichkeit um 100 Prozent Überleben mit Prophylaxe [Vorbeugung] geht. Wenn Sie anfangen, Menschen durch radiomimetische Verletzungen ihres Körpers umzubringen – dann haben Sie es mit Strahlenopfern, nicht mit Krebsopfern zu tun.
>
> Es gibt noch weitere Gründe, warum man ihren falschen und irreführenden Maßstab nicht anwenden sollte. Einer ist, daß dieser Maßstab auf Vitaminmangelerkrankungen nicht anwendbar ist. Wenn Vitamin B_{17} erst einmal anerkannt ist … werden wir vielleicht wie Narren aussehen, weil wir in die Anwendung dieses Maßstabs eingewilligt und dadurch unsere eigene Argumentation geschwächt haben. Sobald man sich mit dem Vitaminaspekt befaßt, erkennt man, daß man ebenso gut Wasser und Stahl mit denselben groben Instrumenten messen könnte.[1]

Das Widerstreben der Vertreter der Vitamintherapie beruht auf der Achtung vor der wissenschaftlichen Wahrheit. Dennoch verlangt die Öffentlichkeit lautstark nach einem statistischen Vergleich, und nur wenige machen sich die Mühe, das Problem so eingehend zu studieren, daß sie verstehen, warum solche Vergleiche nicht vertrauenswürdig sind. Folglich gewinnt die orthodoxe Medizin mit ihrem Berg von statistischen Grafiken und Tabellen leicht den Wettlauf um die öffentliche Anerkennung, während die ernährungsorientierten Ärzte als Quacksalber, Scharlatane und Mörder verschrien sind.

Wir wollen einen fairen Wettlauf daraus machen. Ohne ein Urteil über den Wert von Statistiken zu fällen, wollen wir uns anschauen, was sie uns in der vorliegenden Form mitteilen können. Wir halten fest, daß man jede Krebsstatistik mit Skepsis betrachten sollte, aber wir wollen den Ernährungstherapeuten dasselbe Recht einräumen, sie zu benutzen, wie ihren Kritikern.

---

1 Brief von Dr. med. John Richardson an G. Edward Griffin, 2. Dezember 1972; Griffin, *Private Papers, op. cit.*

Die Statistiken der *American Cancer Society* zeigen, daß bei der gegenwärtigen Häufigkeit Krebs in zwei von drei Familien auftreten wird. Von fünf Todesfällen aus allen erfaßten Ursachen geht einer auf Krebs zurück. Von fünf Krebspatienten werden zwei gerettet, drei sterben.[2] Zwei von fünf ergibt also bei der *American Cancer Society* eine »Heilungsquote« von etwa 40 Prozent.

Diese Zahlen sind stark gewichtet, um ein möglichst günstiges Bild zu zeichnen. Wie bereits erwähnt, sind darin auch die relativ wenig tödlichen Arten von Krebs wie Hautkrebs mit eingeschlossen, und sie schließen weder die Patienten ein, die an Krebs sterben, bevor sie den ihnen verordneten Behandlungszyklus abgeschlossen haben – eine *erhebliche* Anzahl –, noch die vielen Todesfälle durch Komplikationen aufgrund der Krebs*behandlung*, zum Beispiel Herzversagen und Lungenentzündung.

Jetzt wollen wir versuchen, dies in drei Kategorien aufzuschlüsseln:

METASTASIEREND oder »IM ENDSTADIUM« – Patienten, deren Krebs sich auf zwei oder mehr entfernte Stellen ausgebreitet hat, die nicht auf eine Operation, Bestrahlung oder Medikamente angesprochen haben und denen von ihrem Arzt mitgeteilt wurde, daß keine Hoffnung mehr besteht.

PRIMÄR – Patienten, deren Krebs auf eine Stelle und unter Umständen einige unmittelbar benachbarte Lymphknoten beschränkt ist. Er wurde erkannt, bevor sich Metastasen gebildet hatten, und scheint so begrenzt oder langsamwüchsig, daß eine gewisse Hoffnung auf Beherrschung durch orthodoxe Behandlungsmethoden besteht. Hautkrebs gehört nicht in diese Kategorie.

DERZEIT GESUND – Personen mit einigermaßen guter Gesundheit, frei von klinischem Krebs oder Symptomen.

Zugegebenermaßen sind das keine absoluten Kategorien. Sie sind so kritikanfällig wie jede statistische Kategorisierung. Die beiden ersten sind besonders vom subjektiven Urteil des Arztes abhängig, da niemand

---

2 Alle Angaben sind entnommen aus *Cancer Facts and Figures – 1996*, ACS, S. 1. Auch *California Cancer Facts & Figures – 1997*, ACS, S. 3.

eine eindeutige Trennungslinie zwischen ihnen ziehen kann. Aber etwaige Probleme aus dieser Einteilung folgen einer Zufallsverteilung und betreffen Ernährungstherapie und orthodoxe Therapien gleichermaßen. Keine Gruppe ist im Vorteil.

Die Chancen eines Patienten mit metastasierendem Krebs (im Endstadium), fünf Jahre nach der Einstufung in diese Kategorie zu überleben, sind so verschwindend gering, daß keine statistischen Angaben möglich sind. Die meisten Ärzte beziffern sie auf weniger als 1:10 000, manche auf 1:1000. Wir wollen nicht kleinlich sein und setzen die günstigere Zahl von einem Zehntelprozent an.

Bei »Primär«krebs ist schwer zu entscheiden, mit welchen Zahlen man arbeiten soll. Eine inoffizielle Befragung einer Zufallsauswahl von Ärzten in Südkalifornien durch den Verfasser ergab, daß die meisten der »Meinung« waren, daß in dieser Kategorie etwa 15 Prozent langfristig überleben. Die *American Cancer Society* konnte weder Statistiken noch eine Meinung abgeben. Allerdings ging ein Schreiben des *National Cancer Institute* ein, in dem behauptet wird, daß bei »regionalem Befall« (was der Kategorie »Primär« entspricht) Patienten gewaltige 28 Prozent Überlebenschance nach fünf Jahren erwarten können![3] Das fällt schwer zu glauben, selbst bei all den eingebauten günstigen Faktoren. Aber gemäß unserer Praxis, diese Statistiken so zu akzeptieren, wie sie uns präsentiert werden, akzeptieren wir auch diese Zahl, wenn auch unter erheblichem Vorbehalt.

Was diejenigen angeht, die derzeit gesund und frei von Krebs sind, kommen wir zurück auf die Aussage der *American Cancer Society*, daß jeder dritte Amerikaner (33 Prozent) an Krebs erkranken wird und daß von diesen Erkrankten 40 Prozent fünf Jahre überleben werden. Das heißt, 60 Prozent werden sterben. Von 100 »derzeit Gesunden« werden 33 Krebs bekommen, von denen 13 wiederum fünf und mehr Jahre überleben werden. Wenn man diese 13 zu den 67 addiert, die gar nicht erst an Krebs erkranken, sieht man, daß 80 von ursprünglich 100 bei orthodoxer Therapie überleben. Das ist eine durchschnittliche Überlebensrate von 80 Prozent.

Kommen wir jetzt zu den Ergebnissen der Laetriltherapie. Fast alle Patienten, die sich mit Laetril behandeln lassen, tun das erst, nachdem sie

---

[3] Schreiben von Marvin A. Schneiderman, Ph. D., Stellvertretender wissenschaftlicher Direktor für Demographie, NCI, an G. Edward Griffin vom 21. März 1973. Siehe Griffin, *Private Papers, op. cit.*

die Kategorie »Metastasierend« oder »Im Endstadium« erreicht haben. Es ist nicht überraschend, daß die meisten von ihnen nach Beginn der Vitamin- und Enzymtherapie keine fünf Jahre überleben. Überraschend ist vielmehr, daß in diesem Stadium überhaupt jemand gerettet wird. Dennoch berichten Dr. Contreras, Dr. Richardson und Dr. Binzel übereinstimmend, daß etwa 15 Prozent ihrer Patienten fünf oder mehr Jahre überlebten. Natürlich ist 15 Prozent keine gute Zahl. Aber angesichts der Tatsache, daß bei orthodoxer Therapie weniger als ein Zehntelprozent überleben, ist sie wahrlich erstaunlich.

Von denjenigen, deren Krebs noch keine Metastasen gebildet hat und die daher in die Kategorie »Primär« fallen, können etwa 80 Prozent mit der Laetriltherapie erwarten, fünf oder mehr Jahre zu überleben. Dr. Richardson und Dr. Binzel fanden sogar eine Überlebensrate von 85 Prozent, wenn die lebenswichtigen Organe nicht vorher zu stark durch chirurgische, radiologische oder chemotherapeutische Eingriffe geschädigt waren.[4]

Von den derzeit Gesunden ohne klinischen Krebs können annähernd 100 Prozent erwarten, krebsfrei zu bleiben, solange sie regelmäßig eine ausreichende Menge Vitamin B_{17} zu sich nehmen, und unter der Voraussetzung, daß sie nicht unter einer seltenen Funktionsstörung der Bauchspeicheldrüse leiden oder in unnatürlichem Maße krebserregenden Faktoren ausgesetzt sind, zum Beispiel massiver Strahlung. Zum Glück gibt es die »Kontrollgruppe« für diese Kategorie bereits – Hunza, Abchasier, Eskimos, Hopi und Navajos und andere derartige Populationen in aller Welt.

Wenn man beide Statistiken zusammenführt, ergibt sich ein Bild, wie es auf der nächsten Seite dargestellt ist.

Es muß wiederholt werden, daß *alle* Krebsstatistiken auf einer Vielzahl von bekannten und unbekannten Prämissen beruhen und nur ganz allgemein Aufschluß geben können. Da sie ein *Gesamtbild* vermitteln sollen, können sie besonders dann irreführend sein, wenn versucht wird, sie auf eine *bestimmte* Person mit einer *bestimmten* Erkrankung anzuwenden. Die Daten, auf denen diese Zahlen beruhen, variieren je nach

---

4 Eine Überlebensquote von 80 Prozent wurde von der McNaughton Foundation bei ihren klinischen Laetril-Prüfungen der Phase 1 berichtet. Siehe *Cancer News Journal*, Januar/April, 1971, S. 12. Die von Dr. Richardson erhobenen Daten finden sich in seinem Brief an den Verfasser vom 2. Dezember 1972; Griffin, *Private Papers, op. cit.* Dr. Binzel veröffentlichte seine Daten in seinem Buch *Alive and Well, op. cit.*

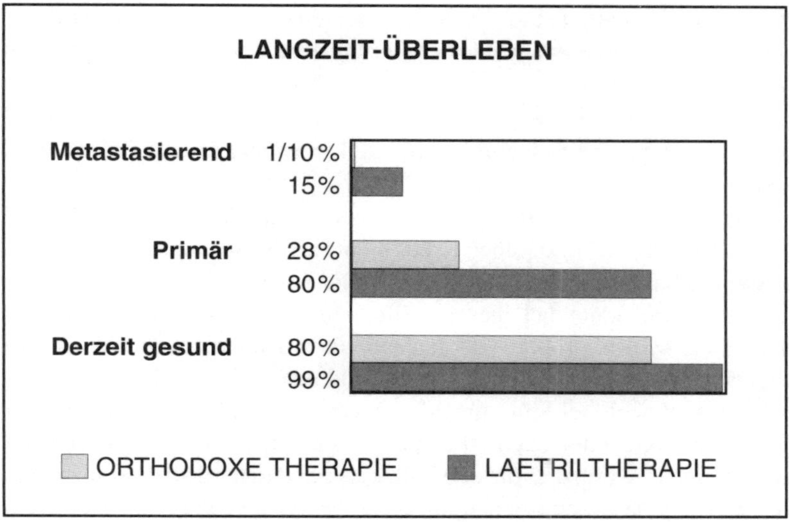

Alter, Geschlecht, befallener Stelle und Grad der Bösartigkeit. Zudem ist die Trennung zwischen mäßig fortgeschrittenen und weit fortgeschrittenen Erkrankungen einigermaßen willkürlich, da sich dazwischen eine Grauzone befindet. Für die, die unbedingt Statistiken haben müssen, sind diese jedoch so genau, wie Statistiken es nur sein können, und zeichnen besonders angesichts der Tatsache, daß den orthodoxen Therapien jede nur mögliche Begünstigung eingeräumt wurde, ein eindruckvolles Bild, das man nicht ignorieren kann.

Die Ärzte, die sich dieser Tatsachen bewußt werden und beginnen, mit dem ernährungsmedizinischen Ansatz in der Krebstherapie zu experimentieren, finden sich bald als Opfer der *Konsensmedizin* wieder. Konsensmedizin ist das greifbare Ergebnis der Überzeugung, daß Ärzte kontrolliert werden müssen, damit sie ihren Patienten keinen Schaden zufügen oder sie betrügen, und daß die besten Kontrolleure von Ärzten wiederum Ärzte sind, die über Berufsorganisationen, Krankenhausgremien und staatliche Stellen aktiv werden. Als Ergebnis dieses scheinbar vernünftigen Arrangements fordert dann die Konsensmedizin von allen Ärzten, die gängigen Verfahren anzuwenden, und seien diese auch noch so unwirksam oder gefährlich. Ganz gleich, wie viele Patienten sterben, das professionelle Ansehen des Arztes bleibt gewahrt, denn die anderen Ärzte, die über ihn urteilen, wenden dieselben Verfahren mit denselben tragischen Ergebnissen an. Wenn andererseits ein Arzt von diesem Muster abweicht und es wagt, nach ernährungstherapeutischen Grundsätzen zu behandeln, wird er sogar bei großem Erfolg als Quacksalber verurteilt. Er verliert seine Krankenhausbelegrechte, wird aus der Ärztehaftpflichtversicherung ausgeschlossen und kann sogar festgenommen werden.

Infolgedessen hat mancher Arzt ebenso viel Angst vor Krebs wie seine Patienten – Angst, einen Krebs nicht richtig zu diagnostizieren oder bis zur Operation einen Monat Zeit zuviel verstreichen zu lassen. Vielleicht ist ihm klar, daß dieser weitere Monat für das Überleben des Patienten keinen großen Unterschied macht; aber daß er für seinen eigenen Ruf einen gewaltigen Unterschied macht, ist ihm bestimmt klar. Ein Arzt braucht viel Mut, um auf eine Operation oder eine Empfehlung zur Bestrahlung oder Chemotherapie zu verzichten. Das gilt ganz besonders, wenn er weiß, daß für den Fall, daß der Patient trotzdem stirbt, die Verwandten des Verstorbenen ihn ohne weiteres wegen eines ärztlichen Kunstfehlers verklagen können mit der Begründung, er habe nicht alle medizinischen Möglichkeiten ausgeschöpft. Und angesichts des derzeitigen Abgrunds der Unwissenheit über das wahre Wesen von Krebs wäre es so gut wie unmöglich für den Arzt, den Richter oder die Geschworenen zu überzeugen, daß der Patient auf jeden Fall gestorben wäre, auch ohne von einer Operation, Bestrahlung oder Chemotherapie zu »profitieren«. Es ist erst recht unmöglich, wenn ein Sprecher der *American Cancer Society* als Zeuge berufen wird und die geballte »Statistik« von eineinhalb Millionen Krebspatienten losläßt, die angeblich nur aufgrund solcher Behandlungen überlebt haben.

Also kann der Arzt nicht seinem eigenen Urteil oder Gewissen folgen. Er bekommt viel größere Schwierigkeiten für die Verschreibung von ein paar nicht-toxischen Vitaminen als für die Verordnung von radikalsten Operationen oder hochaggressiven giftigen Chemikalien. Außer den ganz Mutigen spielen alle mit. *Das* ist Konsensmedizin.

Konsens oder nicht, Statistiken oder nicht – Krebs ist eine Krankheit, für die die orthodoxe Medizin *weder* Heilmittel *noch* Möglichkeiten der Beherrschung kennt, die diesen Namen verdient hätten. Und die Krebssterblichkeit steigt von Jahr zu Jahr trotz der Millionen von Arbeitsstunden und Milliarden von Dollars, die jährlich auf der Suche nach dem winzigsten Anhaltspunkt aufgewendet werden. Es ist eine Ironie des Schicksals, daß gerade diejenigen, die selbst keine Antwort finden konnten, so viel Zeit und Energie darauf verwenden, andere zu verfolgen oder zu verurteilen, die nur die Freiheit wollen, sich für einen anderen Ansatz zu entscheiden.

Dr. Krebs sagte oft, daß man mit einer chinesischen Gebetsmühle ebenso gute oder bessere Ergebnisse erzielen würde wie mit orthodoxen Behandlungsmethoden. Und das sagte er keineswegs im Scherz. Für uns Menschen des Westens wäre die Verwendung eines solchen Geräts dasselbe wie gar keine Behandlung. Aber gar keine Behandlung würde uns zumindest die tödlichen Nebenwirkungen von Bestrahlung und Chemikalienvergiftung ersparen. So betrachtet schneidet die medizinische Wirkung einer Gebetsmühle im Vergleich mit den Wirkungen der Behandlung in der Mayo-Klinik ziemlich gut ab.

»Krebs«, sagte Dr. Krebs, »kann man mit Fug und Recht als einen der letzten Außenposten des Mystizismus in der medizinischen Wissenschaft bezeichnen.« Mit dieser Bemerkung zielte er auf die Mauer aus Ignoranz und verdeckten Interessen ab, die heute immer noch viele Wissenschaftler daran hindert, die sie umgebenden Tatsachen objektiv zu beurteilen. Täten sie es, müßten viele von ihnen zugeben, daß sie sich geirrt haben. Es ist eine demütigende Erfahrung für einen Mann, der sein Leben damit verbracht hat, komplizierte chirurgische Techniken zu erlernen, hochkomplexe chemische Strukturen zusammenzumischen oder strahlende Maschinenungetüme zu beherrschen, wenn er akzeptieren muß, daß die Antwort die ganze Zeit direkt vor seiner Nase lag – und zwar nicht als Produkt seiner Intelligenz oder technischen Kompetenz, sondern in der Form einer einfachen Nahrungskomponente im Inneren eines bescheidenen Apfelkerns. Also sucht er unbeirrt weiter nach der *komplexen* Antwort.

So wie wir heute die primitiven medizinischen Praktiken der Vergangenheit belächeln – Trepanieren von Schädelknochen, Aderlaß, medizinische Elixiere aus Hundehaaren, Gänsefett oder Eidechsenblut –, genauso werden künftige Generationen auf unsere Zeit zurückblicken und schaudern bei dem Gedanken an das sinnlose Schneiden, Verbrennen und Vergiften, das jetzt für Medizin gehalten wird.

»Jaaa – wieder einen Schwindler erwischt!«

National Health Federation

Teil zwei

KREBSTHERAPIE UND POLITIK

Kapitel 13

Kartelle – Flucht vor der Konkurrenz …

***Überblick über die wissenschaftlichen Aspekte der Krebstherapie, Zusammenfassung der politischen Aspekte der Krebstherapie, die Anfänge des Chemie- und Pharmakartells I.G. Farben, die ersten Erfolge des Kartells in den USA und seine »Eheschließung« mit* DuPont, Standard Oil *und* Ford.**

Im ersten Teil haben wir die wissenschaftlichen Aspekte der Krebstherapie dargestellt. Bevor wir uns jetzt in Teil zwei der *politischen* Dimension zuwenden, hier noch einmal die wichtigsten bisher erörterten Punkte.

Wie wir gesehen haben, ist Krebs das unnatürliche und ungehemmte Wachstum von Trophoblastzellen, die an sich ein normaler und unentbehrlicher Teil des Lebenszyklus sind.

Trophoblastzellen werden vom Körper im Zuge einer Kettenreaktion gebildet, für die das Hormon Östrogen nötig ist. Östrogen ist in Regionen mit Gewebeschäden immer in großen Mengen vorhanden und fungiert möglicherweise als Organisator oder Katalysator der Reparaturaktivitäten des Körpers.

Krebs kann daher durch alle Arten anhaltender Belastung oder Schädigung des Körpers ausgelöst werden – durch Rauchen, chemische Zusätze in der Nahrung oder sogar bestimmte Viren –, denn diese lösen die Bildung von Östrogen als Teil des Heilungsprozesses aus.

Zum Glück hat die Natur eine Stoffwechselbarriere eingerichtet – einen komplexen Mechanismus, der das Wachstum dieser Trophoblastzellen begrenzt und unter Kontrolle hält. Viele Faktoren spielen hier hinein, am unmittelbarsten wirken die Pankreasenzyme und die als Nitrilosid oder Vitamin B_{17} bezeichnete Nahrungskomponente, eine einzigartige Substanz, die Krebszellen zerstört und gleichzeitig alle anderen mit Nährstoffen versorgt und am Leben erhält.

Die Antwort auf das Krebsproblem besteht folglich darin, übermäßigen Streß oder Schaden für den Körper zu vermeiden, die Nahrungsmittel einzuschränken, für deren Verarbeitung im Körper Pankreasenzyme in großer Menge verbraucht werden, und eine an *allen* Mineralen und

Vitaminen reiche Ernährung zu praktizieren – insbesondere an Vitamin B_{17}.

Die Opposition gegen das ernährungsmedizinische Krebskonzept ist mächtig und lautstark. Das Konzept wurde von der Lebens- und Arzneimittelbehörde, der *American Cancer Society* und der *American Medical Association* als Betrug und Quacksalberei gebrandmarkt.

Allerdings muß noch einmal betont werden, daß der Durchschnittsarzt in der Regel dieser Opposition nicht angehört – höchstens in dem Ausmaß, in dem er den offiziellen Erklärungen dieser angesehenen Organisationen vertraut. Die meisten Ärzte wären jedoch bereit, Laetril eine Chance zu geben, bevor sie ein abschließendes Urteil fällen. Daher nimmt weltweit die Zahl der Ärzte zu, die in ihrer eigenen Praxis die Vitamintherapie ausprobieren und feststellen, wie gut sie wirkt. In den USA ist es Ärzten jedoch per Gesetz und durch den Druck der Beurteilung durch die Kollegen verboten, mit unorthodoxen Therapien zu experimentieren. Folglich können sie nicht herausfinden, ob Laetril wirkt, nur ob *behauptet* wird, daß es wirkt.

In der Zwischenzeit und mit den immer zahlreicheren Belegen für die Wirkung der Vitamintherapie werden auch die Opposition und die Kontroverse immer heftiger. Der Grund dafür ist ebenso einfach wie unerfreulich: Krebs ist mittlerweile in den USA ein Milliardengeschäft. Nicht nur werden mit Forschung, Medikamenten und Bestrahlungen Vermögen verdient, auch politische Karrieren profitieren von Versprechungen über immer lukrativere, steuerbegünstigte Forschungsprogramme und staatliche Fördermittel.

Es ist eine verhängnisvolle Tatsache, daß jedes Jahr mehr Menschen ihren Lebensunterhalt mit Krebs verdienen, als daran sterben. Wenn das Krebsproblem durch ein schlichtes Vitamin zu lösen wäre, das in der Natur reichlich und kostengünstig vorkommt, wäre diese gigantische kommerzielle und politische Maschinerie unter Umständen über Nacht vernichtet. Es ist daher nicht überraschend, daß verdeckte Interessen an der Vernebelung wissenschaftlicher Tatsachen maßgeblich beteiligt sind.

Das heißt nicht, daß die Chirurgen, Radiologen, Pharmakologen, Forscher oder Tausende von Menschen, die sie beliefern und unterstützen, ein Mittel gegen den Krebs bewußt zurückhalten. In den allermeisten Fällen sind es hochmotivierte und gewissenhafte Leute, denen nichts lieber wäre, als menschliches Leid verhindern zu können. Zudem fallen sie und ihre Familien dem Krebs ebenso zum Opfer wie der Rest der

Bevölkerung. Ganz offensichtlich ist es nicht so, daß sie etwaige geheime Heilmethoden für sich behalten.

Aber folgt daraus unbedingt, daß *alle* Opposition uneigennützig ist? Sollen wir glauben, daß persönliche Bereicherung oder verdeckte Interessen *nirgendwo* in diesem ganzen Prozeß eine Rolle spielen? Die zweite Hälfte dieser Erörterung soll diese Fragen beantworten. Sie wird zeigen, daß an der Spitze der wirtschaftlichen und politischen Machtpyramide eine Gruppe von finanziellen, industriellen und politischen Interessen steht, die aus ihrer ganzen Zielsetzung heraus natürliche Gegner eines ernährungsmedizinischen Ansatzes in der Gesundheitspolitik sind. Es wird gezeigt werden, daß sie ein Klima der Voreingenommenheit geschaffen haben, in dem wissenschaftliche Objektivität nahezu unmöglich geworden ist, und daß sie selbst häufig Opfer ihrer eigenen Voreingenommenheit werden.

Es wird gezeigt werden, daß diese Kräfte einen ungeheuren Einfluß auf die Ärzteschaft, die medizinischen Fakultäten und die medizinischen Zeitschriften haben und daß der Durchschnittsarzt der letzte ist, der darauf kommt, daß ein Großteil seines Wissens und seiner Einstellung subtil durch diese medizinfremden Interessen geprägt wurde.

Es wird auch gezeigt werden, daß diese Elite an langen Hebeln politischer Macht sitzt und staatliche Stellen in ihrem Interesse in Bewegung setzen kann und daß diese Stellen, die angeblich dem Volk dienen und es schützen, zu Apparaten verdeckter Interessen geworden sind.

Das sind schwerwiegende Vorwürfe. Sie werden nicht leichten Herzens erhoben, und sie sollten auch nicht unangefochten hingenommen werden. Deshalb wollen wir jetzt prüfen, worauf sie sich stützen.

Die folgenden Informationen stammen hauptsächlich aus parlamentarischen Anhörungen und Berichten, die von verschiedenen Senats- und Kongreßausschüssen zwischen 1928 und 1946 veröffentlicht wurden. Die wichtigsten unter ihnen sind der Unterausschuß des Kongresses zur Untersuchung nationalsozialistischer Propaganda 1934, der Sonderausschuß des Senats zur Munitionsindustrie von 1935, die vom Nationalen Ad-Hoc-Wirtschaftsausschuß 1941 herausgegebenen Kartellberichte, der Sonderausschuß des Senats zum nationalen Verteidigungsprogramm von 1942, der Bericht des Patentausschusses des Senats von 1942 und der Unterausschuß des Senats zur Kriegsmobilisierung von 1946.

Weitere Quellen sind unter anderem der Senatsausschuß zur Untersuchung der Lobbytätigkeit, der Währungs- und Bankausschuß des Senats, Gerichtsprotokolle der Nürnberger Prozesse und Dutzende von Büchern, die in jeder größeren Bibliothek zu finden sind. Mit anderen Worten, auch wenn die folgende Geschichte nicht allgemein bekannt ist, ist sie doch öffentlich dokumentiert und von jedermann nachprüfbar. Hier ist diese Geschichte.

In den Jahren vor dem Zweiten Weltkrieg entstand ein internationales Kartell mit Zentrum in Deutschland, das die Chemie- und Pharmaindustrie der Welt beherrschte. Es hatte seine Operationen auf 93 Länder ausgedehnt und war eine wichtige ökonomische und politische Größe auf allen Kontinenten. Sein Name war *I. G. Farben.*

»I. G.« steht für Interessengemeinschaft – einfacher ausgedrückt, für »Kartell«. Die Bezeichnung »Farben« rührt daher, daß die moderne chemische Industrie ihren Ursprung in der Entwicklung von Farbstoffen hat. Sie ist heute allerdings eine täuschend harmlos klingende Kategorie, unter der in Wirklichkeit die gesamte Bandbreite der Chemie einschließlich Munition und Pharmaprodukten zusammengefaßt ist.

Munition und Medikamente können zu ungeheuer starken Triebkräften des Menschen werden. Das eine verspricht Gesundheit und längeres Leben, das andere kann Tod und Zerstörung bringen. Kein Wunsch auf Erden kann stärker sein als der, ersteres zu besitzen und letzteres zu vermeiden. Wer Munition und Medikamente kontrolliert, hält also den Inbegriff von Zuckerbrot und Peitsche in der Hand.

Die Grundsubstanz fast aller Chemikalien – der heilenden wie der zerstörenden – ist Steinkohlenteer oder Rohöl. Mit der Erfindung des Verbrennungsmotors haben diese Materialien als Vorstufen des Benzins denen, die ihre chemische Umwandlung beherrschen, eine furchterregende Macht über das Weltgeschehen gegeben. Mit anderen Worten, die heutige Zivilisation wird vom Motor der Chemie in Bewegung gehalten. Der Treibstoff der Chemie jedoch ist Öl. Früher lag der Schlüssel zu Reichtum im Besitz von Gold, heute im Besitz von Öl. Und im Laufe der Zeit ist eine Situation entstanden, wo beides von den gleichen Leuten kontrolliert wird.

Howard Ambruster, der Verfasser des Buches *Treason's Peace*, faßt zusammen:

> Die I.G. Farben wird in der Regel als riesiges deutsches Kartell beschrieben, das die chemische Industrie der ganzen Welt beherrscht, aus der Gewinne in das Frankfurter Hauptquartier zurückströmen. Sie ist aber keineswegs nur ein von den Deutschen kontrolliertes Industrieunternehmen zur Erwirtschaftung von Ge-

> winnen im In- und Ausland. Vielmehr ist sie eine kabbalistische Organisation, und muß auch als solche betrachtet werden, die durch Auslandstöchter und verborgene Verbindungen eine weitgespannte und effiziente Spionagemaschinerie betreibt – mit dem Endziel der Erlangung der Weltherrschaft und eines von der I.G. Farben geführten Weltsuperstaats.[1]

Ein Großteil der frühen wissenschaftlichen Erkenntnisse, die der deutschen Industrie zu ihrer internationalen Vormachtstellung in der organischen Chemie verhalfen, beruht auf der genialen Pionierarbeit des berühmten Chemikers Justus von Liebig. Ein interessanter Zufall will es, daß Liebig kurz nach dem Abschluß seines Studiums 1824 das erste Mal die Aufmerksamkeit der Wissenschaft mit der Veröffentlichung eines Artikels über die chemischen Eigenschaften der Bittermandel erregte, die reich an Vitamin B_{17} ist. Er stellte fest, daß sie Benzaldehyd enthält, eine Substanz, die gegen Krebszellen wirkt, aber es gibt keine Hinweise darauf, daß er diesen Erkenntnissen Arbeiten speziell zur Krebstherapie folgen ließ.[2]

Die I.G. Farben wurde 1926 von zwei genialen Männern gegründet, dem deutschen Industriellen Hermann Schmitz und dem Schweizer Bankier Eduard Greutert.[3] Greuterts Betriebskapital waren eine »lockere Buchführung« und die Schaffung von Finanzlabyrinthen zur Verschleierung von Unternehmensbeteiligungen der I.G. Farben. Schmitz war einer der Direktoren der mächtigen Deutschen Reichsbank und der in der Schweiz ansässigen Bank für Internationalen Zahlungsausgleich. Damit waren die Manager der I.G. Farben von Anfang an Teil der internationalen Bankenstruktur.

Bis zum Beginn des Zweiten Weltkriegs war die I.G. Farben zum größten Industrieunternehmen Europas, zur größten Chemiefirma der Welt und zu einem Teil des mächtigsten Kartells der Geschichte angewachsen.[4] Man würde über eine Stunde brauchen, nur um die Namen all

---

1 Howard Ambruster, *Treason's Peace* (New York: Beechhurst Press, 1947), S. vii.

2 Richard Sasuly, *I.G. Farben* (New York: Boni & Gaer, 1947), S. 21 (dt. Ausg. Verlag Volk und Welt GmbH Berlin, 1952, S. 39).

3 Auch Greutert war deutscher Staatsangehöriger. Seine Bank, die Greutert & Cie., hatte ihren Sitz in Basel.

4 So die Einschätzung des Justizministeriums der USA, zitiert nach *U.S. vs. Allied Chemical & Dye Corp. et. al.*, U.S. District Court of New Jersey, 14. Mai 1942.

der Firmen in der ganzen Welt, mit denen sie Kartellverflechtungen hatte, laut zu verlesen. Insgesamt waren es mehr als 2000.[5] Wenn man die Liste auf die Firmen beschränken würde, die die I.G. Farben *direkt* besaß oder beherrschte, wäre sie immer noch viele Buchseiten lang. Hier folgen nur ein paar der bekannteren.

Innerhalb Deutschlands umfaßte das Kartell die sechs größten Chemieunternehmen und erstreckte sich zudem auf praktisch die gesamte Schwerindustrie, insbesondere die Stahlindustrie. Hermann Schmitz war eine wichtige Persönlichkeit bei den Krupp-Werken und saß dort im Aufsichtsrat, ebenso im Aufsichtsrat des wichtigsten Stahlkonzerns, der Vereinigten Stahlwerke. Alles in allem wurden über 380 deutsche Firmen von dem Kartell beherrscht.

In anderen Ländern Europas dominierte die I.G. Farben Industrieriesen wie die britische *Imperial Chemical*, *Kuhlmann* in Frankreich und *Allied Chemical* in Belgien. Leslie Waller liefert in seinem Buch *The Swiss Bank Connection* folgende zurückhaltende Schilderung:

> Durch die Baseler Verbindung breitete sich die I.G. Farben über die ganze Welt aus und erweiterte ihren Einfluß auf die chemische Industrie durch die Einsetzung gut verdeckter Beteiligungen an Unternehmen in Belgien, England, Frankreich, Griechenland, Holland, Ungarn, Norwegen, Polen, Rumänien, diversen lateinamerikanischen Ländern, Schweden und den USA.[6]

In den USA hatte das Kartell wichtige Vereinbarungen mit den verschiedensten Unternehmen geschlossen, unter anderem mit *Abbott Laboratories*, *Alcoa*, *Anaconda*, *Atlantic Oil*, *Bell and Howell*, *Borden Company*, *Carnation Company*, *Ciba-Geigy*, *Dow Chemical*, *DuPont*, *Eastman Kodak*, *Firestone Rubber*, *Ford Motor*, *General Drug Company*, *General Electric*, *General Mills*, *General Motors*, *General Tire*, *Glidden Paint*, *Goodyear Rubber*, *Gulf Oil*, *M. W. Kellogg Company*, *Monsanto Chemical*,

---

[5] General Eisenhower, als Oberster Befehlshaber der amerikanischen Besatzungszone, berichtete, daß die I.G. Farben Aktienbeteiligungen an 613 Unternehmen besaß, darunter 173 ausländischen, ein Vermögen von sechs Milliarden Reichsmark angehäuft hatte und »mit unterschiedlich starkem Einfluß in über 2000 Kartellen« aktiv war. Siehe *New York Times*, 21. Oktober 1945, Sec. 1, S. 1, 12.

[6] Leslie Waller, *The Swiss Bank Connection* (New York: Signet Books, New American Library, Inc., 1972), S. 162.

National Lead, *Nestle's*, *Owl Drug Company*, *Parke-Davis and Company*, *Pet Milk*, *Pittsburgh Glass*, *Procter and Gamble*, *Pure Oil*, *Remington Arms*, *Richfield Oil*, *Shell Oil*, *Sinclair Oil*, *Socony Oil*, *Standard Oil*, *Texaco*, *Union Oil*, *U.S. Rubber* und hunderten mehr.

Die Liste der Unternehmen im Direktbesitz oder mit beherrschender Finanzbeteiligung der I.G. Farben ist ebenso eindrucksvoll. Auf ihr findet man *Bayer Co.* (Hersteller von Aspirin), *American I.G. Chemical Corporation* (Film- und Fotohersteller), *Lederle Laboratories*, *Sterling Drug Company*, *J. T. Baker Chemical Company*, *Winthrop Chemical*, *Metz Laboratories*, *Hoffman-LaRoche Laboratories*, *Whitehall Laboratories*, *Frederick Stearns and Company*, *Nyal Company*, *Dern and Mitchell Laboratories*, *Chef-Boy-Ar-Dee Foods*, *Breck Inc.*, *Heyden Antibiotics*, *MacGregor Instrument Company*, *Antrol Laboratories*, *International Vitamin Corp.*, *Cardinal Laboratories*, *Van Ess Laboratories*, *William S. Merrill Company*, *Jensen Salsberry Laboratories*, *Loesser Laboratories*, *Taylor Chemical*, *Ozalid Corporation*, *Alba Pharmaceutical*, *Bristol Meyers*, *Drug, Inc.*, *Vegex, Inc.*, *Squibb and Sons Pharmaceutical* und Dutzende weiterer. Manche von ihnen waren groß genug, ihrerseits als Holdings zahlreiche kleinere Firmen zu besitzen – und auch einige nicht so kleine.[7]

Bis 1929 hatte die I.G. Farben eine Reihe begrenzter Kartellvereinbarungen mit ihrem größten amerikanischen Konkurrenten, der *DuPont Company*, geschlossen. *DuPont* war selbst eine Großmacht und war stets nur zögernd Kooperationsverträge mit der I.G. Farben eingegangen, da diese normalerweise auf der Rolle des beherrschenden Partners bestand. Folglich wurden viele dieser Abkommen indirekt über die *Winthrop Chemical*, eine I.G.-Farben-Tochter, abgeschlossen, sowie über *Imperial Chemical* (ihren Kartellpartner in Großbritannien) und über *Mitsui*, ihren Kartellpartner in Japan. 1937 besaß die *American I.G.* bereits erhebliche Anteile an *DuPont* und *Eastman Kodak*. Die *Olin*

---

7 Die Liste dieser Unternehmen erhebt nicht den Vorwurf gesetzeswidriger oder unmoralischer Handlungen. Sie soll lediglich die historischen Fakten von vertraglichen Kartellverflechtungen bzw. direkter Kontrolle aufzeigen. Diese Fakten sind anhand von früheren Ausgaben von Standardquellen zu Wirtschaftsfragen, zum Beispiel *Standard and Poor's Corporation Records* und *Moody's Industrial Manual*, nachprüfbar. Siehe auch die Ergebnisse früherer Untersuchungen zum Thema, zum Beispiel *Cartels in Action* von Stocking und Watkins; *Treason's Peace* von Ambruster und *The Devil's Chemist* von DuBois, die an anderer Stelle in diesem Werk zitiert werden.

Corporation, eine Farben-Holding, begann die Produktion von Zellophan unter einer *DuPont*-Lizenz.

Der wichtigste Grund, warum ein Industrieriese wie *DuPon*t schließlich nachgab und Kartellvereinbarungen mit der I.G. Farben einging, war die Tatsache, daß *Standard Oil of New Jersey* es gerade vorgemacht hatte. Durch die Verbindung dieser beiden Giganten war *DuPont* ein potentiell ernsthafter Konkurrent im eigenen Land erwachsen. Gegen die I.G. Farben allein hätte sich *DuPont* vielleicht behaupten können, aber es konnte nicht hoffen, es mit der I.G. Farben *und* dem mächtigen Rockefeller-Imperium gleichzeitig aufnehmen zu können. *Standard Oil* war also entscheidend dafür, daß sich die ultimative »Interessengemeinschaft« zusammenschloß – I.G., *Standard Oil*, *Imperial Chemical*, *DuPont* und, wie wir noch sehen werden, *Shell Oil*.

Die Vereinbarung zwischen der I.G., *Standard* und *Shell* wurde 1929 geschlossen. Ihr Zustandekommen ist eine faszinierende Geschichte und wirft ein Licht auf die verdeckten Manöver von Firmen, die in der Öffentlichkeit als Konkurrenten gelten.

Einer der Faktoren, die letztlich zu Deutschlands Niederlage im Ersten Weltkrieg geführt hatten, war der Mangel an Erdöl. Die deutsche Führung beschloß, in der Benzinversorgung nie wieder von der Außenwelt abhängig zu sein. Deutschland mochte auf seinem eigenen Territorium keine Ölvorkommen haben, es hatte jedoch reiche Kohlevorkommen. Eines der obersten Ziele der deutschen Chemie nach dem Krieg war daher, ein Verfahren zur Umwandlung von Kohle in Benzin zu entwikkeln.

1920 hatte Dr. Bergius ein Verfahren entdeckt, mit dem Wasserstoff in großen Mengen hergestellt und unter starkem Druck und hohen Temperaturen mittels Katalysatoren der verflüssigten Kohle beigefügt werden konnte. Die letzten Verfahrensschritte bis zum raffinierten Benzin waren damit gesichert. Es war lediglich eine Frage der Perfektionierung des Hydrierungsverfahrens. Plötzlich war die I.G. Farben im Ölgeschäft.

Man könnte annehmen, daß das Kartell sich mit Eifer in die Produktion gestürzt hätte. Statt dessen entstand jedoch der Plan, die bisherigen Ölproduzenten an dem Verfahren zu interessieren und mit ihren Patenten Konzessionen und geschäftliche Vorteile auf anderen Gebieten zu erzielen. Das war der Köder, mit dem man *Standard Oil* einfangen und damit wiederum *DuPont* ins Boot bringen wollte. Und es lief genau nach Plan.

Frank Howard von *Standard Oil* wurde zu einem Besuch des großen BASF-Werks in Ludwigshafen im März 1926 eingeladen. Was er sah, war erstaunlich – Benzin aus Kohle! Dem Schock nahe, schrieb er an Walter Teagle, den Präsidenten von *Standard Oil*:

> Nach meinen heutigen Beobachtungen und Gesprächen halte ich diese Frage für die wichtigste, mit der unser Unternehmen je konfrontiert war …
>
> Die BASF ist in der Lage, aus Braunkohle und anderer minderwertiger Kohle qualitativ hochwertigen Motorentreibstoff in Höhe des halben Rohstoffgewichts herzustellen. Das bedeutet Europas völlige Unabhängigkeit in der Frage der Benzinversorgung. Es bleibt nur der direkte Wettbewerb über den Preis …
>
> Ich werde hier nicht versuchen, ins Detail zu gehen, aber ich glaube, Ihnen meine Ansichten klar dargelegt zu haben.[8]

Die Verhandlungen liefen über die nächsten drei Jahre. Das Kartellabkommen wurde am 9. November 1929 unterzeichnet und sicherte mehrere wichtige Ziele: Erstens erhielt damit *Standard Oil* die Hälfte aller Rechte am Hydrierungsverfahren für alle Länder außerhalb Deutschlands. Damit konnte *Standard* seine eigene Konkurrenz auf diesem Gebiet kontrollieren oder zumindest von ihr profitieren. Im Gegenzug erhielt die I.G. Farben 546 000 Aktien der *Standard Oil* mit einem Wert von mehr als 30 Millionen US-Dollar. Die Vertragsparteien kamen zudem überein, sich bei chemischen und Erdölprodukten nicht gegenseitig Konkurrenz zu machen. Wenn *Standard Oil* sich in Zukunft bei Industriechemikalien oder Arzneimitteln engagieren wollte, dann nur als Partner der I.G. Farben. Diese wiederum willigte ein, nur im Rahmen eines Joint Venture mit *Standard Oil* im Ölgeschäft aktiv zu werden. Beide Parteien verzichteten auf »jeglichen Plan oder Strategie« zur »Expansion des gegenwärtigen Geschäfts in Richtung auf das Geschäft des jeweils anderen Partners, die zu einer ernsten Konkurrenz für diesen anderen Partner führen könnte«.[9] Mit den Worten von Frank Howard von *Standard Oil*:

> Die I.G. kann als unser Generalpartner in der Chemiesparte bezeichnet werden … Wunsch und Absicht beider Parteien ist es, eine Konkurrenz untereinander zu vermeiden.[10]

---

8 Sasuly, *I.G. Farben, op. cit.*, S. 144–145 (dt. Ausg. S. 166).

9 George Stocking and Myron Watkins, *Cartels in Action* (New York: The Twentieth Century Fund, 1946), S. 93.

10 Zitiert nach Ambruster, *Treason's Peace, op. cit.*, S. 52.

Um die Umsetzung der Vereinbarung zu erleichtern, wurden mehrere Gemeinschaftsbeteiligungen gebildet. Eine von ihnen war die *International Hydrogenation Patents Company* (I.H.P.). Auch *Shell* wurde daran beteiligt. Sinn dieser Unternehmung war *nicht* die Förderung der Anwendung des Hydrierungsverfahrens weltweit, sondern vielmehr, sie nach Möglichkeit einzuschränken. In einem offiziellen Memorandum der *Standard Oil* hieß es:

> Die I.H.P. sollte die Entwicklungen in allen Ländern, in denen sie Patente besitzt, genau verfolgen und umfassend informiert werden, falls Interesse an der Hydrierung besteht bzw. wie die Aussichten auf eine Anwendung sind … In Ländern, wo kein Interesse besteht, sollte sie jedoch nicht versuchen, ein solches zu wekken.[11]

Die andere Gemeinschaftsbeteiligung wurde 1930 unter dem Namen *Jasco, Inc.* gegründet. Sie sollte beiden Unternehmen die Möglichkeit bieten, an zukünftigen chemischen Neuentwicklungen des jeweils anderen zu partizipieren. Nach diesem Abkommen sollte jedes Mal, wenn die I.G. Farben oder *Standard Oil* ein neues chemisches Verfahren entwikkelte, dem anderen Partner eine Option auf eine Drittelbeteiligung an den Patentrechten eingeräumt werden. *Jasco* würde dann weltweit die Vermarktung des Verfahrens übernehmen.

Das Ganze ist ein Musterbeispiel für den schrittweisen Zusammenschluß zweier Industrieimperien, bis sie schließlich in weiten Bereichen ihrer Tätigkeit übereinstimmend wie ein einziges vorgehen. Beide hatten lediglich das Ziel, jegliche Konkurrenz untereinander auszuschalten und sicherzustellen, daß jedem von ihnen in Zukunft Wachstum und Gewinn gesichert waren. Dr. Carl Bosch, der damalige Generaldirektor der I.G. Farben, benutzte nicht nur eine bildhafte Sprache, als er sagte, die I.G. Farben und *Standard Oil* hätten »die Ehe geschlossen«. Er beschrieb damit auch das Wesen aller großen Kartellzusammenschlüsse.

Für eine detaillierte Chronik aller polygamen Ehen zwischen der I.G. Farben und anderen wichtigen amerikanischen Unternehmen ist hier nicht genug Platz, aber zumindest zwei sollten kurz gestreift werden. Am 23. Oktober 1931 unterzeichneten die I.G. Farben und *Alcoa* ein Abkommen, die sogenannte Alig-Vereinbarung (Alig Agreement), in dem die

---

[10] Zitiert nach Ambruster, *Treason's Peace, op.cit.*, S. 492, 493.

beiden Unternehmen all ihre Patente und technischen Kenntnisse auf dem Gebiet der Magnesiumherstellung zusammenführten. Der andere Industrieriese, der in das internationale Netzwerk aufgenommen wurde, war kein geringerer als die *Ford Motor Company*.

Als Henry Ford in Deutschland eine Niederlassung seines Unternehmens gründete, erwarb die I.G. Farben unverzüglich einen Großteil des zum Verkauf stehenden Aktienpakets von 40 Prozent. Die Ehe war vollzogen, als der Generaldirektor der I.G. Farben, Carl Bosch, und deren Aufsichtsratsvorsitzender Carl Krauch in den Aufsichtsrat der deutschen *Ford* berufen wurden. In den USA wurde Edsel Ford Mitglied des Aufsichtsrats der American *I.G. Chemical Company*, desgleichen *Standard-Oil*-Präsident Walter Teagle, Charles E. Mitchell, Präsident der zum Rockefeller-Imperium gehörenden *National City Bank of New York*, und Paul M. Warburg, ein Bruder von Max Warburg, der bei der deutschen Muttergesellschaft einen Aufsichtsratsposten bekleidete.

Paul Warburg war einer der Väter der US-Notenbank, die die Aufsicht über das amerikanische Währungssystem in die Hände eben jener Bankkreise legte, die er repräsentierte. Aus den Memoiren von Frank Vanderlip wird ersichtlich, daß dieser Plan bei einem Geheimtreffen auf Jekyll Island im Staat Georgia geboren wurde, an dem Vanderlip selbst, Senator Aldrich (beide als Vertreter von Rockefeller), Henry Davison, Charles Norton und Benjamin Strong (als Vertreter von J. P. Morgan), Abraham Piatt Andrew (Schatzamt) und Paul Warburg (als Vertreter der englischen und französischen Rothschilds) teilnahmen. Warburgs Bruder Felix heiratete Frieda Schiff, die Tochter von Jacob Schiff, der das Bankhaus *Kuhn, Loeb and Company* leitete.[12] Jahre später, so erfuhr man von seinem Enkel John, hatte Jacob Schiff Trotzky 20 Millionen Dollar für den Aufbau einer Sowjetdiktatur in Rußland gegeben.[13]

Über diese Männer sind noch viele andere wichtige Tatsachen bekannt, aber es läuft darauf hinaus, daß sie weit mehr waren als Geschäftsleute auf der Suche nach einer Möglichkeit, ihre Märkte zu vergrößern

---

[12] Eine ausführliche Schilderung, wie die US-Notenbank unter dem Mantel einer staatlichen Behörde als Bankenkartell fungiert, findet sich in *The Creature from Jekyll Island; A Second Look at The Federal Reserve System* (Westlake Village, CA: American Media, 1995) von G. Edward Griffin.

[13] Die Äußerungen von John Schiff erschienen das erste Mal in der Kolumne »Charlie Knickerbocker« im *New York Journal American* am 3. Februar 1949. Siehe auch das Exklusivinterview mit Alexander Kerensky, Führer der Russischen Revolution, *U.S. News & World Report*, 13. März 1967, S. 68.

und ihre Gewinne zu sichern. Sie gehörten zu der besonderen Spezies, deren Vision weit über Gewinn- und Verlustrechnung hinausgeht in die Regionen internationaler Intrige und Politik.

Um diesen Aspekt ihrer Karriere wirklich zu verstehen, muß man das Wesen von Kartellen begreifen. Ein Kartell ist eine Gruppierung von Unternehmen, die durch Verträge oder Vereinbarungen zur Förderung ihrer Zusammenarbeit, und damit zur Beschränkung des Wettbewerbs untereinander, miteinander verbunden sind. Gegenstand solcher Vereinbarungen können so harmlose Dinge wie Industrienormen oder Warenbezeichnungen sein. Die meisten von ihnen betreffen jedoch den Austausch von Patentrechten, die Aufteilung von Märkten, die Preisgestaltung und Übereinkünfte darüber, innerhalb bestimmter Produktkategorien nicht miteinander in Wettbewerb zu treten. In der Regel ist ein Kartell ein Mittel, um den Härten des Wettbewerbs auf dem freien Markt zu entfliehen. Es führt immer zu höheren Preisen und einer geringeren Produktauswahl. Kartelle und Monopole sind deshalb nicht das Ergebnis des freien Unternehmertums, sondern die Flucht *davor*.

Für Unternehmer ist die Motivation zur Kartellbildung dieselbe wie die, die Arbeiter und Fachkräfte in Gewerkschaften oder Berufsverbände treibt. Sie argumentieren, daß sie sich durch eine Preissenkung für ihr Produkt oder ihre Arbeitskraft einen größeren Marktanteil sichern können. Allerdings gilt das nur solange, wie andere ihrem Beispiel nicht folgen. Die Annahme liegt jedoch nahe, daß auch die Konkurrenz ihre Preise senken *wird*, um keine Kunden zu verlieren. Eine Preissenkung bei einem führt meist zu niedrigeren Preisen bei allen. Deswegen wird der einzelne ermutigt, sich mit anderen Firmen oder anderen Arbeitnehmern zusammenzuschließen und sich zu verpflichten, keine Wettbewerbstrategien zu verfolgen, die alle ärmer machen.

Das bedeutet nicht, daß Kartellmitglieder Konflikte oder Konkurrenz stets vollständig ausräumen können. Gelegentlich beschließt ein Kartellmitglied, daß die getroffene Vereinbarung nicht länger akzeptabel ist, bricht aus dem Kartell aus und versucht einen Alleingang. Regelmäßig brechen Preiskämpfe und heftige Kämpfe um Märkte aus, mit all den Obertönen eines echten militärischen Krieges. Aber genau wie Kriege zwischen Staaten enden sie irgendwann auch wieder. Entweder wird eine Partei geschlagen, oder, was in Kämpfen zwischen Unternehmen häufiger ist, eine Partei geht eindeutig als der Stärkere aus der Auseinandersetzung hervor, und auf der Grundlage des neuen Machtgleichgewichts werden ein »Waffenstillstand« und eine neue Kartellvereinbarung ausgehandelt.

In *Cartels in Action* liefern Stocking und Watkins eine prägnante Beschreibung dieses Prozesses:

> »Preiskriege« brachen aus, wurden durch »Waffenstillstände« beendet, flammten immer wieder auf und gingen schließlich in eine lange Belagerung über …
>
> Chemieunternehmen entscheiden meist eher auf dem Verhandlungsweg als über den Wettbewerb, wer was, wann, wo, in welchen Mengen und zu welchem Preis auf einem Auslandsmarkt verkauft, denn sie sind überzeugt, daß Kooperation sich »auszahlt«. Sie erreichen ihre Entscheidungen in zähen und harten Verhandlungen. Jede Partei versucht, die besten Konditionen für sich herauszuschlagen. Die Entscheidungen spiegeln also die Verhandlungsstärke der beteiligten Parteien wider. Sie hängt von vielen Faktoren ab, unter anderem von ihrer verfahrenstechnischen Kompetenz, ihrer Patentsituation, der Qualität ihrer Produkte, ihrer Finanzkraft und der Unterstützung durch ihre Regierung. Letztlich entscheidet sich die Frage daran, ob die Parteien zu einem Konkurrenz»krieg« bereit wären, falls die Verhandlungen scheitern sollten.
>
> Von effizientem Wettbewerb unterscheidet sich diese Art der geschäftlichen Rivalität dadurch, daß in der Hauptsache die Kartellmitglieder und nicht die Verbraucher profitieren.[14]

Diese Beschreibung trifft genau die heutige Realität hinter den meisten wichtigen Produkten weltweit. Stocking und Watkins stellten ausführliche Berechnungen über den Handel vor dem Krieg an und wiesen sehr überzeugend nach, daß 1939 in den USA Kartelle 87 Prozent der verkauften Bergbauprodukte, 60 Prozent der landwirtschaftlichen Produkte und 42 Prozent aller Industrieprodukte kontrollierten. Selbstverständlich hat sich der Trend seit 1939 noch verstärkt, so daß man sich unschwer vorstellen kann, wie die Situation heute aussieht. Die chemische Industrie – und dazu gehören pharmazeutische Produkte – ist völlig in der Hand von Kartellen. Bereits 1937 war das so offensichtlich, daß die Zeitschrift *Fortune* in einem Leitartikel schrieb:

> Trotz der allmählich sinkenden Kurve der Realpreise ist die chemische Industrie eine »geordnete« Industrie. Sie praktizierte die

---

[14] Watkins, *op. cit.*, S. 398, 420.

> »Kooperation«, lange bevor sie 1933 von General Johnson erfunden wurde. Sie wurde selten von Überproduktion geplagt, hat keine eigene Depression durchgemacht und sich selten in lange und blutige Preiskriege verwickelt ... Im großen und ganzen hat sich die chemische Industrie in einer Weise selbst reguliert, daß sogar ein Sowjetkommissar seine Freude daran hätte ... Die Industrie ... praktiziert ganz eindeutig eine Art Planwirtschaft.[15]

Das erinnert an die Stellungnahme der US-Zollkommission von 1973, die in ihrem Bericht an den Senat schrieb:

> In den größten und modernsten multinationalen Konzernen haben die Planung und nachfolgende Überwachung des Plans einen Umfang und Grad von Detailliertheit angenommen, die ironischerweise eine mehr als oberflächliche Ähnlichkeit mit der staatlichen Planungsaktivität kommunistischer Länder aufweisen.[16]

Diese Bemerkungen über die Ähnlichkeit mit einer Planwirtschaft eines Sowjetkommissars in einem kommunistischen Land treffen das »Planziel« genau. Sie zeigen ganz deutlich die für Kartelle charakteristische Philosophie. Wenn es zutrifft, daß Kartelle und Monopole nicht das Ergebnis des freien Unternehmertums, sondern der Fluchtweg *aus* diesem Unternehmertum sind, dann folgt daraus, daß der beste Fluchtweg aus dem freien Unternehmertum dessen völlige Zerstörung ist. Darum arbeiten Kartelle und kollektivistische Regierungen unweigerlich als Team zusammen. Sie haben einen gemeinsamen Feind und ein gemeinsames Ziel: die Zerstörung des freien Unternehmertums.

Eine Million Dollar an die Politik, um die Verabschiedung eines Gesetzes über Schutzzölle, eines sogenannten Gesetzes über den fairen Handel oder eines Gesetzes gegen Quacksalberei zu erreichen, ist für die Nutznießer solcher Gesetze ein hervorragendes Geschäft. Obwohl diesen Gesetzen das Mäntelchen »zum Nutzen der Bevölkerung« umgehängt wird, sind sie in Wirklichkeit ein Mittel, die staatliche Maschinerie gegen die Konkurrenten des Kartells in Bewegung zu setzen. Das eingesetzte Kapital zahlt sich vielfach aus. Daher ist eine starke Regierung mit der

---

15 »Chemical Industry«, *Fortune*, Dezember 1937, S. 157, 162.

16 *Implications of Multinational Firms for World Trade and Investment for U.S. Trade and Labor*, Februar 1973, S. 159.

Fähigkeit, jeden Aspekt des Wirtschaftslebens zu regulieren, ein natürlicher Freund und Verbündeter der Kartelle und Monopole.

Ohne die Hilfe des Staates könnten Kartelle und Monopole nur schwer existieren, jedenfalls in dem jetzigen Ausmaß. Sehen Sie sich die wichtigen Weltmärkte an – für Zucker, Tee, Schokolade, Gummi, Stahl, Erdöl, Autos, Nahrungsmittel –, *ganz gleich welchen* davon, und Sie werden einen Berg von staatlichen Beschränkungen, Quoten und preisstützenden Regelungen finden. Und auf diesem Berg tummelt sich ein Heer von Lobbyisten, die irgendwelche Sonderinteressen vertreten und Druck auf Politiker machen, die ihrerseits Gesetze verabschieden, die angeblich die Bevölkerung schützen.

Bei diesem abgekarteten Spiel machen nicht nur die Kartelle mit. Auch die Gewerkschaften haben einen Fluchtweg aus dem freien Wettbewerb gesucht, mit ihrer Forderung eines staatlich überwachten gesetzlichen Mindestlohns und der Organisationspflicht für Arbeitnehmer. Die Landwirte taten dasselbe mit gestützten Preisen und Subventionen. Es scheint so, als ob in letzter Zeit fast jeder vom Staat erwartet, zu intervenieren und ihn vor den Härten eines offenen und ehrlichen Wettbewerbs zu »schützen«. Dabei unterscheiden sich Kartelle nur dadurch von den meisten anderen Gruppierungen, daß sie früher damit begonnen haben, daß sie finanzkräftiger sind und daß sie diese Kunst bis ins letzte verfeinert haben.

Daher ist es nicht nur eine Frage des Prestiges, sondern pure Notwendigkeit, wenn in den Aufsichtsräten großer multinationaler Unternehmen die politische Prominenz sitzt. ITT hat in seinem New Yorker Aufsichtsrat so klangvolle Namen aufzuweisen wie Eugene Black, den früheren Präsidenten der Weltbank, und John McCone, den früheren Direktor der CIA. In Europa rekrutierte das Unternehmen in der Vergangenheit Berühmtheiten wie Trygve Lie, den ersten Generalsekretär der Vereinten Nationen, den Belgier Paul-Henri Spaak und Lord Caccia aus England. Man hat sogar versucht, den Premierminister Harold McMillan anzuwerben.[17]

Es ist kein Zufall, daß alle obengenannten Personen sich selbst als Sozialisten oder zumindest als politisch liberal einstufen. Unter keinen Umständen würde irgendeiner von ihnen als Fürsprecher des freien Unternehmertums auftreten. Sie wissen, daß man heutzutage auf der

---

[17] Anthony Sampson, *The Sovereign State of ITT* (New York: Stein & Day, 1973), S. 113, 114.

Straße zum Wohlstand nicht mit der Kutsche des industriellen Fachwissens, sondern im Sportwagen des politischen Einflusses reist. Beim Staat spielt die Musik.

Die Auswirkungen sind überall zu sehen, besonders in der internationalen Finanzwelt. Die Situation wurde im *Monthly Review* der *Bank of Hawaii* vom Januar 1973 zutreffend beschrieben:

> Es gibt anscheinend keine einfachen Antworten auf die komplexen und verflochtenen Entwicklungen im In- und Ausland. Zu denen, die am meisten zu verlieren haben, gehören Personen, die ein eigenes Unternehmen aufbauen wollen, und die unabhängigen inländischen Unternehmen, die im traditionellen offenen Markt agieren wollen. Sie haben mit zunehmender Reglementierung durch bürokratische Regulierung zu kämpfen in Märkten, die durch staatlich geförderte Konkurrenz eingeschränkt sind.
>
> Praktisch immun sind die multinationalen Unternehmen, deren massive Auslandsinvestitionen, starke Lobbyposition sowie Verbindung zu einem nicht von heimischen Regierungen und Wettbewerbern behinderten Weltmarkt ihnen ermöglichen, diese Entwicklungen nicht nur unbeschadet zu überstehen, sondern sie sogar noch zu fördern.

In seinem Buch *The Rich and the Super Rich* schob Ferdinand Lundberg seine linken Klischees über die »Ausbeutung der Arbeiterklasse« und seine Rechtfertigung des Sowjetsystems lang genug beiseite, um einige Wahrheiten oder zumindest Halbwahrheiten über das amerikanische System zu erkennen. Fast genüßlich schreibt er:

> Die Einschränkung des freien Unternehmertums geht zudem hauptsächlich auf Geschäftsleute zurück, die stets versucht haben, das Ausmaß der Regulierung durch den Staat in ihrem eigenen Interesse zu verstärken, so zum Beispiel bei Zöllen, Subventionen und Verboten von Preissenkungen bei Markenartikeln.
>
> Tatsächlich haben sich die Interessen der Geschäftsleute verschoben, von Effizienz in der Produktion auf die Effizienz in der Manipulation der öffentlichen Meinung, einschließlich der Manipulation des Staates zur Erlangung von Wettbewerbsvorteilen …
>
> Da alles, was wir bisher untersucht haben, offensichtlich unter der wohlwollenden Fürsorge des Staates geschah, liegt es auf der

> Hand, daß Staat und Politik an den grellen Blüten von extremem Reichtum und extremer Armut in Amerika durchaus mitwirken.[18]

Das ist alles wahr, aber es ist nicht die ganze Wahrheit. Zwei Fallen lauern auf den arglosen Beobachter dieser Tendenzen. Die eine ist die voreilige Schlußfolgerung, daß Kartelle und Monopole ein Ausdruck des Kapitalismus und des freien Unternehmertums sind und daß zur Lösung des Problems der Kapitalismus nur durch ein anderes System ersetzt werden müßte. Aber wir haben ja betont, daß Kartelle und Monopole das genaue Gegenteil des wettbewerbsorientierten Kapitalismus und freien Unternehmertums sind.

Die zweite Falle ist die Schlußfolgerung, daß die Lösung gegen den Mißbrauch von Kartellen und Monopolen in mehr staatlichen Regelungen und Kontrollen zu finden ist. Aber genau darin liegt ja bereits das Problem. Es ist schlicht nicht menschenmöglich, ein neues Gesetz oder eine Kombination von Gesetzen auszuarbeiten, die dem Staat mehr Macht geben, angeblich um den Handel zu regulieren und Monopole und ihre politischen Marionetten zu *verhindern*, ohne genau das Gegenteil zu erreichen.

Die geltenden Kartellgesetze sind ein sehr gutes Beispiel. In den meisten Fällen sind sie letztlich nur das Mittel, mit dem eine Unternehmensgruppe die Macht des Staates für die Unterdrückung ihrer weniger einflußreichen Konkurrenz nutzt. *Ein größerer und stärkerer Staat ist hier nicht die Lösung, er ist das Problem!*

Wie viele andere Autoren zu diesem Thema tappte auch Lundberg in beide Fallen. Er erkannte, daß das Monopol kein freies Unternehmertum bedeutet. Ihm war sogar klar, daß der Staat untrennbar mit dem Monopol verbunden ist. Aber dann fuhr er fort und öffnete einer Initiative für noch mehr Staat und sogar für den »Fortschritt« in den Kommunismus Tür und Tor:

> Wir können nicht zum Wettbewerb zurückkehren ...[19]

Hier haben wir in kürzester Form den Grund, warum Lundbergs erstaunlich langweiliges und viel zu langes Buch (1009 Seiten) von eben dem

---

[18] Ferdinand Lundberg, *The Rich and the Super-Rich* (New York: Bantam, 1968), S. 153, 154, 584.

[19] Ibid., S. 154.

Establishment in die Bestsellerlisten gehoben wurde, das er, zumindest oberflächlich gesehen, verurteilt. Wenn Männer wie Lundberg innehalten und sich fragen würden, warum man sie als Dozenten an Universitäten einstellt, warum Establishmentverlage ihre Bücher so gerne publizieren, warum sie für Fernseh- und Rundfunksendungen in den Establishmentsendern so gefragt sind und warum sie von Stiftungen des Establishments so großzügig mit Fördermitteln bedacht werden, kämen sie vielleicht darauf. Den »Superreichen« macht es nichts aus, wenn ihr riesiger Wohlstand und ihre große Macht offengelegt werden – solange niemand zu praktischen Maßnahmen greift, die diese Macht schwächen könnten.

Wenn man schon jemanden öffentlich als Gegner akzeptieren muß, dann doch viel lieber eine Person wie Lundberg als jemanden, der *noch dazu* gegen einen übermächtigen Staatsapparat ist. Derzeit werden die Amerikaner in ihrem Kampf gegen ein immer repressiveres Establishment von einer regelrechten Phalanx von staatsverehrenden Intellektuellen angeführt. Trotzdem sieht ihnen das Establishment seelenruhig zu und fördert ihre Bemühungen sogar. Solange sie »eine umfassendere staatliche Regulierung« oder sogar den Kommunismus als »Fortschritt« betrachten, sind sie keine Bedrohung. Ganz im Gegenteil, die fortgesetzte Konzentration der staatlichen Macht in den Händen einiger weniger – bis sie zur *totalen Macht* geworden ist – ist genau das, was die Superreichen unbedingt erreichen wollen.

Kapitel 14

Das Supermonopol

Frühe Beispiele der Unterstützung totalitärer Regime durch Kartelle, der Beitrag der I.G. Farben zu Hitlers Aufstieg aus der politischen Bedeutungslosigkeit und zur Verwandlung des Nazistaats in einen Handlanger der Kartelle.

An diesem Punkt mag der Leser sich fragen, was all das mit der politischen Dimension der Krebstherapie zu tun hat. Die Antwort auf diese Frage – wie sich später zeigen wird – lautet: Es spielt eine ganz *zentrale* Rolle. Die Politik der Kartelle und Monopole ist mit einem Fußballspiel mit ganz bestimmten Zielen und Regeln vergleichbar. Wenn jemand, der noch nie etwas von Fußball gehört hat, plötzlich zwei Mannschaften auf dem Spielfeld in Aktion sähe und nichts über diesen Sport wüßte, könnte er sich absolut nicht erklären, was da abläuft. Ebenso können wir den Aktionen großer Unternehmen und staatlicher Behörden zuschauen, aber wenn wir die Regeln nicht kennen, nach denen gespielt wird, werden wir nie begreifen können, warum die Dinge so ablaufen. Wir könnten nicht einmal sagen, was da abläuft.

Wie im letzten Kapitel skizziert, sind Kartelle und Monopole das Ergebnis der Bemühungen, sich den Härten des freien Unternehmertums zu entziehen. Auf lange Sicht erreicht man das am besten, indem man sich der Unterstützung des Staates versichert und die Verabschiedung von Gesetzen vorantreibt, die die Regulierungsmacht des Staates auf die Seite des eigenen Unternehmens und gegen dessen Konkurrenten in Stellung bringen.

Ein einzelner oder ein Unternehmen kann die Kartelle aufbrechen, wenn er oder es entschlossen und geschickt genug ist und das notwendige Kapital aufbringen kann. Das Kapital zu beschaffen ist relativ leicht, wenn der in Aussicht stehende Profit hoch genug ist – und das *wird* er sein, wenn die Markt- und Preispolitik der Kartelle zu sehr aus dem Rahmen fällt. Tut sie das nicht, so richtet sie auch nur relativ wenig Schaden an, und es besteht keine dringende Notwendigkeit, sie aufzubrechen.

Daraus folgt, daß Kartelle und Monopole nicht so gut gedeihen könnten, wie sie es tun, wenn sie in einem politischen Umfeld mit einem in seinen Befugnissen eingeschränkten Staat operierten. Umgekehrt gilt, daß, je mehr Macht beim Staat liegt und je mehr er von seinen Bürgern als der angemessene Regulator des Wirtschaftslebens akzeptiert wird, desto fruchtbarer der Boden für die Entwicklung und das Wachstum der Kartelle und Monopole ist.

Weiterhin folgt daraus, daß, wenn ein *starker* Staat gut für Kartelle ist, ein *stärkerer* Staat noch besser und ein *totalitärer* Staat am besten ist. Aus diesem Grund sind Kartelle schon immer die hinter den Kulissen agierenden Förderer jeder nur erdenklichen Spielart des Totalitarismus gewesen. Sie unterstützten die Nationalsozialisten in Deutschland, sie begrüßten die Faschisten in Italien, sie finanzierten die Bolschewiken in Rußland. Und sie sind die treibende Kraft hinter dem namenlosen Totalitarismus, der in den USA immer mehr zur düsteren Realität wird.

Auf den ersten Blick erscheint es paradox, daß die »Superreichen« so oft als Förderer des Sozialismus oder sozialistischer Maßnahmen auftreten. Man sollte meinen, sie hätten am meisten zu verlieren. Aber im Sozialismus – oder jeder anderen Form des starken Staates – gibt es keinen Wettbewerb und kein freies Unternehmertum. Das ist ein sehr wünschenswertes Umfeld für jemanden, der in einer Kartellindustrie agiert und einen guten politischen Draht »nach oben« hat. Auf diese Weise kann man größere Gewinne machen und noch dazu zur herrschenden Klasse gehören. Diese Leute haben keine Angst vor dem System der progressiven Besteuerung, das auf der Mittelschicht so schwer lastet. Ihr politischer Einfluß ermöglicht ihnen die Gründung steuerfreier Stiftungen zur Erhaltung und Vermehrung ihres großen Vermögens, auf das sie praktisch keine Steuern zahlen müssen. Deswegen können Monopolisten niemals echte Kapitalisten sein.

Im engeren Sinne des Wortes ist ein Kapitalist einfach jemand, der an das Privateigentum glaubt. Diese Definition reicht allerdings nicht aus, um die ideologischen Konflikte zwischen dem Begriff des Kapitalismus, so wie er allgemein verwendet wird, und entgegengesetzten Ideen wie Sozialismus oder Kommunismus zu verstehen. Bei vielen primitiven Stämmen gibt es angeblich kein Privateigentum. Theoretisch besitzt der Häuptling alle Gegenstände im Namen seiner Anhänger. Das führt allerdings im Endeffekt dazu, daß alles dem Häuptling gehört, denn er kann damit nach Gutdünken verfahren. Freie Nutzung ist der beste Eigentumstest. Wenn Sie meinen, Ihnen gehört ein Gegenstand, Sie können ihn aber ohne die Erlaubnis eines anderen nicht nutzen, dann gehört er nicht Ihnen, sondern *ihm*. Das Maß, in dem Sie nicht die Kontrolle über Ihr

Eigentum haben, ist bestimmt von dem Maß, in dem ein anderer einen Anteil daran hat. Also besitzt der Häuptling alles Eigentum, und die Theorie, daß er es im Namen der anderen besitzt, ist nur ein Trick, um sie einigermaßen bei Laune zu halten. Ebenso gehören unsere TVA (*Tennessee Valley Authority*) und unsere Nationalparks angeblich »dem Volk«. Wenn Sie wirklich glauben, daß Ihnen ein Teil davon gehört, dann versuchen Sie mal, diesen Teil zu verkaufen. Die TVA, die Nationalparks und all das andere »öffentliche« Eigentum gehört denen, die über seine Nutzung entscheiden. Was bedeutet, daß es den Politikern und den Bürokraten gehört – und den Leuten, die die finanzielle Macht über sie haben.

In kommunistischen und sozialistischen Ländern gehört praktisch alles Eigentum »dem Volk« – das heißt den drei Prozent, die der herrschenden Elite angehören. Letztlich ist *jeder* ein Kapitalist. Alles attraktive Eigentum gehört jemandem. Und ein Teil der größten Vermögen gehört ganz privat einigen Kommunisten und Sozialisten, die die »böse« kapitalistische Doktrin verdammen.

Eigentum allein macht einen also noch nicht zum Kapitalisten. Die klassische und korrekte Verwendung des Begriffs sollte die Idee des freien Unternehmertums einschließen, den offenen Markt mit keinerlei oder nur geringer staatlicher Intervention. In diesem Sinn werden die Begriffe *Kapitalist* und *kapitalistisch* hier verwendet.

Um auf unseren Ausgangspunkt zurückzukommen; Monopolisten können keine freien kapitalistischen Unternehmer sein. Sie unterstützen ausnahmslos entweder den Sozialismus oder eine andere Form von Kollektivismus, weil diese das Monopol in seiner ausgeprägtesten Form darstellen. Die Bürger dulden diese staatlich geförderten Monopole, weil sie annehmen, daß sie durch die Magie des demokratischen Prozesses und die Macht ihrer Stimmen Nutznießer sind. Das könnte der Fall sein, *wenn* sie sich die Mühe machen würden, sich über solche Angelegenheiten zu informieren, und *wenn* sie unabhängige und ehrliche Kandidaten hätten, unter denen sie wählen könnten, und *wenn* die politischen Parteien nicht von den Superreichen dominiert würden, und *wenn* man ohne riesige Wahlkampfgelder Wahlen gewinnen könnte. Mit anderen Worten, diese Monopole könnten theoretisch auf irgendeinem anderen Planeten, bei einer anderen Lebensform, die von anderen Motiven geleitet wird, und unter einem anderen politischen System im Interesse des Durchschnittsbürgers funktionieren. Was uns Erdenbewohner angeht – keine Chance.

In der Realität wird also der Staat zum Werkzeug genau jener Kräfte, die er angeblich reguliert. Bei genauer Betrachtung stellen sich die Regulierungsbestimmungen fast immer als das heraus, worauf sich die Kartelle bereits im Vorfeld geeinigt hatten, mit dem Unterschied, daß ihnen jetzt zu ihrer Durchsetzung auch noch die staatliche Polizeigewalt zur Verfügung steht. Und diese schützt diese finanziellen und politischen Interessen vor etwaiger Konkurrenz. Zum Nachteil irgendeines multinationalen Unternehmens oder einer Finanzinstitution werden diese Bestimmungen praktisch nur im Rahmen eines internen Kampfes angewendet, in dem eine Gruppe sich in eine bestimmte Position manövrieren oder eine andere Gruppe disziplinieren will. Das »Volk« hat *nie* etwas davon.

Eines der frühesten Beispiele für die Unterstützung totalitärer Regime durch Kartelle entwickelte sich in Deutschland bereits vor dem Ersten Weltkrieg. Die Kartelle, die sich später in der I.G. Farben zusammenschlossen, unterstützten Bismarck, weil sie in seiner kollektivistischen Staatsphilosophie eine hervorragende Möglichkeit sahen, im Namen des Patriotismus eine besonders begünstigte Stellung zu erobern.

Bismarck führte als erster ein modernes verstaatlichtes Gesundheitssystem ein, wie wir es heute kennen. Er erkannte, daß die Attraktivität eines solchen Systems für die Massen der ideale erste Keil war, der den Weg zu einer späteren umfassenderen Kontrolle über die übrige Wirtschaft öffnen konnte. Seiner Ansicht nach war die verstaatlichte Gesundheitsversorgung der erste Schritt zu einer Verstaatlichung der Nation. Sein Pilotprogramm wurde in den folgenden Jahren von allen totalitären Herrschern der Welt genau beobachtet und nachgeahmt.[1] Der Faschismus bildete da keine Ausnahme.

1916, noch unter der Herrschaft von Kaiser Wilhelm, schrieb ein Mitarbeiter der I.G. Farben namens Walter Daitz einen Artikel, der von dem Kartell gedruckt und in Umlauf gebracht wurde. Darin führte er aus:

> Ein neuer Typus von Staatssozialismus erscheint auf der Bildfläche, völlig verschieden von allem, was jeder einzelne von uns sich je erträumt oder ausgedacht hat. Auf wirtschaftlichem Gebiet

---

[1] Der Hintergrund zu Bismarcks erstem Programm für eine staatliche Krankenversicherung und dessen Aufnahme in das Programm der *International Labour Organisation* (ILO) ist beschrieben in *Wilbur J. Cohen: The Pursuit of Power* von Marjorie Shearon (Shearon Legislative Service, 8801 Jones Mill Rd., Chevy Chase, MD., 20015, 167), S. 3–8.

> werden weder Privatinitiative noch Privatkapitalismus gelähmt werden, aber der Staatsozialismus wird sie insofern seinen Interessen gemäß organisieren, als das Kapital in der Volkswirtschaft konzentriert und nach außen hin einheitlich gelenkt wird … Diese Wandlung des Kapitalismus fordert mit aller ihrer innewohnenden Konsequenz eine Wiederherstellung des früheren Gegengewichts, des internationalen Sozialismus. Sie wird in einen *nationalen Sozialismus* umschlagen.[2]

Dies eröffnet uns einen der seltenen Einblicke in die einem Kartell zugrundeliegende Denkweise. Man beachte, daß es in dem »neuen« Sozialismus nicht zum Konflikt mit der wirtschaftlichen Initiative (der Kartelle) oder zur Bedrohung der »privaten kapitalistischen Gesellschaft« (worunter das Privateigentum an Vermögen, *nicht* das System des freien Unternehmertums zu verstehen ist) kommen wird. Das Kapital wird »organisiert« und »in der Volkswirtschaft konzentriert und nach außen hin einheitlich gelenkt« (staatlich kontrolliert in Übereinstimmung von den Prioritäten der Kartelle). Diese Veränderung wird eine »Wiederherstellung des früheren Gegengewichts, des internationalen Sozialismus« fordern (die Akzeptanz gewisser Merkmale des Marxschen Kommunismus, den die Kartelle bis dahin abgelehnt hatten). Und wir müssen nicht nur den internationalen Sozialismus von Marx annehmen, wir müssen ihn auch jeweils landesspezifisch auf der Grundlage eines nationalen Sozialismus umsetzen (Nationalsozialismus, Faschismus oder jede andere rein nationale Form des Sozialismus).

18 Jahre später war diese theoretische Strategie Wirklichkeit geworden. Am 30. September 1934 veröffentlichte die I.G. Farben einen Bericht, in dem sie erklärte: »Eine Entwicklungsphase ist nun abgeschlossen, die den Grundprinzipien einer nationalsozialistischen Wirtschaft entspricht.«[3]

Die Enzyklopädie erinnert uns daran, daß unter dem Begriff »Nationalsozialismus« die Ziele der Nazipartei definiert wurden. Der volle Name dieser Partei lautet Nationalsozialistische Deutsche Arbeiterpartei

---

[2] Sasuly, *I.G. Farben, op. cit.*, S. 53 (dt. Ausg. S. 74; Anm. d. Übers.: Das Zitat in der deutschen Ausgabe weicht von dem von Griffin zitierten amerikanischen Original ab. Maßgebend war hier die von Griffin erwähnte Version).

[3] *Scientific and Technical Mobilization*, Anhörungen vor dem Kilgore-Unterausschuß des Senaatsausschusses für Militärische Angelegenheiten, Teil XVI, S. 1971.

(NSDAP). Nazismus wurde allerdings ebenso mit dem Faschismus von Mussolini gleichgesetzt, und die beiden Begriffe sind mittlerweile austauschbar. Obwohl sie sich in unwesentlichen Einzelheiten unterscheiden, waren beide lediglich lokale Ausprägungen des nationalen Sozialismus und daher, unter welchem Etikett auch immer, totalitäre Regime.

Im Lexikon ist Faschismus definiert als staatliche Kontrolle über die Produktionsmittel, bei der das Eigentum in privater Hand liegt. Diese Definition reicht vielleicht als Prüfungsantwort in Politologie am College aus, erzählt aber keineswegs die ganze Geschichte. In Wirklichkeit handelte es sich beim deutschen Faschismus des 20. Jahrhunderts um die *Kontrolle* privater Monopole *über den Staat*, der dann seinerseits die Industrie kontrollierte, aber in einer Form, die die Monopole begünstigte und Wettbewerb verhinderte.

Der amerikanische Volkswirtschaftler Robert Brady bezeichnete den faschistischen deutschen Staat korrekt als eine »Diktatur des Monopolkapitals. Sein ›Faschismus‹ besteht in der völligen Beherrschung des Militärs, der Polizei, der Justiz und der Propaganda, kurz, des Staatsapparats«.[4]

Stocking und Watkins haben das so zusammengefaßt:

> Die deutschen Chemieindustrien kamen einem völligen Kartell so nah, wie es mit den kombinierten Anstrengungen und dem Organisationstalent der deutschen Wirtschaft und des Nazistaats nur möglich war – und das war wirklich nah. Schon vor 1933 waren Industriezusammenschlüsse weit fortgeschritten, am weitesten vielleicht in der Chemie. Der Faschismus vollendete dieses Programm lediglich und faßte die Gesamtstruktur zusammen … Bei den Kartellen, die der Nazistaat der deutschen Industrie aufsetzte, ist oft nur schwer zu entscheiden, wo die staatliche Kontrolle endete und die Kontrolle der Kartelle begann. Letztlich führte der Totalitarismus zu einer fast völligen Vereinigung von Wirtschaft und Staat.[5]

Diese Vereinigung war nicht das Werk blinder Naturgewalten. Sie war das Ergebnis langer und geduldiger Bemühungen der Kartellführer im Verein mit der Korrumpierbarkeit der Politiker und der abgrundtiefen

---

4 Sasuly, *I. G. Farben, op. cit.*, S. 128 (dt. Ausg. S. 150).

5 Stocking und Watkins, *Cartels in Action, op. cit.*, S. 411, 501.

Naivität der Wähler. Schon lange bevor Hitler national zu Bedeutung gelangte, war das Kartell in einer langen Reihe deutscher Regierungen die beherrschende Macht hinter den Kulissen gewesen. Der Generaldirektor der I.G. Farben, Hermann Schmitz, war persönlicher Berater von Reichskanzler Brüning. Dr. Carl Duisberg, der erste Vorsitzende der I.G. Farben (und Gründer der *American Bayer Co.*), und Carl Bosch, Schmitz' Vorgänger als Generaldirektor der I.G. Farben, gründeten einen geheimen vierköpfigen Politischen Ausschuß, um Verbindungen zu *allen* politischen Parteien in Deutschland zu schaffen und sie unter Kontrolle zu bringen. In den Nürnberger Prozessen sagte Baron von Schnitzler aus, daß die I.G. Farben nicht zögerte, in ihrer Rolle als verborgener politischer Manipulator erhebliche finanzielle Mittel einzusetzen. Er schätzte, daß jede Wahl das Kartell etwa 400 000 Reichsmark kostete – eine gewaltige Summe in den 1930er Jahren. Aber auf diese Weise hatte sich das Kartell abgesichert, wer auch immer in der Politik als Sieger hervorging.[6]

Bereits 1925 bestimmte das Kartell die deutsche Politik. In einer Ansprache an die zentrale Wirtschaftsorganisation, den Reichsverband der Deutschen Industrie, erklärte Carl Duisberg:

> Seid einig, einig, einig! Das sollte der ununterbrochene Appell an alle Reichtagsparteien sein ... Wir hoffen, daß unsere Worte heute auf ein Echo stoßen und daß wir den starken Mann finden werden, der uns endlich alle unter einen Hut bringt ..., denn er [der starke Mann] ist für uns Deutsche, wie wir seit Bismarck wissen, immer notwendig gewesen.[7]

Anfangs war sich das Kartell nicht sicher, ob Hitler der »starke Mann« war, der seinen Zielen am dienlichsten sein würde. Aber sein Programm des nationalen Sozialismus und seine Fähigkeit, durch seine Reden große Menschenmengen zu mobilisieren, machten ihn zu jemandem, den man genau beobachten und vorsichtig finanziell unterstützen mußte. Obwohl einige der Kartellführer bereits 1928 auf Hitler gesetzt hatten, unterstütz-

---

6 Die Parallele zu den verborgenen Manipulationen der politischen Parteien in den USA ist ebenso deutlich wie bedrohlich. Eine diesbezügliche Analyse des Verfassers findet sich in seinem Buch *The Capitalist Conspiracy* (Westlake Village, CA: American Media, 1971). Siehe auch *The Creature from Jekyll Island; A Second Look at The Federal Reserve*, aus American Media, 1995.

7 Sasuly, *I.G. Farben, op. cit.*, S. 65 (dt. Ausg. S. 86).

te das Kartell offiziell die Kriegskasse der Nazis erst ab 1931. Max Ilgner, ein Neffe von Hermann Schmitz, hatte als erster engen und persönlichen Kontakt zu Hitler. Ilgner wurde generell als »Finanzdirektor« der I. G. Farben bezeichnet. Seine wahre Funktion war allerdings die des Leiters des internationalen Spionagenetzes der Organisation. Ursprünglich als Instrument der Informationsbeschaffung über die Konkurrenz konzipiert, weitete es sich rasch aus in eine Operation mit politischen Zielen, deren Effizienz auch von den Geheimdiensten moderner Regierungen nur selten erreicht wird. Sasuly stellt fest:

> Die Analyse der Bedingungen im Ausland war von jedem Gesichtspunkt aus so genau, daß die I. G. Farben eine der Hauptstützen der Militär- und Parteispionage war ... Das Bemerkenswerte war nur, daß in dieser Beziehung das Oberkommando der Wehrmacht, das sich brüstete, den besten Generalstab der Welt zu haben, auf einen Privatkonzern zurückgriff. Noch bezeichnender ist die Aussage Ilgners, daß die *Verbindungen mit dem OKW bereits seit 1928 bestanden.*[8]

In den folgenden Jahren wurden durch einen Angehörigen der I. G. Farben, Gattineau, noch engere Beziehungen etabliert. Gattineau war zunächst persönlicher Sekretär von Duisberg und später von Bosch gewesen. Er war außerdem der Leiter der Öffentlichkeitsarbeit der I. G. Farben.

Im Herbst 1932 begann die Nationalsozialistische Partei stark an Boden zu verlieren. Sie war jedoch unter allen konkurrierenden Parteien diejenige, die am besten in Duisbergs Pläne paßte. Folglich stellte sich das Kartell im entscheidenden Moment mit seinem ganzen Gewicht hinter Hitler. Die erste finanzielle Zuwendung belief sich auf drei Millionen Reichsmark! Und es sollte noch erheblich mehr folgen. Sasuly:

> Hitler hatte ... eine mächtigere Unterstützung erhalten, als er sich je zu erträumen gewagt hatte. Die deutschen Industrie- und Finanzgewaltigen mit der I. G. Farben an der Spitze schlossen sich zusammen und gaben Hitler ihre volle Unterstützung ... Mit dieser Rückendeckung errichtete er schnell den blutigen faschistischen Staat.[9]

---

8 Sasuly, *I. G. Farben, op. cit.*, S. 97, 98 (dt. Ausg, S. 119, 120).

9 Ibid., S. 63, 69 (dt. Ausg. S. 83–84, 90).

Es war nicht nur das Geld, das in scheinbar unbegrenzter Menge einging, auch viele führende deutsche Zeitungen, die sich im Besitz des Kartells befanden oder wegen seiner Werbeetats von ihm abhängig waren, stellten sich hinter Hitler. Dadurch schufen sie das nötige Bild von Hitlers allgemeiner Popularität, das wiederum das deutsche Volk dazu brachte, ihn als *den* großen Führer zu akzeptieren. Plötzlich war Deutschlands starker Mann erschienen.

Diese plumpe Taktik wurde sogar in den USA angewandt. Zeitungen, die dem nationalsozialistischen Regime nicht wohlgesonnen waren, bekamen keine Werbeverträge mit der I.G. Farben mehr – was 1938 ein ungeheuer wirkungsvoller finanzieller Hebel war. 1938 sandte die I.G. Farben ein Schreiben an *Sterling Products*, eine ihrer amerikanischen Tochtergesellschaften, mit der Anweisung, daß in Zukunft alle Werbeverträge »eine Rechtsklausel enthalten [mußten], wonach der Kontrakt sofort seine Gültigkeit verliert, wenn sich die Haltung der Zeitung [gegenüber Deutschland] über Nacht ändern sollte«.[10]

Wie bereits oben erwähnt, war Schmitz persönlicher Berater von Reichskanzler Brüning gewesen. Nach Hitlers Machtergreifung wurde er Ehrenmitglied des Reichtags und Geheimrat. Ein weiterer Mitarbeiter der I.G. Farben, Carl Krauch, wurde Görings vertrauter Berater bei der Durchführung des Vierjahresplans. Prinzipiell allerdings vermieden es die Kartellführer, selbst öffentliche Ämter anzunehmen, obwohl ihnen so ziemlich jedes offengestanden hätte. Übereinstimmend mit diesem Grundsatz hatte Schmitz mehrfach die Ernennung zum »Kommissar der deutschen Industrie« abgelehnt.

Das Naziregime war das von der I.G. Farben geschaffene Frankenstein'sche Monster. Dennoch blieb die I.G. Farben immer sein Herr und Meister, trotz aller raffinierten Tricks ihrerseits, um nach außen hin den Eindruck zu erwecken, sie sei ein wehrloses Opfer ihres eigenen Geschöpfs geworden. Wie sich später in den Nürnberger Prozessen herausstellen sollte, war diese nach außen hin vertretene Version sehr klug. Fast alle führenden Männer der I.G. Farben waren an der Formulierung der nationalsozialistischen Politik während des Krieges eng beteiligt – sie hatten sogar den Betrieb von Konzentrationslagern in Auschwitz, Bitterfeld, Ludwigshafen und Buchenwald bzw. für Wolfen, Hoechst und Agfa koordiniert, um von den Zwangsarbeitern aus diesen Lagern zu profitieren. Sie errichteten die größte Giftgasindustrie der Welt und erprobten

---

[10] Sasuly, *I.G. Farben, op. cit.*, S. 106 (dt. Ausg. S. 129).

deren Produkte an unzähligen Tausenden, die in diesen Lagern umkamen.[11]

Im Mai 1941 sagte Richard Krebs, der ursprünglich Kommunist und dann Nationalsozialist gewesen war (und später beidem abschwor)[12], vor dem Kongreßausschuß für Unamerikanische Aktivitäten wie folgt aus:

> Aus eigener Erfahrung weiß ich, daß die I. G. Farbenindustrie sich bereits 1934 völlig in der Hand der Gestapo befand. Sie ging so weit, ein eigenes Gestapo-Gefängnis auf ihrem großen Werksgelände in Leuna einzurichten, und ... begann, besonders nach Hitlers Machtergreifung, ihre Aktivitäten über Tochtergesellschaften im Ausland auszudehnen.[13]

Bei den Nürnberger Prozessen jedoch wurden die Führer der I. G. Farben im Gegensatz zu ihren uniformierten Handlangern von den Richtern nicht als Nazi-Kriegsverbrecher verurteilt, sondern nur als übereifrige Geschäftsleute mit zu stark ausgeprägtem Profitstreben. Zum Abschluß des Prozesses ergingen gegen ein paar von ihnen milde Strafen, die meisten aber verließen den Gerichtssaal völlig ungeschoren. Ihre Strategie, immer hinter den Kulissen zu bleiben, war wirklich klug.

Hjalmar Schacht war Wirtschaftsminister in der nationalsozialistischen Regierung. Während der Nürnberger Prozesse saß er in einer Gefängniszelle und erklärte dort dem Untersuchungsbeamten: »Wenn Sie Industrielle, die zur Wiederbewaffnung Deutschlands beigetragen haben, unter Anklage stellen wollen, müssen Sie auch Ihre eigenen anklagen. Die Opel-Werke, die ausschließlich für die Kriegsproduktion arbeiteten, gehörten Ihren *General Motors*. – Nein, so kann man nicht vorgehen. Industrielle kann man nicht unter Anklage stellen.«[14]

Die Parallelen zur politischen Realität in den USA sind schwer zu übersehen. Wir stellen immer häufiger fest, daß die Männer mit der

---

[11] Für eine ausgezeichnete Beschreibung der Rolle der I.G. Farben bei der Verwaltung dieser Lager siehe *The Devil's Chemists* von Josiah E. DuBois, Jr., Anwalt und Ermittler für die Anklage im Prozeß gegen die I.G. Farben in Nürnberg (Boston: Beacon Press, 1952).

[12] Siehe die persönliche Schilderung von Krebs unter dem Pseudonym Jan Valtin *Out of the Night* (New York: Alliance Book Corp., 1941). Richard Krebs ist nicht mit Ernst T. Krebs junior verwandt.

[13] Zitiert nach Ambruster, *Treason's Peace, op. cit.*, S. 273.

[14] G. M. Gilbert, *Nuremberg Diary* (New York: Farrar, Straus & Co., 1947), S. 430.

größten Machtfülle in Amerika nicht diejenigen sind, deren Namen auf unseren Stimmzetteln erscheinen, sondern die, deren Unterschriften auf Schecks zu finden sind – ganz besonders auf Wahlkampfschecks.

Ab und zu werden die Machenschaften dieser *Finpols* (Finanziers/Politiker) öffentlich, und uns wird einen kurzen Moment lang bewußt, daß sie in allen Bereichen staatlicher Aktivität präsent sind. Immer wieder haben wir gehört, daß irgendein Zweig der Privatindustrie die Außenpolitik, Währungsentscheidungen, Agrarprogramme, arbeitsrechtliche Bestimmungen, Zölle, Steuerreformen, Rüstungsverträge und, ja, auch die Krebsforschung über Gebühr beeinflußt. Aber angeblich sind die Manipulatoren nur Geschäftsleute. Sie haben keine politischen Motive, sonst würden sie ja kandidieren oder sich in wichtige öffentliche Ämter berufen lassen. Wenn sie überhaupt einer politischen Ideologie anhängen, dann sind sie bestimmt Gegner des Sozialismus, denn sie sind doch reiche Kapitalisten, oder? Man kann ihnen vielleicht Gier oder auch ein bißchen Bestechung vorwerfen, aber sicher nichts Schlimmeres.

Hoffentlich räumt die Erinnerung an Auschwitz und Buchenwald mit diesem Unsinn noch rechtzeitig auf.

Kapitel 15

Kriegsspiele

Vorbereitungen der deutschen Industrie auf den Zweiten Weltkrieg, die kontinuierliche Unterstützung amerikanischer Industrieller für die I.G. Farben und das Naziregime während dieser Zeit sowie die profitable Rolle von* Ford *und ITT in der Kriegsproduktion für Nazideutschland und die USA.

IM JAHRE 1932 WAR vielen Beobachtern klargeworden, daß Nazideutschland einen Krieg vorbereitete. Es war ebenso klar, daß die I.G. Farben sowohl die treibende Kraft als auch der Nutznießer dieser Vorbereitungen war. In diesen Jahren verzeichnete die deutsche Industrie ihre höchsten Wachstumsraten und Gewinne.

In den Vereinigten Staaten liefen die Dinge für die Kartelltöchter und ihre Partner allerdings nicht so gut. Während der Krieg immer näher kam, teilten die amerikanischen Unternehmen immer noch Patente und technische Informationen über ihre neuesten Verfahren mit der I.G. Farben, die diese Gefälligkeiten allerdings immer seltener erwiderte – besonders, wenn es sich um für die Kriegsproduktion relevante Informationen handelte, was häufig der Fall war. Auf die Beschwerden der amerikanischen Unternehmen antwortete die I.G. Farben, daß die Naziregierung die Herausgabe solcher Informationen *verboten* habe und sie bei Zuwiderhandlungen erhebliche Schwierigkeiten mit den Behörden bekommen würden!

Derweil hielten sich die amerikanischen Unternehmen an ihre vertraglichen Verpflichtungen, hauptsächlich aus Angst. In fast jedem Fall hielt die I.G. Farben ein oder mehrere produktionsentscheidende Patente, und jede Konfrontation konnte leicht den Verlust dieser wichtigen Verfahren und damit den geschäftlichen Ruin zur Folge haben. Das galt in besonderem Maße für die Gummibranche.

Gummi ist ein Grundstoff für den modernen Transport und Verkehr. Es ist untrennbar mit der Benzinindustrie verbunden, da es die Reifen liefert, die von den Benzinmotoren angetrieben werden. Ohne Gummi wäre ein normales Wirtschaftsleben höchst schwierig. Kriegführung wäre unmöglich.

Die I.G. Farben hatte das Verfahren zur Herstellung des Kautschukersatzstoffs Buna perfektioniert, teilte diese Technologie aber nicht mit ihren amerikanischen Partnern. *Standard Oil* dagegen hatte an einem anderen Verfahren zur Herstellung von Butylkautschuk gearbeitet und all sein Wissen und seine Technologie weitergegeben.

Sasuly faßt die sich daraus ergebende Situation so zusammen:

> Getreu ihren Verpflichtungen machte die *Standard Oil* die Nazis mit dem Herstellungsverfahren des Butyls vertraut. Der amerikanischen Flotte gegenüber fühlte sie sich jedoch nicht verpflichtet; als nämlich im Jahre 1939, nach dem Ausbruch des Krieges, ein Vertreter des Flottenbüros für Aufbau und Reparaturen die *Standard*-Laboratorien besuchte, wurde ihm wohlweislich jede Einzelheit der Erzeugung von Butyl vorenthalten.
>
> *Standard* hatte nicht die volle Einsicht in das Bunageheimnis. Aber jede Information darüber leitete sie an die amerikanischen Gummiproduzenten nur auf Druck der Regierung weiter, als der Krieg bereits im Gange war. Nicht einmal die Herstellungsrechte für Butyl gab sie bis März 1942 preis …
>
> Die Amerikaner standen dem totalen Krieg ohne ausreichende Gummireserve gegenüber, da sie sich auf das Kartell der Naturgummiproduzenten verlassen hatten. Und vor allem waren es die Machenschaften des I.G.-*Standard*-Kartells, das die USA an der Durchführung eines Programms für die Herstellung synthetischen Gummis hinderte.[1]

Aluminium ist ein weiteres für die moderne Kriegführung unentbehrliches Material. Aber auch hier verhinderte der Einfluß eines Kartells die Entwicklung in den USA. Obwohl die Vereinigten Staaten der weltweit größte Verbraucher von Aluminium waren und ihre industrielle Kapazität größer war als die irgendeines anderen Landes, war 1942 Deutschland der weltweit größte Produzent dieses kriegswichtigen Materials. *Alcoa* (die *Aluminum Company of America*) hatte eine bedeutende kanadische Tochter, die *Alted*, die Teil des internationalen Aluminiumkartells war. Die Politik dieser Gruppe zielte auf die Einschränkung der Aluminiumproduktion in allen Ländern mit Ausnahme Deutschlands – vermutlich als Gegenleistung für bedeutende Patentrechte und die Zusicherung, auf

---

[1] Sasuly, *I.G. Farben, op. cit.*, S. 151, 155 (dt. Ausg. 173, 177–178).

anderen Gebieten auf einen Wettbewerb zu verzichten. Obwohl die *Alcoa* eine direkte Beteiligung an diesen Abkommen nie zugegeben hat, sprechen ihre Handlungen eine deutliche Sprache. Sie hatte in diesen Jahren die Produktion bis weit unter die potentielle Nachfrage zurückgefahren. Folglich sahen sich die USA auch hier bei ihrem Kriegseintritt einem schweren industriellen Handicap gegenüber.

Die Herstellung von Atabrine – ein wirksames Medikament gegen Malaria – wurde ebenfalls von diesem Kartell behindert. Chinin war das beliebteste Medikament, wurde aber gänzlich von einer holländischen Monopolgesellschaft beherrscht, die die einzige Quelle in Java besaß. Die holländische Firma beschloß allerdings anscheinend, nicht dem internationalen Kartell beizutreten, denn die I.G. Farben nahm den Wettbewerb mit ihrem eigenen Medikament Atabrine auf, einem synthetischen Ersatzpräparat. Nach der Eroberung Javas durch die Japaner waren die USA völlig auf Nazideutschland als Lieferant angewiesen. Natürlich stellte das Kartell das Herstellungserfahren für Atabrine den USA nicht zur Verfügung, und es dauerte nach dem Angriff auf Pearl Harbor noch viele Monate, bis amerikanische Firmen ein wirksames Präparat herstellen konnten. Bis dahin hatten die ersten GIs, die auf den Pazifischen Inseln kämpften, heftig unter Malaria zu leiden und kein Medikament dagegen – was man wiederum dem Kartell zu verdanken hatte.

Die Entwicklung von optischen Geräten in Amerika war ein weiteres Opfer dieser Zeit. Das Unternehmen *Bausch and Lomb* war der wichtigste amerikanische Hersteller qualitativ hochwertiger Linsen aller Art. Die meisten dieser Linsen wurden jedoch von der deutschen Firma Zeiss hergestellt. Nach dem üblichen Muster wurde auch hier die Entwicklung amerikanischer Technologie durch die Kartellvereinbarung erheblich verzögert.

Bei Amerikas Eintritt in den Krieg waren folgende Produkte in den USA knapp oder gar nicht verfügbar: Gummi, Aluminium, Atabrine und Linsen für militärisches Gerät wie Periskope, Entfernungsmesser, Feldstecher und Bombenzielfernrohre. Diese Handicaps hätten für ein weniger produktives und erfinderisches Land leicht den Unterschied zwischen Sieg und Niederlage ausmachen können.

In der Zwischenzeit genossen die Nazis weiterhin die beflissene Kooperation ihrer amerikanischen Kartellpartner. Und sie profitierten ungeheuer von amerikanischer Technik. Ein in den bei Kriegsende beschlagnahmten Akten der I.G. Farben gefundenes Dokument zeigt, wie einseitig der Austausch war. In diesem Bericht an die Gestapo rechtfertigte die I.G. Farben ihre »Ehe« mit *Standard Oil* und schloß mit der Feststellung:

> Es muß nicht darauf hingewiesen werden, daß ohne Blei-Tetraethyl die moderne Kriegführung undenkbar wäre … In dieser Angelegenheit mußten wir die schwierige Entwicklungsarbeit nicht leisten, da wir auf der Grundlage der jahrelangen Erfahrung der Amerikaner sofort mit der Produktion beginnen konnten.[2]

Die amerikanischen Verbindungen zur deutschen Industrie begannen praktisch, sobald die Waffen des Ersten Weltkriegs schwiegen. Der Name Krupp ist zu einem Synonym für deutsche Waffen und Munition geworden. Dabei wurden die Krupp-Werke durch einen Zehn-Millionen-Dollar-Kredit der New Yorker Banken *Hallgarten and Company* und *Goldman, Sachs and Company* im Dezember 1924 buchstäblich vom Schrotthaufen gerettet.

Auch die Vereinigten Stahlwerke, der riesige von der I.G. Farben kontrollierte Stahlkonzern, erhielt über 100 Millionen Dollar in günstigen langfristigen Krediten aus amerikanischen Finanzkreisen.

In einem Bericht von 1945 kam die US-Behörde für die Verwaltung ausländischen Eigentums (*Foreign Economic Administration*) zu dem Schluß:

> Es ist zu bezweifeln, ob das [I.G.-Farben-] Kartell seine Expansions- und Modernisierungsprogramme ohne die Hilfe amerikanischer Investoren hätte durchführen können.[3]

Es floß allerdings weit mehr als Geld nach Nazideutschland. Zusammen mit den Krediten an deutsche Unternehmen kamen auch amerikanische Technologie, amerikanische Ingenieure und ganze amerikanische Firmen ins Land. Ein hervorragendes Beispiel ist *Ford*.

Wie bereits erwähnt, wurden die Deutschen Fordwerke vom Kartell mit offenen Armen aufgenommen. *Ford* warf 40 Prozent der neuen Aktien an die Börse, und die I.G. Farben erwarb fast das gesamte Paket. Sowohl Bosch als auch Krauch wurden bald darauf in Anerkennung der erheblichen Beteiligungen ihrer Organisationen in den Aufsichtsrat be-

---

2 *New York Times*, 19. Oktober 1945, S. 9.

3 Ibid., S. 82.

stellt. Weit mehr als die Hälfte des Unternehmens blieb allerdings im Besitz der Familie Ford.

Zu den Kriegsvorbereitungen in Deutschland gehörte auch die Beschlagnahmung oder »Nationalisierung« fast des gesamten ausländischen Industriebesitzes. Damit wären die Fordwerke ein vorrangiges Ziel gewesen. Aber nichts passierte, hauptsächlich durch die Vermittlung von Karl Krauch, dem Aufsichtsratsvorsitzenden der I.G. Farben. In den Verhören der Nürnberger Prozesse erklärte Krauch:

> Ich kannte Henry Ford persönlich und bewunderte ihn. Ich suchte Göring in dieser Sache persönlich auf. Ich sagte Göring, daß ich auch Fords Sohn Edsel persönlich kannte und daß die freundlichen Beziehungen zur amerikanischen Wirtschaft in Zukunft leiden würden, wenn wir Ford seine Unabhängigkeit in Deutschland nehmen würden. Ich rechnete mit einem großen Erfolg der Anpassung amerikanischer Methoden für die deutsche Industrie, aber dies sei nur in friedlicher Zusammenarbeit möglich.
>
> Göring hörte mir zu und sagte dann: »Ich stimme Ihnen zu. Ich werde dafür sorgen, daß die Deutschen Fordwerke nicht den Hermann-Göring-Werken einverleibt werden.«
>
> Ich nahm also regelmäßig an den Aufsichtsratssitzungen teil, um mich über die Geschäftsabläufe bei Henry Ford zu informieren und, soweit möglich, nach Kriegsbeginn für die Henry-Ford-Werke einzutreten. Auf diese Weise konnten wir den Betrieb und die Unabhängigkeit der Fordwerke erhalten. [4]

Daß die Kriegsmaschine der Nazis von ihren Kartellpartnern in den USA so viel Unterstützung erhalten hatte, war eine der unangenehmsten Tatsachen, die bei den Untersuchungen bei Kriegsende ans Licht kam. Diese Unterstützung war auch keineswegs nur das Ergebnis von Verhandlungen und Vereinbarungen aus der Vorkriegszeit. Sie beruhte auf direkter Kollaboration und Zusammenarbeit in eben den Jahren, in denen die Truppen der Nazis auf dem Schlachtfeld amerikanische Soldaten töteten.

Ford zum Beispiel operierte »unabhängig« und lieferte während des gesamten Krieges militärisches Gerät nicht nur in Deutschland, sondern auch im durch die Nazis besetzten Frankreich. Maurice Dollfus, der Aufsichtsratsvorsitzende der französischen *Ford*-Tochtergesellschaft, lie-

---

4 DuBois, *The Devil's Chemists, op. cit.*, S. 247, 248.

ferte Edsel Ford während fast des gesamten Krieges Routineberichte über die Zahl der allwöchentlich an das deutsche Heer gelieferten LKWs, die erzielten Gewinne und die guten Aussichten für die Zukunft. Dollfus fügte hinzu:

> Die von Ihnen und Ihrem Vater praktizierte Haltung strikter Neutralität ist für die Produktion Ihrer europäischen Gesellschaften von unschätzbarem Wert.[5]

Der Krieg zwischen den USA und Deutschland änderte daran wenig. Zwei Monate *nach* Pearl Harbor berichtete Dollfus für 1941 einen Nettogewinn von 58 Millionen Francs. Und dann schrieb er:

> Seitdem zwischen den USA und Deutschland Krieg herrscht, ist die Korrespondenz mit Ihnen schwierig geworden. Ich habe Lesto angewiesen, nach Vichy zu reisen, um dieses Schreiben in die Post zu geben …
>
> Wir setzen die Produktion unverändert fort … das Finanzergebnis für dieses Jahr ist sehr erfreulich … Wir haben eine afrikanische Tochtergesellschaft gebildet …[6]

Die Antworten von Edsel Ford an Dollfus nach Pearl Harbor sind nicht erhalten, wenn es sie denn gegeben hat. Da Dollfus weiterhin korrespondierte, ist das allerdings anzunehmen. Ebenso wenig ist Ford nachzuweisen, daß er damit einverstanden war, seine Fabriken eben die Armee beliefern zu lassen, die gegen die USA kämpfte. Es besteht jedoch kein Zweifel, daß sowohl Dollfus als auch das deutsche Oberkommando während des gesamten Krieges diese Fabriken als Ford-Eigentum betrachteten. Und diese Situation hätte ohne irgendeine freundliche Zusage »strikter Neutralität« kaum lange bestehen bleiben können. Jedenfalls war es eine der Merkwürdigkeiten des Krieges, daß aufgrund der Kartellverflechtungen die *Ford Motor Company* sowohl in Deutschland als auch in Frankreich LKWs für das deutsche Heer produzierte, in den USA LKWs für die Alliierten herstellte und auf beiden Seiten des Krieges satte Gewinne machte. Und wenn die Achsenmächte den Krieg gewonnen hätten, wären die führenden Männer bei *Ford* (ebenso wie die in anderen

---

5 DuBois, *The Devil's Chemists, op. cit.*, S. 248.
6 Ibid., S. 251.

Kartellindustrien) ohne Zweifel unter der neuen Ordnung der Nazis in die herrschende Elite aufgerückt. Mit guten Freunden wie Bosch und Krauch konnten sie gar nicht verlieren.

Was bei *Ford* passierte, war keineswegs die Ausnahme, es war die Regel. Stocking und Watkins schildern es so:

> Bei Ausbruch des Zweiten Weltkriegs brachen die I.G. Farben und *Mitsui* auf der einen und *DuPont*, ICI und *Standard Oil* auf der anderen Seite ihre »diplomatischen Beziehungen« nicht völlig ab. Auch wenn die direkte Kommunikation durch den Krieg unterbrochen war, wurde die Kollaboration der Unternehmen lediglich »ausgesetzt«. Die stillschweigende Übereinkunft lautete, daß man bei Kriegsende wieder dort anfangen würde, wo man unterbrochen worden war, in einer Atmosphäre gegenseitiger Übereinstimmung und Zusammenarbeit.[7]

Stocking und Watkins sind mit dieser Bewertung viel zu zurückhaltend. Es ist klar dokumentiert, daß die jeweiligen Führungen dieser Finanzimperien ihre Zusammenarbeit *nicht* aussetzten. Sie betrieben sie nur im Geheimen weiter und reduzierten sie auf ein Minimum. Im Oktober 1939 fuhr Frank Howard von *Standard Oil* nach Europa mit dem ausdrücklichen Ziel, Wege zu finden, wie das Kartell *Standard*–I.G. Farben trotz des Krieges weiterfunktionieren konnte. Howard selbst schrieb über seinen Auftrag:

> Wir taten unser Bestes, um einen Modus vivendi zu erreichen, der uns über die Kriegszeiten bringen sollte, *ganz gleich, ob die Vereinigten Staaten in den Krieg eintreten würden oder nicht.*[8] [Hervorhebung durch den Verfasser]

Am 26. Juni 1940, einen Tag nach der Kapitulation der Franzosen vor den Deutschen, fand im Waldorf-Astoria-Hotel ein Treffen zwischen einigen der wichtigsten amerikanischen Großindustriellen statt, die ihre Operationen in Deutschland während des Krieges schützen wollten. Initiator des Treffens war Torkild Rieber, Aufsichtsratsvorsitzender der *Texaco*. Unter den Anwesenden waren James Mooney, Verantwortlicher

---

7 Stocking und Watkins, *Cartels in Action, op. cit.*, S. 423.

8 Sasuly, *I.G. Farben, op. cit.*, S. 149, 150 (dt. Ausg. 171–172).

für das Auslandsgeschäft von *General Motors*, Edsel Ford sowie Manager der *Eastman Kodak*, und der Direktor der ITT, Oberst Behn.[9]

Der Fall ITT ist höchst aufschlußreich. ITT begann 1930, in die Vorkriegswirtschaft der Nazis zu investieren. Sie gründete eine Holding namens Standard Elektrizitätsgesellschaft und kaufte von *Philips* ein weiteres Unternehmen, die Firma Lorenz, hinzu. Da der Krieg unaufhaltsam näherrückte, tat die ITT alles, um ihre neuen Holding-Gesellschaften wie deutsche Firmen erscheinen zu lassen. Während die Truppen der Nazis 1938 den Einmarsch in Polen vorbereiteten, kaufte die ITT durch ihre Tochter Lorenz 28 Prozent an der Focke-Wulf, die schon damals Bomber und Kampfflugzeuge baute. ITT konnte sich nicht auf Unkenntnis oder Unschuld berufen. Sie investierte schlicht und einfach in den Krieg.

Im Verlauf dieses Krieges wurden die Werke der ITT in Deutschland zu wichtigen Produzenten von militärischem Nachrichtengerät aller Art. Außerdem installierten und warteten sie einen Großteil der wichtigsten Telefonleitungen der Naziregierung.

In den USA galt die ITT als sehr patriotisch. Sie entwickelte das Hochfrequenz-Peilgerät, auch Huff-Duff genannt, mit dem deutsche U-Boote im Atlantik geortet wurden. Oberst Behn, damals Direktor von ITT, wurde für die Bereitstellung von Telekommunikationseinrichtungen für die Armee die Verdienstmedaille, die höchste zivile Auszeichnung, verliehen.

Anthony Sampson faßt in seinem Buch *The Sovereign State of ITT* zusammen:

> Während Flugzeuge von ITT-Focke-Wulf alliierte Schiffe bombardierten und über ITT-Leitungen Informationen an deutsche U-Boote weitergegeben wurden, retteten also ITT-Peilsender andere Schiffe vor Torpedos …

1967, fast dreißig Jahre nach diesen Ereignissen, schaffte ITT es tatsächlich, von der US-Regierung 27 Millionen Dollar als Entschädigung für Kriegsschäden an ihren deutschen Fabriken zu erhalten, unter anderem fünf Millionen für Schäden an den Focke-Wulf-Werken – mit der Begründung, es habe sich um amerikanisches Eigentum gehandelt, das von

---

9 Ladislas Farago, *The Game of the Foxes* (New York: D. McKay Co., 1972), S. 463–479.

den Bombern der Alliierten beschossen worden sei. Das war ein bemerkenswerter Lohn für ein Unternehmen, das so bewußt in die deutschen Kriegsanstrengungen investiert und so sorgfältige Vorkehrungen getroffen hatte, ein deutsches Unternehmen zu werden.

Wenn die Nazis den Krieg gewonnen hätten, wäre ITT in Deutschland als Nazifirma mit blütenweißer Weste aufgetreten; als sie diesen verloren, kam es als amerikanisches Unternehmen mit blütenweißer Weste wieder an die Oberfläche.[10]

In dieser Untersuchung können unmöglich alle Motive derjenigen analysiert werden, die uns in die beiden Weltkriege des 20. Jahrhunderts geführt haben. In den Standardwerken darüber findet man solche Erklärungen wie historische Rivalitäten, Konkurrenz um natürliche Ressourcen, Militarismus, Verletzung des National- oder Rassenstolzes etc. Sicherlich haben diese Faktoren eine Rolle gespielt, aber doch eine relativ geringe im Vergleich zu den finanziellen und politischen Zielen der Männer, die hinter den Kulissen die Kriegsmaschinerie in Bewegung setzten.

Der Krieg war für diese Männer in mehr als einer Hinsicht gewinnbringend. Natürlich sind mit Kriegsproduktion über staatlich gestützte Monopole ungeheure Gewinne zu machen. Aber den wahren Verantwortlichen erschien der Krieg auch als ein Mittel für schnelle politische Umwälzungen. Die Männer hinter einem Hitler, einem Mussolini, einem Stalin und ja, auch hinter einem Roosevelt, erkannten, daß die Menschen im Krieg viel eher bereit sein würden, Entbehrungen, die Ausweitung der staatlichen Kontrolle und die Konzentration der Macht in den Händen der politischen Führung hinzunehmen, als sie es sich in Friedenszeiten je hätten träumen lassen. Die Idee eines starken Staats – und ganz gewiß die Vorstellung von der Attraktivität einer *Welt*regierung – hätte in Amerika nie Fuß fassen können, wenn sie nicht aus einer Situation der nationalen und internationalen Krise heraus entstanden wäre. Wirtschaftskrisen waren hilfreich, aber nicht ausreichend. Das gleiche galt für gelegentliche Unruhen und drohende innere Revolutionen. Der Krieg war der bei weitem wirksamste Ansatz. Das traf in doppeltem Maße für Europa und Asien zu, wie sich durch einen Vergleich der Landkarten und politischen Regimes vor 1939 und nach 1945 leicht nachweisen läßt. Wie Lenin prophezeit hatte, läßt sich eine »neue Ordnung« am besten nicht durch langsame Veränderung, sondern dadurch aufbauen, daß zunächst die alte

---

10 Sampson, *The Sovereign State of ITT* (New York: Stein & Day, 1973), S. 40, 47.

Ordnung zerstört und dann auf den Trümmern die neue Ordnung errichtet wird.[11]

Der Wunsch nach rascher politischer und sozialer Veränderung kann also eine starke Kriegsmotivation für die *Finpols* darstellen, die von solchen Veränderungen profitieren würden – besonders, wenn sie auf beide Seiten setzen. Ja, für den, der das Spiel beherrscht, ist der Krieg ungemein lohnend.

---

[11] Hier muß angemerkt werden, daß Lenin einen offenen Krieg als Mittel zur Zerstörung der alten Ordnung zwar akzeptierte, aber nicht ausdrücklich befürwortete. Er forderte, der Kommunismus solle auf eine Zerstörung *von innen* hinarbeiten, nicht durch Eroberung von außen.

Kapitel 16

Verschwörung

Tarnungsversuche beim Eigentum der I. G. Farben an amerikanischen Firmen, Unterstützung durch die Rockefeller-Beteiligungen, Infiltration der US-Regierung durch Vertreter des Kartells und die Abwicklung des Falls I. G. Farben.

WIEDER EINMAL MAG SICH der Leser fragen, ob all diese historischen Fakten über Kartelle wirklich in eine Studie über Krebstherapie gehören. Und wieder einmal muß ganz deutlich betont werden, daß sie das tun. Diese historischen Tatsachen vermitteln nicht nur ein besseres Verständnis der Entwicklungen, die dazu geführt haben, daß die Pharmaindustrie nicht nur von Faktoren wie Produktentwicklung und schlichten wissenschaftlichen Wahrheiten beeinflußt wird, sie geben auch die Antwort auf eine ohne diesen Hintergrund kaum zu beantwortende Frage. Diese Frage, die oft auftaucht, wenn jemand feststellt, daß die Vitamintherapie Ziel einer organisierten Opposition ist, lautet etwa folgendermaßen:

»Wollen Sie etwa behaupten, daß die Vertreter des Staates, der Industrie und der Medizin so niederträchtig sind, daß sie ihre finanziellen Interessen über die Gesundheit und das Wohlbefinden ihrer Mitbürger stellen? Daß sie tatsächlich moralisch so tief sinken würden, ein Mittel gegen den Krebs bewußt zurückzuhalten?«

Im kalten Licht der Kartellgeschichte ist die Antwort eindeutig. Wenn prominente, in ihrem Gemeinwesen hochangesehene Bürger globale Kriege planen und führen können, wenn sie Zwangsarbeiterlager und Verbrennungsöfen zur Vernichtung unschuldiger Menschen betreiben können, wenn sie darauf hinarbeiten können, aus der Kriegsindustrie nicht nur ihres eigenen Landes, sondern auch des Gegners gigantische Profite zu schlagen, dann ist die Antwort: »Und ob sie das sind!«

Also sollten wir uns wieder den verstaubten historischen Dokumenten zuwenden, um daraus Aufschluß für die Gegenwart zu erhalten.

Die amerikanischen Kartellpartner, die versuchten, ihr Eigentum an der deutschen Vorkriegsindustrie zu verschleiern, waren keine Einzelfälle. Umgekehrt handelten die deutschen Interessen in den USA genauso. Der Erste Weltkrieg war ihnen eine Lehre gewesen. Damals waren alle in deutschem Eigentum befindlichen Firmen in Amerika von der US-Regierung beschlagnahmt und von der Treuhandstelle für ausländisches Eigentum (*Alien Property Custodian*) treuhänderisch verwaltet worden. Bei Kriegsende wurden die Firmen zu Konditionen verkauft, die angeblich verhindern sollten, daß sie wieder in deutsche Hände gelangten. Im Bereich der chemischen und pharmazeutischen Industrie schlug dieser Plan jedoch völlig fehl. Innerhalb weniger Jahre befanden sich alle diese Unternehmen noch fester im Besitz oder doch unter der Kontrolle der I.G. Farben als zuvor.

Eine der Schlüsselfiguren bei der Abwicklung dieser Veräußerungen war Earl McClintock, ein Jurist in der Treuhandstelle für ausländisches Eigentum. McClintock wurde später von einer der Kartellfirmen, *Sterling Products*, eingestellt (belohnt?), und zwar mit einem Gehalt, das ein Vielfaches dessen betrug, was er in den Diensten der Regierung erhalten hatte.

In diesen Zeitraum fällt die stärkste Expansion der I.G. Farben in den USA. *Sterling* baute *Winthrop Chemical* auf. Mit Hilfe der I.G. Farben wurde *DuPont* zur Hälfte an der *Bayer Semesan Company* beteiligt. Die *American I.G. Chemical Company* wurde mehrfach umgewandelt und schluckte im Laufe dieses Prozesses die *Grasselli Dyestuff Company*, die einer der wichtigsten Käufer ehemals deutscher Unternehmen gewesen war. *Sterling* erwarb diverse patentrechtlich geschützte »Arzneien«, zum Beispiel »Fletcher's Castoria« und »Phillipp's Milk of Magnesia«. Zusammen mit Lewis K. Liggett bildeten sie *Drug, Incorporated*, eine Holding-Gesellschaft, in der *Sterling*, *Bayer*, *Winthrop*, *United Drug* und *Rexall-Liggett Drugstores* zusammengefaßt waren. Sie kauften *Bristol Meyers* (die Hersteller von »Sal Hepatica«), *Vick Chemical Company*, *Edward J. Nobles LifeSavers, Incorporated* und viele andere. Als die Nazis in Europa begannen, für den Krieg aufzurüsten, hatte die I.G. Farben bereits die Kontrolle über einen bedeutenden Teil der amerikanischen Pharmaindustrie erlangt. Investitionen in die Künste des Verwundens und des Heilens sind von jeher ein hervorstechendes Merkmal der Kartellentwicklung gewesen, denn auf diesen Gebieten sind höhere Profite zu machen als auf allen anderen. Wenn man Krieg führen oder seine Gesundheit wiederherstellen möchte, fragt man meist nicht nach dem Preis.

Als nach dem Ende des Zweiten Weltkriegs die umfangreichen Akten der I.G. Farben den amerikanischen Truppen in die Hände fielen, wurden sie zur Untersuchung und Analyse an das Justiz- und das Finanzministerium weitergeleitet. Ein in diesen Akten gefundenes internes Memorandum erklärte völlig unumwunden, wie das Kartell vorgegangen war, um vor dem Krieg seine Beteiligung an amerikanischen Unternehmen zu verschleiern:

> Nach dem ersten Krieg kamen wir immer mehr zu dem Entschluß, unsere ausländischen Gesellschaften so zu tarnen ..., daß die Beteiligung der I. G. Farben an diesen Firmen nicht zum Ausdruck kam. Im Laufe der Zeit wurde das System immer weiter perfektioniert ...
>
> Von der I. G. Farben für den Fall eines [weiteren] Krieges zu ergreifende Schutzmaßnahmen sollten den Geschäftsverlauf in normalen Zeiten nicht erheblich stören. Aus verschiedenen Gründen ist es von allerhöchster Wichtigkeit ..., daß die führenden Persönlichkeiten in den Agenturen, die besonders als Deckunternehmen geeignet sind, Bürger des Landes sein sollten, in dem sie ansässig sind ...[1]

Dieses Memorandum wirft einiges Licht auf frühere Ereignisse. Am 30. Oktober 1939 verkündeten die Direktoren der *American I. G.* (darunter Walter Teagle von Rockefellers *Standard Oil*, Charles Mitchell von *Rockefellers National City Bank*, Paul Warburg von der US-Notenbank, Edsel Ford, William Weiss, Adolph Kuttroff, Herman Metz, Carl Bosch, Wilfried Greif und Hermann Schmitz, der auch Präsident der *American I. G.* gewesen war), daß ihr Unternehmen nicht mehr existiere. Es sei in einer seiner Tochtergesellschaften, den *General Analine Works*, aufgegangen. Zudem werde die neue kontrollierende Gesellschaft ihren Namen in *General Analine and Film Corporation* ändern. Die verräterischen Buchstaben »IG« waren vollkommen verschwunden.

Außer dem Namen änderte sich nichts. Der Aufsichtsrat beider Firmen war seit 1929 derselbe. Später, als das System zur »Tarnung« »immer weiter perfektioniert« wurde, trat an die Stelle von Hermann Schmitz als Präsident der *General Analine* dessen Bruder Dietrich, der die amerikanische Staatsbürgerschaft besaß. Aber das war immer noch zu offensichtlich, deswegen wurde Dietrich 1941 durch den unkomplizierten Richter John E. Mack aus Poughkeepsie im Staat New York ersetzt. Mack fehlten zwar die Qualifikationen für die Leitung eines so

---

1 Ambruster, *Treason's Peace, op. cit.*, S. 89. Siehe auch Sasuly, *I. G. Farben, op. cit.*, S. 95, 96 (dt. Ausg. S. 118).

riesigen Konglomerats, aber dafür konnten ihm Aufsichtsratsmitglieder und strategisch plazierte Berater und Assistenten leicht sagen, was er zu tun hatte. Seine größte Stärke waren sein Name und sein Ruf. Bekannt als enger Freund von Präsident Roosevelt, brachte er eine Aura amerikanischer Ehrbarkeit in die GAF. Die eindeutig deutschen Namen im Aufsichtsrat wurden durch ebenso renommierte amerikanische ersetzt – zum Beispiel Botschafter William C. Bullitt –, Männer, die sich durch die Ernennung geschmeichelt fühlten, aber anderweitig so beschäftigt waren, daß sie ihre Aufgabe nicht wirklich wahrnehmen konnten.

Im Rahmen dieser Tarnaktion wandte sich Schmitz an seinen Schweizer Bankexperten Eduard Greutert und gründete eine Schweizer Gesellschaft mit Namen Internationale Gesellschaft für Chemische Unternehmungen A.G., besser bekannt als I.G. Chemie.

In seinem Buch *The Swiss Banks* beschreibt T. R. Fehrenbach die komplizierten Vorsichtsmaßnahmen wie folgt:

> Die besten Anwaltskanzleien beiderseits des Nordatlantik, mit Büros in London, Paris, Berlin, Amsterdam und New York, wurden engagiert, um das Problem zu untersuchen. Diese Kanzleien hatten Kontakte zu Kollegen in Basel, Lausanne, Fribourg und Zürich. Man setzte sich zusammen. Die Planung einer Abfolge von »Schweizer« Gesellschaften, die Lizenzen, Vermögen und Patente im Eigentum gewisser internationaler Kartelle erben konnten, war ein Leichtes. Dadurch sollten die Fährte verwischt und etwaige Nachforschungen durch Regierungen erschwert werden.
>
> Die Transaktionen selbst waren ungeheuer kompliziert ... Manche davon werden wohl nie gänzlich aufgedeckt werden. Eduard Greutert und seine Bank, sowie eine ganze Reihe von durch Greutert gegründeten Scheinfirmen wurden Schmitz' Agenten.
>
> Schmitz, den man als Finanzgenie bezeichnen muß, schuf in Basel ein phantastisches Finanzgebilde mit einem Dutzend Gesellschaften und 65 Konten bei Greuterts Bank. Jedes Konto lief auf einen anderen Namen. Einige liefen auf Gesellschaften, die nur auf dem Papier bestanden, andere liefen auf den Namen von Firmengruppen oder Konsortien. Jedes Konsortium war jeweils in einem endlosen Zirkel Eigentum eines anderen und Eigentum von Greutert oder Managern der I.G. Farben.[2]

[2] T. R. Fehrenbach, *The Swiss Banks* (N. Y.: McGraw-Hill, 1966), S. 216, 219.

Der letzte Schritt in diesem gut geplanten Täuschungsmanöver war der nominelle Verkauf der amerikanischen Töchter dieses Gebildes an die I.G. Chemie. So wären im Fall eines Krieges diese Töchter scheinbar Schweizer Eigentum (also eines neutralen Landes) mit einer durch und durch amerikanischen Unternehmensleitung. »Nominell« deswegen, weil alle Finanzmittel, die den amerikanischen Firmen aus diesem »Verkauf« zuflossen, fast sofort wieder in Form von Krediten an die I.G. Farben zurückflossen. Aber zumindest auf dem Papier war jetzt die Basler I.G. Chemie offizieller Eigentümer von 89 Prozent der Anteile der amerikanischen Töchter der I.G. Farben.

Auf amerikanischer Seite wurde diese Transaktion von Rockefellers *National City Bank* abgewickelt. Das ist insofern nicht überraschend, als der Leiter ihrer Investment-Abteilung, Charles Mitchell, auch im Aufsichtsrat dieser I.G.-Holding-Gesellschaften saß. Aber Rockefellers Engagement ging noch weiter. Im Jahre 1938 begann der Ausschuß für Wertpapier- und Währungsfragen eine längere Untersuchung der *American I.G.* Aufsichtsratsmitglied Walter Teagle wurde als Zeuge vorgeladen. Wie Sie sich erinnern, war Mr. Teagle auch Präsident des Rockefeller-Unternehmens *Standard Oil*. Bei der Vernehmung behauptete Teagle, nicht zu wissen, wer die Kontrolle über die Firma hatte, deren Aufsichtsrat er war. Er wußte nicht, wie viele Aktien die I.G. Chemie besaß oder wer Eigentümer der I.G. Chemie war. Er besaß sogar die Frechheit zu behaupten, er wisse nicht, wer der Eigentümer des Blocks von 500 000 Aktien war – im Wert von mehr als einer halben Million Dollar –, die auf *seinen* Namen lauteten!

Entweder log Mr. Teagle natürlich, oder er litt an einem klassischen Fall von nützlichem Gedächtnisverlust. Später wurden Beweise vorgelegt, aus denen hervorging, daß er 1932 einen Brief von dem I.G.-Farben-Manager Wilfried Greif erhalten hatten, in dem eindeutig erklärt wurde: »Wie Sie wissen, ist die I.G. Chemie eine Tochtergesellschaft der I.G. Farben.«[3]

Außerdem brachte die Untersuchung ans Licht, daß Teagle am 27. Mai 1930 während eines Aufenthalts in London ein Telegramm von Frank Howard, dem Vizepräsidenten von *Standard Oil*, mit folgendem Inhalt erhalten hatte:

---

2 T. R. Fehrenbach, *The Swiss Banks* (N. Y.: McGraw-Hill, 1966), S. 114.

3 Ambruster, *op. cit.*, S. 114.

> Angesichts der Tatsache, daß wir wiederholt jegliche finanzielle Beteiligung an der *American I. G.* abgestritten haben, erscheint es mir unklug, ihr jetzt zu gestatten, uns als Anteilseigner in ihrem ursprünglichen Listing, das Gegenstand dieser Transaktion ist, aufzuführen. Es wäre für Ihre Zwecke nützlich, diese Anteile auf Sie persönlich auszustellen … Wären Sie damit als einer vorübergehenden Maßnahme einverstanden?[4]

Schließlich gab der Ausschuß 1941 nach dreijährigen Untersuchungen die Sache auf. Entweder, weil er die Tarnung des Kartells nicht durchschaute (unwahrscheinlich), oder auf Druck von Freunden des Kartells in hohen Regierungspositionen (wahrscheinlich) erstattete er dem Kongreß folgenden Abschlußbericht:

> Alle Versuche, die Nießbrauchsberechtigung an den kontrollierenden Anteilen festzustellen, sind fehlgeschlagen … Folglich finden sich die amerikanischen Investoren, überwiegend Obligationäre, in der eigenartigen Position von Gläubigern eines Unternehmens, das von Unbekannten kontrolliert wird.[5]

Die Hinweise auf Kartelleinflüsse auf eben die Regierungsstellen, die die Aufgabe haben, diese Kartelle daran zu hindern, gegen die Interessen der Bürger zu agieren, sollten nicht auf die leichte Schulter genommen werden. Leider fällt dieser Schatten auch auf die Krebsforschung. Deshalb wollen wir uns jetzt diesem Aspekt zuwenden.

Die Geschichte beginnt im Jahr 1916 mit einem Schreiben von Dr. Hugo Schwitzer, Mitarbeiter der Firma *Bayer*, an den deutschen Botschafter von Bernstorff. Darin führt er aus, wie wichtig es sei, auf die Wahl eines US-Präsidenten hinzuarbeiten, dessen Ansichten und parteipolitische Ausrichtung mit den Zielen der I. G. Farben harmonierten. Zu der Zeit gab man in dieser Hinsicht der Republikanischen Partei den Vorzug. Kurz danach trat Herman Metz, eine führende Figur der *Tammany Society* und Zeit seines Lebens Mitglied der Demokratischen Partei, zu den Republikanern über. Metz war Präsident der *H. A. Metz Company of New York*, eines großen Pharmavertriebs, der von der I. G. Farben kontrolliert wurde. 1925 war er an der Schaffung der *General Dyestuff*

---

4 Ambruster, *op. cit.*, S. 114.
5 Ambruster, *op. cit.*, S. 121.

Corporation beteiligt, eines weiteren Vertriebsunternehmens der I.G. Farben, dessen Präsident er wurde. 1929 wirkte er bei der Gründung der *American I.G.* mit und wurde Vizepräsident und Finanzdirektor dieses Unternehmens. Metz' Bekehrung vom Demokraten zum Republikaner war deswegen von Bedeutung, weil sie die Affinität des Kartells zur Republikanischen Partei verdeutlichte.

Im Oktober 1942 ging in der Kongreßbibliothek eine versiegelte Sendung ein, eine Schenkung von etwa 9000 Briefen mit den Akten des verstorbenen Edward T. Clark. Die Bedeutung dieser Akten erklärt sich aus der Tatsache, daß Clark der Privatsekretär von Präsident Calvin Coolidge gewesen war, und die Akten enthielten wertvolles Material zu den politischen Vorgängen hinter den Kulissen. Am 4. März 1929 quittierte Clark seine Position im Weißen Haus und wurde in einem bezeichnenden Rollentausch Vizepräsident von *Drug, Incorporated*, dem riesigen I.G.-Farben-Konglomerat, in dem so wichtige Unternehmen wie *Sterling* und *Liggett* und deren zahlreichen Tochtergesellschaften zusammengeschlossen waren.

Mr. Clark war ohne Frage sein Gehalt wert. Daß er auch weiterhin ausgezeichnete Kontakte zur höchsten Regierungsebene pflegte und dort Einfluß hatte, steht außer Zweifel. Tatsächlich bat Präsident Herbert Hoover ihn im August 1929, als *sein* persönlicher Sekretär ins Weiße Haus zurückzukehren – was er auch tat.

Ein weiterer wichtiger Republikaner mit Verbindungen zum Kartell war Louis K. Liggett. Als Mitglied des *Republican National Committee* für Massachusetts kannte er sich aus mit Intrigen. In enger Zusammenarbeit mit Clark und anderen »einflußreichen Männern« gelang es ihm, die Genehmigung des Justizministeriums für die Fusion zu erreichen, aus der *Drug, Incorporated* hervorging, obwohl diese Fusion in direktem Widerspruch zu der vom Kongreß einige Jahre zuvor verabschiedeten Kartellpolitik stand.

Wurde Präsident Hoover vom Kartell unterstützt, weil seine Parteipolitik mit den Zielen des Kartells »harmonierte«? Etwas anderes ist kaum vorstellbar. Als Handelsminister wurde ihm die schwere Verantwortung zuteil, darüber zu entscheiden, was gegen die Bedrohung durch die I.G. Farben zu tun war. Um die Verantwortung für diese Entscheidung zu verteilen und den Prozeß mit einer Aura von »Demokratie« zu verschönern, setzte er einen Beirat für Chemie ein, der das Problem prüfen und Empfehlungen abgeben sollte. Das ist der Standardtrick, mit dem man den Wähler glauben machen will, daß alle Standpunkte in einem »Konsens« verschmolzen wurden. Die Beiratsmitglieder werden in der Regel sorgfältig so ausgewählt, daß mit einer deutlichen Mehrheit für die schon vorher anvisierte Schlußfolgerung zu rechnen ist.

Falls es von dieser Regel jemals Ausnahmen gegeben haben sollte, dann nicht im Beirat für Chemie. Hoover ernannte Männer wie Henry Howard, Vizepräsident der *Grasselli Chemical Company*, Walter Teagle, Präsident der *Standard Oil*, Lammot DuPont von der *DuPont Company* und Frank A. Blair, Präsident der *Centaur Company*, einer Tochter von *Sterling Products*. Das Kartell war nicht in Gefahr.

Es ist frappierend, wie das Kartell sein Ziel erreichte, den Auftrag der Treuhandstelle für ausländisches Eigentum am Ende des Ersten Weltkriegs zu sabotieren. Sich in die Geschichte tiefer einzuarbeiten ist, als wollte man den Gordischen Knoten entwirren, aber hier folgen zumindest die sicht- und erkennbaren Bestandteile.

Während des Ersten Weltkriegs war Francis Garvan Leiter der Treuhandstelle für ausländisches Eigentum gewesen. Nach dem Eintritt der USA in den Krieg wirkte er entscheidend daran mit, alle Unternehmen in deutschem Besitz der Kontrolle durch den Feind zu entziehen und sie später zum Kauf durch amerikanische Firmen freizugeben. Nach dem Krieg sollte jeder Deutsche, der nachweisen konnte, daß er als Privatmann durch diese Aktion persönlichen Besitz verloren hatte, aus dem Verkaufserlös in voller Höhe entschädigt werden. Unter keinen Umständen jedoch sollten diese Unternehmen wieder unter deutsche Kontrolle gelangen. Das war die feste Anweisung des Kongresses an die Treuhandstelle für ausländisches Eigentum. Wie bereits oben geschildert, befand sich nur wenige Jahre nach dem Waffenstillstand und nach Garvans Ausscheiden aus dem Staatsdienst jede einzelne dieser Firmen wieder unter der Kontrolle der I.G. Farben.

Garvan war empört. Er prangerte die Korruption in Washington, die das ermöglicht hatte, öffentlich an. Er schrieb an Kongreßabgeordnete. Er sagte vor Untersuchungsausschüssen aus. Er nannte Namen.

Er mußte zum Schweigen gebracht werden.

1929 fand sich Garvan plötzlich als *Angeklagter* in einem Prozeß wieder, den das Justizministerium wegen angeblicher Unregelmäßigkeiten in der Ausübung seines Amtes als Leiter der Treuhandstelle für ausländisches Eigentum angestrengt hatte! Das war ein Musterbeispiel für den Grundsatz, daß Angriff die beste Verteidigung ist und daß man seinen Ankläger am besten des Vergehens beschuldigt, das man selbst begangen hat. Selbst im ungünstigsten Falle kann man auf diese Weise die Glaubwürdigkeit des ersten Anklägers so weit erschüttern und das Problem so vernebeln, daß ein unbefangener Beobachter bald nicht mehr weiß, wem er glauben soll.

Die Anklage gegen Garvan wurde hauptsächlich von zwei Männern getragen: Merton Lewis und John Crim, zwei Mitarbeitern im Stab des Justizministers. Das wichtigste an diesen beiden Männern ist die Tatsache, daß beide vorher eng mit dem I. G.-Farben-Kartell verbunden gewesen waren. Lewis hatte 1919 als Anwalt die *Bosch Company* vertreten, Crim war bei der Anwaltskanzlei *Hays, Kaufman and Lindheim* tätig gewesen, die die Botschaft vertreten hatte (zwei Mitglieder dieser Kanzlei hatte Garvan während des Krieges wegen Landesverrats ins Gefängnis gebracht).

Trotz der beabsichtigten Vernebelung durch Klage und Gegenklage war Garvans Aussage unüberhörbar. Er war im Besitz der Akten, der Daten, der Insider-Informationen, die man nicht ignorieren konnte. Und er enthüllte folgendes:

Herman Metz hatte den Wahlkampf von Senator John King, dem früheren Mitglied des *Republican National Committee* für Connecticut, finanziell unterstützt.

Bevor John King für den Senat kandidierte, stand er drei Jahre lang auf der Gehaltsliste der Hamburg-Amerika-Linie, von der er für geheimnisvolle, nicht genauer definierte Aufgaben $ 15 000 pro Jahr im August 1929 bezog.

King war außerdem durch den Einfluß von Senator Moses Mitarbeiter der Treuhandstelle für ausländisches Eigentum geworden.

Senator Moses hatte Otto Kahn als Schatzmeister eines Fonds für die Wahl neuer Senatoren eingesetzt.

Otto Kahn war Beteiligungspartner von Paul Warburg, einem der Direktoren der *American I. G.*

King und Moses sorgten gemeinsam dafür, daß Thomas Miller zum Leiter der Treuhandstelle für ausländisches Eigentum bestellt wurde.

Miller wurde später während des Krieges als feindlicher Agent zu einer Haftstrafe im Gefängnis von Atlanta verurteilt.

Garvan ließ keinen Namen aus. Aus seinen Akten ging hervor, daß das Kartell selbst das Amt des Justizministers schon lange als Preis ausgesetzt hatte. Homer Cummings, der sechs Jahre lang Justizminister gewesen war, wurde später Anwalt in den Diensten der Firma *General Analine and Film* – Berichten zufolge mit einem Jahreshonorar von $ 100 000.

Und Garvan sagte aus:

> Während dieses gesamten Zeitraums standen der Justizminister der Vereinigten Staaten … ebenso wie der Leiter der Treuhandstelle für ausländisches Eigentum, Thomas Miller, in den Diensten und im Sold der Deutschen und bekamen US-Staatsanleihen im Wert von $ 50 000 in die Hand und in die Taschen geschoben, und von wem? Von John T. King, dem Mann mit dem Gehalt von $ 15 000, der drei Tage vor seiner Gerichtsverhandlung starb …
>
> Einige von Ihnen haben vor ein paar Tagen gesehen, daß Senator Moses Otto Kahn zum Schatzmeister für die Wahl neuer Senatoren ernannt hatte. Sie haben das nicht damit in Verbindung gebracht, daß sein Freund und Partner Warburg Kopf und Fassade der amerikanischen Beteiligungen an der *American I. G.* ist …
>
> Die Sache ist nie abgeschlossen. Frieden? Es gibt keinen Frieden. Der Kampf um die Vorherrschaft in der Chemieindustrie der Vereinigten Staaten wird weitergehen, denn sie ist der Schlüssel zur Sicherheit der Vereinigten Staaten oder jedes anderen Landes der heutigen Welt.[6]

Die drei Regierungsämter, die für Kartelle besonderes interessant erschienen, waren das Amt des Präsidenten selbst, des Justizministers und des Außenministers. Von den beiden ersten war hier schon die Rede. Kommen wir jetzt zum dritten.

Außenminister John Foster Dulles war Seniorpartner bei *Sullivan and Cromwell*, der größten Anwaltskanzlei an der Wall Street. *Sullivan and Cromwell* waren auf die Vertretung ausländischer Unternehmensinteressen spezialisiert, und die Partner hatten verflochtene Direktorenposten bei verschiedenen führenden Unternehmen und Banken inne – besonders in denen des Farben-*American-I. G.*-Komplexes.

John Foster Dulles vertrat *Blyth and Company*, die Partnerbank der *First National City Bank* im Investmentbanking, und die *First Boston Corporation*, zwei bedeutende Investmenthäuser der Rockefeller-Gruppe, die mit der *Chase Manhattan Bank* verbunden waren. Dulles vertrat außerdem *Standard Oil* und wurde zum Vorsitzenden der Rockefeller-Stiftung ernannt, eine Ernennung, die das uneingeschränkte Vertrauen der Familie Rockefeller ausdrückte. *Sullivan and Cromwell* waren die

---

[6] Ambruster, *op. cit.*, S. 147, 151.

wichtigsten Vertreter so mächtiger Investmenthäuser wie *Goldman, Sachs and Company*, *Lehman Brothers* und *Lazard Freres* gewesen. Letzteres war die Firma, die zusammen mit *Kuhn, Loeb and Company* die Expansion und Fusionen der ITT konzipiert und gesteuert hatte.

Erst 1945 war Dulles als einer der Direktoren der *International Nickel Company of Canada* eingetragen. Auch diese Firma gehörte zu den mit der I.G. Farben verflochtenen Unternehmen und war eine der treibenden Kräfte für die Hortung von Nickel durch Nazideutschland vor dem Krieg.[7]

Avery Rockefeller war einer der Direktoren der *J. Henry Schroeder Banking Corporation* und der *Schroeder Trust Company*. Er war außerdem voll haftender Teilhaber und Aktionär bei deren Tochter *Schroeder, Rockefeller and Company*. Daher ist es nicht überraschend, daß John Foster Dulles auch den *Schroeder Trust* vertreten hatte, Hitlers Agenten in den USA. Westrick war Vertreter von *Sullivan and Cromwell* in Deutschland gewesen, wo er multinationale Unternehmen wie ITT vertrat. Und zu Beginn des Zweiten Weltkriegs wurde Dulles stimmberechtigter Treuhänder von amerikanischen Unternehmen, die von der I.G. Farben beherrscht wurden, und sollte versuchen, deren Beschlagnahmung als Feindeseigentum zu verhindern.

Dieser Mann ging nun keineswegs als Werkzeug des internationalen Monopols und möglicher Kriegsverräter in die Geschichte Amerikas ein. Statt dessen wurde er zum Mitglied eines besonderen beratenden Ausschusses auf hoher Ebene bestellt, den der Leiter der Treuhandstelle für ausländisches Eigentum damit betraute, deren Politik zu formulieren. Dann wurde er von Präsident Eisenhower zum Außenminister ernannt. Sein Bruder Allen Dulles, ebenfalls Partner bei *Sullivan and Cromwell*, war als Beauftragter des Geheimdiensts *Office of Strategic Services* für Verhandlungen mit den I.G.-Farben-Interessen in der Schweiz ebenso stark in das Kartellnetz verstrickt. (Aus dieser Zeit stammt die Äußerung von Allen Dulles: »Nur ein Hysteriker kann annehmen, daß Deutschland, Italien oder Japan einen Krieg gegen uns planen.«) Nachdem er seinen Einfluß dazu genutzt hatte, Hitlers Agenten Westrick[8] zu schützen, wurde er bei Kriegsende von Eisenhower zum Chef der CIA ernannt.

So viel Macht haben die Kreise, von denen hier die Rede ist.

---

7 William Hoffman, *David; Report on a Rockefeller* (New York: Lyle Stuart, Inc., 1971), S. 18, 19. Siehe auch Ambruster, *Treason's Peace, op. cit.*, S. 85.

8 Sampson, *The Sovereign State of ITT, op. cit.*, S. 43.

Das Ausmaß verborgener Kartellmacht in den USA zeigt sich wohl am besten daran, wie es den deutschen Kartellpartnern während und nach dem Krieg erging. Wie bereits beschrieben, wurden deren amerikanische Beteiligungen von der amerikanischen Regierung im Februar 1942 beschlagnahmt. Innerhalb weniger Monate wurden alle bisherigen Direktoren und Funktionsträger gezwungen, zurückzutreten. Aber wen setzte die Regierung an ihre Stelle? Richard Sasuly antwortet:

> Die operative Kontrolle wird von einer Gruppe von Leuten ausgeübt, die wieder eng mit einer Interessengemeinschaft verflochten sind, die sich in der amerikanischen Geschäftswelt unter der Führung eines internationalen Finanziers, Victor Emanuel, rapide ausbreitet. Emanuel selbst sitzt im Aufsichtsrat von G. A. & F. [*General Analine and Film*]. Mit ihm verbündete Kräfte sind unter den anderen Direktoren und Funktionsträgern reichlich vertreten.[9]

Die Übernahme der Leitung der I.G.-Farben-Interessen in den USA durch Emanuel ist von erheblicher Bedeutung. Von 1927 bis 1934 war er in London mit der Schroeder-Bank assoziiert gewesen, also der gleichen Organisation, die gemeinsam mit der Rockefeller-Gruppe die I.G. Farben vertrat und zum Finanzagenten Hitlers wurde.

Sasuly fährt fort:

> Die Londoner Schröders sind, wie allgemein bekannt, mit den deutschen Schröders verwandt. Baron Bruno Schröder kommt das zweifelhafte Verdienst zu, Hitler bei den Ruhrindustriellen eingeführt zu haben. Baron Kurt Schröder war ein hoher SS-Führer und bekannt als »SS-Bankier«. Das Londoner Bankhaus *J. Henry Schroeder and Company* wurde im Juli 1939 vom Magazin *Time* als »ökonomische Stütze der Berlin-Rom-Tokyo-Achse« bezeichnet.[10]

Und Victor Emanuel, der Präsident von *Standard Gas and Electric*, der die »neue« Führung des Rockefeller-Farben-Imperiums dominierte? Die Antwort darauf findet sich in einem kurzen Satz aus dem Bericht des

---

9 Sasuly, *I.G. Farben, op. cit.*, S. 186 (dt. Ausg. S. 208–209).

10 Ibid., S. 187 (dt. Ausg. S. 209).

Ausschusses für Wertpapier- und Währungsangelegenheiten vom 19. Januar 1943:

> Die Schröder-Interessen in London und New York haben mit Emanuel zusammengearbeitet, um sich eine beherrschende Position in der *Standard* zu sichern und zu erhalten.[11]

Die von so viel Publicity begleitete Neubesetzung der GAF-Direktoren- und Funktionärsposten war eine Farce. Beherrschend waren weiterhin Männer, die ihre Loyalität gegenüber den Kartellinteressen unter Beweis gestellt hatten. Wie immer war der amerikanischen Öffentlichkeit überhaupt nicht klar, was da wirklich vor sich ging.

Die Ereignisse in Deutschland selbst zeigen den Einfluß des Kartells auf allerhöchste Ebenen der US-Regierung noch viel eindeutiger. In den späteren Stadien des Krieges wurden die wichtigen Industriestädte Deutschlands durch massive Bombenangriffe der Alliierten praktisch dem Erdboden gleichgemacht. Das war der entscheidende Faktor, der die Kriegsmaschine der Nazis lähmte und das Ende des Konflikts herbeiführte. Bei ihrem Einmarsch in Frankfurt stellten die alliierten Besatzungstruppen allerdings erstaunt fest, daß in all der Zerstörung ein Gebäudekomplex noch stand. Merkwürdigerweise waren diese und nur diese Gebäude verschont geblieben. Sie beherbergten die internationale Zentrale der I.G. Farben. Die Bomberpiloten waren angewiesen worden, dieses lebenswichtige Ziel – das Rückgrat der Nazi-Kriegswirtschaft – zu verschonen, mit der lahmen Entschuldigung, daß die US-Truppen nach ihrem Einmarsch ein Verwaltungsgebäude brauchen würden.

In Klammern muß angemerkt werden, daß der damalige Stellvertretende Kriegsminister (der 1945 zum Kriegsminister befördert wurde) Robert P. Patterson war, der vor seiner Ernennung durch Präsident Roosevelt für *Dillon, Read & Company*, eine andere zum Rockefeller-Imperium gehörende Investmentbank, tätig gewesen war. *Dillon, Read & Company* hatte die Expansion der I.G. Farben vor dem Krieg in erheblichem Maße mitfinanziert – unter anderem deren riesiges Verwaltungsgebäude, das von den Bomben verschont wurde. James Forrestal, der ehemalige Präsident von *Dillon, Read & Company*, war zu der Zeit Marineminister, wurde jedoch später der erste Verteidigungsminister. Ein mißtrauischer Mensch könnte auf den Gedanken kommen, daß die

---

11 Ambruster, *op. cit.*, S. 366.

Herren Patterson und Forrestal ihren Einfluß spielen ließen, um das Vermögen zu schützen, in das ihre Firma investiert hatte.

Während des Vormarschs der alliierten Armeen durch Deutschland wurde das Ausmaß des Kartelleinflusses innerhalb der US-Regierung plötzlich sichtbar – im wahrsten Sinne des Wortes. Dutzende von amerikanischen Investmentbankiers, Rechtsanwälten und Wirtschaftsmanagern – alle mit Beziehungen zum I.G.-Farben-Komplex – tauchten plötzlich in der Uniform von Brigadegenerälen auf, um die »Entnazifizierung und Kartellentflechtung« in Nachkriegsdeutschland zu steuern!

Eine dieser Gestalten war Kenneth Stockton, Vorsitzender des europäischen Vorstands von ITT. Anthony Sampson schreibt, daß Stockton »zusammen mit Westrick« auftrat.[12] Der auffälligste von all diesen »Generälen« war Brigadegeneral William Draper, Leiter der Wirtschaftsabteilung der amerikanischen Kontrollkommission, die die Hauptverantwortung für die Durchführung des Programms zur Kartellentflechtung trug. Und womit hatte sich Draper im Zivilleben für diese Position qualifiziert? Auch er war für das Wall-Street-Unternehmen *Dillon, Read & Company* tätig gewesen – natürlich!

Im Mai 1945 wurde Ilgner verhaftet und bis zu seinem Prozeß in Nürnberg festgehalten. Man sollte meinen, daß Ilgner als Chef des internationalen Spionagenetzes der I.G. Farben, das eine wesentliche Stütze des Nazi-Oberkommandos geworden war, sich einige Sorgen über seine Zukunft gemacht hätte. Das tat er aber keineswegs. Kurz nach seiner Verhaftung schrieb er einen Brief an zwei seiner Assistenten, in dem er sie anwies, miteinander und mit der übrigen I.G.-Farben-Führung in engem Kontakt zu bleiben. Er betonte, es sei wichtig, die Funktionsfähigkeit der Organisation aufrechtzuerhalten, denn, so schrieb er, es werde nicht lange dauern, bis die Amerikaner alle Beschränkungen aufheben würden.[13]

Er sollte Recht behalten. Innerhalb von sechs Monaten herrschte in den Werken des Kartells wieder emsige Betriebsamkeit. Die Aktien der I.G. Farben genossen an der deutschen Börse ein geradezu spektakuläres Vertrauen, und unter dem Marshallplan kam reichlich amerikanisches Geld ins Land.

In der Zwischenzeit wurde Oberst Bernard Bernstein, Untersuchungsleiter im Finanzausschuß des Kontrollrats der Alliierten und ein offener

---

[12] Ambruster, *op. cit.*, S. 41.

[13] Sasuly, *op. cit.*, S. 201 (dt. Ausg. S. 224–225).

Kritiker der Verhätschelung von Kartellangehörigen durch die Amerikaner, von seinen Vorgesetzten gefeuert. James Martin, der Leiter der für die Kartellentflechtung verantwortlichen Abteilung des Justizministeriums, trat empört zurück. Die Monopolgegner wurden einer nach dem anderen hinausgedrängt. Zornig und resigniert erklärte Martin die Gründe für seinen Rücktritt: »Wir waren in Deutschland nicht durch die deutsche Wirtschaft behindert worden. Wir waren in Deutschland durch die amerikanische Wirtschaft behindert worden.«[14]

Damit war die Bühne für den letzten Akt des Dramas vorbereitet. Während die I.G. Farben in Europa rasch ihren Wohlstand und Einfluß der Vorkriegszeit wiedererlangte, blieb nur noch die Freigabe all ihrer Beteiligungen aus der Kontrolle der amerikanischen Regierung. Mittlerweile hatte die I.G. Chemie in der Schweiz ihr Image durch die Annahme eines französischen Firmennamens aufpoliert: *Societé Internationale pour Participations Industrielles et Commerciales*. Die deutsche Übersetzung lautete auf Internationale Industrie- und Handelsbeteiligungen A.G., oder Interhandel, und unter diesem Namen wurde sie bald weithin bekannt. Und wieder einmal war außer dem Namen alles beim Alten geblieben.

Im Namen von Interhandel forderten die Schweizer Banken und die Regierung der Schweiz von der US-Regierung, nunmehr die Firmen »in Schweizer Eigentum« freizugeben. Sie behaupteten, daß Interhandel sich nicht im Besitz von deutschen Staatsangehörigen befinde (obwohl sie sich standhaft weigerten, die tatsächlichen Eigentumsverhältnisse offenzulegen) und daß ihr amerikanisches Vermögen zu Unrecht beschlagnahmt worden sei. Vor Gericht konnte das Finanzministerium allerdings beweisen – hauptsächlich anhand der in Frankfurt beschlagnahmten Akten der I.G. Farben selbst –, daß Interhandel nur der neueste Name für ein Gebilde war, das das Finanzministerium so beschrieb:

> … eine Verschwörung zur Verheimlichung, Tarnung und Bemäntelung von Eigentumsverhältnissen und Beherrschung von Vermögen und Beteiligungen in vielen Ländern der Welt, einschließlich der Vereinigten Staaten, durch die I.G. Farben.[15]

Unter der Kennedy-Regierung wurde das Patt aufgelöst. Robert Kennedy, der Bruder des Präsidenten, war zu dieser Zeit Justizminister. Er

---

[14] Sampson, *op. cit.*, S. 45.

[15] Zitiert nach Waller, *The Swiss Bank Connection, op. cit.*, S. 164.

schlug vor, *General Analine* zum Verkauf gegen Höchstgebot unter amerikanischen Investment- und Versicherungsunternehmen auszuschreiben. Der erfolgreiche Bieter sollte dann die Aktien zum öffentlichen Verkauf anbieten. Der Erlös sollte zwischen der amerikanischen und der Schweizer Regierung aufgeteilt werden, die aus diesen Mitteln jeweils Entschädigungszahlungen für Verluste durch Kriegsschäden an amerikanische, Schweizer und deutsche Staatsangehörige zahlen sollten. Nachdem 1953 das I.G.-Farben-Vermögen auf Hoechst, Bayer und andere Kartellmitglieder überschrieben wurde, blieb nur noch eine Unternehmenshülle mit einem Treuhandkapital von ein paar Millionen Dollar zur Deckung von Schadensersatzforderungen von Naziopfern zurück. Wieder einmal sah es so aus, als sei die I.G. Farben verschwunden.

Kennedys Vorschlag wurde von allen Parteien akzeptiert. Allerdings stellte sich später heraus, daß der gesamte Schweizer Anteil am Erlös direkt an die I.G. Farben ging und daß die amerikanischen Erlöse größtenteils, wenn nicht sogar vollständig, in die Kassen jener amerikanischen Unternehmen flossen, die als I.G.-Farben-Partner in die deutsche Vorkriegsindustrie investiert hatten (wie zum Beispiel die oben erwähnte ITT). Es steht zu vermuten, daß einige dieser amerikanischen Erwerbungen für deutsche Interessen getätigt wurden und daß sie durch den »Verkauf« einen erheblichen Teil ihrer früheren Positionen zurückerlangen konnten.

Die Auktion fand im März 1962 statt. Sie war die größte ausgeschriebene Transaktion in der Geschichte der Wall Street. Ein Versicherungskonsortium mit 225 Mitgliedern gewann die geheime Auktion mit einem Angebot von mehr als 329 Millionen US-Dollar. Die siegreichen Bieter wurden von der *First Boston Corporation* und *Blyth and Company* vertreten, beides – Sie ahnen es schon – Rockefeller-Agenten!

Oh nein, das Kartell war keineswegs tot. Es wuchs und gedieh. Sein Gewicht mochte sich durch die Verschiebungen aufgrund des Kriegs von Deutschland weg verlagert haben, aber in den USA war es gesund und munter.

Den Ausgang des Dramas faßte Leslie Waller sehr gut zusammen:

> Wie der Phoenix in der Legende wurde dieser Koloß von Unternehmen im Feuer geboren und überlebte doch die wütendsten Flammen. Er ist ein nahezu perfektes Beispiel dafür, daß Schweizer Banken Unternehmen unsterblich machen … Schmitz und Greutert waren längst tot. Aber dank der schweizerischen Zähig-

> keit hatte seine ursprüngliche Entscheidung, seine Beteiligungen unter dem Matterhorn zu verstecken, alle Fährnisse des Krieges, der Zeiten und der Politik überdauert.[16]

Schriftliches Material zu dieser Epoche gibt es reichlich. Der Leser sei allerdings gewarnt: Mit vielem davon wurden ganz bestimmte Zwecke verfolgt. Nach dem Zweiten Weltkrieg wetteiferten zwei mächtige Gruppen um die Vorherrschaft innerhalb der US-Regierung. Die eine war das internationale Finanz- und Industriekonsortium, das den Gegenstand dieser Kapitel bildet. Die andere war der Apparat des internationalen Kommunismus. Ihre Ziele und Methoden waren nahezu identisch, und zwischen ihnen bestand ein hohes Maß an Überschneidung und Kooperation. Algier Hiss beispielsweise konnte ohne Schwierigkeiten in beiden Gruppen arbeiten. Ebenso wie die Mitglieder eines Kartells jedoch miteinander und gegen die Interessen der Verbraucher konspirieren, während sie gleichzeitig untereinander um die Vorherrschaft innerhalb des Kartells konkurrieren, arbeiten auch die Kommunisten und ihre »antikommunistischen« Gegner, die Monopolkapitalisten, zusammen gegen die Interessen der Allgemeinheit, während sie gleichzeitig miteinander um die Vorherrschaft in den politischen Systemen der Welt kämpfen. Deswegen diente vieles, was nach dem Krieg über die Übel des nationalsozialistischen oder kommunistischen Einflusses geschrieben wurde, hauptsächlich Propagandazwecken. Die Kommunisten erhoben den Vorwurf, die Nazis seien Monopolkapitalisten mit engen Beziehungen zu den amerikanischen Industriellen und sogar der amerikanischen Regierung gewesen. Damit hatten sie Recht. Allerdings benutzten sie diese Wahrheit als Sprungbrett für ihre Propaganda, daß der Monopolkapitalismus gleichbedeutend mit dem traditionellen amerikanischen System sei und folglich dieses System durch den Sozialismus und schließlich den Kommunismus abgelöst werden müsse. Mit anderen Worten, sie wollten das existierende unvollkommene Monopol durch das vollkommenere Monopol ersetzen, das schlichten Gemütern einfach als Kommunismus bekannt ist.

Ihre Gegner im Kartell dagegen gaben sich in der Öffentlichkeit als offene »Antikommunisten« und hüllten sich in die Flagge des Patriotismus. Sie forderten gründliche Untersuchungen und versprachen, die Roten und Rosaroten aus dem Außenministerium und anderen Teilen der

---

16 Zitiert nach Waller, *The Swiss Bank Connection, op. cit.*, S. 160, 166.

Regierung zu vertreiben. Sie gingen sogar gegen den einen oder anderen gerichtlich vor! Im Laufe der Zeit führten sie die USA in diverse begrenzte Kriege gegen kommunistische Regime in der Welt. (Für sie sind Kriege *wirklich* lohnend, wirtschaftlich ebenso wie politisch.) Sie versuchten aber nie, diese Kriege zu *gewinnen*, denn beide Seiten waren stillschweigend übereingekommen, daß unbegrenzter Wettbewerb nicht im gegenseitigen Interesse war.

Diesen Hintergrund muß man verstehen, damit die Flut von Büchern und Artikeln, die seit dem Zweiten Weltkrieg über Amerika hereingebrochen ist, einen Sinn ergibt. In den Darlegungen beider Seiten findet sich viel Wahres, aber keiner Seite ist zu trauen. Wenn je eine verläßliche Führung auftreten sollte, wird man sie an einem einzigen Qualitätsmerkmal erkennen, das weder im Kommunismus noch im Nationalsozialismus noch in irgendeinem anderen Totalitarismus je zu finden ist. *Sie wird die drastische Einschränkung des Staates befürworten und dafür eintreten.* Sie wird nicht nur befürworten, die Bürokratie ein bißchen zu stutzen oder sie *effizienter* zu machen, sondern wird die *Abschaffung* eines Großteils der existierenden Strukturen fordern. Um eine solche Führung zu erkennen, braucht man kein Politikwissenschaftler oder Philosoph oder Geschichtsexperte zu sein. Dieser Test reicht schon, um zwischen dem Original und der Fälschung unterscheiden zu können. Mit einer solchen Führung haben politische Verschwörungen keine Zukunft.

Kapitel 17

Die Rockefeller-Gruppe

Eine kurze Biographie von John D. Rockefeller senior und sein Kreuzzug gegen das freie Unternehmertum, die Anfänge von* Standard Oil*, der Einzug der Rockefellers ins Investmentbanking und ihr Einfluß auf die Pharmaindustrie und die internationale Politik.

Es wäre ein schwerwiegender Fehler, das internationale Kartell, das den Gegenstand dieser Seiten bildet, als eine ausschließlich deutsche Angelegenheit zu betrachten. Unabhängig von ihrer Nationalität sehen sich die Führer der dazugehörenden Unternehmen als Internationalisten – oder besser Supranationalisten – mit geringer Loyalität zu dem Land ihrer Geburt. Ihr Patriotismus gilt den großen multinationalen Wirtschafts- und Finanzorganisationen, die sie absichern und aushalten.

Robert Stevenson, der frühere Vizepräsident der *Ford Motor Company*, war ein Musterbeispiel dieses neuen Typus des Weltbürgers. Die Zeitschrift *Business Week* zitierte Stevenson in ihrer Ausgabe vom 19. Dezember 1970 mit folgenden Worten: »Im Grunde genommen sehen wir uns nicht als amerikanisches Unternehmen. Wir sind ein internationales Unternehmen. Und wenn wir mit einer Regierung zu tun haben, der die USA nicht genehm sind, sagen wir immer ›Wer ist Ihnen genehm? Großbritannien? Deutschland? Wir segeln unter vielen Flaggen!‹«

In einem Telefoninterview vom Herbst 1973 drückte ein leitender Manager der *Mobil Oil* das noch deutlicher aus:

> Ich habe noch nie vor einer Situation gestanden, in der ich mir gesagt habe, ich werde ein guter Bürger eines Landes sein, denn in dem Moment handle ich nicht mehr als multinationale Ölgesellschaft.[1]

Wir müssen uns daran erinnern, daß ein Kartell eine *Gruppierung* von Interessen ist. Wo es gemeinsamen Zielen dient, verfolgen diese eine

---

[1] »Snake Oil From the Oil Companies«, *Consumer Reports*, Februar 1974, S. 126.

gemeinsame Linie; es bestehen in der Regel auch finanzielle Verflechtungen und die Tendenz zur Schaffung eines einzigen Wirtschafts- und Finanzimperiums, das den gesamten Planeten beherrscht. Dennoch repräsentieren ihre einzelnen Bestandteile Gruppierungen innerhalb der Gesamtstruktur, die häufig miteinander um eine bessere Position konkurrieren.

Das derzeit größte und mächtigste von ihnen hat seinen Mittelpunkt in New York City und ist als Rockefeller-Gruppe bekannt.

Das Interesse der Rockefellers an dem Gewinnpotential von Medikamenten läßt sich bis zum Vater von John D. Rockefeller, William Avery Rockefeller, zurückverfolgen. »Big Bill«, wie er von seinen Freunden und Nachbarn im Norden des Staates New York genannt wurde, reiste als Verkäufer von größtenteils aus Rohöl und Alkohol hergestellten Wunderheilmitteln durchs Land. Er hatte keinerlei medizinische Ausbildung, gab sich aber als »Dr. William A. Rockefeller, berühmter Krebsspezialist« aus und ließ sich im örtlichen Adreßbuch als Arzt eintragen. Auf seinen Werbeplakaten stand: »Heilung bei allen Krebsfällen, außer bei den zu weit fortgeschrittenen, die jedoch auch stark gelindert werden können.«[2]

»Dr.« Rockefeller war ein begnadeter Gauner. Er betrog alle und jeden und wo immer er konnte – und prahlte damit. 1844 war er des Pferdediebstahls angeklagt. Er war der Bigamie verdächtigt worden. Und 1849 wurde er wegen Vergewaltigung des Dienstmädchens im Haushalt der Rockefellers angeklagt. Um einem Prozeß zu entkommen, zog er nach Oswego, das außerhalb des Gerichtsbezirks lag.[3]

In seinen späten Jahren erinnerte sich John D. Rockefeller stolz an die praktische Ausbildung, die sein Vater ihm angedeihen ließ:

> Er selbst lehrte mich die Praxis. Er war in verschiedenen Geschäften tätig; er pflegte mir davon zu erzählen …. und er lehrte mich die Geschäftsgrundsätze und -methoden.[4]

Was waren das für Geschäftsgrundsätze und -methoden, die John D. von seinem Vater lernte? Sein Biograph John T. Flynn liefert in seinem Buch *God's Gold: The Story of Rockefeller and His Times* die Antwort:

---

2 John T. Flynn, *God's Gold; The Story of Rockefeller and His Times* (New York: Harcourt Brace and Co., 1932), S. 53.

3 Hoffman, David; A *Report on a Rockefeller, op. cit.*, S. 24.

4 Mathew Josephson, *The Robber Barons* (New York: Harcourt Brace and Co., 1934), S. 45, 46.

> Big Bill prahlte gern mit seiner Gerissenheit und seiner Fähigkeit, andere übers Ohr zu hauen … Der Mann hatte praktisch keine moralischen Grundsätze. Er gab seine raffinierten Tricks zur allgemeinen Unterhaltung zum Besten … Er war das, was man später einen »slicker« (raffinierten Gauner) nannte, und er tat alles, um seine Söhne zu ebensolchen »slickers« zu machen.
>
> »Ich trickse meine Jungs aus, wo immer ich kann«, sagte er zu Onkel Joe Webster. »Gerissen will ich sie machen. Ich mache Geschäfte mit den Jungs und nehm' sie dabei aus, und ich verprügele sie, sooft ich kann. Gerissen will ich sie machen.«[5]

Und gerissen machte er sie – besonders John D., der später einer der skrupellosesten und erfolgreichsten Monopolisten aller Zeiten wurde.

Wieder einmal müssen wir uns in Erinnerung rufen, daß trotz aller gegenteiligen Rhetorik das Monopol nicht das Produkt des freien kapitalistischen Unternehmertums ist, sondern die Flucht *davor.* John D. Rockefeller selbst hat das im Laufe seiner Karriere immer wieder bestätigt. Einer seiner Lieblingssätze war: »Wettbewerb ist Sünde.«[6]

Aber das war nicht alles. John T. Flynn erklärt:

> Sein Eintritt ins Geschäftsleben und seine spätere Karriere waren weitestgehend identisch mit der Entwicklung der amerikanischen Wirtschaft und dem Kampf gegen das *Laissez-faire* …
>
> Rockefeller war fest davon überzeugt, daß das System des Wettbewerbs, nach dem die Welt bisher funktioniert hatte, falsch war. Es war ein Verbrechen gegen Ordnung, Effizienz, Wirtschaftlichkeit. Zu beseitigen war es nur, wenn man alle Rivalen ausschaltete. Sein Plan nahm daher eine ganz bestimmte Form an. Er würde alle Rivalen zu sich ins Boot holen. Die starken würde er zu Partnern machen. Die anderen sollten als Aktionäre hineinkommen … Wer nicht mit in sein Boot wollte, würde vernichtet.[7]

Der Aufstieg des Rockefeller-Imperiums ist der Beweis für den Erfolg dieses Plans. John D. senior hatte mehrere enge Geschäftsfreunde. Einige davon waren ursprünglich Partner. Die meisten waren geschlagene Rivalen, die er mit ins Boot geholt hatte. Diese Männer wurden Multimil-

---

5 Flynn, *op. cit.*, S. 58.

6 Hoffman, *op. cit.*, S. 29.

7 Flynn, *op. cit.*, S. 23, 221.

lionäre, und meist stehen ihre Nachkommen auch heute noch mit der Familie Rockefeller in enger Verbindung. Ob die Eheschließungen zwischen den Familien nun als »nützliche Verbindungen« arrangiert waren, wie das in der herrschenden Klasse in Europa üblich war, oder Liebesheiraten waren, das Ergebnis war das gleiche. Die biologische (und finanzielle) Linie der Rockefellers hat sich praktisch ungebrochen mit der Hälfte der 60 reichsten Familien des Landes gekreuzt – und wieder zurück. Dabei wird das Aggregat zumindest wirtschaftlich immer von der *einen* Familie kontrolliert, die von John D. Rockefeller senior abstammt.

Ein Außenstehender hat praktisch keine Möglichkeit, den wahren Umfang von Vermögen und Macht der Rockefellers heute auch nur zu schätzen. Selbst ein kurzer Überblick über die sichtbaren Teile ihres Imperiums übersteigt schon fast die Vorstellungskraft.

In den 1870er Jahren errichteten die Rockefellers in den Vereinigten Staaten ein Ölmonopol. Im Jahre 1899 wurde diese Ölgesellschaft in die *Standard Oil Company of New Jersey* umgewandelt. 1911 wurde *Standard* durch ein Urteil des Obersten Gerichtshofs gezwungen, sich in sechs Einzelgesellschaften aufzuspalten – angeblich, um das Monopol aufzubrechen. Das angestrebte Ziel wurde damit allerdings nicht erreicht. Die zahlreichen »unabhängigen« Gesellschaften, die dadurch entstanden, blieben Eigentum der gleichen Männer – wurden manchmal sogar weiterhin von ihnen geleitet. Ein echter Wettbewerb dieser Gesellschaften untereinander fand nie statt, noch viel weniger mit *Standard Oil of New Jersey*, die Rockefellers wichtigste Holding-Gesellschaft blieb.

In den Jahren nach 1911 griffen die Rockefellers auf ihre alte Methode des Aufkaufs anderer Ölgesellschaften zurück, die in den Augen der Öffentlichkeit weiterhin als »unabhängig« galten. Die Familie Rockefeller verschaffte sich auf diesem Wege die Kontrolle über oder erhebliche Beteiligungen an so riesigen Unternehmen wie *Humble Oil* (jetzt *Exxon*), *Creole Petroleum*, *Texaco*, *Pure Oil* und andere. Diese Unternehmen kontrollieren ein verwirrendes Labyrinth von Tochterfirmen, die in fast allen Ländern der Welt tätig sind. Die Gesamtzahl von Unternehmen, deren Kontrolle *Standard* zugibt, beträgt 322.[8] Zusätzlich baute Rockefeller Kartellverbindungen durch Investitionen in zahlreiche ausländische »Konkurrenten« auf. Dazu gehören *Royal Dutch* (*Shell Oil*) und die Hälfte der sowjetischen Ölwerke *Nobel*.

---

[8] Hoffman, *op. cit.*, S. 151, 152.

So beeindruckend der Einfluß ist, den die Rockefellers über ihr Ölkartell ausüben – er ist gar nichts im Vergleich zu dem, was sie später durch die Zaubertricks des internationalen Finanzmarkts und Investmentbankings erreichten.

Dieser Teil der Geschichte beginnt 1891, als die *First National City Bank of New York* unter der Leitung von James Stillman Hausbank der Rockefellers wurde. Durch die Einlagen der Familie wurde die Bank die größte der USA.

Bald erwachte das Interesse der Rockefellers am Bankgeschäft – und an Bankmonopolen, mit denen sich noch mehr Geld verdienen ließ als mit Ölmonopolen. Zwei Söhne von William Rockefeller, dem Bruder von John, heirateten Töchter von James Stillman, und begründeten damit die Rockefeller-Stillman-Verflechtung. Später übertrug die Familie von John D. Rockefeller einen Großteil ihrer Finanzinteressen einer eigenen Bank, aber die Nachkommen von William Rockefeller wurden Mehrheitsaktionäre der *First National City Bank*, die eines der größten Finanzinstitute der Welt werden sollte – und sie sind es bis heute.

Die Familie von John D. Rockefeller verließ die *First National City Bank* nicht aus Unzufriedenheit oder wegen interner Machtkämpfe. Man wollte nur die Konkurrenz schlucken – das Kennzeichen aller Geschäftsmanöver von Monopolen. Zunächst einmal gründete die Familie eine eigene Bank mit dem Namen *Equitable Trust*. Dann kaufte sie die *Chase National Bank* auf. In der Zwischenzeit war die *International Acceptance Corporation*, die *Kuhn, Loeb and Company* gehörte, durch Fusion in der *Bank of the Manhattan Company* aufgegangen. Und diese wurde 1955 mit Rockefellers *Chase National Bank* verschmolzen, so daß die größte Bank der Welt entstand: die *Chase Manhattan*.

Wie groß ist die *Chase Manhattan Bank*? Das weiß kein Außenstehender genau. Was wir allerdings *wissen*, ist, daß sie eher einem souveränen Staat als einem Wirtschaftsunternehmen gleicht. Sie ist weit reicher als die meisten Staaten. Ihre Botschafter sind über 50 000 Bankmitarbeiter in der ganzen Welt. Sie beschäftigt einen hauptamtlichen Botschafter bei den Vereinten Nationen, denen sie als Bank dient.[9]

---

[9] Die Vereinten Nationen waren schon immer ein Lieblingsprojekt der Familie Rockefeller. Sie stiftete das Grundstück, auf dem jetzt das UN-Gebäude steht. Es ist anzunehmen, daß sie die Vereinten Nationen als den vollkommensten Mechanismus zur Durchsetzung globaler Monopolmacht sieht, eine Rolle, für die sie aufgrund ihrer Struktur geradezu prädestiniert sind.

Die Begriffe »Investmentbank« oder »Investmentinstitut« sind in dieser Diskussion schon mehrfach gefallen, und ihre Bedeutung sollte klargestellt werden. Vor 1933 waren Banken in den USA in zwei Geschäftsfeldern tätig. Sie betreuten die Konten und Einlagen von Privatpersonen und Unternehmen, waren also als sogenannte *Geschäfts*banken tätig. Zudem betreuten sie Kunden beim An- und Verkauf von Aktien und Anteilen an diversen kommerziellen Unternehmen, waren also auch als *Investment*banken tätig.

1933 wurde jedoch als Reaktion auf die Besorgnis der Öffentlichkeit über die fortschreitende Konzentration der wirtschaftlichen Macht in den Händen von immer weniger Bankendynastien ein Gesetz verabschiedet, das die Geschäftsbanken zwang, sich von all ihren Investment-Operationen zu trennen. (Dieses Gesetz wurde vor einigen Jahren wieder aufgehoben, so daß Banken heute wieder beide Arten von Transaktionen betreiben.) Die Banken hielten sich daran, aber das Ergebnis war nicht das, was die Wähler bezweckt hatten. Es wurden tatsächlich Investmentbanken als separate Unternehmen gegründet, aber sie gehörten genau den gleichen Leuten, die auch Eigentümer der Geschäftsbanken waren. Durch die Fusionen, die im Gefolge dieser Gesetzgebung stattfanden, war die Zahl der Unternehmen geringer und somit die Machtkonzentration größer als je zuvor.

In der *Chase Manhattan Group* gab es jetzt ein Investmentunternehmen namens *First Boston Corporation*. Und bei der *First National Group* gab es *Harriman, Ripley & Company* und *Blyth & Company*. Andere – zum Beispiel *Dominick & Dominick* und *Dillon, Read & Company* – wurden mit dem Wachsen des Rockefeller-Imperiums bald Teil der Verflechtungen. Mit der Gründung der *First Boston Corporation* hatte die einflußreiche Familie Mellon sich mit der Rockefeller-Familie zusammengeschlossen, und der einzige wichtige Block, der noch von diesem Bankriesen unabhängig war, war die Familie von J. P. Morgan, obwohl sie an vielen gemeinsamen Projekten beteiligt war, zum Beispiel der Schaffung der US-Notenbank.[10]

---

[10] Anders als im allgemeinen vermutet, befindet sich die US-Notenbank – das Gebilde, das die Währung der Vereinigten Staaten kontrolliert – weder im Besitz der Regierung noch wird sie von ihr geführt. Sie ist ein Kartell, das aus den Bankinteressen gebildet wird, von denen auf diesen Seiten die Rede ist. Für eine vollständige Beschreibung siehe *The Creature from Jekyll Island: A Second Look at the Federal Reserve* von G. Edward Griffin (Westlake Village, CA: American Media, 1995).

Mit dem Wachsen dieser Investmentbanken in den USA entwickelte sich New York zum neuen Mittelpunkt der internationalen Finanzwelt. Die Schweiz spielt zwar mit ihrem Bankgeheimnis und ihren Nummernkonten eine einzigartige Rolle, mit dem Finanzvolumen und der Macht, die sich in den USA konzentrieren, kann sie jedoch nicht mithalten. Selbst London, früher mit den Rothschilds und Morgans die Quelle finanzieller Macht, steht inzwischen nur noch an zweiter Stelle. Das amerikanische Vermögen jedes einzelnen der multinationalen Konzerne, die um *Standard Oil*, ITT, *Ford* oder *General Motors* herum entstanden, ist größer als das gesamte Vermögen mancher Staaten. ITT hat mehr Mitarbeiter im Ausland als das US-Außenministerium. Die Tankerflotte von *Standard Oil* ist größer als die der Sowjetunion. Es gibt nur ganz wenige Länder, deren gesamtes Steueraufkommen höher ist als das Forschungs- und Entwicklungsbudget bei IBM. Obwohl große Mengen von ausländischem Kapital den Weg in Schweizer Banken finden, gibt es in den USA mehr Kapital und echten Reichtum, als fast in der gesamten übrigen Welt zusammengenommen. Außerdem konzentriert sich ein erheblicher Teil dieses Reichtums in den Händen der New Yorker Führer der Finanz- und Wirtschaftskartelle.

Ein Prozent der Bevölkerung besitzt über 70 Prozent der Industrien des Landes, und zehn Prozent besitzen die *gesamte* Industrie.[11] Davon wird wiederum die Hälfte treuhänderisch von den zehn wichtigsten Banken der Wall Street verwaltet, die ihrerseits beeinflußt – oder sogar direkt kontrolliert – werden von einer Gruppe, deren Mitglieder man an den Fingern einer Hand abzählen kann. Diese Gruppe repräsentiert die größte und intensivste Konzentration von Reichtum und Macht, die die Welt je gesehen hat.

Wie ist es dazu gekommen? War es das Produkt des freien Unternehmertums? Wurde es möglich, weil man notwendige Güter und Dienstleistungen zu konkurrenzfähigen Preisen anbot und so einen größeren Anteil am freien Markt eroberte? War es die Folge von Massenproduktion und neuen Vertriebswegen, die den Verkaufspreis von Gütern so weit senkten, daß immer mehr Verbraucher sie sich leisten konnten? Jeder dieser Faktoren hat vielleicht bei diesem Prozeß eine gewisse Rolle gespielt, aber diese Rolle war winzig im Vergleich zu der sehr viel größeren Rolle der Supergewinne, die man allein durch die Ausschaltung der Konkurrenz erzielen konnte.

---

[11] Lundberg, *The Rich and the Super Rich, op. cit.*, S. 461.

Apologeten der Kartellbildung in Wirtschaft und Finanz versuchen meistens, diese Tatsache dadurch zu entkräften, daß sie den Jahresgewinn dieser Unternehmen anführen. Daraus ergibt sich tatsächlich ein bescheidenes Bild, mit durchschnittlichen Gewinnzahlen zwischen drei und sieben Prozent. Das reicht nicht einmal, um mit der Inflation Schritt zu halten. Die *Finpols* machen also offensichtlich höhere Gewinne. Aber wie?

Die Antwort liegt in dem, was auch als *Kontrollgewinne* bezeichnet wird – den Gewinnen, die nicht dem Eigentümer eines Unternehmens zufallen, sondern dem, der es kontrolliert. Sie sind *nicht* identisch mit der bescheidenen Dividende, die normalerweise den Aktionären gezahlt wird. Kontrollgewinne entstehen aus Dingen wie Insiderwissen, mit dem man Bewegungen am Aktienmarkt voraussehen kann, attraktiven Aktienoptionen, ansehnlichen Beraterhonoraren, Provisionen und Lizenzgebühren aus Kreuzverträgen mit verbundenen Gesellschaften, Millionenkrediten zu künstlich hoch- oder niedriggehaltenen Zinsen (je nach Richtung der Begünstigung) und ähnlichen Kunstgriffen.

Viele Leute meinen, daß man für die Kontrolle eines Unternehmens 51 Prozent der Anteile braucht. Bei kleinen Unternehmen, deren Aktien im Besitz einer Handvoll Leute sind, mag das stimmen. Aber bei Millionenunternehmen ist es möglich – und *Tatsache* –, daß die Kontrolle sich in den Händen von nur fünf bis zehn Prozent der Aktionäre befindet.[12]

Die Mechanismen, durch die eine extrem kleine Minderheit sich die Kontrolle – und damit die Kontroll*gewinne* – von Riesenindustrien verschaffen kann, sind faszinierend. Darunter fallen all die üblichen Tricks der Geschäftswelt – zum Beispiel Stellvertreterkämpfe und gesellschaftlicher Druck auf Vorstände – sowie die meisten Taktiken, die in einem echten Krieg angewandt werden. Dazu gehört auch der Einsatz verborgener ausländischer Verbündeter, die über Schweizer Nummernkonten kleine, aber wichtige Aktienblöcke besitzen können. Aber die wichtigste Waffe ist der starke Einfluß, den die Minderheit durch die Kontrolle großer Aktienblöcke ausüben kann, die sie indirekt, nämlich über die Investmentportfolios der ebenfalls von ihr kontrollierten Finanzinstitute, hält.

---

[12] Dies ist die übereinstimmende Meinung von Experten der Hochfinanz. Siehe *New York Times*, 7. November 1955; ebenso Lundberg, *op. cit.*, S. 270; ebenso Hoffman, *op. cit.*, S. 6, 7 und weitere.

Nehmen wir als Beispiel eine große Versicherungsgesellschaft mit den Millionen von Dollars, die ihre Versicherungsnehmer einzahlen. Das Geld, das als Rücklage für mögliche Schadensfälle dient, wird breit gestreut in verschiedenen Wertpapieren angelegt, das meiste jedoch in Aktien von Großunternehmen. Die Aktien sind stimmberechtigt. Die Stimmrechte gehören nicht den Eigentümern oder Managern der Versicherungsgesellschaft. Sie gehören den Versicherungsnehmern. Dennoch übt die Minderheit, die das Unternehmen *kontrolliert*, die mit diesen Aktien verbundenen Stimmrechte gerade so aus, als ob sie ihr gehörten. Auf diese Weise können einige wenige Leute, die ein Finanzinstitut kontrollieren, ihren Einfluß um einen Faktor multiplizieren, der um ein Hundertfaches über dem liegt, was das von ihnen selbst investierte Kapital vermuten ließe. Ebenso können sie den Kurs der von ihnen gehaltenen Aktien beeinflussen, indem sie riesige Aktienblöcke kaufen oder verkaufen. Die Kontrolle und die *Antizipation* solcher Transaktionen bergen ein ungeheures Gewinnpotential. Darin liegt die »Magie« des Investmentbankings, und das erklärt auch, warum die Führer der großen Finanzkartelle der Wall Street traditionell die Spitze der Industrieimperien der USA bilden.

Die Rockefeller-Gruppe liegt inzwischen in der Anwendung dieser Magie ganz vorne. Zusätzlich zu den Milliarden in Aktien anderer Leute, die sie durch die mit den Geschäftsbanken verbundenen Treuhandgesellschaften und Treuhandabteilungen kontrolliert, zu den weiteren Milliarden, die sie in der gleichen Manier über ihre Investmentbanken kontrolliert, und zusätzlich zu den riesigen Aktienblöcken, die von den verschiedenen Rockefeller-Stiftungen gehalten werden, kontrolliert sie auch den erheblichen Aktienbesitz der *Metropolitan* und der *Equitable*, der größten bzw. der drittgrößten Lebensversicherung der USA. Die *Traveler's* und die *Hartford*, zwei weitere Versicherungen, kamen ebenfalls unter die Kontrolle der Rockefellers, hauptsächlich auf Betreiben ihrer Vorstände J. Doyle DeWitt und Eugene Black, beide Direktoren der *Chase Manhattan Bank.*

Weiter unten in dieser Pyramide der Macht gelang es der Rockefeller-Gruppe, ihre Vertreter in Kontrollpositionen in Unternehmensleitungen der unterschiedlichsten Branchen zu plazieren. Dazu gehören unter anderem folgende bekanntere Firmen: *Allied Chemical*, *American Tobacco*, *Anaconda*, *Armour and Company*, AT&T, *Bethlehem Steel*, *Bulova Watch*, *Burlington Industries*, *Commercial Solvents Corporation*, *Continental Can*, *Cowles Publications*, *Data Control*, *Florida East Coast*

Railroad, Ford Motor, General Electric, General Foods, General Motors, Getty Oil, B. F. Goodrich, Hearst Publications, Hewlett-Packard, IBM, *International Harvester,* ITT, *Kennecott Copper, Litton Industries, Minute Maid, National Lead, New York Central Railroad, Pan American Airways, Penn Central, Polaroid,* RCA, *Sears, Shell Oil, Singer, Southern Pacific Railroad, Time-Life Publications, U.S. Rubber, U.S. Steel, Virginian Railroad, Western Union* und *Westinghouse* – um nur einige zu nennen!

Bei Medikamenten und pharmazeutischen Produkten ist der Einfluß der Rockefeller-Gruppe erheblich, um nicht zu sagen beherrschend. In einem Vortrag beim Investitionsforum in Paris sagte David Rockefeller, es sei klug, »in Lebens- und Risikoversicherungen, Büromaschinenhersteller und die Firmen zu investieren, die von der Medikamentenforschung profitieren«.[13]

Daß er seinem eigenen Rat gefolgt ist, zeigt die Geschichte.

Allerdings vollzog sich der Einzug der Rockefellers in die Pharmabranche weniger öffentlich als in die meisten anderen Branchen. Dafür scheint es zwei Gründe zu geben. Zum einen war da die Tatsache, daß *Standard Oil* vor dem Ersten Weltkrieg lange Jahre eine Kartellvereinbarung mit der I.G. Farben hatte, nur als deren Partner in der Chemiebranche im weitesten Sinne aktiv zu werden; im Gegenzug hatte sich die I.G. Farben verpflichtet, nicht ins Ölgeschäft einzusteigen. Zum anderen hatte *Standard Oil*, weil die I.G. Farben in den USA so unpopulär war, daß ihre amerikanischen Beteilungen getarnt werden mußten, sogar ihre Beteiligungen an Chemiefirmen hinter einem Labyrinth von Strohfirmen und Scheinkonten verborgen. Allerdings war die *Chase Manhattan Bank* die wichtigste Überwachungsstelle für die Ausgabe von Aktien von Unternehmen der Farben-Rockefeller-Gruppe wie *Sterling Drug, Olin Corporation, American Home Products* und *General Analine and Film.* Als die riesigen Beteiligungen der I.G. Farben 1962 endlich verkauft wurden, spielte die Rockefeller-Gruppe bei der Transaktion die entscheidende Rolle. Wenn es also irgendwelche Möglichkeiten gab, von Insider-Informationen zu profitieren oder eine Minderheit in eine Position zu bringen, in der die Kontrollgewinne ihr zufallen würden, dann darf man annehmen, daß die Rockefeller-Gruppe diese Gelegenheit auch nutzte. Daher ist es für einen Außenstehenden schwer, die *alleinige* Kontrolle durch Rockefeller von der Kontrolle zu trennen, die sie sich mit der I.G. Farben oder deren Nachfolgern teilt. Daß sie innerhalb der Pharma-

---

13 Hoffman, *op. cit.*, S. 185.

branche ein bedeutendes Machtzentrum darstellt, ist jedoch nicht zu bestreiten.

Das Profitpotential bei Medikamenten ist enorm. Ihrer ganzen Natur nach bieten sich diese Produkte für Monopolbildung und Kartellmanipulation geradezu an. Ein Kranker oder Sterbender feilscht nicht um den Preis des Medikaments, das ihm helfen soll. Das gilt ganz besonders, wenn er dieses Medikament nur auf Rezept bekommen kann. Der geheimnisvolle Nimbus, der diese Prozedur umgibt, verhindert den Wettbewerb zwischen verschiedenen Marken. Extrem hohe Profite sind durchaus möglich – nicht für den Arzt oder den Apotheker, aber für die Herstellerfirmen dieser Präparate.

Das ist der Hauptgrund für das ständige Bestreben der FDA, alle außer den schwächsten Vitaminpräparaten verschreibungspflichtig zu machen. Es geht darum, den Preis- und Markenwettbewerb zu unterbinden. Die Pharmaunternehmen unterstützen dieses Vorgehen, weil sie wissen, daß sie mit der Kontrolle über den Apothekenvertrieb ein Monopol hätten. Sie wissen auch, daß bei Verschreibungspflicht die Versicherung die Vitamine bezahlt. Also kann man die Preise erhöhen, ohne daß die Verbraucher protestieren. (Daß letztendlich doch wieder der Verbraucher über höhere Versicherungsbeiträge oder höhere Steuern für die Kosten aufkommt, ist ja unwichtig.) Und so haben wir nur ein weiteres Beispiel dafür, wie die Macht des Staates dazu mißbraucht wird, einen Wettbewerb zu verhindern und dem Verbraucher höhere Kosten aufzubürden.

Das ist wieder so ein Wegweiser, der uns zeigt, daß wir uns nicht in einem Labyrinth irrelevanter Informationen ohne Bezug zur Krebstherapie verlaufen haben. Auch wenn viele ansonsten sehr gut informierte Leute es nicht wissen – Kartelle *gibt* es. Sie beherrschen die chemische Industrie schon seit Jahrzehnten. Die Pharmaindustrie blieb davon keineswegs verschont, sondern stand von Anfang an im Mittelpunkt von Kartellaktivitäten. Wir haben uns auf diese lange Reise durch die Geschichte begeben, weil man ohne das Wissen über dieses Kartell die breite Opposition gegen die Vitamintherapie nicht wirklich einschätzen kann.

Man hat beobachtet, daß praktisch jedes ausländische Staatsoberhaupt, das die Vereinigten Staaten besucht, dem Führer des Rockefeller-Imperiums einen persönlichen Besuch abstattet. So haben unter anderem Persönlichkeiten wie der Kaiser von Japan oder der Führer der Sowjetunion David Rockefeller besucht. Und wenn Rockefeller ins Ausland reist, wird er stets mit dem feierlichen Protokoll begrüßt, das normalerweise Staatsoberhäuptern vorbehalten ist. Trotzdem halten die meisten Amerikaner Rockefeller nicht für besonders wichtig. Wie Ferdinand Lundberg feststellte:

> Anscheinend schätzen ausländische Staatsführer … und die amerikanische Öffentlichkeit den genauen Status der Rockefellers ganz unterschiedlich ein. Ist es möglich, daß die ausländischen Polithaie sich irren, wenn sie die Palastgarde und die Diplomaten zu ihrer Begrüßung antreten lassen? Meine Meinung über sie ist die gleiche wie die des Auslands. Die Finpols (Finanzier-Politiker) sind ganz hohe Tiere, Super-Mega-VIPs, Riesen aus dem Lande Brobdingnag. Im Vergleich zu ihnen ist der Durchschnittsbürger mit seiner einzigen Wahlstimme eine stumme Ziffer, ein lautloses Nichts, ein unsichtbares Phantom, ein Schatten im luftleeren Raum, weniger als ein Leibeigener.[14]

Vielleicht sehen die Amerikaner die Rockefellers nicht als die »Riesen aus dem Lande Brobdingnag«, die sie in Wirklichkeit sind, weil sie ebenso wie ihre Pendants bei der I.G. Farben in Nazideutschland so klug waren, im Hintergrund zu bleiben. Sie erscheinen selten in den Nachrichten und werden neben den öffentlichen Auftritten und Erklärungen unserer Politiker kaum wahrgenommen. Die Männer an der Spitze dieser Weltmacht überlassen die Jagd nach dem Rampenlicht lieber ihren politischen Chargen, die sich schon vom Temperament her weit besser dazu eignen. Die Macht eines John oder eines David Rockefeller ist vielleicht nicht so groß wie die, die ein Präsident der Vereinigten Staaten für einen kurzen Augenblick in seinen Händen hält. Aber im Vergleich zu ihnen ist ein Präsident nur ein flüchtiger Komet auf dem Weg ins Vergessen.

Politiker kommen und gehen. Einige werden in den Geschichtsbüchern ihrer Länder verehrt. Einige werden als Kriegsverbrecher verurteilt. Andere werden ermordet. Die meisten werden einfach beiseite geschoben und vergessen, sobald sie niemandem mehr nützen. Aber die Macht der Rockefellers wird von Generation zu Generation weitergegeben wie ein Adelstitel und ist zu einer lebendigen, erstarkenden, nahezu unsterblichen Wirklichkeit an sich geworden.

---

[14] Lundberg, *op. cit.*, S. 21.

National Archives

Oben: Die I.G. Farben, das größte Chemie- und Pharmakartell der Welt, hatte ihren Sitz in diesem Gebäude in Frankfurt, Deutschland. Sie wurde das Rückgrat der Kriegsmaschine der Nazis. Dennoch erhielten amerikanische Bomberpiloten während der massiven Bombardierung von Frankfurt die Anweisung, dieses Gebäude zu verschonen. Es blieb völlig unbeschädigt.

Unten: In den Nürnberger Prozessen kam heraus, daß die führenden Unternehmer der I.G. Farben den Nazistaat unter ihrer Kontrolle hatten. Das Bild zeigt Oswald Pohl, Generalleutnant der SS, der zum Tod durch Erhängen verurteilt wurde, bei der Schilderung, wie die I.G. Farben Konzentrationslager wie Auschwitz und Buchenwald betrieb.

Foto: *U.S. Army*

Fotos: *U.S. Army*

Foto: U.P.I

Adolf Hitler (oberes Bild) 1932 bei einer Versammlung in Berlin. Hitlers Aufstieg an die Macht wäre ohne die heimliche finanzielle Unterstützung der I.G. Farben nicht möglich gewesen. Der Nazistaat wurde das Instrument zur Durchsetzung von Kartellabsprachen.

Die linke Seite zeigt die wichtigsten Angeklagten der I.G. Farben bei den Nürnberger Kriegsverbrecherprozessen. Hermann Schmitz, der führende Kopf des Kartells, war eine bedeutende Persönlichkeit im internationalen Bankwesen. Carl Krauch war Aufsichtsratsvorsitzender der I.G. Farben. Max Ilgner, der »Finanzchef« der I.G. Farben, war in Wirklichkeit Spionage- und Propagandachef. Otto Ambros (unten rechts) leitete die Giftgasproduktion der I.G. Farben.

Foto: U.P.I.

Foto: *Photoworld*

Foto: *Photoworld*

John D. Rockefeller senior (oben) verteilte gern öffentlich blanke Zehn-Cent-Stücke an Kinder, um sein Image in der Presse aufzubessern. Vorgeschlagen hatte ihm das Ivy Lee (S. 274, unten), einer der weltweit führenden PR-Fachleute. Lee hatte auch im Auftrag der I.G. Farben eine Imagestudie über Adolf Hitler erstellt.

Walter Teagle (S. 274, oben) hielt während seiner Amtszeit als Präsident von *Standard Oil* heimlich Anteile an Unternehmen der I.G. Farben für die Familie Rockefeller. Mit solchen Tricks verschleierten die Rockefellers ihre Finanzinteressen in der Pharmabranche.

Foto: *Photoworld*

Foto: *Pictoral Parade*

Foto: *Photoworld*

Abraham Flexner, der Verfasser des berühmten Flexner-Reports von 1910, war führend im Kampf um die Verbesserung der medizinischen Ausbildung in den USA. Gleichzeitig stand er in den Diensten von Andrew Carnegie (S. 276 links) und John D. Rockefeller (S. 276, kleines Bild), die zu demselben Zweck steuerfreie Stiftungen gegründet hatten. Der Erfolg war eine starke Ausrichtung der medizinischen Fakultäten der USA auf pharmazeutische Medikamente und Forschung, denn durch den erhöhten Absatz dieser Medikamente machten die Spender mit ihrer »Wohltätigkeit« Gewinne.

Foto: U.P.I.

John D. Rockefeller senior, hier im Alter von 93 Jahren, hatte ein fantastisches Vermögen geschaffen. Als er 1928 sein eigenes Imperium mit dem der I.G. Farben verband, entstand das größte und mächtigste Kartell der Weltgeschichte. Dieses Kartell überlebte nicht nur in all diesen Jahren, es wuchs und gedieh sogar. Heute hat es erheblichen Einfluß auf die wissenschaftlichen ebenso wie die politischen Aspekte der Krebstherapie.

Kapitel 18

Das Wohltätigkeitsrezept

Der Einfluß des Pharmakartells auf die medizinischen Fakultäten der USA, die pharmazeutische Ausrichtung der medizinischen Ausbildung und wie man mit wohltätigen Stiftungen Bildungsinstitutionen kontrollieren kann.

WIR HABEN GESEHEN, DASS die Rockefeller-Gruppe zusammen mit der I.G. Farben im Hintergrund eine beherrschende Kraft in der amerikanischen Pharmaindustrie geworden ist. Eine Folge davon ist, daß es bei verschreibungspflichtigen Medikamenten und patentrechtlich geschützten Arzneimitteln praktisch keinen Preiswettbewerb um den Verbraucher gibt. In der Regel äußert sich ein Wettbewerb höchstens in Werbesprüchen wie: »Labortests haben gezeigt, daß *Bayer* besser ist« oder »Forschungen zeigen: Anacin wirkt schneller«. Seit vielen Jahren halten sich die Pharmavertriebe an eine Vereinbarung, sich jeweils auf ihr enges Spezialgebiet zu beschränken und die etablierten Märkte ihrer Rivalen nicht anzugreifen. Es ist eben eine »geordnete Industrie«, wie sie so richtig sagen.

Ein Grund für diesen mangelnden Wettbewerb liegt darin, daß die meisten Arzneimittel durch Patente geschützt sind und nur von einem Hersteller erhältlich sind. Ein anderer Grund ist, daß sie von Ärzten verschrieben werden, denen die Wirksamkeit eines Medikaments wichtiger ist als sein Preis. Aber da ist außerdem noch die Tatsache, daß Pharmavertriebe jedes Jahr so viele neue Medikamente auf den Markt werfen, daß der Arzt häufig gar nicht *weiß*, wie wirksam die Medikamente sind, die er verschreibt. Er weiß nur, daß er im *AMA Journal* Werbung dafür gesehen hat, daß er von dem Vertreter des Herstellers »Informationsblätter« dazu in die Hand gedrückt bekommen hat und daß er vielleicht mit diesen Medikamenten bei anderen Patienten gute Erfolge erzielt hat. Da er praktizierender Arzt ist und nicht Arzneimittelforscher, kann er keine kontrollierten Versuche durchführen, um die relative Wirksamkeit neuer Medikamente im Vergleich zu älteren oder ähnlichen Präparaten anderer Hersteller zu untersuchen. Er weiß nur, daß sie bei einigen seiner Patienten anscheinend wirken. Wenn das erste Medikament nicht den gewünschten Erfolg bringt, stellt er ein neues Rezept aus und versucht etwas anderes. Die Folge ist, daß Patienten oft mehrere Präparate verschiedener Hersteller kaufen, und jeder dieser Hersteller kriegt ein Stück vom Kuchen.

Dieser Aspekt wurde 1963 auf einer von der *Johns Hopkins University* geförderten Tagung einigermaßen deutlich angesprochen. Einer der Referenten war Dr. George Baehr aus New York, der folgendes feststellte:

> Als langjähriger Berater von frei praktizierenden Ärzten habe ich immer wieder beobachtet, daß viele Allgemeinmediziner und Fachärzte sich angewöhnt haben, häufig und völlig unnötig das Medikament zu wechseln. Normalerweise werden sie durch die Überredungskunst der Werbung und den Besuch von Pharmavertretern zu einer Änderung ihrer Verschreibungsgewohnheiten bewogen.[1]

Aus der Sicht des Arztes ist an diesem Verfahren nichts Ungebührliches. Er hilft nur seinen Patienten, so gut er kann, indem er ihnen die, wie man ihm sagte, neuesten pharmazeutischen Entwicklungen zugänglich macht. Denken Sie daran: Der Gewinn aus dieser Verschreibung fließt nicht in seine Tasche.

Es ist keine Frage, daß der Arzt als Verkäufer für die milliardenschwere Pharmaindustrie fungiert, ohne für diese unentbehrliche Dienstleistung bezahlt zu werden. Dafür *ausgebildet* wurde er aber sehr wohl. In den Studiengängen der führenden medizinischen Fakultäten des Landes lernen die Studenten so viel über den Einsatz von Medikamenten (und praktisch nichts über Ernährungsmedizin), daß sie als fertige Ärzte ganz selbstverständlich auf den Einsatz von Medikamenten als das Mittel der Wahl gegen praktisch alle menschlichen Gebrechen zurückgreifen.

Wie die medizinischen Fakultäten des Landes dazu kamen, diese Einheitsstudiengänge einzurichten, soll im folgenden behandelt werden.

Der Schlüssel zu diesem speziellen Aspekt der Intrige des Kartells ist die steuerfreie Stiftung. Im Rahmen dieser Untersuchung kann nur ein kurzer Abriß der Ursprünge und frühen Stadien solcher Stiftungen gegeben werden, aber die Hauptpunkte sind folgende:

Die US-Notenbank, die Einkommensteuer und die steuerfreie Stiftung wurden alle von denselben *Finpols* konzipiert und dem amerikanischen Volk angedreht, von denen in den vorigen Seiten die Rede war.

---

[1] Omar Garrison, *The Dictocrats, op. cit.*, S. 21.

Tatsächlich wurde das Gesetz über die US-Notenbank erstmalig 1913 von Senator Nelson Aldrich eingebracht und als »Aldrich-Plan« bekannt. Aldrich wurde in den inneren Kreis der Macht aufgenommen, als seine Tochter John D. Rockefeller junior heiratete. Der Sohn des Senators, Winthrop Aldrich, wurde Vorsitzender der *Chase National Bank*. Senator Aldrich galt als Rockefellers persönlicher Vertreter im Senat und hatte deswegen wesentlich mehr Macht und Einfluß in Washington als irgendein anderer Senator dieser Zeit. Eines ist sicher: Er hätte die Einkommenssteuergesetze nicht eingebracht, wenn auch nur die geringste Chance bestanden hätte, daß Riesenvermögen wie die der Rockefellers, Morgans, Carnegies oder Mellons davon betroffen sein würden.

Der Plan war ebenso schlicht wie genial. Man würde einen Großteil des sichtbaren Vermögens sogenannten Stiftungen übertragen. Mit der Verwaltung dieser Stiftungen würde man handverlesene und loyale Handlanger betrauen. Man würde zur Auflage machen, daß ein Teil des Vermögens scheinbar wohltätigen Zwecken zufließen sollte. Die meisten dieser Schenkungen sollten allerdings so angelegt sein, daß den Stiftern selbst, ihren Unternehmen oder ihren politischen Zielen damit gedient wäre. Sie würden die volle Kontrolle über ihr Vermögen behalten und sie genauso frei einsetzen, als stünden sie noch immer unter ihrem eigenen Namen. Man würde beim Tod des »Stifters« die Zahlung von Erbschaftssteuer in nennenswerter Höhe vermeiden und damit sicherstellen, daß das Vermögen intakt und für immer unter der Kontrolle der Familie oder des Konzerns blieb. Und weil die Stiftung angeblich wohltätigen Zwekken diente, konnte man die Zahlung eines Großteils oder sogar der gesamten Einkommenssteuer vermeiden, die man gerade für alle anderen einführen wollte.

Es muß wiederholt werden, daß die »sozialistischen« oder »kommunistischen« Patentlösungen, die angeblich bezweckten, die Reichen zu stürzen und die Armen zu erheben – zum Beispiel die Einkommenssteuerprogression[2] –, immer dazu führen, daß die Mittelschicht verschwindet und letztlich das Gegenteil dessen erreicht wird, was ursprünglich beabsichtigt wurde. Daß das auf die USA zutrifft, liegt auf der Hand. Die Einkommenssteuerprogression hat den *Finpols* nicht im geringsten geschadet. Ihr Reichtum wächst von Jahr zu Jahr schneller. Den Unternehmern und Freiberuflern der Mittelschicht dagegen ist nun der

---

2 Die progressive Einkommenssteuer wird im *Kommunistischen Manifest* ausdrücklich gefordert.

Zutritt zu den exklusiven Reihen der Supereichen zunehmend versperrt. Mit jedem Jahrzehnt, das seit der Einführung der Einkommenssteuer vergeht, vergrößert sich die Kluft zwischen oben und unten. Wieder wird der Staat das Werkzeug zur Verhinderung des Wettbewerbs und zum Erhalt der Monopole.

Und täuschen Sie sich nicht, genau das war die Absicht.

Ferdinand Lundberg erklärt:

> Die Empfänger von Geldern aus den Kassen der Stiftungen müssen für die Wohltäter ideologisch akzeptabel sein. Es gibt nicht wenige Beweise dafür, daß einflußreiche Leute aus der Welt der Konzerne auf diese Art und Weise die wissenschaftliche Forschung und viele Bereiche der Universitäten, insbesondere die Personalpolitik, beeinflussen können. Die Stiftungen sind eifrige Förderer der Naturwissenschaften, deren Forschungsergebnisse sich in den großen Unternehmungen äußerst gewinnbringend verwerten lassen …
>
> Ob die Stiftungsgründer nun diese diversen Wirkungen beabsichtigten oder nicht, sie traten auf jeden Fall ein, und der realistische Beobachter muß annehmen, daß das die Intention der realistischen Stiftungsgründer war.[3]

Was für die universitäre Forschung galt, trifft ebenso für die staatliche Forschung zu. In beiden Fällen kann die Pharmaindustrie kommerziell von Arzneimittelforschungsprogrammen profitieren, die ganz oder teilweise aus Steuergeldern finanziert werden. Dieser Sachverhalt wurde 1972 von Dr. Frank Rauscher, dem Direktor des *National Cancer Institute*, mit folgenden Worten bestätigt:

> Alljährlich testen wir allein im *National Cancer Institute* etwa 30 000 Substanzen an Tieren auf tumorhemmende Eigenschaften. In den letzten vier oder fünf Jahren haben im Durchschnitt etwa drei Medikamente es bis in die Arzttasche zur Anwendung am Patienten geschafft.
>
> Das Programm kostet derzeit jährlich etwa 75 Millionen Dollar und wird etwa sechs bis sieben klinisch wirksame Medikamente pro Jahr hervorbringen. Das heißt, daß wir pro Medikament

---

[3] Lundberg, *The Rich and The Super Rich, op. cit.*, S. 469 (dt. Ausg. S. 271).

> etwa zehn Millionen Dollar an Steuergeldern ausgeben … Meine Kollegen, Dr. Gordon Zubrod und Dr. Saul Schepartz, betreiben am *National Cancer Institute* wahrscheinlich den größten Pharmabetrieb des Landes.[4]

In den letzten Jahren ist der Anteil von privat praktizierenden Ärzten an der gesamten Ärzteschaft konstant gesunken. An ihre Stelle treten Gemeinschaftspraxen, HMOs, staatlich geförderte Einrichtungen und Forschungszentren. Viele davon erhalten erhebliche Zuschüsse für bestimmte medizinische Projekte und werden stark abhängig von den ideologischen oder wissenschaftlichen Präferenzen ihrer Geldgeber. Nicht etwa, daß die Geber ihnen spezifische Anweisungen darüber erteilen, was sie zu tun oder zu welchen Ergebnissen sie zu kommen haben. Das Problem ist nur, daß die Empfänger von vornherein wissen: Falls sie zu weit von den unausgesprochenen, aber durchaus bekannten Zielen der Geldgeber abweichen, hat ihr Name zum letzten Mal auf der Liste für diese Zuschüsse gestanden.

Da gibt es zum Beispiel den berühmten Fall des 15 000-Dollar-Zuschusses der *Carnegie Endowment for International Peace* an die amerikanische Anwaltskammer zur Untersuchung der UN-Konvention gegen Völkermord. Als die Anwaltskammer sich erdreistete, die Konvention zu *kritisieren*, war die Carnegie-Stiftung empört und verlangte den sofortigen Abbruch des Projekts oder ihr Geld zurück.[5]

Ein weiteres Beispiel für den Einfluß von Stiftungen auf die akademische Welt ist die Methode, mit der das Institut für Ernährung der *Harvard University* zur Werbeabteilung der *General Foods Corporation* umfunktioniert wurde. Langjähriger Leiter dieses Harvard-Instituts war Professor Stare, in Reformhauskreisen auch als »Cornflakes-Professor« bekannt. Eine der fragwürdigen Leistungen des Professors war seine Verteidigung von »angereichertem« Weißbrot und anderen Wunderprodukten der lebensmittelverarbeitenden Industrie. Alle Hinweise, daß chemische Nahrungsmittelzusätze vielleicht ungesund oder daß verarbeitete Supermarktlebensmittel möglicherweise nicht ganz so nahrhaft sein könnten wie frische Produkte aus dem Biogarten, wurden von ihm als »Unsinn«

---

4 »New Gains in War Against Cancer«, *U.S. News and World Report*, 4. Dezember 1972, S. 41.

5 »Bar Group Accused by Carnegie Fund«, *New York Times*, 15. Oktober 1950, S. 1, 66 und »Bar Group Denies Peace Fund Misuse«, *New York Times*, 20. Oktober 1950, S. 30.

und »ernährungsmedizinische Quacksalberei« abgetan. Bei einer Gelegenheit kritisierte er Dr. Carlton Fredericks für sein Eintreten für Vitamin B_6 und forderte ihn auf, auch nur eine *einzige* verläßliche Referenz als Beleg für den Wert dieser Substanz zu nennen. Woraufhin Dr. Fredericks ihm den Bericht über B_6 zusandte, den Stare selbst einige Jahre, bevor er unter den Einfluß von Harvard und Stiftungsgeldern geraten war, verfaßt hatte.[6]

Omar Garrison gibt uns weiteren Aufschluß darüber, wie dieser Einfluß so entscheidend werden konnte:

> Vielleicht hat es nichts zu bedeuten, daß Dr. Stare im Aufsichtsrat eines Großunternehmens sitzt und daß sein Institut in Harvard von der Lebensmittelindustrie beträchtliche Forschungsmittel erhalten hatte. Zum Beispiel verkündete der Präsident der Universität 1960 ein, wie er sagte, »bedeutendes« Geschenk von $ 1 026 000 von der *General Foods Corporation*, mit dem über einen Zeitraum von zehn Jahren die Erweiterung der ernährungsmedizinischen Forschungslabore des Instituts für Bevölkerungsgesundheit der Universität finanziert werden sollte, an dem Dr. Stare den Lehrstuhl für Ernährungsmedizin innehat. Die spannende Frage ist: Kann wissenschaftliche Forschung überhaupt objektiv bleiben, wenn sie so großzügig von Großunternehmen unterstützt wird, deren wirtschaftliche Zukunft von den Ergebnissen dieser Forschung beeinflußt sein wird?[7]

Joseph Goulden erklärt in seiner maßgeblichen Untersuchung über die Rolle von Stiftungen, *The Money Givers*, wie die Kontrolle der Stiftungen bis in die Ärzteschaft ausgedehnt wurde:

> Die Ärzteschaft bebt vor Erregung, wenn sie das Knistern von Tausend-Dollar-Scheinen hört. Seit Ford [mit der Ford-Stiftung] 1950 im ganzen Land aktiv wurde, hat das Unternehmen mehr als eine Drittelmilliarde in medizinische Fakultäten und Krankenhäuser investiert …

---

[6] Diese Einzelheiten stammen aus einem Vortrag, den Dr. Carlton Fredericks am 16. Januar 1972 vor der *National Federal Health Convention* in Los Angeles hielt.

[7] Garrison, *op. cit.*, S. 195, 196.

> Stiftungen sind beim medizinischen Establishment beliebt, weil sie so viel zu seinem Fortbestand beitragen. Eine reiche regionale Stiftung – *Kellogg* in Michigan, *Moody* in Texas, *Lilly* in Indiana – kann über Zuschüsse zu Baukosten, Betriebskosten oder Forschungsausgaben im Krankenhauswesen einen ebenso starken Einfluß ausüben wie der Ärzteverband des betreffenden Bundesstaats.[8]

Da Stiftungen wertvolle Instrumente zur Förderung von Monopolen und Kartellen sind, werden sie folgerichtig nicht nur dafür eingesetzt, den Reichtum derer zu mehren, von denen sie kontrolliert werden, sondern auch dafür, die Aktivitäten und die Einflußsphäre des Staates zu erweitern, denn eine *totalitäre* Regierung ist das perfekte Monopol und letztlich das Ziel.

Seit den Anfängen des Stiftungswesens war dies ein auffälliger Aspekt ihrer Arbeit. Die meisten mit Stiftungsgeldern geförderten Projekte in den Sozial- und Politikwissenschaften kamen zu dem Ergebnis, daß durch eine Erweiterung der Befugnisse des Staates die Probleme und Ungerechtigkeiten in den USA und in der ganzen Welt zu lösen seien. Üppige Stipendien gingen an Wissenschaftler, Forscher, Institute, Bühnenautoren, Kirchen, Theatergruppen, an Organisationen, die die Massen mobilisieren wollten, ebenso wie an Dichter und Denker in Elfenbeintürmen. Sie gingen an Mitglieder des Establishments, an Gegner des Establishments, an Leute, die behaupten, zwischen beiden zu vermitteln, und an Leute, die gewaltsame Revolutionen zum Sturz der Regierung planen. Sie gingen an Republikaner und Demokraten, an New-Age-Anhänger, an Militante und Pazifisten, Sozialisten und Kommunisten. Aufgrund der scheinbaren Vielfalt dieser Gruppen kommt der oberflächliche Beobachter zu dem irrigen Schluß, daß die Stiftungen nicht wählerisch sind oder daß sie eine Art Schmelztiegeldemokratie der Ideen fördern. Bei genauerer Betrachtung stellt sich allerdings heraus, daß die einzige Gemeinsamkeit zwischen diesen Gruppen in ihrem Eintreten für einen starken Staat besteht, und *das* ist auch der Grund, warum die Monopolkräfte ihnen wohlgesonnen sind.

Zur Stützung dieser Behauptung könnte man Tausend Beispiele anführen, aber wir wollen uns hier auf das Gebiet der Medizin beschränken,

---

[8] Joseph Goulden, *The Money Givers* (New York: Random House, 1971), S. 145, 149.

dem unser unmittelbares Interesse gilt. Jüngere Untersuchungen über das verstaatlichte Gesundheitssystem in England und Schweden haben eine interessante Tatsache zutage gefördert. Da verschreibungspflichtige Medikamente in diesen Ländern »gratis« sind (aus Steuergeldern bezahlt), liegt der Pro-Kopf-Verbrauch von Medikamenten wesentlich höher als in den USA. Die Statistiken zeigen, daß jemand, für den die Höhe seiner Arzt- und Arzneimittelrechnung keine unmittelbaren finanziellen Auswirkungen hat, dazu neigt, medizinische Dienstleistungen öfter als nötig in Anspruch zu nehmen, nur um sicherzugehen, daß er wirklich alles bekommt, was ihm seiner Meinung nach zusteht.

Ebenso neigt der Arzt dazu, auch in Grenzfällen bereits Rezepte auszustellen, nur um den Patienten schneller durch seine Praxis zu »schleusen«. Somit belohnt ein verstaatlichtes Gesundheitssystem die Arzneimittelhersteller mit automatischer und maximaler Marktsättigung für ihre Produkte. Dem Pharmakartell, das die medikamentenorientierten Stiftungen kontrolliert, ist das durchaus nicht entgangen, und ganz sicher ist es kein Zufall, daß die Stiftungen seit vielen Jahren auf ein verstaatlichtes Gesundheitssystem in den USA hinwirken.

Der *Milbank Fund* wurde von Albert G. Milbank gegründet, dem Vorsitzenden der *Borden Company*, der gleichzeitig Seniorpartner der Anwaltskanzlei *Milbank, Tweed, Hope, Hadley and McCloy* an der Wall Street war. Milbank war für das Kartell kein Unbekannter. John J. McCloy, einer seiner Partner, war Vorstandsvorsitzender der *Chase National Bank*, Treuhänder der Rockefeller-Stiftung, Vorsitzender des CFR-Vorstands (CFR = *Council on Foreign Relations*) und Vorstandsmitglied bei *Squibb Pharmaceutical*. Die Bedeutung des *Milbank Fund* beruht nicht auf seiner Eigenschaft als Freund und Förderer von Projekten, die angeblich der Verbesserung der Gesundheitsversorgung dienen, sondern darauf, daß er als eine der ersten Stiftungen seine Ressourcen ganz offen für die Expansion des Staates in Richtung auf ein verstaatlichtes Gesundheitssystem einsetzte.

Richard Carter erzählt diese Geschichte in *The Doctor Business*, seiner vernichtenden Attacke gegen die AMA:

> Unter der Regierung von Coolidge und Hoover traf die organisierte Medizin auf wenig Schwierigkeiten von Seiten des Gesetzgebers. Die größten Probleme machten ihr der Ausschuß über die Kosten im Gesundheitswesen und die Wohltätigkeitsorganisationen, die dessen Arbeit finanzierten. Als besonders aggressiv

> galt der *Milbank Fund*. Trotz der Proteste örtlicher Ärzteverbände setzte er seine Pilotstudien im Staat New York fort, die die Vorteile einer staatlich organisierten Medizin demonstrierten. Um die Angelegenheit noch zu verschlimmern, befürwortete der Sekretär des *Milbank Fund*, John A. Kingsbury, eine allgemeine Krankenversicherung, ebenso wie der Präsident Albert G. Milbank. Mit der Wahl von Franklin D. Roosevelt erhielt diese Fürsprache ein gewaltiges Gewicht. Man erwartete, daß Roosevelt eine Krankenversicherungspflicht in seine Sozialgesetzgebung aufnehmen würde.[9]

Das Auftauchen der Rockefeller-Gruppe in der Stiftungsarena ist für das Thema dieser Abhandlung von ungeheurer Bedeutung, denn kein anderer Einzelfaktor hat die moderne Medizin in den USA so stark geprägt. Der erste Schritt in diese Richtung wurde getan, als John D. Rockefeller die professionellen Dienste eines PR-Experten namens Ivy Lee in Anspruch nahm. Als Lee vor den Kongreßausschuß zur Untersuchung ausländischer Propaganda und anderer subversiver Aktivitäten geladen wurde,[10] sagte er widerwillig aus, daß die I.G. Farben ihn dazu engagiert hatte, die meisten Mitglieder der Naziführung bis hinauf zu Propagandaminister Goebbels und Hitler selbst professionell zu beraten.

Später wurde Lee dafür berühmt, daß er eine anscheinend unmögliche Aufgabe löste – das Image von John D. Rockefeller in der Öffentlichkeit zu verbessern. Er hatte dem alten Industriemagnaten geraten, jedes Jahr einen winzigen Prozentsatz seines Vermögens in Schenkungen an Krankenhäuser, Bibliotheken, Schulen, Kirchen und andere wohltätige Einrichtungen zu spenden, und zwar möglichst publikumswirksam und vorzugsweise mit einem Gebäude, das als bleibendes Zeugnis seiner Großzügigkeit und Mildtätigkeit seinen Namen trug.

Damit die Zeitungen freundlich über Rockefeller schrieben, riet Lee ihm, bei allen öffentlichen Auftritten rollenweise blanke Zehn-Cent-Stücke bei sich zu tragen, um sie an alle Kinder in der Nähe zu verteilen. Hauptsächlich weil er solchen Ratschlägen folgte, wurde John D. Rockefeller allmählich seinen alten (und wohlverdienten) Ruf der Gerissenheit

---

[9] Richard Carter, *The Doctor Business* (New York: Doubleday, 1958), S. 203, 204.

[10] Der Ausschuß wurde später nach Martin Dies als Dies-Ausschuß bekannt, aber 1934 war der Vorsitzende John W. McCormack aus Massachusetts.

und Skrupellosigkeit los und zunehmend als gütiger, kinderlieber Philanthrop geschildert.

Die Publikumswirksamkeit von Wohltätigkeit war nicht von Ivy Lee erfunden worden. Rockefeller selbst hatte beobachtet, wie George Peabody durch demonstrative öffentliche Wohltaten sein Negativimage praktisch über Nacht umdrehte, sein Freund Andrew Carnegie tat das gleiche. Kurz nachdem Carnegie sein berühmtes »Evangelium des Wohlstands« verkündet hatte, in dem er erklärte, daß Männer mit großen Vermögen verpflichtet seien, humanitäre Ziele durch wohltätige Handlungen zu unterstützen, schrieb ihm Rockefeller: »Seien Sie sicher, Ihr Beispiel wird Früchte tragen.«[11] Als später Rockefellers erste allgemeine Wohltätigkeitsorganisation gegründet wurde, wurde Carnegie als Kurator bestellt und blieb es elf Jahre lang. In Anwendung kartelltypischer Prinzipien vereinbarten Rockefeller und Carnegie, bei ihren mildtätigen Aktionen Konkurrenz oder Überschneidungen zu vermeiden, und betrieben ihre jeweiligen Stiftungen, als sei es eine einzige. Das hat dazu geführt, daß jede von ihnen im Laufe der Jahre ein noch größeres wirtschaftliches Gewicht bekam, als die ohnehin ungeheuren Ressourcen jeder einzelnen vermuten lassen.

Der Mann, der sich um die Förderung der lukrativen Wissenschaft von der Stiftungsphilanthropie vermutlich am meisten verdient gemacht hat, war ein »modernistischer« Pastor namens Fred Gates. Gates war viel mehr ein Geschäftsmann als ein Mann der Kirche. Er gab sogar in aller Öffentlichkeit zu, er habe nichts für fundamentalistische Religion übrig und sei in den Dienst der Kirche getreten, um die »sozialen« Grundsätze zu fördern, die seiner Meinung nach in der Lehre Jesu enthalten seien. Er erklärte: »Ich wollte mich auf Seine Seite und auf die Seite Seiner Freunde stellen gegen die Welt und Seine Feinde. Eine andere ›Bekehrung‹ habe ich offen gestanden nie erlebt.«[12]

Fred Gates hatte John D. Rockefellers Aufmerksamkeit erregt, weil er dem Mehlmagnaten George A. Pillsbury so hervorragende Dienste geleistet hatte. Gates hatte Pillsbury gezeigt, wie man einen Teil seines Vermögens so loswerden kann, daß man nicht nur möglichst große Zustimmung in der Öffentlichkeit erhält, sondern sich auch die Kontrolle über Gelder anderer Herkunft sichern kann.

---

[11] Warren Weaver, *U.S. Philanthropic Foundations; Their History, Structure, Management, and Record* (New York: Harper & Row), S. 35.

[12] Allan Nevins, *John D. Rockefeller* (New York: Scribner & Sons, 1959), Band 2, S. 271.

Das Gates-Rezept lautete folgendermaßen: Pillsbury spendete der *Owatonna Baptist Academy* $ 50 000 *unter der Bedingung, daß die Baptistengemeinde noch einmal den gleichen Betrag aufbrachte*. Gates übernahm dann die Aufgabe, die zusätzlichen Gelder zusammenzubringen. Das Ergebnis war, daß insgesamt $ 100 000 zusammenkamen, und das geschah auf eine Weise, daß sich die ganze Geschäftswelt wegen ihrer eigenen Beteiligung an dem Projekt persönlich mit Mr. Pillsbury und seinem »noblen« Vorhaben identifizierte.

Pillsbury gab nur die Hälfte des Geldes und bekam trotzdem soviel öffentliche Anerkennung und privaten Einfluß über die Verwendung der Mittel, als hätte er das Projekt ganz finanziert. Auf diese Weise hatte er *doppelt* so viel von seiner eigenen Wohltätigkeit!

John D. begriff schnell, wie nützlich ihm ein Mann vom Schlage eines Fred Gates, des Erfinders dieses Konzepts, sein konnte, und machte ihn bald zu einer zentralen Figur in seinen Unternehmen. Rockefeller selbst beschrieb Gates später in folgenden leuchtenden Farben:

> Fred Gates war ein wunderbarer Geschäftsmann. Seine Tätigkeit für die *American Baptist Education Society* erforderte, daß er viel unterwegs war. Als er einmal in den Süden reisen mußte, bat ich ihn, sich ein Eisenwerk anzuschauen, an dem ich interessiert war. Sein Bericht war ein Muster an Klarheit!
>
> Dann bat ich ihn, Nachforschungen über ein anderes Objekt im Westen anzustellen. Man hatte mir gesagt, die betreffende Firma schwämme nur so im Geld. Der Bericht von Mr. Gates zeigte, daß man mich getäuscht hatte.
>
> Nachdem mir nun klargeworden war, daß ich auf ein Geschäftsgenie gestoßen war, überredete ich Mr. Gates, Geschäftsmann zu werden.[13]

Eine der ersten von Rockefeller und Gates gegründeten Stiftungen war das *General Education Board*. Ziel dieses »Wohltätigkeitsprojekts« war nicht so sehr die Anhebung des allgemeinen Bildungsniveaus, wie viele damals annahmen, sondern die Verwandlung der Amerikaner in eine gefügige Herde zufriedener und geduldiger Arbeitstiere. In der ersten Schrift des *General Education Board* erklärte Gates:

---

13 John K. Winkler, *John D. – A Portrait in Oils* (New York: Blue Ribbon Books, 1929), S. 176, 177.

> In unseren Träumen sind unsere Möglichkeiten unbegrenzt, und das Volk läßt sich bereitwillig von uns formen. Die bestehenden Bildungskonventionen verblassen in unseren Gedanken, und unbehindert von Althergebrachtem wirken wir mit unseren guten Absichten auf das dankbare und aufnahmebereite Landvolk ein. Wir werden nicht versuchen, diese Menschen oder ihre Kinder zu großen Denkern der Philosophie oder der Naturwissenschaft zu machen. Wir müssen nicht versuchen, aus ihren Reihen Schriftsteller, Journalisten, Dichter oder Männer der Schrift hervorzubringen. Wir werden nicht nach zukünftigen großen Künstlern, Malern, Musikern oder auch Rechtsanwälten, Ärzten, Predigern, Politikern, Staatsmännern suchen, von denen wir schon so viele haben. Die Aufgabe, die wir uns stellen, ist ganz einfach und gleichzeitig wunderbar: diese Menschen zu bilden, so wie wir sie vorfinden, für ein vollkommenes Leben, da wo sie sind. So werden wir unsere Kinder zu einer Gemeinschaft formen und sie lehren, die Dinge auf vollkommene Weise zu tun, die ihre Eltern im Haus, im Laden, auf der Farm auf unvollkommene Weise tun.[14]

John D. Rockefeller war Effizienzfanatiker – nicht nur in geschäftlichen Dingen, sondern auch bei der Verwaltung seiner wohltätigen Gelder. Für ihn war »Effizienz« nicht nur Vermeidung von Verschwendung, sie bedeutete auch, die Gelder so einzusetzen, daß sie dem Spender den *maximalen* Nutzen einbrachten.

Die »Subsidiaritätsformel«, die Gates für Pillsbury erdacht hatte, wurde für Rockefeller noch weiter verfeinert und nahm bald eine Struktur an, bei der John D. häufig Wohltätigkeitsprojekte kontrollierte, die er nur zu einem Viertel finanzierte. Zahlreiche freiwillige Spendensammler konnten mobilisiert werden, um den Rest in der Öffentlichkeit zu sammeln. Aber da der höchste *Einzel*beitrag von Rockefeller kam, erhielt er auch die ganze Anerkennung und konnte die Kontrolle der gesamten Gelder in die Hände von ihm willfährigen Kuratoren legen. Nach diesem Muster entstanden so profitable Unternehmungen wie die *Charity Organization Society*, die *State Charities Aid*, der *Greater New York Fund* und viele andere.

Die *New York Tuberculosis and Health Association* war ein klassisches Beispiel. Ursprünglich von einer Gruppe von Ärzten gegründet, die sich den Kampf gegen TB zur Aufgabe gemacht hatten, geriet sie bald unter die Kontrolle von Rockefeller, der sie finanziell unterstützte. Der von Rockefeller eingesetzte Projektverantworliche war ein ziemlich unbekannter Sozialarbeiter namens Harry Hopkins.[15] Unter dessen Leitung wuchs sich die *T. B. Association* zu einer international tätigen Organisation aus, die ab 1920 jedes Jahr viele Millionen Dollar sammelte.

Die Kontrolle lag bei Rockefeller, aber der größte Teil des Geldes kam von Privatleuten, durch Spenden und den Verkauf von Weihnachtsaufklebern zusammen. Einer der großen Skandale des Jahres 1932 drehte sich um den Vorwurf, den der *New-York-City-Health*-Commissioner Lewis I. Harris am 8. Juni in einem Brief an die *New York Times* erhob, und das darauffolgende Eingeständnis der Verantwortlichen, »daß alle Gelder für Gehälter und Betriebskosten verwandt worden waren«.

Die Wohltätigkeitsformel funktionierte so gut, daß man beschloß, sie auszuweiten. Zahlreiche ähnliche Organisationen wurden gegründet, um die Angst der Öffentlichkeit vor anderen Krankheiten auszunutzen. Innerhalb weniger Jahre entstanden plötzlich Organisationen wie die *Heart Association*, die *Social Hygiene Association*, die *Diabetes Association*, die *National Association for the Prevention of Blindness*, die *American Cancer Association* und viele andere mehr.

Die *American Cancer Society* wurde übrigens offiziell im Mai 1913 im New Yorker *Harvard Club* gegründet. In späteren Jahren wurde ihre Ausrichtung von Persönlichkeiten wie Alfred P. Sloan (*General Motors*), Charles D. Hilles (AT&T), Monroe Rathbone (*Standard Oil*) und Frederich Ecker (*Metropolitan Life*) bestimmt, die in ihrem Verwaltungsrat saßen. Die *American Cancer Society* hält 50 Prozent der Patentrechte an 5FU (5 flourouracil, eines der Medikamente, die für die Krebsbehandlung als »akzeptabel« gelten).[16] Hersteller des Medikaments sind die *Hoffman-LaRoche Laboratories*, die zum Einflußbereich von I.G.-Rockefeller gehören. Viele Ärzte, die Mitglieder der ACS sind, wären empört, wenn sie erführen, daß diese Organisation ein verdecktes Interesse an dem Absatz von Medikamenten und finanzielle Verflechtungen mit der Arzneimittelindustrie hat.

---

14 »Occasional Paper No. I«, *General Education Board*, 1904.

15 Wie die meisten Protegés von Rockefeller ging auch Hopkins in den Staatsdienst. Er wurde Direktor der *Works Progress Administration*, US-Handelsminister, *Lend-Lease*-Administrator und persönlicher Berater von John D. Rockefeller. Er bezog sogar Quartier im Weißen Haus. Später stellte sich heraus, daß er Mitglied der Kommunistischen Partei war.

16 Siehe Jones, *Nutrition Rudiments in Cancer, op. cit.*, S. 17.

Die ACS streitet ab, für ihre Patentanteile je Geld erhalten zu haben. Als der Verfasser in einem Brief an *Hoffman-LaRoche* sein Erstaunen hierüber ausdrückte, da doch solche Gelder zur Finanzierung der »humanitären Programme« der ACS eingesetzt werden könnten, antwortete Samuel L. Welt, Stellvertretender Vizepräsident und Leitender Beauftragter für Patentangelegenheiten: »Wir können uns nicht zu der Frage äußern, ob bzw. welche Zahlungen die *American Cancer Society* aufgrund des Patents erhalten hat.«[17]

Rockefellers erster großer Einstieg in die Wohltätigkeit erfolgte im Jahre 1890, als er nach der Gates-Formel der *Baptist University of Chicago* $ 600 000 spendete mit der Auflage, daß die fleischverarbeitenden Unternehmen und Textilkaufleute der Stadt ebenfalls mindestens $ 400 000 beisteuerten.

Sein Biograph John T. Flynn beschreibt die Reaktion:

> Als die Nachricht von Rockefellers fürstlicher Spende bekannt gegeben wurde, fand gerade in Boston die Tagung der *National Baptist Education Society* statt. Die Ankündigung der Spende wurde mit Hochrufen begrüßt … Als der Name des Spenders und die zur Verfügung gestellte Summe mitgeteilt wurden, erhob sich das Publikum und sang das Gloria. Die Menschen brachen in Lob- und Freudenrufe aus. »Der Mann, der dieses Geld gab, ist gottgefällig«, sang ein Führer. Ein anderer erhob sich und rief: »Das Hervortreten eines solch fürstlichen Spenders! Ein Mann, der uns führen kann! Dies ist das Werk des Herrn. Gott hat uns Chicago erhalten. Seine Geduld erfüllt mich mit Staunen.«
>
> Am folgenden Sabbath wurden von fast allen Baptistenkanzeln im ganzen Land Dankespredigten gehalten. »Als die Krise nahte«, so hub ein Geistlicher an, »sandte uns Gott den Mann, der sie bekämpfen konnte.« »Gott«, rief ein anderer, »hat uns geleitet und uns einen Führer und einen Spender geschenkt und uns damit in einen weiten Ort hinausgeführt.« Von manchen Kanzeln fielen auch die Worte: »Ein Mann des Herrn!« In einem Brief an den *Independent* hieß es: »Nie entsprang eine Wohltat einer reineren christlichen Quelle.«[18]

---

[17] Brief an G. Edward Griffin, 11. Januar 1977; Griffin, *Private Papers, op. cit.*

[18] Flynn, *God's Gold, op. cit.*, S. 305, 306.

Kapitel 18

Wess' Brot ich eß ...

Das niedrige Niveau der medizinischen Ausbildung in den USA vor 1910, der Beitrag des Flexner-Reports zur Dramatisierung des Reformbedarfs, die Rolle der Rockefeller- und der Carnegie-Stiftung bei der Umsetzung des Flexner-Reports und der Einsatz von Stiftungsmitteln zur Sicherung der Kontrolle über die medizinischen Fakultäten der USA.

EIN ALTES SPRICHWORT SAGT: »Wess' Brot ich eß, dess' Lied ich sing.« Das ist eine der ewigen Wahrheiten, die in der Wirtschaft, in der Politik und *in der Bildung* eine Rolle spielen – und auch immer spielen werden.

Wir haben gesehen, wie John D. Rockefeller mit einer Spende von gerade einmal $ 600 000 an die *Chicago University* die Herzen der Baptistenprediger gewann. Jetzt muß noch gezeigt werden, daß er auch die Kontrolle über die Universitäten gewann.

Innerhalb eines Jahres nach der Spende wurde Rockefellers persönlicher Favorit Dr. William Rainey Harper zum Präsidenten der Einrichtung ernannt. Und innerhalb von zwei Jahren war der Lehrkörper erfolgreich von allen Anti-Rockefeller-Dissidenten gesäubert worden. Ein Professor für Volkswirtschaft und ein Literaturprofessor taten sich dadurch hervor, daß sie öffentlich verkündeten, Mr. Rockefeller sei »an schöpferischem Genius Shakespeare, Homer und Dante überlegen«.[1]

Ein gewisser Professor Bemis hingegen wurde wegen »Unfähigkeit« aus dem Lehrkörper entlassen, nachdem er mehrfach das Vorgehen der Eisenbahngesellschaft im Pullman-Streik 1894 kritisiert hatte. Als einige Jahre darauf die Familie Rockefeller durch die »Wohltätigkeit« von John Archibald eine ähnliche Kontrolle über die *Syracuse University* im Westen des Staates New York erlangt hatte, wurde ein Dozent der Volkswirtschaft namens John Cummons vom Kanzler der Universität aus ähnlichen Gründen entlassen.

1953 wurde der Abgeordnete B. Carroll Reece aus Tennessee vom Kongreß zur Bildung eines Sonderausschusses zur Untersuchung von

---

1 Josephson, *The Robber Barrons*, *op. cit.*, S. 324.

Macht und Einfluß steuerfreier Stiftungen bevollmächtigt. Aufgrund des wachsenden Drucks unterschiedlicher Kräfte in hohen Positionen in der Regierung selbst kam man nie zu irgendeinem nennenswerten Ergebnis, und Reece mußte schließlich die Arbeit des Ausschusses einstellen. Während seines kurzen Bestehens förderte er allerdings viele interessante und höchst aufschlußreiche Fakten zutage. Norman Dodd, Direktor der Recherchen für den Ausschuß und vermutlich eine der führenden Autoritäten des Landes in Stiftungsfragen, machte während der Anhörungen im Ausschuß folgende Aussage:

> Das Netzwerk, bei dessen Entwicklung und Funktionieren die Stiftungen (durch ihre Unterstützung und Förderung) eine so bedeutende Rolle gespielt haben, scheint diesem Land praktisch ein nationales Bildungssystem unter der strikten Kontrolle von Organisationen und Personen beschert zu haben, die der amerikanischen Öffentlichkeit weitgehend unbekannt sind … Der Lehrplan in diesem scharf kontrollierten Bildungssystem ist darauf angelegt, den amerikanischen Studenten zu indoktrinieren, von der Immatrikulation bis zum Abschluß der Ausbildung.[2]

Gestützt auf die einzigartigen Talente des Fred Gates machte sich Rockefeller bewußt und methodisch daran, die Kontrolle des amerikanischen Bildungssystems und besonders der *medizinischen* Ausbildung in Amerika an sich zu ziehen. Das begann 1901 mit der Gründung des *Rockefeller Institute for Medical Research*. In seinem Vorstand saßen so politisch orientierte »Mediziner« wie Dr. L. Emmett Holt, Dr. Christian A. Herter, Dr. T. Mitchell Pruden, Dr. Hermann M. Briggs, Dr. William H. Welch, Dr. Theobald Smith und Dr. Simon Flexner. Christian Herter war natürlich zu Höherem bestimmt und wurde unter Eisenhower Außenminister. Auch Simon Flexner war für größere Erfolge ausersehen. Obwohl sein Name nie eine solche Berühmtheit erlangte wie der Herters, haben er und sein Bruder Abraham vermutlich das Leben von mehr Menschen stärker beeinflußt als je irgendein Außenminister.

Abraham Flexner war Mitarbeiter der *Carnegie Foundation for the Advancement of Teaching*. Wie bereits erwähnt, arbeiteten die Rockefeller- und die Carnegie-Stiftungen bei der Förderung der Ziele des jeweils anderen praktisch wie eine einzige Organisation, und das war in diesem

---

[2] Zitiert nach Weaver, *U.S. Philanthropic Foundations, op. cit.*, S. 175, 176.

Fall nicht anders. Die Gebrüder Flexner waren gewissermaßen die Linse, durch die die Finanzmacht von Rockefeller und Carnegie die arglose und ungeschützte Ärzteschaft ins Visier nehmen konnte.

Vor 1910 ließ die medizinische Praxis in den USA erheblich zu wünschen übrig. Medizinische Qualifikationen waren im Versandhandel zu kaufen oder konnten mit einer Minimalausbildung an unterbesetzten und schlechten medizinischen Fakultäten erworben werden. Die Ärzteschaft hatte in der Öffentlichkeit einen schlechten Ruf, und Reformen lagen in der Luft.

Die *American Medical Association* (AMA) hatte begonnen, sich für eine Behebung dieser Mißstände zu interessieren. Sie gründete einen Rat für Medizinische Ausbildung mit dem expliziten Ziel, den Status der Ausbildung landesweit zu erfassen und spezifische Empfehlungen zu ihrer Verbesserung zu erarbeiten. 1908 war sie jedoch wegen Meinungsverschiedenheiten innerhalb des Rates und unzureichender Mittel in Schwierigkeiten geraten. Mit einer brillanten Strategie und zu einem perfekt gewählten Zeitpunkt stieß der Rockefeller-Carnegie-Apparat in dieses Vakuum vor. Henry S. Pritchett, der Präsident der Carnegie-Stiftung, nahm mit der AMA Kontakt auf und bot an, das gesamte Projekt einfach zu übernehmen. Das Protokoll der Sitzung des AMA-Ausschusses für Medizinische Ausbildung, die im Dezember 1908 in New York stattfand, schildert den Ablauf:

> Um 13.00 Uhr fand eine informelle Besprechung mit Präsident Pritchett und Mr. Abraham Flexner von der Carnegie-Stiftung statt. Mr. Flexner hatte bereits schriftlich die Bereitschaft der Stiftung zum Ausdruck gebracht, mit dem Rat bei der Überprüfung der Medizinischen Fakultäten zusammenzuarbeiten. Bei diesem Anlaß erklärte er, die Stiftung solle alle akademischen Berufe überprüfen: Jura, Medizin und Theologie.[3] …
>
> Er stimmte der früher von den Ausschußmitgliedern geäußerten Meinung zu, daß die Stiftung sich zwar weitgehend von den Untersuchungen des Rates leiten lassen würde, daß jedoch zur Vermeidung des üblichen Vorwurfs der Parteilichkeit der Rat im Bericht nicht häufiger als Informationsquelle genannt werden

---

[3] Es gehört nicht zu dieser Untersuchung, aber der Leser sollte nicht übersehen, daß die gleiche Strategie der Kontrolle auch auf andere wichtige Bildungsbereiche angewendet wurde.

> solle als andere. Der Bericht werde somit seinem Charakter und seiner Bedeutung nach unparteiisch sein und in der Folge allgemein publik gemacht werden. Er werde erheblich zur öffentlichen Meinungsbildung beitragen.[4]

Da war wieder die »Wohltätigkeitsformel« in Aktion: (1) andere einen erheblichen Teil der Kosten tragen lassen (die AMA hatte den größten Teil der Arbeit bereits erledigt, die Kosten für Carnegie lagen nur bei $ 10 000), (2) in der Öffentlichkeit einen Imagebonus sichern (»Wie wundervoll von diesen Männern, sich um die Verbesserung der Medizin zu kümmern!«) und (3) Kontrolle über einen entscheidenden Bereich des amerikanischen Lebens zu erringen.

Die Kontrolle kam so zustande:

Der Flexner-Report, wie der Bericht dann genannt wurde, wurde 1910 veröffentlicht. Wie bereits angekündigt, *wurde* er »allgemein publik gemacht«, und *trug* »erheblich zur öffentlichen Meinungsbildung bei«. Der Bericht zeichnete ein zutreffendes Bild von den Unzulänglichkeiten der damaligen medizinischen Ausbildung. Dagegen konnte niemand etwas einzuwenden haben. Er machte auch eine Reihe von radikalen Änderungsvorschlägen, die meisten von ihnen vollkommen vernünftig. Auch dagegen konnte niemand etwas einzuwenden haben. Der aufmerksame Beobachter hätte allerdings festgestellt, daß die Empfehlungen unter anderem vorsahen, den *Pharmakologie*kursen größeres Gewicht zu geben und an allen »qualifizierten« medizinischen Fakultäten *Forschung*sabteilungen einzurichten.

Oberflächlich betrachtet war der Flexner-Report über jede Kritik erhaben. Mit Sicherheit leistete er einen dringend nötigen Dienst. Das wahre Ziel des Gesamtplans zeigte sich erst an dem, was als *Folge* des Berichts passierte. Rockefeller und Carnegie begannen sofort, die Universitäten, die sich der Kontrolle nicht widersetzten, mit Millionen von Dollars zu überschütten. Die nicht konformbereiten gingen bei dem Geldsegen leer aus und wurden schließlich von ihren finanziell besser ausgestatteten Konkurrenten aus dem Geschäft gedrängt.

1905 gab es 160 medizinische Ausbildungsstätten. Bis 1927 war diese Zahl auf 80 gefallen. Die meisten von denen, die hinausgedrängt wurden, waren tatsächlich schlecht, aber Qualität war nicht das einzige

---

[4] Dr. Morris Fishbein, *A History of the AMA* (Philadelphia & London: W. B. Saunders Co., 1947), S. 987, 989.

Kriterium, das über Förderungswürdigkeit entschied. Der allererste Prüfstein war die Bereitschaft der Verwaltung und des Lehrkörpers, auf Arzneimittelforschung ausgerichtete Lehrinhalte zu akzeptieren. Auf die Weise würde das Geld an die Spender zurückfließen – und ein hübscher Profit obendrein. Der Historiker Joseph Goulden beschreibt den Prozeß wie folgt:

> Flexner hatte die Ideen, Rockefeller und Carnegie das Geld, und ihre Verbindung war spektakulär. Das *Rockefeller Institute for Medical Research* und das *General Education Board* überschütteten halbwegs respektable medizinische Ausbildungsstätten und Professoren, die sich an Forschungen interessiert zeigten, geradezu mit Geld.[5]

Seit 1910 haben die Stiftungen mehr als eine Milliarde Dollar in die medizinischen Ausbildungseinrichtungen in den USA »investiert«. Fast die Hälfte des Lehrkörpers erhält mittlerweile einen Teil seines Gehalts aus »Forschungs«mitteln der Stiftungen, und mehr als 16 Prozent von ihnen wird ganz aus solchen Mitteln bezahlt. Rockefeller und Carnegie sind nicht die einzige Quelle solcher Gelder. Einen erheblichen Einfluß üben auch die *Ford Foundation*, die *Kellogg Foundation*, der *Commonwealth Fund* (eine von Edward Harkness von *Standard Oil* geschaffene Rockefeller-Verflechtung), die *Sloan Foundation* und die *Macy Foundation* aus. Die *Ford Foundation* ist in den letzten Jahren in der medizinischen Ausbildung sehr aktiv geworden, aber in puncto Finanzvolumen und historischer Kontinuität kann es kein anderer mit den Rockefellers und den Carnegies aufnehmen.

In seinem maßgeblichen Artikel »The Role of Private Foundations in the Development of Modern Medicine« (»Die Rolle privater Stiftungen in der Entwicklung der modernen Medizin«) gibt Joseph C. Hinsey einen Überblick, wie dieser Einfluß Schritt für Schritt immer stärker wurde:

> Beginnend mit der Medizinischen Fakultät der *Johns Hopkins University* 1913 hat das *General Education Board* Umstrukturierungen gefördert, die in den klinischen ebenso wie in den rein wissenschaftlichen Bereichen der ersten beiden medizinischen Ausbildungsjahre den Ganztagsunterricht einführten und später

---

[5] Goulden, *The Money Givers, op. cit.*, S. 141.

> auf die *Washington University* in St. Louis, auf *Yale* und auf Chicago ausgedehnt wurden. 1923 erhielt die *University of Iowa* Fördermittel in Höhe von $ 2 250 000 vom *General Education Board* und der Rockefeller-Stiftung. Fördermittel in geringerer Höhe gingen an die medizinischen Fakultäten folgender staatlicher Universitäten: *University of Colorado, University of Oregon, University of Virginia* und *University of Georgia.* Ebenso wurden der *University of Cincinnati* Geldmittel zugewiesen, eine Institution, die zum Teil aus städtischen Mitteln finanziert wird. Die *Howard University* und die *Meharry Medical School* wurden gefördert, letztere mit ca. acht Millionen Dollar. Später vergaben das *General Education Board* und die Rockefeller-Stiftung erhebliche Fördermittel an die medizinischen Fakultäten in Harvard, Vanderbilt, Columbia, Cornell, Tulane, Western Reserve, Rochester, Duke, Emory und an das mit der *Cornell University* verbundene *Memorial Hospital* in New York.[6]

Dieser Liste müssen noch die medizinischen Fakultäten von Northwestern, Kansas und Rochester hinzugefügt werden, die jeweils erhebliche Mittel entweder aus Rockefeller-Geldern oder dem *Commonwealth Fund* erhielten, der mit Rockefeller-Interessen eng verbunden ist.[7]

Mit seinem Bericht wurde Abraham Flexner einer der drei einflußreichsten Männer in der amerikanischen Medizin. Die beiden anderen waren sein Bruder Simon Flexner vom *Rockefeller Institute* und Dr. William Welch von der Medizinischen Fakultät der *Johns Hopkins University* und dem *Rockefeller Institute.* Hinsey berichtet, daß diese drei Männer im »Triumvirat«

> … nicht nur an der Zuteilung von Fördermitteln der Rockefeller-Stiftung beteiligt waren, sie berieten gleichzeitig die Leiter von Institutionen, Nichtfachleute in den Aufsichtsräten, Angehörige medizinischer Fakultäten und Universitäten in den USA und im Ausland. Sie waren Zuhörer, Ideengeber und Programmberater, Vermittler in schwierigen Situationen.[8]

---

6 Nachdruck dieses Artikels in Warren Weaver, *U.S. Philanthropic Foundations, op. cit.*, S. 264, 265.

7 Ibid., S. 268.

8 Ibid., S. 274.

Die *Association of American Medical Colleges* ist eines der wesentlichen Kontrollinstrumente der Stiftungen und Kartelle über die Medizinerausbildung in den USA und Kanada. Sie wurde 1876 gegründet mit dem Auftrag, eine Reihe von Standards für alle medizinischen Ausbildungseinrichtungen festzulegen. Sie entscheidet über die Kriterien für die Zulassung zum Medizinstudium, für die Ausarbeitung der Studienpläne, für Weiterbildungsprogramme für Ärzte nach der Abschlußprüfung und für die Kommunikation mit der Ärzteschaft und der Öffentlichkeit. Von ihrer Gründung an wurde die *Association of American Medical Colleges* vom *Commonwealth Fund*, dem *China Medical Board* (gegründet 1914 als eine Abteilung der Rockefeller-Stiftung), der *Kellogg Foundation* sowie der *Macy*, *Markle*, *Rockefeller* und *Sloan Foundation* finanziert und beherrscht.[9]

Bildlich gesprochen besetzten die Stiftungen die Spitze der Pyramide der medizinischen Ausbildung, als es ihnen gelang, ihre eigenen Leute in die Fakultätsgremien und in Schüsselpositionen in der Verwaltung einzuschleusen. Die Mitte der Pyramide sicherte sich die *Association of American Medical Colleges*, die Standards setzte und Studienpläne vereinheitlichte. Der Sockel der Pyramide allerdings war erst konsolidiert, als die Stiftungen endlich die Lehrkräfte selber auswählen durften. Folglich zielte ein Großteil der Stiftungstätigkeit immer auf die sogenannte »Universitätsmedizin« ab. Seit 1913 beherrschen die Stiftungen dieses Gebiet. Der *Commonwealth Fund* berichtet von einer Zuteilung von einer halben Million Dollar für diesen Zweck innerhalb eines einzigen Jahres, während die Rockefeller-Stiftung sich rühmt, über 20 000 Forschungsstipendien und Stipendien für die Ausbildung medizinischer Lehrkräfte zu finanzieren.[10]

Joseph Goulden berührt dieses Thema in *The Money Givers*:

> Wenn die Stiftungen reden wollten, hätte ihre Stimme den satten Klang der Registrierkasse. Nach einer Aufstellung der *American Association of Fund-Raising Counsel* beliefen sich ihre Ausgaben für Gesundheitswesen und Krankenhäuser von 1964 bis 1968 auf über eine halbe Milliarde Dollar. Allerdings finanzieren die »Innovationsaufwendungen« der Stiftungen die Forschung, nicht

---

9 Nachdruck dieses Artikels in Warren Weaver, *U.S. Philanthropic Foundations, op. cit.*, S. 267, 268

10 Ibid., S. 265, 266.

> die Ausbildung von Ärzten, die Menschen behandeln. Die medizinischen Fakultäten wissen das und verhalten sich so, wie ihre Kunden es wünschen.[11]

In der gleichen Tonart schreibt David Hopgood im *Washington Monthly*:

> Der Studienplan der medizinischen Fakultäten und ihre Zulassungsbedingungen sind auf den theoretisch orientierten Studenten ausgerichtet, der eine Karriere in der Forschung anstrebt. In dem immer schärferen Kampf um Studienplätze verdrängen diese theoretisch begabten Studenten diejenigen, die Medizin tatsächlich praktizieren wollen.[12]

Folglich sind die Lehrkräfte an medizinischen Fakultäten ein ganz bestimmter Menschenschlag. In dem Auswahl- und Ausbildungsprozeß lag das Hauptgewicht darauf, Personen zu finden, die sich aufgrund eines spezifischen Interesses zur Forschung hingezogen fühlten, und ganz besonders zur pharmakologischen Forschung. Dadurch überwiegen im Lehrkörper unserer medizinischen Fakultäten Männer und Frauen, die aufgrund ihrer eigenen Präferenzen und ihrer Ausbildung dafür prädestiniert sind, die pharmaorientierte Wissenschaft zu propagieren, die mittlerweile die amerikanische Medizin beherrscht. Die Ironie daran ist, daß weder sie selbst noch ihre Studenten sich auch im geringsten der Tatsache bewußt sind, daß sie das Produkt eines Selektionsprozesses sind, der verborgene kommerzielle Zwecke bedient. So gründlich sind sie von dieser Tatsache abgeschottet, daß nur wenige von ihnen in der Lage sind, diese offenkundige Wahrheit zu akzeptieren, wenn sie mit ihr konfrontiert werden. Sie zu akzeptieren würde ihrem beruflichen Stolz einen schweren Schlag versetzen. Je tiefer sich jemand auf den medizinischen Beruf eingelassen hat und je länger er dessen Methoden ausgesetzt ist, desto schwerer wird es generell, aus den gedanklichen Grenzen auszubrechen, die dieser Beruf setzt. Für die Praxis bedeutet das einfach, daß von all Ihren Bekannten Ihr Arzt vermutlich der allerletzte wäre, der die in dieser Studie dargelegten Tatsachen akzeptieren würde!

Dr. David L. Edsall war früher Dekan der Medizinischen Fakultät der

---

[11] Goulden, *op. cit.*, S. 144.

[12] »The Health Professionals: Cure or Cause of the Health Crises?«, *Washington Monthly*, Juni 1969.

Universität Harvard. Die Zustände, die er aus Harvard berichtet, sind die gleichen wie an jeder anderen medizinischen Fakultät in Amerika:

> Eine Zeitlang war ich Professor für Therapeutik und Pharmakologie, und ich wußte aus Erfahrung, daß ich und andere damals von den Studenten verlangten, sich Kenntnisse über eine Unzahl verschiedener Arzneimittel anzueignen, von denen viele wertlos, viele nutzlos und manche vermutlich sogar schädlich waren ... Fast alle Fächer müssen praktisch zur gleichen Zeit und auf die gleiche Art von allen Studenten absolviert werden, und der Lehrstoff ist in jedem Kurs so umfangreich, daß nur wenige Studenten die Zeit oder die Energie haben, sich aus eigenem Antrieb mit irgendeinem Thema zu beschäftigen. Schon ein kleiner Vergleich zeigt, daß das Medizinstudium weniger intellektuelle Freiheit bietet als praktisch jede andere akademische Ausbildung in diesem Land![13]

Ja, wess' Brot ich eß, dess' Lied sing ich wirklich. Vielleicht können diejenigen, die unsere medizinischen Fakultäten finanzieren, nicht bis ins letzte Detail diktieren, was gelehrt wird. Aber das ist gar nicht nötig, damit das Kartell sein Ziel erreicht. Sicher ist auf jeden Fall, daß *totale* Kontrolle darüber besteht, was *nicht* gelehrt wird, und ebenso sicher wird keines von Rockefellers blanken Zehn-Cent-Stücken je den Weg in eine medizinische Fakultät, ein Krankenhaus, einen Lehrkörper oder zu einem Wissenschaftler finden, die die unorthodoxe Meinung vertreten, daß die Natur die beste Medizin bietet. Weil sie einen so großzügigen Förderer hat, wird die orthodoxe Medizin immer das Lied der patentgeschützten Arzneimittel singen. Wenn die Ernährungsmedizin überhaupt mitsingen darf, wird sie auf jeden Fall nur eine ganz kleine Stimme haben, und es wird immer wieder dasselbe Lied sein, daß *natürliche* Vitaminquellen den synthetischen auf keinen Fall überlegen sind. Der Tag, an dem die orthodoxe Medizin die Ernährung in die Behandlung von Krankheiten mit einbezieht, wird der Tag sein, an dem es dem Kartell hinter der orthodoxen Medizin gelungen ist, auch die Vitaminindustrie zu monopolisieren – kein Tag eher.

Bis dahin müssen die Medizinstudenten Jahre damit zubringen, die

---

[13] Zitiert nach Morris A. Bealle, *The New Drug Story* (Wash. D.C.: Columbia Publishing Co., 1958), S. 19, 20.

Pharmakologie von Medikamenten zu lernen, und sie können von Glück sagen, wenn sie auch nur einen einzigen Kurs in Ernährungsmedizin angeboten bekommen. Das führt dazu, daß die Frau eines Durchschnittsmediziners sich besser mit Ernährung auskennt als ihr Mann.

Um aber auf das Hauptthema zurückzukommen: Wir stellen fest, daß der Einfluß des Kartells auf die orthodoxe Medizin sich weit über die medizinischen Fakultäten hinaus bemerkbar macht. Nachdem der Arzt sich durch zehn oder zwölf Jahre gekämpft hat, in denen er das gelernt hat, was das Kartell für richtig hielt, zieht er hinaus in die Welt der medizinischen Praxis, wo ihn sofort der andere Arm der Kartellkontrolle einfängt – die *American Medical Association*.

Kommen wir also jetzt zu diesem Teil der unendlichen Geschichte.

Kapitel 20

... dess' Lied ich sing

Der Einfluß der AMA auf die medizinische Praxis in den USA, mangelnde Kontrolle der AMA durch deren Mitglieder, Finanzierung der AMA durch die Pharmaindustrie und Beispiele der Verflechtung zwischen beiden.

DIE *AMERICAN MEDICAL ASSOCIATION* stieg 1908 mit den Rockefeller- und Carnegie-Interessen ins Bett mit dem löblichen Ziel, die amerikanische Medizin zu verbessern. Genau wie die junge Dame, die »nur dieses eine Mal« vom Pfad der Tugend abwich, um das Geld für die Operation ihrer schwerkranken Mutter zusammenzubekommen, hat auch die AMA diese Bettgemeinschaft beibehalten.

Der Einfluß der Organisation auf den durchschnittlichen Arzt ist wahrscheinlich größer, als selbst ihm klar ist. Es fängt damit an, daß ein Medizinstudent seinen Dr. med. nur an einer von der AMA zugelassenen Fakultät erwerben kann. Er darf seine Praktika nur an Krankenhäusern machen, die die Standards der AMA für ein Lehrkrankenhaus erfüllen. Wenn er eine Ausbildung zum Facharzt machen will, muß seine Zeit als Assistenzarzt den AMA-Forderungen entsprechen. Seine Praxiszulassung wird nach bundesstaatlichen Gesetzen erteilt, an denen die AMA mitgewirkt hat. Um seinen Status als ethisch einwandfrei praktizierender Arzt bestätigen zu lassen, ist ein Antrag an – und dessen Genehmigung durch – die Ärzteverbände seines Bezirks und seines Bundesstaats nach dem von der AMA erlassenen Verfahren erforderlich. AMA-Publikationen liefern ihm Material zur Weiterbildung: wissenschaftliche Artikel, Forschungsergebnisse, Rezensionen und Zusammenfassungen von Fachliteratur, Diskussionen zu klinischen Problemen, Evaluierungen neuer Medikamente, Nahrungsmittel und Geräte, Grundsatzartikel, Leitartikel, Briefe an den Herausgeber und anderes intellektuelles Rüstzeug für seine berufliche Praxis. Bei der einwöchigen Jahrestagung der AMA erlebt der Arzt die sogenannte »komplette Fortbildung für den praktizierenden Arzt unter einem Dach«. Wenn er genug Interesse und Kondition hat, kann er sich unter Hunderten von Vorträgen, Ausstellungen und Demonstrationen das für ihn Passende heraussuchen, medizinische Videos ansehen und einen Koffer voller Broschüren, Bücher und kostenloser Arzneimittelproben nach Hause tragen.

Wie Richard Carter in seinem kritischen Buch *The Doctor Business* erklärt:

> Auf nationaler Ebene erweiterte die AMA ihre Autorität weit über die medizinischen Fakultäten hinaus. Als Hüter medizinischer Standards begann sie, über die Eignung von Krankenhäusern zur Ausbildung des ärztlichen Nachwuchses zu entscheiden. Sie gab verbindliche Ratschläge für die Ausbildung von Krankenschwestern und Technikern. Sie hatte Einfluß auf die Gesetzgebung zu Nahrungs- und Arzneimitteln, die Aufdeckung von wissenschaftlich nicht fundierten Heilmitteln und die Stigmatisierung von Kultheilungen und Quacksalbern.[1]

Die AMA (*American Medical Association)* investiert Jahr für Jahr Millionenbeträge in Fernsehsendungen zur Beeinflussung der öffentlichen Meinung, betreibt eine der reichsten und aktivsten Lobbies in Washington, gibt viele Millionen zur Unterstützung von ihr genehmen politischen Kandidaten aus, ist entscheidend an der Auswahl des Leiters der FDA beteiligt und … na ja, sagen wir einfach mal, die AMA ist ein bedeutender Faktor in der amerikanischen Medizin.

Wer kontrolliert die AMA? Die meisten Leuten würden wohl annehmen, daß die zahlenden Mitglieder ihren eigenen Verband kontrollieren, aber das ist keineswegs der Fall.

Die Gründung der *American Medical Association* im Jahre 1847 war hauptsächlich das Werk der drei folgenden Männer: Dr. George Simmons, Dr. J. N. McCormack und ein gewisser Dr. Reed. Simmons war in seiner Funktion als Geschäftsführer genaugenommen die treibende Kraft hinter der Organisation in diesen Anfangszeiten, aber McCormack und Reed beteiligten sich stark an der Arbeit des Verbandes, unter anderem mit politischer Lobbytätigkeit. Simmons ist eine besonders interessante Persönlichkeit, weil er an der Spitze der AMA-Kampagne gegen die sogenannten Diplomfabriken stand, obwohl behauptet wird, er selbst habe seinen medizinischen Abschluß per Post von der *Rush Medical School* erhalten.

---

1 Richard Carter, *The Doctor Business* (New York: Doubleday & Co., 1958), S. 78, 79.

Um einen Ärzteverband zu leiten, muß man kein guter Arzt sein. Ein Mann mit einer gutgehenden Arztpraxis engagiert sich sogar eher selten in der AMA-Führung aus dem einfachen Grunde, daß ihm die Zeit dafür fehlt. Zudem braucht man für eine erfolgreiche praktische Tätigkeit als Arzt ein ganz anderes Naturell als für die Führung einer großen Organisation mit vielen Mitgliedern. Aus diesem Grunde war die AMA von Anfang an von eher untypischen Ärzten dominiert: von Männern, die gern im Rampenlicht stehen und den Kitzel medizinpolitischer Erfolge genießen. Der typische Arzt dagegen findet die Intrigen und Machtkämpfe hinter den Kulissen nicht nur befremdlich, er will auch selber darin gar keine Rolle spielen. Er überläßt die Verbandsangelegenheiten nur zu gern denen, die an diesem Spiel Spaß haben.

Ein trügerischer Schein von Demokratie wird durch die Delegiertenversammlung der AMA aufrechterhalten, die zweimal im Jahr zusammentritt. Beratende Ausschüsse werden gebildet, die Empfehlungen zu den diversen von den Delegierten der Bundesstaaten oder dem Bundesvorstand eingebrachten Entschließungsanträgen ausarbeiten sollen. Aber ähnlich wie bei politischen Parteien behält die Führung erhebliche Kontrolle über das Schicksal dieser Entschließungsanträge, da die Ausschußmitglieder vom Präsidenten der Delegiertenversammlung bestellt und nicht von den Delegierten gewählt werden. Die Ausschüsse werden so besetzt, daß sie den Willen der Führung ausführen. Die wenigen Nicht-Insider, die zur Wahrung des schönen Scheins gelegentlich als Ausschußmitglieder bestellt werden, sind meist rat- und hilflos.

Ein Delegierter, der sich in diesem Labyrinth wiederfand, beschwerte sich:

> Es ist schwer, einen vernünftigen Beitrag zu dieser Arbeit zu leisten. Wenn Sie Mitglied eines Beratenden Ausschusses sind, werden Ihnen alle diese Entschließungen vorgesetzt, und Sie können nichts damit anfangen, weil Sie keine Zeit haben. Der Ausschuß ist vorher nie zusammengetreten, hat keine Gelegenheit gehabt, sich mit den entscheidenden Fragen zu beschäftigen, und wird sofort nach der Jahrestagung aufgelöst, so daß die ganze Sache irgendwie eine Eintagsfliege ist. Ihr Problem wird aber dadurch gelöst, daß immer ein Vorstandsmitglied dabei ist, um Fragen zu »klären«. Früher war es sogar noch schlimmer. Bis vor ein paar Jahren wurden uns Entschließungen nie schriftlich vorgelegt. Man mußte dasitzen und auf jedes Wort achten, und manch-

> mal stellte man fest, daß man genau andersrum abgestimmt hatte, als man dachte.[2]

Der Präsident der AMA ist eine Gallionsfigur. Er hat weder administrative noch exekutive Pflichten. Seine Hauptaufgabe ist es, Vorträge vor allen möglichen Gruppen im ganzen Land zu halten, um das Programm und die Ziele des Verbands zu erläutern. Die Position ist ehrenamtlich und nicht Teil der permanenten AMA-Führung.

Falls irgendwelche Mitglieder oder Delegierte mit ihrer Führung unzufrieden sein sollten, haben sie so gut wie keine Möglichkeit, irgend etwas zu ändern. Dazu wäre eine koordinierte Kampagne unter den übrigen Mitgliedern nötig, die für eine größere Anzahl neuer Kandidaten für die Geschäftsführung stimmen müßten. Aber selbst diese unwahrscheinliche Möglichkeit ist praktisch blockiert. Seit 1902 enthält die Satzung folgende Bestimmung:

> Das Werben um Stimmen widerspricht der Würde des ärztlichen Berufsstandes, es ist nicht im Einklang mit dem Geiste dieses Verbandes und … disqualifiziert den Betreffenden für die Wahl in jegliches Amt innerhalb dieses Verbandes.

Mit solchen und ähnlichen Taktiken hält die AMA eine diktatorische Kontrolle über ihre Mitglieder aufrecht, während sie gleichzeitig die Maske demokratischen Eingehens auf die Wünsche der Mehrheit beibehält.

Nicht allen Ärzten sind diese Tatsachen verborgen geblieben. Bereits 1922 wurde die Diktatur in der AMA in der Dezember-Ausgabe des *Illinois Medical Journal* angeprangert, der Hauszeitschrift der *Illinois Medical Society*. In einem vernichtenden Artikel mit der Überschrift »Die AMA wird zur Autokratie« erhob die Zeitschrift den Vorwurf, daß die AMA eine diktatorische Herrschaftsorganisation unter der Führung eines einzigen Mannes geworden war, daß sie den demokratischen Mehrheitswillen mißachtet hatte, daß sie sich mit der Schaffung eines Finanzimperiums zum Nutzen derer, die sie kontrollierten, befaßte und daß sie nicht den Ärzten dient, die sie mit ihren Beiträgen und ihrem guten Ruf unterstützen.

---

[1] Richard Carter, *The Doctor Business* (New York: Doubleday & Co., 1958), S. 73, 74.

Seit 1922 sind die *Medical Journals* der Bundesstaaten mit dem *AMA Journal* finanziell verflochten, weswegen es nicht mehr möglich ist, solche herben Ansichten zu veröffentlichen. Aber die Unzufriedenheit besteht fort. Die Ärzte wissen vielleicht nicht, wer genau die AMA kontrolliert und warum, aber sie wissen, daß sie nicht *sie* repräsentiert. 1969 war ein Stillstand der Mitgliederzahlen eingetreten, 1970 gingen sie sogar zurück. 1971 zahlten weniger als die Hälfte der Ärzte in den USA Mitgliedsbeiträge.

Wenn nicht die Mitglieder oder die Delegierten der AMA ihre Organisation kontrollieren, wer dann? Wer ist dieser »diktatorische Herrscher«, von dem das *Illinois Medical Journal* sprach?

Struktur und Verfahren der AMA wurden so konzipiert, daß sie die gesamte Kontrolle über diese Organisation in die Hände eines einzigen Mannes legen, der die wichtigste Vollzeitposition unter den Mitarbeitern innehat. Obwohl angeblich Angestellter der AMA, ist er in Wirklichkeit gegenüber der Mitgliedschaft in einer unangreifbaren Position – aufgrund seines Insiderwissens, seiner Möglichkeiten, sich ganz auf seine Aufgabe zu konzentrieren, und seines großen Einflusses bei der Auswahl der Mitglieder des sich selbst perpetuierenden Vorstands. Er hat jedoch noch eine ganz andere Macht über die Organisation, denn er ist dafür verantwortlich, daß das Geld hereinkommt. Von Mitgliedsbeiträgen allein könnte die AMA nicht leben, und ohne die Einkünfte, die dieser Mann ihr sichert, ginge der Verband ohne Zweifel zugrunde.

Der Schlüssel zur Liquidität der AMA ist ihre Monatszeitschrift, das *AMA Journal*. Gestartet wurde sie im Jahre 1883 von Dr. Simmons als letztes Mittel, um den Bankrott des jungen Verbandes zu verhindern. Ihre erste Auflage betrug 3500 Exemplare und wurde zu einem Abonnementspreis von fünf Dollar pro Jahr verkauft. Geplant war allerdings, daß die Einkünfte weitestgehend aus Werbeeinnahmen kommen sollten. 1973, unter der strikten Kontrolle des Leitenden Herausgebers Dr. Morris Fishbein, betrug die monatliche Auflage fast 200 000 Exemplare, und die Liste der Publikationen war auf insgesamt zwölf separate Zeitschriften angewachsen, zu denen auch die Monatszeitschrift für Nichtmediziner *Today's Health* gehört.[3] Insgesamt hat die *American Medical Association* mittlerweile jährliche Werbeeinnahmen in Höhe von über zehn Millio-

---

[3] Diese Zeitschrift hat die Krebstherapie mit Vitamin B_{17} besonders heftig angegriffen. Siehe »The Pain Exploiters; The Victimizing of Desperate Cancer Patients«, *Today's Health*, November 1973, S. 28.

nen Dollar, die fast die Hälfte der Gesamteinkünfte des Verbandes ausmachen.

Stellt sich die Frage: Wer inseriert im *AMA Journal* und den anderen Publikationen? Der Löwenanteil der Anzeigen stammt vom Verband der Pharmahersteller, dem 95 Prozent der amerikanischen Pharmaindustrie angehören.

Morris Fishbein wurde für die AMA viel wichtiger, als sein Titel Leitender Herausgeber ahnen läßt. Er war gleichzeitig Geschäftsführer und kaufmännischer Leiter. Er verdiente das Geld, und er entschied, wie es ausgegeben wurde. Seine Investitionen im Namen des Verbands waren sehr lukrativ, daher konnte die dankbare Mitgliedschaft sich nicht allzu bitter beklagen – oder wagte es zumindest nicht. Einer der Gründe für den Erfolg seiner Investitionen war, daß er über zehn Millionen Dollar aus der betrieblichen Altersversorgung der Organisation in führende Pharmaunternehmen investiert hatte.[4]

In späteren Jahren lag ein Großteil der exekutiven Befugnisse in den Händen von Joe Miller, des Zweiten Stellvertretenden Vorstandsvorsitzenden. Vielen gilt Miller, der zuvor das staatliche Gesundheitsprogramm in Kentucky verwaltet hatte und ein einflußreiches Mitglied der Gruppe um Lyndon Johnson und Bobby Baker war, als Mann ohne politische Ideologie, der seine Rolle nur aus persönlichem Profitinteresse spielt. Als solcher war er die perfekte Besetzung für das Pharmakartell und dessen intensive Unterstützung der AMA-Programme. Von welcher Seite man es auch betrachtet, der Erfolg der AMA und derer, die sie steuern, ist abhängig von dem Wohlergehen und dem guten Willen der Pharmaindustrie.

Ein Beispiel: 1972 schloß der Arzneimittelrat der AMA eine gründliche Studie über die meisten der damals erhältlichen und am häufigsten eingesetzten Substanzen ab. Diese langerwartete Evaluierung schlug ein wie eine Bombe. Der Rat berichtete, daß einige der lukrativsten Medikamente in den Apothekenregalen »irrational« und nicht zu empfehlen seien. Und um die Sache noch zu verschlimmern, erklärten der Vorsitzende des Rates und sein Stellvertreter vor einem Unterausschuß des Senats, daß die erheblichen Einkünfte der AMA von verschiedenen Pharmaunternehmen die AMA »zu einem der Pharmaindustrie verpflichteten Handlanger« gemacht hätten. Die AMA reagierte mit der Abschaffung

---

4 »AMA Says It Owns $ 10 Million in Drug Shares«, (UPI) *News Chronicle* (Calif.), 27. Juni 1973, S. 4.

des Rats. Der vorgebrachte Grund? »Aus wirtschaftlichen Erwägungen.«[5]

Noch eins: Der Sprecher der AMA, Dr. David B. Allman, stellte eine der wichtigsten Richtlinien seiner Organisation mit den Worten klar:

> Sowohl die Ärzteschaft als auch die Pharmazie müssen eine wichtige Aufgabe der Öffentlichkeitsarbeit angehen: der amerikanischen Bevölkerung immer und immer wieder sagen, daß alle heutigen Medikamente, insbesondere Antibiotika, zu jedem Preis ein guter Kauf sind.[6]

Und noch eins: Während die AMA ihre Mitglieder mit Pressemitteilungen und öffentlichen Lippenbekenntnissen gegen die Einmischung des Staates in die Medizin besänftigt, ist sie hinter den Kulissen eine der effektivsten Kräfte, die auf das genaue Gegenteil hinarbeitet. Unter dem verführerischen Vorwand »Gegen die *total* verstaatlichte Gesundheitsversorgung für eine *teilweise* verstaatlichte Gesundheitsversorgung« hat sie das Gesetzesmodell für den größten Schritt in Richtung auf die totale staatliche Kontrolle dieses Bereichs vorgelegt, der je in diesem Lande unternommen wurde.

Das Gesetz trägt den Namen »Public Law 92-603« und wurde vom Kongreß verabschiedet und von Präsident Nixon am 20. Oktober 1972 unterzeichnet. Häufiger wird es als PSRO zitiert, was für *Professional Standards Review Organization* (Organisation zur Überprüfung beruflicher Standards) steht. Die PSRO beauftragte das Ministerium für Gesundheit, Erziehung und Wohlfahrt mit der Gründung eines nationalen Gremiums und mehrerer regionaler Gremien, die die beruflichen Aktivitäten aller Ärzte in den USA »überprüfen« sollten. Die Mitglieder dieser Gremien sollen Ärzte sein, sie werden aber vom Staat eingesetzt oder genehmigt und müssen Standards einhalten, die von staatlichen Stellen vorgegeben werden. Diese staatlichen Gremien sind befugt, alle Ärzte zu zwingen, ihre Verfahren, Therapien und *Verschreibungen* diesen Bundesstandards anzupassen. Der Staat soll Einsicht in alle bis dahin vertraulichen Patientenakten nehmen können. Ärzten, die sich nicht daran halten, droht der Entzug ihrer Praxislizenz.

---

5 »Crossing the Editor's Desk«, *National Health Federation Bulletin*, Oktober 1973, S. 30.

6 Carter, *op. cit.*, S. 141.

Dieses Konzept wurde von der Rechtsabteilung der AMA ausgearbeitet, dem Kongreß als Teil des Gesetzes über »Medicredit« vorgelegt und nie von der Delegiertenversammlung der AMA oder ihrer Mitgliedschaft genehmigt.

Es gibt noch viele solcher aufschlußreicher Beispiele, aber aus Zeit- und Platzgründen müssen wir an unseren Ausgangspunkt zurückkehren. Die Stiftungen sowie die Finanz- und Industrieinteressen hinter ihnen haben viel dazu beigetragen, die amerikanische Ärzteschaft über das relativ niedrige Kompetenz- und Prestigeniveau von 1910 zu heben. Anzunehmen ist allerdings, daß mit der Zeit die Ärzteschaft dies auch selbst erreicht hätte, und sicher ist, daß sie ohne diese Hilfe besser gefahren wäre. Der Preis dafür, daß sie auf den Sirenenruf des Geldes hörte, ist zu hoch. Sie hat zugelassen, daß man sie auf die Klippen eines neuen mittelalterlichen medizinischen Dogmatismus lockte – eines Dogmatismus, der alle praktizierenden Ärzte zwingt, sich den offiziellen Glaubenslehren der Wissenschaft zu fügen –, ein Dogmatismus, der dem größten wissenschaftlichen Fortschritt des 20. Jahrhunderts die Tür verschlossen hat.

Kapitel 21

Das Geschäft mit dem Schutz

Agenten des Kartells in der FDA und anderen staatlichen Stellen, der CFR als Struktur zur Kontrolle der US-Außenpolitik, wissenschaftliche Inkompetenz bei der FDA und die wachsende Macht der FDA.

1970 MACHTE DR. HERBERT LEY eine Bemerkung, die, wäre sie aus weniger berufenem Munde gekommen, sehr gut als das Geschwätz eines schlecht informierten Nörglers hätte abgetan werden können. Da allerdings Dr. Ley früher einmal Leiter der Lebens- und Arzneimittelbehörde gewesen war, kann man seine Worte nicht so leicht beiseiteschieben. Er sagte:

> Was mich stört, ist, daß die Leute meinen, die FDA schützt sie. Das tut sie aber nicht. Was die FDA tut und was die Öffentlichkeit *meint*, daß sie tut, sind zwei völlig verschiedene Dinge.[1]

Was *tut* die FDA? Wie im folgenden gezeigt werden wird, »tut« die FDA dreierlei:

- Zum ersten bietet sie einen Weg, auf dem wichtige Leute auf ihrer Gehaltsliste sich dadurch Macht und Reichtum verschaffen können, daß sie politisch einflußreichen Gruppen, die von ihren Bestimmungen betroffen sind, besondere Vergünstigungen zukommen lassen. Diese Aktivität ähnelt den Schutzgeldgeschäften des organisierten Verbrechens: Für Geld kann man die Mitarbeiter der FDA dazu bringen, einen vor der FDA selbst zu schützen.
- Zum zweiten ist aufgrund dieser politischen Vetternwirtschaft die FDA einer der wichtigsten Faktoren in der Formel geworden, nach der Kartellfirmen in der Lebens- und Arzneimittel-

---

[1] *San Francisco Chronicle*, 2. Januar 1970, zitiert nach *Autopsy on The A.M.A.*, (Student Research Facility, Berkeley, 1970), S. 42.

industrie mit Hilfe der Polizei oder des Staates ihre Konkurrenten schikanieren oder vernichten können.
- Und zum dritten tut die FDA gelegentlich tatsächlich etwas zum Nutzen der Bevölkerung, sofern das nicht mit den verdeckten Interessen kollidiert, denen ihre ersten beiden Tätigkeiten dienen.

Um den Kartelleinfluß auf die FDA in seinem ganzen Ausmaß zu begreifen, wollen wir uns kurz dem größeren Zusammenhang zuwenden – den Beweisen dafür, daß der gleiche Einfluß auch an anderer Stelle und auf allen staatlichen Ebenen wirksam ist. Wir haben bereits gezeigt, wie erfolgreich das Kartell seine Freunde und Agenten in staatliche Bereiche wie die Treuhandstelle für ausländisches Eigentum, das Justizministerium, das Außenministerium und sogar das Weiße Haus schleust. Außer den oben schon erwähnten Namen sind auch so illustre Gestalten wie Außenminister Dean Rusk (ebenso wie John Foster Dulles ehemaliger Direktor der Rockefeller-Stiftung), Finanzminister Douglas Dillon (Mitglied des Aufsichtsrats der *Chase Manhattan Bank*), der Direktor der *U.S. International Bank for Reconstruction and Development* (und Zweiter Vizepräsident und Direktor der *Chase Manhattan Bank*) Eugene Black, Weltbankpräsident (sowie Aufsichtsratsvorsitzender der *Chase Manhattan Bank*, Trustee der Rockefeller-Stiftung und Vorstandsvorsitzender von *Squibb Pharmaceutical*) John McCloy,[2] Senator Nelson Aldrich (dessen Tochter John D. Rockefeller junior heiratete und dessen Sohn Winthrop Vorsitzender der *Chase Manhattan Bank* und außerdem zum US-Botschafter in Großbritannien ernannt wurde), Präsident Richard Nixon und Justizminister John Mitchell (Wall-Street-Anwälte für *Warner-Lambert Pharmaceutical*) und viele andere. Die Liste der Männer, die in der Rockefeller-Gruppe Schlüsselpositionen haben oder hatten, liest sich wie ein *Who's Who in Regierung und Verwaltung*.

Man kann den Einfluß der Rockefellers in der US-Regierung nicht beurteilen, wenn man nicht ein wenig über den *Council on Foreign Relations* weiß. Der CFR wird manchmal als »die Geheimregierung der

---

[2] McCloy war von April 1941 bis November 1945 Stellvertretender Kriegsminister. Als Hoher Kommissar in Deutschland nach Kriegsende wirkte er entscheidend daran mit, daß sein Schwager Konrad Adenauer westdeutscher Kanzler wurde. Er war außerdem Vorsitzender der Ford-Stiftung und Hauptunterhändler der USA in den Abrüstungsgesprächen.

USA« bezeichnet, und das ist eine ziemlich genaue Beschreibung, wie wir sehen werden.

Der CFR operiert halb geheim. Er meidet das Rampenlicht, und seine Mitglieder werden darauf verpflichtet, keine Informationen über seine Sitzungen und Besprechungen an die Öffentlichkeit dringen zu lassen. Seine Mitgliedschaft umfaßt offiziell etwa 3000 Angehörige der Elite der USA.

Im *Harper's Magazine* vom Juli 1958 stand ein Artikel mit der Überschrift »Schule für Staatsmänner«, verfaßt von dem CFR-Mitglied Joseph Kraft. Er prahlte, daß eine Mitgliedschaft in dieser obskuren Organisation zu dem Zauberschlüssel geworden war, der die Tür zu hohen Staatsämtern öffnete, und erklärte, daß schon damals folgende Männer unter den Mitgliedern waren:

> ... der Präsident, der Außenminister, der Vorsitzende der Atomenergiekommission, der Direktor der CIA, die Aufsichtsratsvorsitzenden von drei der fünf größten Industriekonzernen des Landes, von zwei der vier reichsten Versicherungsgesellschaften und zwei der drei größten Banken, weiterhin die Seniorpartner von zwei der drei führenden Wall-Street-Kanzleien, die Herausgeber der beiden größten Nachrichtenmagazine und der einflußreichsten Zeitung des Landes, die Präsidenten der Großen Drei unter den Universitäten und Stiftungen sowie eine große Anzahl weiterer Universitätspräsidenten und einige führende Wissenschaftler und Journalisten.

So eindrucksvoll diese Liste ist, sie sollte bald von der Lawine von CFR-Mitgliedern in den Schatten gestellt werden, die seitdem in Kontrollpositionen in buchstäblich allen Machtzentren der Nation aufrückten. Durch verdeckte Kontrolle beherrscht der CFR jetzt Machtzentren wie die Regierung, Medien, Bildung und Finanzen. Überzeugen Sie sich, daß das keine Übertreibung ist, und kämpfen Sie sich durch die folgende ermüdend lange Liste.

Der Regierung gehören oder gehörten unter anderem folgende CFR-Mitglieder an: die Präsidenten Hoover, Eisenhower, Nixon, Ford, Carter, Bush und Clinton;[3] die Außenminister Stimson, Stettinius, Acheson,

---

3 Dan Smoots schreibt in *The Invisible Government*, daß Präsident Kennedy ebenfalls Mitglied war. Grundlage für diese Behauptung ist (--> S. 314 unten)

Dulles, Herter, Rusk, Rogers, Kissinger, Vance, Muskie, Haig und Schultz. Seit 1953 hatten die USA 21 Präsidenten und Außenminister, 17 von ihnen waren Mitglieder des CFR. Das macht einen Anteil von 81 Prozent, was eine magische Zahl zu sein scheint. Es ist der gleiche Anteil wie auch in allen anderen höchsten Regierungspositionen im Land. Mit anderen Worten waren seit 1953 mehr als 81 Prozent der folgenden Positionen von CFR-Mitgliedern besetzt: Vizepräsident, Verteidigungsminister, Stabschef, CIA-Direktor, Sicherheitsberater, Finanzminister, Kabinettsmitglieder, Ministerstellvertreter, Botschafter bei der UN und in wichtigen Ländern und Präsidentenberater.

In der US-Notenbank waren seit 1953 die Vorstände praktisch zu 100 Prozent CFR-Mitglieder – was uns zeigt, wie wichtig für diese Leute die Kontrolle über unsere Währung ist.

Am Ende der ersten Amtszeit von Präsident Clinton hatten 166 Mitglieder des CFR die wichtigsten Regierungspositionen inne.

So viel zur Regierung. Es geht weiter mit den Medien. Unter den CFR-Mitgliedern sind führende Manager und Journalisten der *New York Times*, *New York Post*, *Washington Post*, *Washington Times*, *Chicago Tribune*, *Los Angeles Times*, *Boston Globe*, *Dallas Morning News*, *Parade*, *Forbes*, *Christian Science Monitor*, *National Review*, *Harper's*, *Look*, *Time*, *Life*, *Newsweek*, *U.S. News and World Report*, *Newsday*, *Business Week*, *Money*, *Fortune*, *Harvard Business Review*, *Wall Street Journal*, *Atlantic Monthly*, *Encyclopedia Britannica*, ABC, CBS, CNN, NBC, MGM, *Associated Press*, *Hearst News Service*, *Reuters*, *Motion Picture Association of America* und unzählige andere.

Es muß betont werden, daß CFR-Mitglieder in diesen Mediengiganten nicht einfach in der Belegschaft verborgen als subversive Agenten arbeiten, sie *kontrollieren* sie auf alleroberster Ebene. Sie sind die Eigentümer und wichtigsten Manager, die Inhalte und Redaktionspolitik bestimmen. Über diese Kanäle von Kommunikation und Unterhaltung konnten und können die Mitglieder des CFR die Realitätswahrnehmung der Amerikaner manipulieren.

---

ein Brief des Präsidenten, in dem er sich auf seine Mitgliedschaft beruft. Mir ist dieser Brief jedoch nicht bekannt, und die Mitarbeiter des CFR teilten mir mit Schreiben vom 11. Juni 1971 lapidar mit: »Tatsache ist, daß Präsident Kennedy eingeladen wurde, Mitglied des Rats zu werden, nach unseren Unterlagen diese Einladung jedoch weder formell noch informell durch Zahlung des Mitgliedsbeitrags je annahm.« Angesichts dieser Auskunft hielt ich es für besser, Kennedys Namen nicht auf die Liste zu setzen, die auch ohne ihn eindrucksvoll genug ist.

Mit der Rolle der steuerfreien Stiftungen bei der Unterstützung der Ziele des Pharmakartells haben wir uns bereits befaßt. Es sollte also nicht überraschen, daß diese Stiftungen ebenfalls von CFR-Mitgliedern dominiert werden. Dazu gehören Direktoren der Ford-Stiftung, der Rockefeller-Stiftung, des *Carnegie Fund*, der *Heritage Foundation*, der *Kettering Foundation* und des *Sloan-Kettering Institute for Cancer Research*. Das sind die Organisationen, die den CFR finanzieren.

Viele Jahre lang war David Rockefeller Vorsitzender und Hauptwohltäter des CFR. Auch nach seinem Ausscheiden bestand und besteht die CFR-Führung aus bewährten und verläßlichen Statthaltern, die im Finanzgeflecht der Rockefellers fest verankert sind.

Der CFR ist nicht Thema dieser Studie, wir müssen uns also kurz fassen. Praktisch alle großen Universitäten, Konzerne, Banken und Versicherungen werden ebenfalls von Mitgliedern des CFR geführt. Und das, obwohl – erinnern Sie sich – die Organisation nur etwa 3000 Mitglieder hat. Der Normalbürger hat noch nie vom CFR gehört – und dabei ist er die unsichtbare Regierung der USA.[4]

Der Kitt, der die Mitglieder des CFR verbindet, ist ihr Plan einer Weltregierung und die Hoffnung auf die persönliche Macht, die sie dadurch erlangen können. Aber Geld als Sekundärmotiv rangiert nicht weit dahinter, und das ist das Motiv, das bei der Krebsforschung zum Tragen kommt. Wir wollen also den CFR erst einmal wieder vergessen, das Thema Außenpolitik beiseite lassen und uns wieder der Innenpolitik zuwenden. Ganz besonders wollen wir sehen, wie das Pharmakartell die FDA unter seine Kontrolle bringen konnte.

Wir wollen mit einer Selbstverständlichkeit anfangen. Die FDA könnte sich das öffentliche Vertrauen, das sie zur Zeit genießt, gar nicht erworben haben, wenn sie nicht einiges Positive geleistet hätte. Die FDA hat viele medizinische Betrügereien im Keim erstickt und hart gegen Firmen durchgegriffen, die sich unhygienischer Produktion oder des Verkaufs verdorbener oder kontaminierter Lebensmittel oder des Vertriebs verwässerter oder falsch gekennzeichneter Medikamente schuldig gemacht hatten. Was das angeht, ist ihre Sorgfalt lobenswert. Allerdings werden

---

4 Für einen Überblick zu diesem Thema, einschließlich einer Liste der Mitglieder und ihrer Positionen, siehe *The New American* (Conspiracy Report), 16. September 1996. Auch *Shadows of Power; The Council on Foreign Relations and the American Decline* von James Perloff (Appleton, WI: Western Islands, 1988). Auch *The Capitalist Conspiracy* von G. Edward Griffin (American Media, Westlake Village, CA, 1971).

wir sehen, daß dieser vorbildliche Aspekt ihrer Arbeit verblaßt gegen den anderen Aspekt von Inkompetenz und Korruption.

Im März 1972 gab die FDA auf wiederholte Nachfragen von besorgten Kongreßabgeordneten ihre offiziellen Hygienestandards für die Lebensmittelindustrie bekannt. Zum allgemeinen Entsetzen stellte sich heraus, daß die FDA etwa ein Kügelchen Rattengift pro 0,5 Liter Weizen, zehn Fliegeneier auf je ¼ Liter Orangensaft in Dosen und 50 Insektenfragmente oder zwei Ratten/Mäusehaare pro 100 Gramm Erdnußbutter zuläßt.[5]

Jahrelang hat die FDA den Einsatz des Hormons Diethylstilbestrol (DES) als künstlichen Rindermaststoff verteidigt. Nachdem die Beweise so zahlreich wurden, daß man sie nicht mehr ignorieren konnte, wurde es schließlich verboten, weil bereits geringste Rückstände dieser Substanz im Fleisch als mögliche Krebsauslöser bei Menschen, die solches Fleisch essen, identifiziert wurden.[6] In der gleichen Woche, in der die FDA die Verwendung von DES bei Rindern verbot, um sicherzustellen, daß es seinen Weg nicht in menschliche Nahrungsmittel fand, erteilte sie jedoch die Genehmigung für die »Pille danach« – eine Pille, die 50 Milligramm derselben Substanz zur täglichen Einnahme über fünf Tage enthält. Ein Rinderzüchter beklagte sich bitterlich: »Es stellt sich heraus, daß eine Frau 262 Tonnen Rinderleber essen müßte, um die gleiche Menge DES aufzunehmen, die die FDA bei der ›Pille danach‹ für legal erklärt.«[7]

Derzeit werden in der Lebensmitteindustrie etwa 3000 chemische Zusatzstoffe zur Aromatisierung, Färbung, Konservierung und generellen Veränderung der Produktmerkmale eingesetzt. Die meisten sind in den verwendeten Mengen unbedenklich, aber einige stellen bei längerem Gebrauch ein Gesundheitsrisiko dar.[8] Wie bei DES gibt es bei vielen Anzeichen dafür, daß sie besonders bei längerem Gebrauch schädlich sein können. Die Reaktion der FDA auf diese Situation ist interessant. Statt sich in die Schlacht »zum Schutz der Bevölkerung« zu stürzen, wie sie das bei diesen »gefährlichen« Bionahrungsmitteln und Vitaminen

---

5 *Consumer Reports*, März 1973, S. 152.

6 DES ist ein synthetisches weibliches Sexualhormon. Der Grund für eine höhere Krebsrate erklärt sich aus der Rolle, die Östrogen nach der Trophoblastenthese bei der Krebsentstehung spielt. Hier ist ein weiteres Beweis-Körnchen für den Berg von Beweisen.

7 »On Science« von David Woodbury, *Review of the News*, 13. Juni 1973, S. 27.

8 Siehe *Toxics A to Z* von Harte, Holdren, Schneider und Shirley (Berkeley: University of California Press, 1991).

getan hat, unterstützt und verteidigt sie wärmstens das Kartell von lebensmittelverarbeitender Industrie und Chemieunternehmen, das sonst durch den Verlust von Märkten Schaden nehmen könnte.

Die folgenden Erklärungen aus offiziellen »Informationsblättern« der FDA sagen schon alles:

> Generell besteht wenig Unterschied zwischen frischen und verarbeiteten Lebensmitteln. Bei den modernen Verarbeitungsmethoden bleiben Vitamine und Minerale weitgehend erhalten …
>
> Die Ernährungsforschung hat nachgewiesen, daß eine Ernährung, die mit angereichertem Mehl hergestelltes Weißbrot enthält, fast ebenso wertvoll ist wie eine mit Vollkornbrot …
>
> Chemischer Dünger vergiftet unseren Boden nicht. Moderne Düngemittel sind erforderlich, um genug Lebensmittel für unsere Bevölkerung zu produzieren …
>
> Wenn Pestizide auf Pflanzen, die zu Nahrungsmitteln verarbeitet werden, Rückstände hinterlassen, stellen die FDA und das Amt für Umweltschutz (*Environmental Protection Agency*, EPA) sicher, daß die Mengen dieser Stoffe für den Verbraucher unbedenklich sind …[9]
>
> Vitamine sind besondere chemische Verbindungen, und der menschliche Körper kann die von einem Chemiker synthetisch hergestellten ebenso gut nutzen wie die von der Natur hergestellten.[10]

Im November 1971 gab die FDA ein weiteres »Informationsblatt« zum Thema »Quacksalberei« heraus, in der zu lesen ist:

> Der Begriff »Quacksalberei« bezieht sich auf Personen und Produkte … Ganz allgemein formuliert ist Quacksalberei eine Falschinformation zu Fragen der Gesundheit.[11]

---

9 Der Leser sei daran erinnert, daß die Düngemittel- und Pestizidindustrie ebenso wie die Arzneimittelindustrie aus Tochtergesellschaften der größeren Kartellunternehmen der Chemie- und Erdölindustrie besteht.

10 »Nutrition Nonsense – And Sense«, FDA Fact Sheet vom Juli 1971.

11 »Quackery«, FDA Fact Sheet vom November 1971.

Wenn der oben zitierte Quatsch über DES und die Segnungen von verarbeiteten Lebensmitteln, Chemiedüngern, Pestiziden und synthetischen Vitaminen keine »Falschinformation zu Fragen der Gesundheit« ist, dann gibt es *nichts*, was man so nennen dürfte! Das *Oxford Universal Dictionary* definiert einen Quacksalber als »jemand, der Kenntnisse auf Sachgebieten vortäuscht, in denen er unwissend ist«. Nach beiden Definitionen gehören die Sprecher der FDA zu den größten Quacksalbern, die die Welt je gesehen hat.

Es gibt einen wichtigen Unterschied zwischen einem Quacksalber und einem Scharlatan. Ein Quacksalber kann ein ehrlicher Mensch sei, der wirklich *glaubt*, seinen Patienten zu helfen. Ein Scharlatan dagegen ist sich der Unzulänglichkeit sowohl seines Wissens als auch seiner Behandlung durchaus bewußt. Ein Mensch kann also ein Quacksalber oder ein Quacksalber *und* ein Scharlatan sein. Leider ist innerhalb der FDA wesentlich mehr als nur Quacksalberei im Spiel.

1960 stellte sich während der vielbeachteten Überprüfung der Arzneimittelindustrie durch den Senat heraus, daß zahlreiche leitende Beamte der FDA von einigen der Firmen, die sie regulieren sollten, außerplanmäßige »Leistungsanreize« erhalten hatten. Zum Beispiel waren an Dr. Henry Welch, den Leiter der Abteilung für Antibiotika der FDA, Schmiergelder (er nannte sie »Honorare«) in Höhe von $ 287 000 gezahlt worden, nämlich Provisionen für die Plazierung von Arzneimittelwerbung in führenden medizinischen Zeitschriften. Seinen Vorgesetzten war dieser Interessenskonflikt bekannt, aber sie unternahmen nichts dagegen. Erst nachdem die Fakten publik geworden waren und ein schlechtes Licht auf die Behörde warfen, wurde Welch aufgefordert zurückzutreten.

1940 geschah etwas, das – wenn es an die Öffentlichkeit gedrungen wäre – der Nation vielleicht schlagartig klargemacht hätte, daß die FDA nicht die Bevölkerung, sondern die Kartellmitglieder schützt. Damals war *Winthrop Chemical* wegen der Auslieferung von 400 000 als »Sulfathiazole« gekennzeichneten Tabletten in die Kritik geraten, die, wie sich später herausstellte, jeweils 300 Milligramm Luminal enthielten. 65 bis 130 Milligramm Luminal versetzen den Menschen in Schlaf. 300 Milligramm Luminal versetzen manche Menschen in den *ewigen* Schlaf. Man weiß, daß in verschiedenen Teilen der USA diesen Tabletten 17 Menschen zum Opfer fielen. *Winthrop Chemical* hatte die Öffentlichkeit nicht sofort darüber informiert, daß diese Pillen hochgiftig waren. Statt dessen setzte die Firma mit Unterstützung des Rats für Pharmazie und Chemie der *American Medical Association* den Verkauf von Sulfathiazole fort, so daß es zu weiteren Todesfällen kam. Die FDA hatte Verständnis für *Winthrop Chemical* und war überaus hilfsbereit. In Ausübung ihrer Verwaltungskompetenzen sahen Dr. Klumpp, Leiter der Arzneimittelabteilung der FDA, und sein Vorgesetzter, der Leiter der FDA Campbell, vor einer strafrechtlichen Verfolgung im Zusammenhang mit den Todesfällen ab. Sie halfen, die Angelegenheit zu vertuschen, und entzogen Winthrop lediglich für drei Monate die Lizenz zum Versand von Sulfathiazole, nachdem der Markt mit dem Produkt übersättigt war. Die dreimonatige Versandsperre war eine völlig bedeutungslose Geste. Howard Ambruster kommentiert diese Episode folgendermaßen:

> Mittlerweile hatte sich Dr. Klumpp anderen, höheren Aufgaben zugewandt. Er hatte eine von Dr. Fishbein angebotene Stellung als Leiter der Abteilung für Lebens- und Arzneimittel der AMA und Sekretär ihres Rates für Pharmazie und Chemie (eben der Rat, der *Winthops* Sulfathiazole »akzeptiert« und die Werbung dafür unterstützt hatte) angenommen. Und Dr. Klumpp stieg noch höher. Nicht lange danach teilte Edward S. Rogers, der Vorstandsvorsitzende von *Sterling Products*, mit, daß Dr. Klumpp zum Präsidenten von *Winthrop* gewählt worden war.[12]

Einige Jahre später wurde ein Antibiotikum namens Chloramphenicol von *Parke-Davis and Company* produziert und vertrieben. Kurz nachdem es auf den Markt gekommen war, begannen in der medizinischen Literatur Berichte zu erscheinen, daß Chloramphenicol hämatotoxisch wirkt, Leukopenie (Verringerung der Zahl weißer Blutkörperchen) verursacht und in mehreren Fällen zum Tod durch aplastische Anämie geführt hatte.

Der Mann, der damals die Abteilung für Medizin in der FDA leitete – und der Mann, der *Parke-Davis* hätte zwingen können, dieses Medikament vom Markt zu nehmen –, war Dr. Joseph F. Sadusk. Statt jedoch bei *Parke-Davis* durchzugreifen, nutzte Sadusk seine offizielle Position dazu, einen Rückruf des Medikaments zu *verhindern*, und entschied sogar, daß ein Warnhinweis unnötig sei.

1969, nachdem das Medikament seinem Hersteller gute Gewinne eingebracht hatte und durch ein neueres ersetzt worden war, ließ man schließlich *Parke-Davis* davonkommen, indem allen Ärzte in einem Schreiben mitgeteilt wurde, daß Chloramphenicol nicht länger das Medi-

---

[12] Ambruster, *Treason's Peace, op. cit.*, S. 213.

kament der Wahl für all die Infektionen sei, die es bisher hatte heilen sollen.

Kurz darauf verließ Dr. Sadusk die FDA, angeblich, um in die Dienste seiner Alma Mater, der *Johns Hopkins University*, zu treten. Aber innerhalb eines Jahres war der Bestechungsdeal komplett: Er wurde Vizepräsident von *Parke-Davis and Company*.

Der Nachfolger von Dr. Sadusk war Dr. Joseph M. Pisani, der nach kurzer Zeit kündigte und zur *Proprietary Association* (etwa: Verband für Urheberrechtsschutz) wechselte, der die Hersteller von rezeptfreien Arzneimitteln vertritt – ein Teil der Industrie, für deren »Regulierung« Dr. Pisani zuständig gewesen war.

Auf Dr. Pisani folgte Dr. Robert J. Robinson, dessen Zugehörigkeit zur FDA noch kürzer währte als die seines Vorgängers. Er wurde einer der Topmanager bei *Hoffman-LaRoche*, einem führenden Hersteller verschreibungspflichtiger Medikamente.

In seinem hervorragend recherchierten Buch *The Dictocrats* setzt Omar Garrison die Liste fort:

> Dr. Howard Cohn, früherer Leiter der medizinischen Evaluierung der FDA, der einen sehr lukrativen Übergang von der Behörde zu *Ciba Pharmaceutical Company* bewerkstelligte,
>
> Dr. Harold Anderson, Leiter der FDA-Abteilung für Medikamente zur Infektionsbekämpfung, der aus dem Staatsdienst ausschied, um eine Stellung bei *Winthrop Laboratories* anzunehmen,
>
> Morris Yakowitz, der der Ansicht war, daß eine Stelle bei *Smith, Kline and French Laboratories* ihm mehr persönliche Erfüllung bringen würde als seine Position als Leiter der Fallprüfung bei der FDA, und
>
> Allen E. Rayfield, ehemaliger Direktor der Abteilung Richtlinienüberwachung, der seine Vollzugsaufgaben (zu denen auch die elektronische Überwachung gehörte) gegen einen Beraterposten bei *Richardson-Merrell, Inc.* eintauschte.[13]

1964 gab die FDA auf Druck des Kongresses die Liste derjenigen Amtsträger heraus, die in den Jahren zuvor aus der Behörde in die Industrie gewechselt waren. Von den 813 Namen auf dieser Liste hatten 83 – über zehn Prozent – Positionen in den Industrien angenommen, die sie vorher

[13] Garrison, *The Dictocrats, op. cit.*, S. 70, 71.

reguliert hatten. Viele dieser Leute kamen natürlich aus den obersten Rängen der FDA-Führung. Männer, die Entscheidungen zu treffen und Richtlinien zu verabschieden hatten. Während ihrer Zeit bei der FDA hatten sie Zugang zu Informationen über die Forschungen und Verfahren aller Unternehmen gehabt. Wenn sie dann in eines dieser Unternehmen wechselten, konnten sie also leicht diese Informationen mitnehmen, was natürlich ihrem neuen Arbeitgeber einen ungeheuren Vorsprung gegenüber der Konkurrenz verschaffen konnte.

Wieder einmal finden wir das klassische Muster, daß die bürokratische Macht des Staates nicht zum Schutz der Bevölkerung eingesetzt wird, wie als Rechtfertigung für die Existenz der Bürokratie immer vorgeschoben wird, sondern zum Vorteil einzelner Inhaber dieser Macht und zur Verhinderung des fairen Marktwettbewerbs. Die Wähler stimmen einer Erweiterung der staatlichen Befugnisse nach der anderen zu, immer in der Erwartung, daß sie irgendwie davon profitieren werden. Aber im Endeffekt stellen sie immer wieder fest, daß sie lediglich durch höhere Steuern eine größere Bürokratie unterstützen, während sie gleichzeitig für ihre Konsumgüter mehr bezahlen und wieder ein Stück persönliche Freiheit verlieren.

Daß es von dieser Regel kaum Ausnahmen gibt, wird einem sofort klar, wenn man sich nur vor Augen führt, welche Auswirkungen das Eingreifen des Staates in wirtschaftliche Bereiche wie Lohn- und Preisgefüge, Energiesparmaßnahmen, Umweltschutz, Gesundheitsversorgung etc. gehabt hat.

Der Franzose Frederic Bastiat beobachtete bereits vor mehr als 100 Jahren, daß der Staat, sobald er die Möglichkeit bekommt, über seine primäre Aufgabe, nämlich den Schutz des Lebens, der Freiheit und des Eigentums seiner Bürger, hinaus andere Bereiche zu besetzen, sobald er sich in den Markt einmischt und versucht, die Reichtümer oder Ressourcen der Nation umzuverteilen, unweigerlich in die Hände derer fällt, die ihn für »legale Plünderungen« mißbrauchen werden. Eine bessere Beschreibungen der Situation des Staates der heutigen Welt gibt es nicht – und die USA sind da keine Ausnahme.

Die FDA wurde der wachsenden Liste von staatlichen Regulierungsbehörden 1906 hinzugefügt, hauptsächlich aufgrund des erfolgreichen Feldzugs eines Chemikers im Staatsdienst namens Harvey Washington Wiley. In erster Linie auf Betreiben der organisierten Milchindustrie, die staatliche Gesetze zur Behinderung des Wettbewerbs durch Milchersatzerzeugnisse erreichen wollte, kam Wiley zu nationaler Berühmtheit durch seine Bücher und Vorträge gegen »Betrug und Gift« in unseren Lebensmitteln. Als Pionier des viele Jahre später von Ralph Nader praktizierten Verfahrens schaffte es Wiley, sowohl in der Öffentlichkeit als auch im Kongreß ungeheure Unterstützung für Regulierung und »Schutz« durch den Staat zusammenzutrommeln. Das Ergebnis war das Gesetz über die Reinheit von Lebens- und Arzneimitteln von 1906, das die FDA begründete und ihr weitreichende Vollmachten über die Lebens- und Arzneimittelindustrie verlieh. Wiley wurde ihr erster Direktor.

Zum ersten Mal wurde das Lebens- und Arzneimittelgesetz 1938 in größerem Umfang revidiert, nachdem der Leitende Chemiker der *S.E. Massengill Company* in Tennessee einen fatalen Fehler gemacht hatte. Im Jahr davor waren 107 Personen – vor allem Kinder – durch die Einnahme einer als »Elixir of Sulfanilamide« bekannten antibiotischen Substanz gestorben. Der Chemiker hatte die Substanz auf Aussehen, Geschmack und Geruch, nicht aber auf Unbedenklichkeit geprüft.

Das Bekanntwerden des Falles hatte zur Folge, daß die Öffentlichkeit die Erweiterung der Befugnisse der FDA akzeptierte, nach denen alle Arzneimittelhersteller jedes neue Medikament auf Unbedenklichkeit prüfen und das Prüfungsergebnis der Behörde zur Genehmigung vorlegen mußten, bevor das Produkt auf den Markt gebracht werden durfte. Die FDA wurde außerdem ermächtigt, jede existierende Substanz vom Markt zu nehmen, die sie für nicht sicher hielt.

Rein theoretisch betrachtet war der erste Teil des Gesetzes über jeden Vorwurf erhaben, aber der zweite Teil war ein Riesenfehler. Es ist logisch, von einem Lebens- oder Arzneimittelhersteller zu verlangen, daß er angemessene Schritte unternimmt, um die Unbedenklichkeit seines Produkts sicherzustellen. Ebenso logisch ist es, von ihm zu verlangen, daß er angemessene Warnhinweise auf dem Produktetikett anbringt, falls die Möglichkeit besteht, daß eine unsachgemäße Verwendung schädliche Folgen haben könnte. Einer staatlichen Behörde allerdings die Macht zu verleihen, die Vermarktung einer Substanz zu verbieten, weil sie sie für nicht sicher hält – das war der Riß, der schließlich die Dämme gegen die stürmischen Fluten von Vetternwirtschaft und Korruption brechen ließ. Schließlich könnten die *meisten* Medikamente aus den Regalen genommen werden mit der zutreffenden Behauptung, sie seien nicht sicher; und wie wir gesehen haben, folgt das Verfahren, nach dem einige herausgenommen werden und andere bleiben dürfen, nicht immer wissenschaftlichen Kriterien.

Die Zeitschrift *Science* berichtete:

> Die FDA ist für Wissenschaftler kein angenehmer Arbeitsplatz ... Mehrere Forscher zeigten den Studenten [die Material über die FDA sammelten] sogenannte Greuellisten, in denen sie detaillierte Aufzeichnungen über Angriffe auf ihre wissenschaftliche Integrität führten ... Am häufigsten wurde über die »ständige Einmischung« der FDA bei mittel- und langfristigen Forschungsprojekten geklagt, die zumindest zum Teil auf die Befürchtungen der Behörde zurückzuführen ist, sie könne durch die Ergebnisse in Verlegenheit gebracht werden. Die Studenten warfen der FDA auch Vergeltungsmaßnahmen gegen die Wissenschaftler vor, die nicht mit ihrer Position übereinstimmen.[14]

Es war schon schlimm genug, daß der Staat die Macht bekam, Produkte wegen angeblicher »Bedenklichkeit« zu verbieten. Aber im Vergleich zu dem Fiasko, das durch das Kefauver-Harris-Zusatzgesetz zum Lebens- und Arzneimittelgesetz vom 10. Oktober 1962 Gesetzeskraft erhielt, war es noch gar nichts. Nachdem in der Presse ausgiebig über Mißbildungen bei Neugeborenen in Europa berichtet worden war, deren Mütter während der Schwangerschaft Thalidomid (Anm. d. Übers.: in Deutschland als Contergan bekannt) eingenommen hatten, gab das neue Gesetz der FDA die Vollmacht, auch jedes neue Präparat zu verbieten, das sie für *unwirksam* hielt!

Der Thalidomid-Skandal hatte nichts mit dem neuen Gesetz zu tun. Zunächst einmal wurde Thalidomid in den USA gar nicht eingesetzt. Darüber hinaus waren die angeborenen Mißbildungen nicht auf eine mangelnde »Wirksamkeit« des Präparats, sondern auf unzureichende Prüfungen auf »Unbedenklichkeit« und langfristige Nebenwirkungen zurückzuführen.[15]

Es ist im Prinzip unmöglich, die Wirksamkeit eines bestimmten Medikaments nachzuweisen. Was bei dem einen wirkt, wirkt bei einem

---

14 »Nader's Raiders on the FDA: Science and Scientists ›Misused‹«, *Science*, 17. April 1970, S. 349–352.

15 Seitdem hat sich Thalidomid als sehr wirksam in der Behandlung von Leprapatienten erwiesen und viele Leben gerettet. Wegen der staatlichen Beschränkungen seiner Herstellung und Anwendung erhalten viele Patienten das Medikament nicht, das für sie das Leben und nicht den Tod bedeuten könnte. Siehe »Thalidomide Combats Leprosy«, (AP) *Boston Globe*, 29. Juni 1969, S. 50. Auch »Horror Drug Thalidomide Now Used to Save Lives of Leprosy Patients«, *National Enquirer*, 25. November 1973, S. 50.

anderen nicht. Der Test für Wirksamkeit ist oft eine subjektive Evaluierung durch den Nutzer. Wirksamkeit kann einzig und allein vom Patienten beurteilt werden, entweder allein oder in Rücksprache mit seinem Arzt. Eine solche Befugnis in die Hände von aus politischen Gründen Ernannten mit ihrer jahrelangen Vorgeschichte ununterbrochener Korruption zu legen, ist Wahnsinn. Und wie wir im nächsten Kapitel sehen werden, ist es genau dieser Aspekt des »Geschäfts mit dem Schutz«, der verhindert hat, daß Laetril in den USA erhältlich ist, und damit für das unnötige Leid und den Tod von Millionen verantwortlich zeichnet.

Es sollte hier vielleicht festgehalten werden, daß die meisten Mitarbeiter der FDA ehrliche und gewissenhafte Staatsbürger und keine Komplizen bei Betrug, Korruption und Vetternwirtschaft sind. Die meisten von diesen befinden sich allerdings auf den unteren Stufen der Hierarchie und haben keine Möglichkeit der Mitsprache in der Politik der Behörde, in deren Diensten sie stehen. Je höher man jedoch in dieser Hierarchie aufsteigt, desto größer wird die Versuchung, und die höchsten Positionen von allen sind denen vorbehalten, die ihre Talente nicht in der Wissenschaft bewiesen haben, wo die Wahrheit herrscht, sondern in der Politik, wo die Wahrheit oft genug als Bedrohung des Herrschers in die tiefsten Verliese verbannt wird.

Weitgehende staatliche Machtbefugnisse sind allerdings nahezu ebenso gefährlich in den Händen von ehrlichen Menschen wie von Betrügern. Diese Wahrheit wurde von Lynn Kinsky und Robert Poole in ihrer Analyse im Auftrag der Zeitschrift *Reason* sehr überzeugend klargestellt. Zur Unmöglichkeit einer Entscheidung über »Wirksamkeit oder Unwirksamkeit eines Medikaments« für Gesamtpopulationen schrieben sie:

> Für den Bürokraten geht es in allererster Linie um die Regeln und Verfahren, die in unzähligen offiziellen Formularen und Dokumenten festgeschrieben sind. Im Fall der FDA bedeutet das, daß die zweitbeste Lösung für den Bürokraten, der nicht weiß, wie man die »Wirksamkeit« eines Medikaments feststellen kann, die Anforderung eines solchen Bergs von Papier ist, daß der Bürokrat für alle Fälle »abgesichert« ist. Dadurch hat sich seit der Einführung obligatorischer Dokumentierung der »Wirksamkeit« durch die FDA die Bearbeitungszeit für einen Antrag auf Zulassung eines neuen Medikaments verdreifacht. Die Vorbereitung dieses Papierbergs belastet das Forschungsbudget einer Pharmafirma mit zusätzlichen Millionenbeträgen – was kleinere (und vielleicht

innovativere) Firmen davon abhält, auch nur den Versuch zu unternehmen, die Zulassung für neue Medikamente zu erhalten.[16]

Es muß wiederholt werden, daß die FDA das Vertrauen der Öffentlichkeit nicht lange aufrechterhalten könnte, wenn sie nicht gelegentlich ein paar echte Gauner verfolgen würde. Die meisten dieser Sünder sind allerdings kleine Fische. Die Giganten der Industrie machen sich oft derselben Vergehen schuldig, aber die FDA räumt ihnen einen inoffiziellen Günstlingsstatus ein. Einer der Gründe für diesen unterschiedlichen Maßstab liegt darin, daß die großen Unternehmen die finanziellen Mittel haben, gegen die Entscheidungen der FDA gerichtlich vorzugehen. Dabei kommt oft heraus, wie erbärmlich die FDA arbeitet, und der Imageschaden ist da. Da der FDA aber besonders an einer guten Presse wegen ihrer Bemühungen zum »Schutz der Bevölkerung« gelegen ist, hackt sie natürlich am liebsten auf den Kleinen herum, die es sich nicht leisten können, zurückzuschlagen.

1962 beschlagnahmte die FDA zum Beispiel gemeinsam mit der staatlichen Gesundheitsbehörde in einem kleinen Geschäft in Detroit eine Ladung Distelölkapseln mit der Begründung, sie würden als Werbemittel für das Buch *Calories Don't Count* von Dr. med. Herman Taller eingesetzt. Mittlerweile hat sich die Ansicht durchgesetzt, daß bei einer Diät tatsächlich die Kalorien für viele Leute bei weitem *nicht* so viel zählen wie die Kohlehydrate. Aber 1962 hatte die FDA erklärt, daß die Amerikaner dieses Buch nicht lesen sollten, und besonders, daß Distelölkapseln auf keinen Fall so verkauft werden sollten, daß sie mit dem Thema dieses Buchs in Zusammenhang gebracht werden konnten. In ihrer Weisheit erklärte sie dies als falsche Produktkennzeichnung.

Die FDA ging routinemäßig vor und informierte die lokalen Medien, daß eine Beschlagnahmung zu erwarten sei, so daß bei Erscheinen der Beamten die gesamte Presse vor Ort war, um die große Razzia zu dokumentieren und zu fotografieren. Natürlich war die Öffentlichkeit ebenso beeindruckt wie dankbar zu erfahren, daß die FDA ihre Pflicht tat und sie vor solchen skrupellosen Betrügern »schützte«.

Der Clou ist allerdings, daß auch das größte Warenhaus der Stadt die Bücher und die Kapseln geführt hatte. Vor der Razzia hatte die FDA jedoch die Leitung des Warenhauses angerufen, sie über die bevorstehen-

[16] »The Impact of FDA Regulations on Drug Research in America Today« von Lynn Kinsky und Rober Poole, *Reason*, Band 2, No. 9, Nachdruck, S. 9, 10.

de Beschlagnahmung informiert und geraten, zur Vermeidung peinlicher Berichte die anstößige Ware unauffällig und freiwillig zu entfernen. Die Behörde war zu dem korrekten Schluß gekommen, daß sie ihr Ziel besser erreichen würde, wenn sie den kleinen Laden schikanierte und die Konfrontation mit einer Firma vermied, die aufgrund ihrer Größe zurückschlagen konnte.

Manchmal werden die Großen auch nicht deswegen weniger hart behandelt als die Kleinen, weil sie groß sind, sondern weil sie »dazugehören«. Sie sind Teil des Kartellestablishments. Während der Anhörungen vor dem Unterausschuß des Kongresses für Beziehungen zwischen den US-Bundesstaaten stellte sich zum Beispiel heraus, daß eine kleine Zeitschrift von der FDA gezwungen worden war, einen Widerruf gewisser Aussagen in einer Anzeige für eine Verhütungspille zu publizieren. Das große und angesehene *New England Journal of Medicine*, in dem dieselbe Anzeige erschienen war, mußte jedoch keinen Widerruf veröffentlichen. Auf die Frage nach dem Grund für diese Ungleichbehandlung sagte FDA-Leiter Charles Edwards, die große Zeitschrift habe »nicht in böswilliger Absicht gehandelt«.[17]

Das heißt natürlich nicht, daß die FDA sich nie mit größeren Unternehmen anlegt, denn manchmal kommt das vor. Aber in einem solchen Fall kann man sicher sein, daß die Sache für den Angeklagten von vornherein ungünstig steht. Unabhängig von seiner Finanzkraft kann dieser nicht hoffen, gegen die unbegrenzten Ressourcen der Bundesregierung gewinnen zu können, wenn er nicht dem internationalen *Finpol*-Geflecht angehört. Privatleute müssen Anwälte bezahlen. Der Staat hat ganze Gebäude voller aus Steuergeldern bezahlten Anwälten, die nur darauf warten, etwas für ihr Geld zu tun. Für die FDA spielt es überhaupt keine Rolle, wie lange sich ein Prozeß hinzieht, denn die Verzögerungen, Vertagungen, Behinderungen und Wiederaufnahmen sind in Wirklichkeit Teil ihrer Strategie, den Angeklagten durch astronomische Prozeßkosten in den Ruin zu treiben.

Im Verfahren gegen Dr. Andrew Ivy beispielsweise zogen sich die Verhandlungen über fast zehn Monate hin. Die Aussagen von 288 Zeugen füllten 11 900 Seiten Verhandlungsprotokoll – genug für einen zwei Meter hohen Stapel. Es wird angenommen, daß die FDA zwischen drei und fünf Millionen Dollar an Steuergeldern dafür ausgab. Kein Durch-

---

[17] »Who Blocks Testing of Anti-Cancer Agent?«, *Alameda Times Star* (Calif.), 3. August 1970.

schnittsbürger kann hoffen, bei einer derartigen juristischen Breitseite mithalten zu können.

Zusätzlich zu diesem finanziellen Handicap steht der Angeklagte vor der Tatsache, daß nur wenige Richter oder Geschworene den Mut haben werden, in einem Fall gegen die FDA zu entscheiden. Deren Anwälte verstehen es nämlich hervorragend, ihnen zu suggerieren, daß sie, falls sie das tun und sich irren, persönlich für Tausende von Todesfällen verantwortlich sind. Bei diesen Einschüchterungsmethoden werden Richter und Geschworene fast immer zu der Entscheidung neigen, daß die wissenschaftlichen Probleme besser den Wissenschaftlern (also der FDA!) überlassen bleiben und daß sie selbst sich streng auf juristische Fragen beschränken werden.

Aber selbst in den Fällen, in denen das Gericht dem Angeklagten Recht gibt, sieht sich dieser immer noch häufig dem Zorn der FDA-Beamten gegenüber, die ihn dann bewußt schikanieren und, so hoffen sie, weitere Prozesse gegen ihn anstrengen.

Omar Garrison schreibt über diesen Aspekt des Geschäfts mit dem Schutz:

> Während einer juristischen Auseinandersetzung, in der die Regierung zu verlieren drohte, sagte ein hoher FDA-Beamter dem Vertreter der Verteidigung: »Wissen Sie, wenn das so läuft, werden wir einfach einen anderen Prozeßgrund gegen Sie finden.«
>
> Das war keine leere Drohung. Es sind genügend Fälle belegt, in denen ein Angeklagter, der vom Gericht freigesprochen wurde, aus der ganzen Tortur (oft völlig erschöpft und pleite) hervorging, um sich dann einer zweiten oder dritten Anklage gegenüberzusehen … Die Diktokraten verfolgen die Linie, daß ihr Gegner früher oder später seine finanziellen Ressourcen erschöpft hat und seinen Verteidigungswillen verliert, wenn er sieht, daß er den unbegrenzten Mitteln der Bundesregierung gegenübersteht.[18]

Die unbegrenzten Mittel der Bundesregierung umfassen sehr viel mehr als eine Phalanx von aus dem Steuersäckel bezahlten Anwälten. Wenn sich jemand erst einmal den Zorn der FDA zugezogen hat, kann er damit rechnen, Ziel von Schikanen auch anderer staatlicher Stellen zu werden. Der erste vor seiner Tür wird wahrscheinlich der Mann vom Finanzamt

---

[18] Garrison, *op. cit.*, S. 153, 156.

sein, der die Steuerunterlagen des »Querulanten« einer sehr genauen Prüfung unterzieht in der festen Absicht, *irgendeine* Unregelmäßigkeit bzw. einen Fehler zu finden. Wenn der Angeklagte ein Produkt verkauft, wird die *Federal Trade Commission* ein höchst intimes Interesse an seinem Betrieb entwickeln. Wenn er Radio- oder Fernsehprogramme betreibt, so wird der Sender, der seine Botschaft ausstrahlt, von der *Federal Communications Commission* angesprochen und darauf hingewiesen werden, daß solche Sendungen nicht im öffentlichen Interesse sind. Der Mann vom Arbeitsschutz wird seine Räumlichkeiten auf mögliche (unvermeidliche) Verstöße gegen irgendwelche obskuren Gesundheits- und Sicherheitsvorschriften überprüfen wollen. Die Gleichstellungsbeauftragte wird vielleicht inakzeptable Beschäftigungs- oder Rekrutierungspraktiken feststellen. Wenn er Arzt ist, darf er sich auf die eingehendere Aufmerksamkeit der PSRO (*Professional Standard Review Organisation*) freuen, die sein Urteil bei der Behandlung seiner Patienten bewerten wird. Als allerletzte Schikane kann ihm sogar die Post so unentbehrliche Dienstleistungen wie die Zustellung seiner Post verweigern. Und über all diesen Aktionen schwebt der konstante und bewußte Versuch der FDA, die Angelegenheit in den Medien lebendig zu halten – mit dem doppelten Ziel, ihr Image als »Beschützer der Bevölkerung« aufrechtzuerhalten und gleichzeitig den Ruf und die Existenz derer zu zerstören, die sie für ihre Attacke ausgewählt hat. Die Vorinformation an die Presse über eine geplante Razzia oder Festnahme wird damit ein wichtiger Bestandteil der FDA-Strategie. Selbst wenn der Angeklagte letztendlich vor Gericht freigesprochen wird, gilt er in der Öffentlichkeit immer noch als verdächtiger Krimineller, denn die dramatischen Berichte und die Bilder von seiner Verhaftung in den Medien wirken nach. Der wirtschaftliche Schaden, der dem Angeklagten mit dieser genau geplanten Publicity zugefügt wird, ist oft höher, als jedes Bußgeld oder jede von einem Gericht verhängte Strafe es sein könnte.

Für den Fall, daß diese pauschalen Vorwürfe zu hart oder übertrieben klingen, sollten wir jetzt unsere Aufmerksamkeit spezifischen Beispielen und realen Fällen zuwenden.

Kapitel 22

Das Arsenal der Unterwerfung

Staatliche Schikanen gegenüber der Nahrungsergänzungs- und Vitaminindustrie, Stimmungsmache gegen Laetril in den Medien und ein Kostenvergleich zwischen Laetriltherapie und orthodoxen Krebstherapien.

IM VORIGEN KAPITEL WURDE bereits kurz angesprochen, daß die Pressemitteilung und die vorher arrangierte Berichterstattung über Razzien und Festnahmen zu den wichtigsten Waffen gehört, mit denen die FDA eine Unterwerfung zu erzwingen versucht. Die Verurteilung durch die öffentliche Meinung kann sehr viel mehr bewirken als die Verurteilung durch eine Jury. Auch wenn der Angeklagte nicht schuldig im Sinne der Anklage ist – oder, was wahrscheinlicher ist, zwar im Sinne des Wortlauts der Anklage schuldig ist, sich aber keines wirklichen Vergehens schuldig gemacht hat –, wird er von nun an in den Augen der Öffentlichkeit das Stigma des Schuldverdachts nie mehr los.

Das ist das Prinzip hinter der Berichterstattung über den »Zyanid-Skandal« im Zusammenhang mit Laetril und Aprikosenkernen. Das wahre Urteil der Wissenschaft lautet, daß diese Substanzen unbedenklicher sind als die meisten frei verkäuflichen Arzneimittel. Die Öffentlichkeit jedoch weiß nur, daß sie als »gefährlich« bezeichnet wurden und daß diejenigen, die für ihren Einsatz werben, nicht vertrauenswürdig sind.

Die Medien haben an diesem Projekt begeistert mitgearbeitet. Nicht weil die wichtigen Nachrichtenmedien von denselben *Finpols* kontrolliert werden, die auch die US-Regierung dominieren – so sehr das auch stimmen mag –, sondern weil auch Journalisten, wie fast jeder Mensch, nicht gerne mehr arbeiten als nötig und deshalb gerne fertige Stories mit einem Minimum an eigenen Recherchen übernehmen. Dazu kommt, daß die meisten nie Grund hatten, die Kompetenz oder die Integrität der FDA-Sprecher in Frage zu stellen. Mit anderen Worten, auch die Journalisten, ebenso wie der Rest der Bevölkerung, müssen noch viel lernen über die Eigenheiten des starken Staates. Folglich sind die Printmedien ebenso wie die elektronischen praktisch zum Propagandaarm der FDA geworden.

In dieser Eigenschaft sind sie eine unerschöpfliche Quelle von einseitigen oder tendenziösen Meldungen, wie die folgenden typischen Beispiele zeigen.

Mrs. Mary Whelchel hatte in der Nähe von San Diego auf der amerikanischen Seite der mexikanischen Grenze eine Pension für die von Dr. Contreras behandelten Krebspatienten betrieben. Für sie war es eher eine gute Tat als ein kommerzielles Unternehmen. Trotzdem wurde sie im Februar 1971 festgenommen und inhaftiert, weil sie ihre Gäste mit Laetril versorgt hatte.

Kurz nach ihrer Entlassung aus dem Gefängnis schrieb Mrs. Whelchel einen offenen Brief zur Veröffentlichung im *Cancer News Journal*. Hier ist ihre Schilderung der Ereignisse:

> Liebe Freunde,
>
> wenn dieser Brief Euch erreicht, werden die meisten von Euch schon wissen, daß am 25. Februar 1971 um 12.30 Uhr Charles Duggie (Beamter der FDA Kalifornien), Fred Vogt (von der Staatsanwaltschaft San Diego), Frances Holway (Polizeibeamtin in San Diego) und John McDonald (Polizeibeamter in Imperial Beach) zu mir nach Hause kamen und mich wegen »des Verkaufs, Verschenkens und Verteilens« von Laetril als HEILMITTEL gegen Krebs festnahmen.
>
> Mir wurde vorgeworfen, ich machte »Propaganda« dafür, daß Leute mexikanische Ärzte aufsuchen statt ihre medizinischen Berater in den USA … Sie sagten mir, sie hätten die nötigen Papiere zur »Durchsuchung und Beschlagnahme« und ich sei verhaftet. Dann wüteten sie durch mein Haus wie ein Wirbelsturm. Sie nahmen alles aus meinen Akten, meinem Schreibtisch und Regalen mit, auch Schecks, private Korrespondenz, Quittungen und Bücher. Es gibt nur ein Wort dafür – ALLES!
>
> Um 16.00 Uhr wurde ich schließlich zum Bezirksgefängnis gebracht und dort aufgenommen und fotografiert … Ich wurde in den Bereich für Betrunkene gesteckt, und da blieb ich …
>
> Als ich in diesem gräßlichen Gefängnis saß und die vier kahlen Wände anstarrte und die Betrunkenen, die Prostituierten, die Drogensüchtigen – Fenster gab es auch nicht, und die Matratzen lagen durcheinander auf dem Fußboden –, hatte ich Zeit, über die letzten acht Jahre nachzudenken. Zuerst habe ich mich gefragt »Wie und warum bin ich nur hierher geraten?« Ich war völlig in

> Panik! Ich, die ich in meinem ganzen Leben nie mit dem Gesetz in Konflikt gekommen war, von ein paar Strafzetteln mal abgesehen – ich saß im Gefängnis.
>
> Es ist total beängstigend. Man kommt sich vor, als wäre man völlig von der Zivilisation abgeschnitten. Man kann mit niemandem Kontakt aufnehmen! Außer dem Anruf bei meinen Söhnen hatte ich keine Möglichkeit herauszufinden, ob irgend etwas unternommen wurde, um mich da herauszuholen. Ich durfte mit niemandem reden außer den Insassen. Die meisten waren so betrunken oder high, daß sie kein Wort verstanden. Als die Zeit verstrich (Uhren gibt es nicht) und keine Nachricht von draußen kam, fühlte ich mich, als hätte man mich völlig vergessen.
>
> Ich bin wirklich von Laetril überzeugt. Ich glaube von ganzem Herzen, daß es die Antwort im Kampf gegen den Krebs ist. Nachdem ich acht Jahre lang 24 Stunden am Tag mit Krebspatienten zusammengelebt habe, wie könnte ich noch zweifeln? Ich habe meine Antwort gefunden. Ja, es war jede Minute wert, und ganz egal, wie das Gericht entscheidet, ich will jetzt öffentlich sagen, daß ich es wieder so machen würde, alles wieder ganz genauso.[1]

Lassen Sie uns zum Vergleich die Presseberichte über dieses Ereignis ansehen. Im ganzen Land griffen die Zeitungen den Fall auf, so wie er zuerst in der *New York Times* berichtet worden war. Schlagzeilen kreischten: »ZUGRIFF AUF RING VON KREBSKLINIKEN IN KALIFORNIEN«. Der Öffentlichkeit wurde vorgetäuscht, daß die FDA eine mutige Razzia auf einen der gefährlichsten und übelsten Verbrecher des 20. Jahrhunderts durchgeführt hatte, der »illegale Drogen« ins Land geschmuggelt und unschuldige, wehrlose und verzweifelte Krebsopfer ausgenutzt hatte.

Die Zeitung schrieb:

> Agenten der kalifornischen FDA haben diese Woche Maßnahmen ergriffen, um eine, wie sie sagten, »Untergrundverbindung« zu unterbrechen, über die Krebsopfer nach Mexiko transportiert werden, um sich dort mit einer in den USA und in Kanada verbotenen Substanz behandeln zu lassen.

---

[1] *Cancer News Journal*, Januar/April 1971, S. 14.

> Mrs. Mary Whelchel wurde der kriminellen Verschwörung und des Betruges angeklagt, weil Krebspatienten aus allen Teilen der USA, die zur Behandlung mit dem angeblichen Wundermittel auf dem Weg nach Mexiko waren, in ihrer Pension Unterschlupf gefunden hatten …
>
> Die mexikanischen Behörden untersuchen ebenfalls den Betrieb der Krebskliniken.[2]

»RING VON KLINIKEN«, was denn noch!

Bei den meisten örtlichen Polizeidienstellen haben die Quacksalber von der FDA ein leichtes Spiel. Normalerweise akzeptieren sie die Behauptungen der FDA unbesehen. Man kann sich also ganz auf ihre Mitarbeit bei Ermittlungen oder Verhaftungen verlassen. Manchmal kommt ein Ermittler, der nicht weiß, daß er von der Propaganda der FDA getäuscht wurde, zu dem Schluß, daß Laetril-»Schmuggler« keinen Deut besser sind als Drogenhändler, die Heroin verkaufen. Wenn solche Gesetzeshüter von der Presse interviewt werden, liefern sie jede Menge zitierfähiges Material und sind der FDA eine große Hilfe.

Die folgende Meldung in der *Seattle Post-Intelligence* ist ein klassisches Beispiel:

> Bellevue – Mindestens fünf Einwohner des Bundesstaats Washington, darunter zwei Ärzte, wurden mit dem Verkauf eines als Laetril bekannten illegalen Krebsmittels in Zusammenhang gebracht. Dies ist das Ergebnis einmonatiger Ermittlungen der Polizei von Bellevue, wie die P-I erfuhr.
>
> Die Polizeibeamten, die gestern zugriffen, berichteten, daß sie damit möglicherweise erst einen winzigen Teil eines Drogenhändlerrings aufgedeckt hätten, der sich über mehrere Bundesstaaten und Mexiko erstreckt …
>
> Nach Ansicht von Bill Ellis von der Kriminalpolizei Bellevue, der die Ermittlungen leitet, handeln die Befürworter von Laetril vermutlich aus zwei Motiven. »Einige der Beteiligten glauben vielleicht, daß das Mittel tatsächlich hilft, Krebs zu heilen oder aufzuhalten«, sagte Ellis.
>
> »Das Profitmotiv ist aber nicht auszuschließen«, fügte er hinzu.

---

[2] »Cancer Clinic Ring Seized in California«, New York Times Service, *The Arizona Republic*, 28. Februar 1971, S. 24-A.

»Mit dem Verkauf dieses Mittels ist viel Geld zu machen.« …

»Allem Anschein nach müssen die Patienten das Mittel ihr ganzes Leben lang einnehmen«, sagte Ellis. »Das ist die ideale Möglichkeit für jeden Schwindler, die Verzweiflung von Leuten auszunutzen, die nichts mehr zu verlieren haben.«

Die Polizei ist zudem besorgt, daß diejenigen, die Laetril aus Profitgründen verkaufen, den Import anderer Drogen, unter anderem Heroin, ebenso einfach und lukrativ finden könnten.

»Wenn jemand es schafft, eine illegale Substanz in größeren Mengen in die USA zu schmuggeln, was hindert ihn daran, sein Sortiment zu erweitern?«, fragte Ellis.[3]

In dieser »Nachricht« wird die plumpe Propaganda der FDA ganz deutlich. Und höchstwahrscheinlich wissen weder Ellis noch der Journalist, daß sie die Opfer erstklassiger *wirklicher* Schwindler geworden sind.

Abgesehen von der Andeutung, daß Laetrilbefürworter »möglicherweise« Heroin schmuggeln könnten (es ist niemals auch nur der Schatten eines Beweises aufgetaucht, der diesen Verdacht rechtfertigen könnte), ist eine der Lieblingsbehauptungen der FDA, daß die Verkäufer von Laetril Riesengewinne machen. Das Gesundheitsministerium von Kalifornien behauptet in seiner Schrift *The Cancer Law*, daß ein so gut wie mit Laetril übereinstimmendes Material unter dem Handelsnamen Amygdalin zu erheblich niedrigeren Preisen erhältlich ist, und die *American Cancer Society* gibt an, daß das Laetril für eine Injektion nicht mehr als zehn bis fünfzehn Cent kostet.[4]

Schauen wir uns einmal die Tatsachen an.

Für einen amerikanischen Arzt lagen 1974 (als dieser Vorwurf erhoben wurde) die Kosten für ein Gramm Laetril zur Injektion bei etwa $ 4,00, die Kosten für den Patienten bei $ 9,00 bis 12,00 – womit Laetril so ziemlich die billigste Injektion wäre, die man bei einem Arzt bekommen kann.

Den stärksten Einfluß auf den Preis von Laetril hat allerdings die Tatsache, daß der Staat seine Verwendung als Krebsmittel verboten hat. Das hat die Anbieter in eine Schwarzmarktposition gezwungen, die

---

3 »Five Linked to sale of Illegal Cancer Drug«, *Seattle Post-Intelligence*, 21. Dezember 1972, S. 1, 5.

4 *American Cancer Society*, zitiert nach »Cancer Relief or Quackery?«, *Washington Post*, 26. Mai 1974, S. C1, C4.

wegen der erforderlichen Geheimhaltung und der Möglichkeit von Festnahmen, Bußgeldern oder Haftstrafen immer den Preis einer Ware in die Höhe treibt, um die Kosten für den Schmuggel zu decken und den Händler für sein Risiko zu entschädigen. Wenn der Staat die gesetzlichen Beschränkungen aufheben würde, könnte Laetril in Massenproduktion hergestellt und in den USA verkauft werden, was seinen Preis in sehr kurzer Zeit auf weniger als ein Drittel des gegenwärtigen Preises senken würde.

Da wir gerade bei exorbitanten Kosten sind: Warum engagiert sich die FDA diesbezüglich nicht bei der *orthodoxen* Medizin?

In einem Artikel in der *San Francisco Chronicle* mit der Überschrift »Vorsicht vor Schnellheilung bei Krebs« gab Dr. Ralph Weilerstein vom Beirat der FDA Kalifornien seinem Entsetzen und seiner Sorge darüber Ausdruck, daß eine typische Laetrilbehandlung von 30 Tagen in Mexiko einen Patienten zwischen ein- und zweitausend Dollar kosten kann. Tatsächlich wären die meisten Krebspatienten mehr als glücklich über eine so niedrige Arztrechnung. Und sogar diese niedrigen Schätzungen waren noch übertrieben. 1971 berichtete das *Time*-Magazin:

> Contreras' Preise für Laetril [in Mexiko] sind ebenso bescheiden wie seine Honorare. Der Arzt berechnet nur $ 10 für eine Erstuntersuchung, $ 7 für alle folgenden Termine, $ 3 für ein Gramm des Medikaments.[5]

Dr. Contreras gab an, daß er Anfang der 1970er Jahre für die gesamte Behandlung selten mehr als 700 bis 1000 Dollar in Rechnung stellte. Allerdings kam die Mehrzahl seiner Patienten aus dem Ausland und mußte daher Unterbringung, Verpflegung und Reisekosten bezahlen. Daher erreichten die Gesamtkosten einschließlich dieser nicht-medizinischen Zusatzkosten *tatsächlich* in manchen Fällen bis zu 2000 Dollar, aber die Behauptung, die gesamte Summe lande als Reingewinn in der Tasche des Doktors, ist unfair.[6]

Wenn Dr. Weilerstein Äpfel mit Äpfeln verglichen hätte, hätte er vielleicht auch erklärt, warum ein Patient mit Krebs im Endstadium bei

---

5 »Debate Over Laetrile«, *Time*, 12. April 1971.

6 Seit den 1970er Jahren sind natürlich wegen der Inflation sowohl die Kosten einer Laetriltherapie als auch der orthodoxen Therapien gestiegen, aber das Verhältnis zwischen beiden hat sich nicht verändert.

orthodoxer Therapie in den USA Anfang der 1970er Jahre im Durchschnitt 13 000 Dollar für Operationen, Bestrahlungen, Chemotherapie, Krankenhausaufenthalt oder eine Kombination von allem ausgab. Wenn die FDA wirklich Entsetzen und Sorge über hohe Behandlungskosten zum Ausdruck bringen wollte, dann fände sie in der orthodoxen Therapie ein überaus jungfräuliches Betätigungsfeld, das nur darauf wartet, erschlossen zu werden.

Die Zeitungen und Zeitschriften des Establishments waren verläßliche und unkritische Sprachrohre für FDA-Propaganda. Ebenso die großen Fernsehsender und die meisten Lokalrundfunk- und Fernsehsender. Ein perfektes Beispiel war die Folge des NBC-Magazins *First Tuesday* vom 2. März 1971. Zuschauer, die den Hintergrund nicht kannten, hielten das Programm wahrscheinlich für eine objektive Dokumentation. Ed Delaney, der Moderator des Programms, zeigte Filmsequenzen mit Interviews von Vertretern beider Seiten der Kontroverse. Aber wie so oft wurde die Meinung des Zuschauers durch sorgfältige Auswahl und Bearbeitung des Filmmaterials – wer darf was sagen und in welcher Reihenfolge – geschickt manipuliert.

Jeden Tag kamen Hunderte von Krebspatienten zur Behandlung in die Klinik von Dr. Contreras. Es waren Menschen aller Altersgruppen, aller Berufe und Bildungsniveaus. Aber NBC interviewte nur solche Patienten, die sich nicht besonders gut ausdrücken konnten oder die ungebildet, verwirrt und verzweifelt wirkten. Keiner von ihnen durfte darüber berichten, daß Laetril ihnen vielleicht geholfen hatte, so daß der Eindruck erweckt wurde, daß es keinem wirklich genützt hatte.

Dann kam die ausführliche »Widerlegung« – gut strukturierte, elegante Interviews mit Dr. Jesse Steinfeld, dem Surgeon General (Leiter des Öffentlichen Gesundheitsdienstes der USA), Dr. Charles Edwards, Leiter der FDA, und anderen »sehr respektablen« Vertretern des ärztlichen Establishments. Die allgemeine Schlußfolgerung war: »In der Theorie klingt Laetril ja vielleicht gut, aber es funktioniert einfach nicht!«

Die Befürworter von Laetril, die in gutem Glauben mit dem NBC bei der Vorbereitung der Sendung zusammengearbeitet hatten, waren völlig geschockt. Man hatte ihnen vorgegaukelt, dies sei die Gelegenheit, sich der Öffentlichkeit in einer fairen Darstellung zu präsentieren; dabei hatten sie von Anfang an keine Chance.

Unter dem Etikett »Programme von öffentlichem Interesse« haben die Fernsehsender der Nation buchstäblich Tausende von Propagandafilmen gegen den ernährungsmedizinischen Ansatz ausgestrahlt, die die

Sponsoren keinen Cent gekostet haben. Der AMA-Film *Medicine Man* zum Beispiel stellt unabhängige Gesundheitsdozenten als Werbungsvertreter und Gauner hin und zeigt dem Zuschauer geschickt, wie er ihre »Techniken« erkennen kann. Der Film wirft alle Gesundheitsdozenten in einen Topf – gute und schlechte zusammen – und erhebt Pauschalvorwüfe, die im Falle der schlechten gerechtfertigt, aber den guten gegenüber ungerecht sind. Der Zuschauer wird programmiert, auf alle negativ zu reagieren, und da er auf »Techniken« und nicht auf »Inhalte« achtet, wird er darauf konditioniert, den verantwortungsbewußten Dozenten ebenso abzulehnen wie den verantwortungslosen. In seinen Augen sind alle Scharlatane, weil alle von ihnen einige der in dem Film gezeigten »Techniken« anwenden. Ihm fällt nicht auf, daß diese Techniken von jedem eingesetzt werden, der Vorträge hält – sogar von denen, die Gesundheitsdozenten angreifen!

Ein weiterer Propagandafilm mit einem ähnlichen Ansatz wurde von der *American Cancer Society* produziert und heißt *Journey into Darkness* (*Reise in die Dunkelheit*). Der Film, in dem Gaststar Robert Ryan als Moderator auftritt, ist sowohl vom Drehbuch als auch von der schauspielerischen Leistung her ein Meisterwerk. In verschiedenen miteinander verbundenen Handlungsfäden schildert er die psychische Qual mehrerer Krebspatienten, die sich entscheiden müssen, ob sie dem Rat ihres weisen und freundlichen Arztes folgen und sich mit orthodoxen Therapien *mit nachgewiesener Wirkung* behandeln lassen sollen oder sich von ihren Ängsten und Zweifeln zu den Behandlungsmethoden *ohne nachgewiesene Wirkung* bei einem unqualifizierten Quacksalber verleiten lassen sollen, der ihnen eine Wunderheilung verspricht, aber in Wirklichkeit nur am Geld des Patienten interessiert ist. Am Ende treffen einige die »richtige« Wahl und beschließen, dem Rat ihres Arztes zu folgen. Andere entscheiden sich »falsch« und treten ihre lange und tragische *Reise in die Dunkelheit* an.

Auf den uninformierten Zuschauer wirkt dieser Film überzeugend. Da er weiß, daß Quacksalberei bei Krebs *existiert*, wird er dazu verleitet, automatisch alles, was nicht von der *American Cancer Society* zugelassen ist, in diese Kategorie einzuordnen. Er überlegt sich nicht, daß die Menschen, die er auf der Leinwand beobachtete, nur Schauspieler sind, daß es keine reale Geschichte war oder daß das Drehbuch den Propagandazielen der FDA entspricht. Trotzdem ist dieser Film »von öffentlichem Interesse« von Hunderten von Fernsehsendern und in Tausenden von Klassenzimmern, Vereinen, Service-Clubs und Wohltätigkeits- und

Bürgerorganisationen gezeigt worden und hat die öffentliche Meinung zutiefst beeinflußt. Seine Botschaft ist so überzeugend, daß zahllose Zuschauer, die später an Krebs erkranken, sich die Geschichte von Laetril nicht einmal *anhören* wollen – selbst dann, wenn ihr Arzt ihnen sagt, daß ihnen mit einer orthodoxen Therapie nicht mehr geholfen werden kann.

Nebenbei bemerkt wurde der Schauspieler Robert Ryan, der Star von *Journey into Darkness*, ironischerweise Opfer seiner eigenen Propaganda. Er starb im Juli 1973 nach umfangreicher Kobalttherapie an Krebs, seine Frau Jessica war ein Jahr zuvor an Krebs gestorben.

Pressemitteilungen, manipulierte Nachrichtenmeldungen und einseitige Berichterstattung im Rundfunk oder Fernsehen sind zwar die am häufigsten eingesetzten Waffen im »Arsenal der Unterwerfung« der FDA, aber es gibt noch diverse andere, die noch wirksamer sind. Sie werden erst gegen jene hartnäckigen Zeitgenossen eingesetzt, die sich von der öffentlichen Meinung nicht beeinflussen lassen. Eine dieser Waffen ist die Zerstörung der Kreditwürdigkeit des Betreffenden. Dazu gehört als Routinemaßnahme der FDA ein Brief oder Anruf an die Wirtschaftsauskunft *Dun & Bradstreet* mit der Mitteilung, daß jemand »Schwierigkeiten mit den Behörden« hat. Eine Nachricht an die Verbraucherschutzorganisation *Better Business Bureau* ist ebenfalls üblich.

Die nächste Eskalationsstufe der Schikane ist das Verbot der Publikation oder des Verkaufs sämtlicher Druckerzeugnisse, auch von Büchern und Handzetteln. Das Buch *One Answer to Cancer* von Dr. William Kelly wurde per Gerichtsbeschluß verboten, weil es zu einer Diät riet statt zu orthodoxen Therapien. Das Gericht entschied, daß der Vertrieb des Buchs eine »eindeutige und unmittelbare Gefahr« für die Öffentlichkeit darstelle und die Pflicht des Staates zum Schutz der Gesundheit seiner Bürger ein höheres Rechtsgut sei als das Recht des Arztes auf freie Meinungsäußerung. Da Dr. Kelly nicht Doktor der Medizin, sondern der Zahnmedizin war, wurde ihm auch vorgeworfen, er »praktiziere Medizin ohne Zulassung«.

Das ist ein beliebter Trick der FDA. Viele, die zum Thema Gesundheit publizieren oder Vorträge halten, sind unter diesem Vorwand festgenommen worden. Wenn jemand zu einer Ernährungsumstellung rät, um schlichte Kopfschmerzen loszuwerden, praktiziert er Medizin ohne Zulassung. Wenn er Ihnen vorschlägt, Vitamin C oder Bioflavin gegen eine Erkältung einzunehmen, praktiziert er Medizin ohne Zulassung. Wenn er Obst oder natürliche Ballaststoffe zur Regulierung der Darmtätigkeit empfiehlt, praktiziert er Medizin ohne Zulassung.[7] Wenn er darauf hinweist, daß natürliche Stoffe in natürlichen Nahrungsmitteln ein wirksames Mittel gegen Krebs sein können, praktiziert er *ganz bestimmt* Medizin ohne Zulassung. Aber wenn ein Pharmaunternehmen einen Schauspieler dafür engagiert, im Fernsehen aufzutreten und Millionen von Menschen zu erklären, daß Bayer gut gegen Kopfschmerzen oder Vicks gut gegen Erkältung ist, daß Exlax die Darmtätigkeit reguliert oder daß die orthodoxe Medizin 40 Prozent aller Krebsarten heilen kann, zuckt die FDA mit keiner Wimper.

Um das Image von »Bücherverbrennern« zu vermeiden, haben die Beamten der FDA behauptet, daß sie Bücher nicht wegen der darin propagierten Ideen zensieren, sondern weil diese Bücher in Wirklichkeit als raffinierte Methode der »Kennzeichnung« von Produkten dienen.

Bei *Ideen* haben sie vielleicht keine Entscheidungsbefugnis, aber über *Produkte* haben sie totale Kontrolle. Wenn also der Verfasser, Verleger, Zwischenhändler oder Verkäufer des Buchs zufällig auch ein Produkt verkauft, das in irgendeiner Weise in dem Buch erklärt oder positiv bewertet wird – was natürlich eine logische Vorgehensweise wäre –, dann werden Buch *und* Produkt von der FDA wegen falscher oder irreführender Kennzeichnung beschlagnahmt.

Da sie nicht mehr schriftlich publizieren dürfen, weichen viele ernährungsmedizinisch ausgerichtete Autoren in den Vortragssaal aus. Auch daran werden sie gehindert. Für eine Festnahme gibt es zwei Begründungen – entweder Praxis der Medizin ohne Zulassung oder – besonders wenn sie ein Produkt verkaufen – falsche Kennzeichnung.

Ein solcher Fall ist Mr. Bruce Butt, ein älterer Herr, der festgenommen wurde, weil er in Carlisle, Pennsylvania, einen Film zeigte, der Laetril propagierte. Zweieinhalb Jahre später wurde Mr. Butt vom Gericht in allen Anklagepunkten freigesprochen, aber erst, nachdem er immense Gerichts- und Anwaltskosten angehäuft hatte und die Berichterstattung ihn öffentlich als »Reformhaus-Freak«, »Spinner« und »Krebsquacksalber« gebrandmarkt hatte.

---

[7] Als 1974 dieser Abschnitt für die erste Auflage dieses Buches geschrieben wurde, spottete die orthodoxe Medizin noch über die »Gesundheitsapostel«, die behaupteten, Ballaststoffe seien wichtig für eine gesunde Darmtätigkeit. Mitte der 1980er Jahre war diese Idee Teil der orthodoxen Medizin geworden. Wir werden nie erfahren, wie viele Fälle von Dickdarmkrebs zu vermeiden gewesen wären, wenn die Halbgötter in Weiß nicht gegrinst, sondern zugehört hätten.

Wenn sich das Zielobjekt der FDA-Schikanen dann immer noch nicht geschlagen gibt, gibt es noch eine Waffe im staatlichen Arsenal der Unterwerfung, die ihn bestimmt zur Strecke bringt: Stellt ihm die Post ab! Schließlich ist die Post nichts als ein weiterer Teil des bundesstaatlichen Apparats und wird ohne weitere Rückfragen jede Verwaltungsverfügung der FDA oder Gerichtsverfügung befolgen, die besagt, daß eine Publikation oder ein Produkt »nicht im öffentlichen Interesse« ist. Mit dieser glatten Formulierung wurde der Postversand von zahlreichen Büchern zum Thema Gesundheit und von Werbematerial dazu verboten. Zum Beispiel hatte die *Cardiac Society* das Mißfallen der FDA erregt, weil sie Vitamin E verkauft hatte, um mit dem Erlös die Fortsetzung ihrer Aufklärungsarbeit über die Bedeutung von Vitamin E für die Herzgesundheit zu finanzieren. Daraufhin wurde die Post an die Zentrale der Organisation abgefangen und ging mit dem Vermerk »Betrug!« an den Absender zurück.

Charles C. Johnson junior, Leiter des *Environmental Health Service*, dessen Behörde die Tätigkeit der FDA zeitweilig beaufsichtigte, faßte die derzeitige Einstellung der Beamten mit der Bemerkung zusammen: »Wir haben diverse Waffen in unserem Arsenal der Unterwerfung.«

Die Formulierung »Arsenal der Unterwerfung« sagt uns eine ganze Menge über abgebrühte Beamtenmentalität und ist, wie wir gesehen haben, eine sehr genaue Beschreibung dessen, was den Durchschnittsbürger erwartet, wenn er sich gegen den Staat wehrt, dessen wachsenden Einfluß er über die Jahre so gleichgültig – oder vielleicht sogar zustimmend – beobachtet hat. Im Namen des »Schutzes der Bevölkerung« – im Bereich Ernährung ebenso wie in anderen Bereichen menschlicher Aktivität – wird er zusehends zu der größten Bedrohung, *vor* der die Bevölkerung geschützt werden muß.

Kapitel 23

Zweierlei Maß

Eine Analyse des unterschiedlichen Maßstabs der FDA, bei dem harmlose, nicht-pharmazeutische Substanzen wie Vitamine und Nahrungsergänzungen mit schärferen Restriktionen belegt werden als toxische und gefährliche Medikamente.

Der gnadenlose Krieg der FDA gegen Vitamine, Nahrungsergänzungsmittel und nicht von der Pharmaindustrie hergestellte Arzneien ist bekannt. Jedes Jahr wendet die Behörde einen beträchtlichen Teil ihres Budgets dafür auf, die Bevölkerung vor den Gefahren zu warnen, die in einer ernährungsmedizinischen Behandlung lauern. Bei Medikamenten allerdings verfolgt sie einen laxeren Kurs mit der implizierten Versicherung: »Machen Sie sich nicht zu viele Sorgen über schädliche Arzneimittelwirkungen. Alle von uns zugelassenen Medikamente können Sie unbedenklich nehmen. Sie sind in guten Händen.«

Im Juli 1971 gab die FDA ein »Informationsblatt« zu Medikamentennebenwirkungen heraus. Unter der Überschrift: »Sollte man wegen möglicher Nebenwirkungen Angst vor Medikamenten haben?« finden wir folgende Antwort:

> Medikamente sollte man achten, nicht fürchten. Ihr Arzt hat sich die Entscheidung, ein Medikament einzusetzen, gut überlegt. Er hat entschieden, daß es besser ist, eine Krankheit medikamentös zu behandeln als sie unbehandelt zu lassen, und daß die Gefahr größer ist, wenn das Medikament nicht eingesetzt wird.[1]

Die Bemerkung über die Vorrangigkeit der ärztlichen Entscheidung beschreibt ein durchaus löbliches Prinzip. Allerdings hält sich die FDA selber nicht daran, wie Ihnen jeder Arzt, der schon einmal versucht hat, Laetril anzuwenden, sagen kann. Und mit der immer schärferen staatlichen Regulierung der ärztlichen Verschreibungspraxis bis in jeden Einzelfall (über Bundesbehörden wie die PSRO) ist klar, daß der Staat die

---

1 »Drug Side Effects«, FDA Fact Sheet CSS-D2 (FDA) 72-3001, Juli 1971.

Ärzte zu bloßen Robotern degradieren möchte, die darauf trainiert sind, bei »Kategorie 7482-91 der Bundesdiagnoserichtlinien« nur die »Behandlung nach Bundesnorm 9714-32« anzuwenden. Die Erklärung »Medikamente sollte man achten, nicht fürchten« dagegen spiegelt die Prinzipien der FDA genau wider. Wenn man die paranoide Einstellung der Behörde zu Vitaminen dagegenhält, kann man anhand dieser Erklärung sehr gut beobachten, mit welch unterschiedlichen Maßstäben die FDA operiert.

Der Kongreßabgeordnete Craig Hosmer, ein unverblümter Kritiker der einseitigen Attacke der FDA gegen die Nahrungsergänzungs- und Vitaminindustrie, sagte:

> Mir wurde mitgeteilt, daß es noch keinen einzigen Todesfall durch eine Überdosis von Vitaminen gegeben hat, allerdings heißt es, daß alle drei Tage jemand an einer tödlichen Dosis Aspirin stirbt … Und obwohl die Amerikaner jedes Jahr 20 Millionen Pfund Aspirin kaufen, hat die FDA dennoch nie öffentliche Überlegungen angestellt, den Verkauf zu regulieren oder Warnhinweise auf den Etiketten anzubringen. Statt dessen hat die Behörde ihre Zeit und Steuergelder in Millionenhöhe dafür aufgewendet, willkürliche Tagesdosierungen für harmlose Vitamine und Minerale auszuarbeiten.[2]

Der Abgeordnete hat den Nagel auf den Kopf getroffen. Die Gefahr für die Gesundheit der Bevölkerung lauert nicht in organischen Nahrungsergänzungen oder Vitaminen aus dem Reformhaus. Sie lagert in den Unmengen von toxischen synthetischen Medikamenten. Nichts von dem, was in einem Gesundheitsvortrag propagiert wurde, hat je eine solche Tragödie wie die Thalidomidschäden verursacht. Fünf Prozent aller Krankenhauseinweisungen erfolgen wegen Nebenwirkungen legal erworbener verschreibungspflichtiger Medikamente.[3] Es gibt Schätzungen, daß nicht weniger als 1,5 Millionen Menschen jährlich wegen orthodoxer Medikamente ins Krankenhaus eingewiesen werden – das heißt, die legal erworbenen Substanzen schädigen mehrere hundert mal so viele Menschen wie alle illegal erworbenen psychedelischen Drogen

---

2 Garrison, *The Dictocrats, op. cit.*, S. 217.

3 »Important Prescribing Information from FDA Commissioner Charles C. Edwards, M.D., *U.S. Department of Health, Education and Welfare*, 1971.

zusammen. Und wenn ein Patient nicht wegen einer Arzneimittelreaktion, sondern aus anderen Gründen ins Krankenhaus kommt, steigen seine Chancen einer medikamentös verursachten Erkrankung auf mehr als das Doppelte. Von schädlichen Nebenwirkungen von Medikamenten *im* Krankenhaus sind weit über 3,5 Millionen Menschen pro Jahr betroffen.[4]

Bereits 1960 wurde eingeräumt, daß mindestens 40 neue Krankheiten oder Syndrome auf die therapeutische Anwendung von Medikamenten zurückzuführen waren,[5] und diese Zahl ist seitdem noch erheblich gestiegen.

Bei nicht verschreibungspflichtigen, freiverkäuflichen Medikamenten ist die Situation fast ebenso besorgniserregend. Aspirin – ursprünglich von *Bayer*/I.G. Farben hergestellt – ist ein klassisches Beispiel. Bis 1974 hatten sich die Amerikaner dermaßen für Aspirin begeistert, daß jährlich über 20 Millionen Pfund verkauft wurden. Das sind etwa 16 Milliarden Tabletten oder durchschnittlich 80 Tabletten pro Person und Jahr!

Aspirin ist zwar ein Analog einer natürlichen Substanz, aber es bleibt ein synthetisch hergestelltes Medikament. Es ist allgemein bekannt, daß es in hohen Dosen gefährlich ist – besonders für Kinder. Überdosierungen sind nicht nur bei einer hohen Einzeldosis, sondern wegen der damit verbundenen Akkumulierungseffekte auch bei dauernder Anwendung möglich. Jedes Jahr sterben in den USA mindestens 90 Menschen an einer Überdosis Aspirin.[6]

90 Todesfälle *pro Jahr* sind nicht gerade wenig. Und trotzdem beschränkt sich die FDA auf die Forderung, daß auf jedem Aspirinetikett die empfohlene unbedenkliche Dosierung mit dem Zusatz »falls vom Arzt nicht anders verordnet« angegeben sein muß. Es geht hier nicht darum, daß die FDA *mehr* tun sollte, sondern darum, daß sie bei Nahrungsergänzungen einen ganz anderen, unfairen Maßstab anlegt. Im November 1973 erließ sie einen Herstellungs- und Verkaufsstop für ein Produkt namens Aprikern. Aprikern ist der Handelsname für gemahlene, kaltgepresste (zur Entziehung der Fette und Öle) und in Kapseln abgefüllte Aprikosenkerne. Bei dem Verfahren bleibt der Nitrilosid- oder Vitamin-B_{17}-Gehalt erhalten, die Konzentration des Wirkstoffs wird um ca. 20 Prozent erhöht und die Kalorienmenge reduziert, und das Produkt wird nicht

---

4 Martin Gross, *The Doctors* (New York: Random House, 1966).

5 Ansprache zum Verbraucherschutz von Präsident Kennedy vom 15. März 1962.

6 FDA Fact Sheet, Juli 1971, (FDA) 72-3002.

so schnell ranzig. Aprikern war deswegen beliebt bei denen, die über Vitamin B_{17} Bescheid wußten.

Auf der Basis von obskuren, angeblich am Pharmazeutischen Institut der *University of Arizona* durchgeführten »Studien« teilte die FDA mit, Aprikern enthalte einen »Giftstoff, der bei Erwachsenen und Kindern zum Tode führen würde«.[7]

Man beachte, das die FDA nicht behauptete, daß Aprikern tatsächlich bei irgendwelchen Erwachsenen oder Kindern zum Tode geführt *hatte* – wie Aspirin das jede Woche tut –, sondern nur, daß es zum Tode führen *könnte*. Man beachte auch, daß in dem kurzen Gerichtsprozeß, den die FDA gegen den Hersteller anstrengte, die Wissenschaftler der *University of Arizona*, die jene Toxizitätsprüfungen an Ratten durchgeführt hatten, in denen angeblich die Gefährlichkeit von Aprikern nachgewiesen wurde, aussagten, daß ihre Ergebnisse keine definitiven Schlußfolgerungen zuließen und sie nicht bereit seien, die von der FDA überall publizierte Interpretation zu unterstützten.

Keineswegs entmutigt *setzte* die FDA ihre Kampagne mit der Behauptung *fort*, sie selber führe Versuche durch, die mit Sicherheit »nachweisen« würden, daß Aprikern gefährlich sei.[8]

William Dixon, der Leiter des Amts für Verbraucherschutz von Arizona, das in der ersten Maßnahme gegen Aprikern mit der FDA zusammengearbeitet hatte, sagte vor der Presse:

> Wir könnten sechs Monate warten, bis die Ergebnisse der FDA vorliegen, aber wenn in der Zwischenzeit ein Kind stirbt, weil es dieses Zeug genommen hat, möchte ich nicht, daß meine Behörde dafür verantwortlich ist.[9]

Darf man daraus schließen, daß Dixons Behörde für die Todesfälle durch Aspirin-Überdosen verantwortlich *ist*? Oder müssen wir den Verdacht hegen, daß all diese angebliche Sorge um das Wohl der Bevölkerung nur Augenwischerei ist, um zu vertuschen, daß sich staatliche Stellen mit der Anwendung eines solchen unverantwortlichen Doppelstandards vom

---

7 »These Two Health Foods ›Dangerous‹«, (UPI) *News Chronicle*, 28. November 1973, S. 11.

8 Und es ist durchaus möglich, daß sie das auch schafft – und wenn man den wehrlosen Tieren eins mit dem Hammer überziehen muß, damit die Ergebnisse stimmen!

9 »Suit Labels Health Food as Harmful«, *Phoenix Gazette*, 28. November 1973.

Pharmakartell dazu mißbrauchen lassen, die Konkurrenz von außerhalb der Pharmaindustrie zu schikanieren und zu ruinieren? Man kann sich fragen, wie betroffen Mr. Dixon wäre, wenn ein Kind – oder auch ein Erwachsener – stirbt, weil es oder er »dieses Zeug« *nicht* genommen hat.

Der Leiter der Gesundheitsbehörde von Arizona, Dr. Louis Kassuth, ließ nichts unversucht und gab eine öffentliche Warnung heraus, daß ganze Aprikosen zwar nicht von dem staatlichen Embargo betroffen seien, man die harten Steine jedoch nicht knacken solle und vor allem *die Kerne nicht essen dürfe*.[10]

Ach, es ist doch tröstlich, daß solche weisen und wohlmeinenden Fachleute über uns wachen und uns vor unserer eigenen Torheit schützen. Wie elend würde es uns nur ohne sie ergehen! Wie beruhigend ist es, eine offizielle Broschüre mit dem Titel *Bestimmungen des US-Gesetzes über Nahrungsmittel, Medikamente und Kosmetika* zur Hand zu nehmen und darin zu lesen:

> Wegen ihrer Toxizität ist in den USA der Verkauf von Bittermandeln zur unkontrollierten Anwendung nicht erlaubt. Lieferungen von süßen Mandeln [die kein Vitamin B_{17} enthalten] dürfen nicht mehr als fünf Prozent Bittermandeln enthalten. Mandelpaste und Pasten aus anderen Kernen sollten weniger als 25 ppm an natürlicher Blausäure (HCN) enthalten.[11]

Es versteht sich von selbst, daß kein einziges zur Zeit rezeptfrei erhältliches Medikament derartig strenge Toxizitätsauflagen erfüllen würde. Das Gesetz dient nicht zu unserem Schutz. Es dient als Waffe *gegen* uns.

In einem Brief an den Verfasser vom 26. Dezember 1971 sagte Dr. Ernst T. Krebs junior das Vorgehen der FDA bereits zwei Jahre vorher voraus, als er erklärte:

> Gerade werden sich unsere Bürokraten und die, denen sie dienen, der vollen Bedeutung von Vitamin B_{17} (Nitrilosid) bewußt. Selbst wir erkennen jetzt, daß die alte Einstellung, Vitamin B_{17} sei »zu gut für die Indianer«, bei diesen Leuten wieder zum Vorschein kommt. Genau wie die Indianer früher von der Bürokratie auf

---

10 »Apricots Pits Hit by Ban«, *Phoenix Gazette*, 29. November 1973, S. B-1.

11 Das ist nicht mehr als ein vierhundertstel Prozent. FDA Publications No. 2, Juni 1970, S. 26.

> »besseres Land« umgesiedelt wurden, sobald auf Indianerland wertvolle Mineralienvorkommen oder Öl entdeckt wurden, werden auch jetzt Versuche unternommen, alle Innovatoren und Pioniere von Vitamin B_{17} von der Entwicklung fernzuhalten – durch den einen oder anderen juristischen Trick – bis die Sache »nicht mehr so heiß ist«, und dann dem Monopol, das die betreffende Bürokratie unterstützt, das Feld zu überlassen …

Bitte bedenken Sie, daß der potentielle bzw. auf Aprikern wartende Markt mindestens so groß ist wie der für alle anderen Vitamine einschließlich Vitamin C zusammen. Heutzutage kann die Bürokratie mit ein paar Erklärungen oder Erlassen innerhalb von Tagen einen Milliardenmarkt boomen lassen oder vernichten. Ein Leiter des Bundesgesundheitsamtes, den man gekauft hat wie ein Stück frisches Rindfleisch (auch wenn er an sich weniger wert ist), kann im Fernsehen im Abendprogramm »ja« oder »nein« zu phosphathaltigen oder nicht phosphathaltigen Waschmitteln sagen. Er verliest die Zeilen, die man ihm in die Hand gedrückt hat, und die Märkte bewegen sich entsprechend. Trotz ein paar kleiner Alibiaktionen bleibt das Monopol bei diesem Spielchen fast immer völlig unberührt.[12]

Die FDA sagt der Öffentlichkeit immer wieder, daß die »Quacksalberei mit Nahrungsergänzungen« eine Großindustrie mit Riesengewinnen ist. Aber über die *wahre* Großindustrie mit den *Super*gewinnen, nämlich die Pharmaindustrie, wahrt sie Stillschweigen. Die FDA-Sprecher geben sich sehr besorgt über die angeblichen 3,3 Milliarden Dollar, die jedes Jahr für Nahrungsergänzungen ausgegeben werden. Selbst wenn die Zahl stimmt, ist sie winzig im Vergleich zu der horrenden jährlichen Summe von 55,2 Milliarden Dollar für verschreibungspflichtige Medikamente plus weiteren 14 Milliarden für freiverkäufliche Medikamente. Die mangelnde »Besorgnis« der FDA in diesem Teil ihres Verantwortungsbereichs spricht Bände.

Die FDA hat eingeräumt, daß ihr Berichte über »exzessive Werbetätigkeit durch einige Pharmavertreter« zu Ohren gekommen sind – im Klartext, daß nicht alle Vertreter der Pharmafirmen es bei der Beschreibung der Produkte ihres Unternehmens mit der Wahrheit allzu genau nehmen. Trotzdem ignoriert die FDA meist diesen Untersuchungsbereich

---

12 Brief von E. T. Krebs junior an G. Edward Griffin, 26. Dezember 1971; Griffin, *Private Papers, op. cit.*

und verwendet einen großen Teil ihrer Finanzmittel und ihres Personals für das Abhören von Telefongesprächen und die Überwachung von Gesundheitsdozenten, um sie bei einer Behauptung zu erwischen, die zwar wahr sein kann, aber eine FDA-Bestimmung verletzt. Zu einer Zeit, wo die FDA klagt, daß die ihr aus Steuermitteln zufließenden Gelder nicht für die Durchsetzung von Hygienestandards in der Nahrungsmittelindustrie oder von Sicherheitsstandards in der Pharmaindustrie ausreichen, brüstet sie sich gleichzeitig, ihre Operationen gegen Volksfeinde wie die Lieferanten von Weizenkeimen, Hagebutten, Honig und Aprikosenkernen auszudehnen.

Ein anderes Beispiel für die unterschiedlichen Maßstäbe der FDA ist ihre Haltung zu Natriumfluorid, einer Substanz, die in 4000 Städten und Gemeinden der USA dem Leitungswasser zugesetzt wird in der Annahme, fluoridisiertes Wasser verhindere Karies. Die ursprüngliche Studie von Dr. H. Trendley Dean aus dem Jahr 1939 gab zu bedenken, daß in Gemeinden mit niedrigen Kariesraten das Trinkwasser von Natur aus nicht nur viel Fluor, sondern auch sehr viel mehr Calcium enthielt. Der Studienbericht stellte dann fest: »Die Möglichkeit, daß die sonstige Zusammensetzung des Wassers [abgesehen von Fluor] eine Rolle spielen könnte, sollte nicht außer acht gelassen werden.«[13]

Sie *wurde* aber außer acht gelassen, bis auf den heutigen Tag. In Wirklichkeit gibt es kaum harte Beweise dafür, daß Fluoride tatsächlich die ihnen zugeschriebene Wirkung haben, und zahlreiche Beweise dagegen. In seiner ersten Studie berichtet Dr. Dean, daß 1938 37 Prozent der Einwohner von Pueblo, Colorado, deren Trinkwasser 0,6 ppm Fluor enthielt, frei von Karies waren. In East Moline, Illinois, mit einem Fluorgehalt von 1,5 ppm – also fast dreimal so hoch – fand man jedoch nur bei elf Prozent der Bevölkerung keinen Karies. Außerdem stellen wir fest, daß in der Stadt Washington, D.C., deren Trinkwasser seit mehr als 20 Jahren Fluor zugesetzt wird, die Karieshäufigkeit keineswegs geringer ist als bei den Einwohnern von Städten ohne Fluor im Trinkwasser, sie liegt im Gegenteil um fast ein Drittel *höher*![14]

Der entscheidende Punkt ist aber ein anderer. Selbst wenn Natriumfluorid *tatsächlich* Karies hemmt, wie seine Befürworter behaupten, ändert das nichts an der Tatsache, daß diese chemische Substanz schon in

---

[13] Dean, »Domestic Health and Dental Caries«, *Public Health Report*, Mai 1939, 54: S. 862–888.

[14] Garrison, *op. cit.*, S. 229, 230.

geringen Mengen extrem toxisch ist. So toxisch, daß Pharmaunternehmen verpflichtet sind, Verbraucher zu warnen, daß schon eine Menge von einem Milligramm in einer Tablette manche Menschen krank machen kann.

Studien in Antigo, Wisconsin, Grand Rapids, Michigan, und Newburgh, New York, haben gezeigt, daß in all diesen Städten innerhalb weniger Monate nach dem Zusatz von Fluor zum Trinkwasser die Anzahl der Todesfälle durch Herzkrankheiten sich fast verdoppelte und bei etwa dem Doppelten des nationalen Durchschnitts einpendelte. Auch im Zoo von Philadelphia gab es eine Häufung von Todesfällen bei Säugetieren und Vögeln, die zeitlich mit der Einführung von Fluor im Wasser zusammenfiel.[15]

Dr. Paul H. Phillips, ein Biochemiker an der *University of Wisconsin* in Chicago, der 29 Jahre über Fluortoxizität geforscht hat, weist darauf hin, daß sich Natriumfluorid, auch wenn es nur in ganz geringen Mengen eingenommen wird, im Skelett ansammelt. Die Symptome einer chronischen Fluorvergiftung treten vielleicht erst viele Jahre später auf und sind dann unter Umständen auch sehr schwer zuzuordnen. Sie können sich auf die verschiedenste Weise manifestieren, zum Beispiel in Gefäßverkalkungen, Erkrankungen der Nieren, des Darms, der Haut, des Magens, der Schilddrüse und des Nervensystems, und können die Ursache für Kopfschmerzen, Erbrechen, Mongolismus, Geschwüre im Mundbereich, Gelenkschmerzen und Appetitmangel sein.

Dr. Simon A. Beisler, der Leiter der Urologischen Abteilung im *Roosevelt Hospital* in New York, sagte:

> Ich habe einfach nicht den Eindruck, daß diese Frage hinreichend erforscht ist. Fluor im Wasser kann jeden Teil des Körpers erreichen, und es gibt Hinweise, daß es auf Dauer schädlich sein kann.[16]

Bei der Herstellung von Aluminium entstehen Fluorverbindungen als Abfallprodukte des Herstellungsprozesses. Ein großer Teil dieser Fluoride gelangt in die Luft und irgendwann einmal zurück auf die Erde, wo sie

---

15 Siehe Pressemitteilung vom August 1972 und »Is Fluorine Pollution Damaging Hearts« von Dr. med. K. A. Baird (Citizen Action Program, 608 Gowan Rd., Antigo, Wisc., 54409).

16 Garrison, *op. cit.*, S. 228–230.

für Mensch und Tier schädlich sind. Das Einatmen der Dämpfe ist schon schlimm genug, aber wenn Fluor erst einmal von Pflanzen aufgenommen wurde, wird es in organische Verbindungen wie Fluoracetat oder Fluorcitrat umgewandelt, die mindestens 500 mal so giftig sind wie das anorganische Salz. Folglich kann mit fluoridisiertem Wasser bewässertes Gemüse und Obst zu einem potentiellen Killer werden.[17]

Wegen dieser toxischen Abfälle sind die Aluminiumgesellschaften erfolgreich auf Schadensersatz verklagt worden. Eine Fabrik in Troutdale, Oregon, wurde 1946 von einem Einwohner des Ortes verklagt, der nachwies, daß die Gesundheit seiner Familie durch die Fluordämpfe geschädigt worden war. 1950 wurde eine Fabrik in Washington von einem Gericht in Tacoma zu Schadensersatz für einen Viehfarmer verurteilt, dessen Rinder vergiftet worden waren, weil sie kontaminiertes Gras gefressen hatten. Im Juni 1958 erhielten Farmer aus Blount County, Tennessee, Abfindungen für Schäden an ihrem Vieh und ihren Kulturen.[18]

Auch Europa hatte seine Probleme mit Fluor. Die »Todesnebel« von 1930 wurden schließlich als akute Fluorvergiftungen identifiziert. In einer ähnlichen Katastrophe, die sich 1940 in Donora, Pennsylvania, ereignete, fand man im Blut der Opfer Fluorkonzentrationen, die zwölf bis 25 Mal so hoch waren wie die im Blut von nicht betroffenen Personen.[19]

Das *Journal of the American Medical Association* vom 13. November 1972 veröffentlichte die Ergebnisse einer Untersuchung der Mayo-Klinik zu zwei Fällen von Fluorvergiftung. Diese Fälle hatten sich ereignet, nachdem das Trinkwasser in einem Fall mit 2,6 ppm und im zweiten mit lediglich 1,7 ppm fluoridisiert worden war. Die Konzentrationen sind insofern bedeutsam, als Trinkwasser häufig auf einem Fluorgehalt von *einem* ppm gehalten wird! Man kann nur spekulieren, wie viele Fälle von leichter Fluorvergiftung unerkannt bleiben bzw. anderen Ursachen zugeschrieben werden.

»Wir wissen nicht genau, was Ihnen fehlt«, sagt der Arzt, »aber wahrscheinlich ist es ein Virus. Nehmen Sie eine Woche lang jeden Tag

---

17 Dr. med. K. A. Baird, *op. cit.*, S. 4.

18 »Industry's Fluoride Problem« von Lee Hardy, *National Health Federation Bulletin*, Oktober 1973, S. 20.

19 Siehe K. Roholm, »The Fog Disaster in the Meuse Valley, 1930«, *Journal of Industrial Hygiene Toxicology*, 1937; 19: S. 126–136. Auch Philip Stadtler, »Fluorine Gases in Atmosphere Blamed for Death«, *Chemical and Engineering News*, 1948, 26: S. 3962.

vier von diesen Tabletten, und wenn das nicht hilft, versuchen wir etwas anderes. Viren sind schwer zu behandeln.«

Während in den USA eine Gemeinde nach der anderen möglichst schnell dem Trinkwasser Fluor zusetzt, bewegen sich viele europäische Länder in die entgegengesetzte Richtung. In der Bundesrepublik Deutschland wurde der Zusatz von Fluor zum Trinkwasser am 4. Januar 1971 verboten. Schweden tat am 18. November 1971 das gleiche. Und das höchste Gericht der Niederlande erklärte am 22. Juni 1973 Fluorzusätze zum Trinkwasser für illegal. Da kann man nur die spitze Frage der *National Health Federation* zitieren: »Wissen diese Länder etwas, was wir nicht wissen – oder nicht akzeptieren wollen?«[20]

Wenn Fluor nicht in der Trinkwasserversorgung der Nation verwendet würde, würde es wahrscheinlich als *Abfall*produkt mit geringer kommerzieller Verwertbarkeit außer in Aerosolsprays, Medikamenten, Rattengift und manchen Zahnpastamarken abgetan werden. Es ist daher bezeichnend, daß die FDA, die einen unerbittlichen Kampf gegen harmlose Vitamine, Aprikosenkerne und Laetril führt, den weitverbreiteten und *zwangsweisen* Konsum von Natriumfluorid mit jedem Glas Wasser, das wir trinken, gutheißt.

Wie in einem früheren Kapitel angemerkt, hat die FDA die Genehmigung für eine Prüfung von Laetril durch dessen Befürworter verweigert, weil sich angeblich »Mängel« in dem Berg von Papier fanden, den die FDA für die Erstprüfung eines Medikaments verlangt. Sie hat behauptet, die Nachweise für die *Unbedenklichkeit* von Laetril reichten nicht aus, um seine Anwendung beim Menschen zu rechtfertigen. Ganz abgesehen von der Tatsache, daß die Unbedenklichkeit von Laetril *sehr gut* belegt ist und daß alle derzeit von der FDA genehmigten Medikamente bekanntermaßen *nicht* unbedenklich sind, bekommt diese Aktion einen noch übleren Beigeschmack, wenn man sie mit der Vorzugsbehandlung für manche neuen Medikamente vergleicht, die von großen Pharmaunternehmen auf den Markt gebracht werden. 1970 erhielt die *Searle Pharmaceutical Company* innerhalb von einer Woche nach Antragsstellung die Genehmigung der FDA, ein Östrogenpräparat zur oralen Empfängnisverhütung zu vertreiben. In Aussagen vor dem Unterausschuß des Kongresses für Beziehungen zwischen den Bundesstaaten stellte sich dann allerdings heraus, daß die vorgelegten Daten aus Großbritannien stammten (norma-

---

[20] Petition der National Health Federation gegen die Verwendung von Fluor, März 1974.

lerweise besteht die FDA auf Daten aus den USA) und daß in diesen Daten zudem deutlich darauf hingewiesen wurde, daß sie sich nur auf die Wirksamkeit bezogen, *nicht* auf die Unbedenklichkeit.

Als der Kongreßabgeordnete Fountain den Leiter der FDA, Dr. Charles C. Edwards, fragte, welcher der Hauptgrund für diese Vorzugsbehandlung des *Searle*-Antrags sei, antwortete der »die Sicherheit der Bevölkerung«. Man bat ihn um eine nähere Erläuterung, wie in dieser Entscheidung die Sicherheit der Bevölkerung berücksichtigt worden sei, woraufhin Edwards die Bemerkung herausrutschte, es sei »nicht unsere Politik, die finanziellen Interessen der Pharmaunternehmen zu gefährden«.[21]

Serc ist ein weiteres Medikament, das in den Genuß der FDA-Vorzugsbehandlung kam. Es wurde erstmals 1966 von *Unimed, Inc.* auf den Markt gebracht und der Öffentlichkeit als Mittel gegen das Menière-Syndrom angeboten, eine Erkrankung des Innenohrs mit Schwindel und Gleichgewichtsstörungen. Es gab substantielle Hinweise, daß Serc die Symptome des Menière-Syndrom bei manchen Patienten sogar noch verschlimmerte. Trotz wiederholter Beschwerden aus der Ärzteschaft und sogar aus dem Kongreß weigerte sich die FDA, von *Unimed* die Einstellung des Verkaufs zu verlangen, obwohl sie eingestand, daß die zu Serc vorgelegten Daten »mangelhaft« und »unzulänglich« seien und »unwahre Behauptungen hinsichtlich wesentlicher Tatsachen« aufwiesen. Die FDA räumte ein, daß weitere Studien erforderlich seien, und verteidigte gleichzeitig ihre Entscheidung zugunsten der Zulassung von Serc mit den Worten: »Diese Studien waren ohne die Genehmigung zum weiteren Verkauf des Medikaments nicht finanzierbar.«[22] Mit anderen Worten, *Unimed* erhielt die Genehmigung, den Verkauf eines Medikaments fortzusetzen, das sich bereits als unwirksam erwiesen hatte, während die Verbraucher die Forschungen finanzieren sollten, die hoffentlich nachweisen würden, daß es doch zu etwas taugte. Was für ein Kontrast zu der unnachgiebigen Haltung der FDA zu Laetril und den Nährstoffen aus der Natur!

Senator William Proxmire hat das so ausgedrückt:

> Die FDA und ein Großteil, wenn auch nicht die Gesamtheit der Ärzteschaft stehen der Herstellung, dem Verkauf und dem Ver-

---

[21] »Who Blocks Testing of Anti-Cancer Agent?«, *Alameda Times Star* (Calif.), 3. August 1970.

[22] *Consumer Reports*, März 1973, S. 155–156.

> trieb von Vitaminen und Mineralen in Form von Nahrung oder Nahrungsergänzungen aktiv feindselig gegenüber. Sie wollen der Reformindustrie an den Kragen und die Reformhäuser in den Ruin treiben. Ihre Motivation hierzu beruht auf aktiver Feindseligkeit und Vorurteilen.[23]

Der Komplex psychedelische Drogen ist der vielleicht letzte Wahnsinn im Irrenhaus der zweierlei Maßstäbe der FDA. Omar Garrison berichtet dazu:

> Die Amerikaner reagierten erst schockiert und dann mit einem allgemeinen Aufschrei der Entrüstung, als der Leiter der FDA, James L. Goddard, vor Universitätsstudenten sagte, er fände es nicht schlimmer, wenn seine Tochter Marijuana rauchte, als wenn sie einen Cocktail tränke ...
>
> Selbst das normalerweise sehr liberale *Time*-Magazin stieß leise Töne der Mißbilligung aus und merkte an, daß Goddards Einstellung »umso überraschender sei, als der Leiter der FDA den Pharmaunternehmen so strikte Auflagen für den Nachweis von Wirksamkeit und Unbedenklichkeit ihrer Produkte gemacht hatte, bevor sie die Marktzulassung erhielten«. Es gibt aber immer noch praktisch keine Forschungen darüber, was Marihuana im menschlichen Körper und Geist bewirkt – oder nicht bewirkt –, und keinen wissenschaftlichen Beweis dafür, daß es besser oder schlechter ist als Alkohol.[24]

Kurze Zeit vorher hatte Dr. Goddard seine große Besorgnis darüber zum Ausdruck gebracht, daß die Amerikaner so viele Vitamintabletten konsumierten, und schärfere Restriktionen für die Rezepturen und den Verkauf dieser harmlosen Produkte verlangt. Er hatte die Entscheidungen der FDA und ihre Forderung nach Strafen von bis zu 30 Jahren Gefängnis für Menschen unterstützt, die für die Verwendung harmloser Kräuter und Nahrungsergänzungen zur Linderung von Stoffwechselerkrankungen eintreten. Und nun gab er Cannabis sativa seinen Segen, das auf jeden Fall alles andere als harmlos ist, was auch immer man sonst noch darüber sagen könnte.

---

[23] Zitiert nach *National Health Federation Bulletin,* April 1974, Titelseite.

[24] Garrison, *op. cit.*, S. 175, 176.

Am 20. Mai 1974 erschien Dr. Hardin B. Jones, Professor für medizinische Physik und Physiologie an der *University of California* und Stellvertretender Direktor der *Donner Laboratories* der Universität in Berkeley, vor dem Unterausschuß des Senats für Innere Sicherheit und machte folgende Aussage:

> Als Fachmann für Strahlenwirkung beim Menschen [habe ich beobachtet, daß die Schäden] … sogar bei Personen mit »mäßigem« Cannabiskonsum in Umfang und Art etwa denen gleichen, die bei Überlebenden von Atombomben mit schwerer Strahlungsexposition von etwa 150 R beobachtet wurden. Die Konsequenzen sind die gleichen …
>
> Berichte des Ministeriums für Gesundheit, Bildung und Wohlfahrt sind wissenschaftlich unzulänglich, behandeln die wichtigsten zu klärenden Aspekte nur ungenau und sind in vielen Fällen dazu angetan, die Öffentlichkeit zu dem Glauben zu verleiten, die Wissenschaft habe die Harmlosigkeit von Marihuana nachgewiesen.[25]

Mit so unterschiedlichen Maßstäben arbeitet also die FDA. Wir können Aspirin und hundert andere Medikamente von zweifelhafter Sicherheit tonnenweise kaufen. Wir können alkoholische Getränke kistenweise und ganze Wagenladungen von Tabakerzeugnissen kaufen. In mehr als 4000 Städten und Gemeinden *müssen* wir mit dem Trinkwasser Natriumfluorid zu uns nehmen. Aber wenn es um Nahrungsergänzungen und Vitamine geht, stürzt sich die FDA herab wie ein rächender Engel und wird zum Superhüter der Gesundheit der Nation.

Wenn eine Frau ihr ungeborenes Kind tötet mit der Begründung, sie könne über *ihren eigenen* Körper verfügen, wird das vom Obersten Gericht gutgeheißen. Aber wenn sie Laetril kauft, um ein Leben zu *retten* – das ihres Kindes oder ihr eigenes –, hat sie an einer kriminellen Handlung mitgewirkt. Wie lange werden die Amerikaner diese empörende Doppelmoral noch dulden?

---

[25] »Marijuana Smoking Poisonous, M.D. Says«, (AP) *Boston Herald American*, 21. Mai 1974, S. 2.

Kapitel 24

Auf dem Hochseil

Einschüchterungsmethoden gegen die Anwendung von Laetril, Gründe für die Suche der Pharmaindustrie nach einer patentierbaren Alternative zu Laetril und der mutige Widerstand der Laetrilärzte gegen die FDA.

OHNE ZWEIFEL WÄRE DIE FDA erfreut, wenn sie alle öffentlichen Äußerungen zugunsten einer nicht-medikamentösen Ernährungsmedizin zum Schweigen bringen könnte. Da sie aber wenigstens ein Lippenbekenntnis zur Meinungsfreiheit ablegen muß, mußte sie sich damit abfinden, daß die Leute immerhin *sagen* können, was sie wollen, solange sie nur daran gehindert werden, die *Substanzen* anzubieten, von denen die Rede ist. Ärzte und Dozenten können Vitamin B_{17} überall anpreisen, aber wenn Krebsopfer Aprikosenkerne, Aprikern oder Laetril nicht bekommen können, ist der Status quo nicht bedroht. Folglich verwendet die FDA einen erheblichen Teil ihrer Mittel darauf, die Hersteller, Verkäufer oder Anwender von Vitamin B_{17} als Krebsmittel zu schikanieren oder zu ruinieren.

Ärzte sind ein bevorzugtes Ziel drastischer Maßnahmen. Der Grund dafür liegt auf der Hand: Wenn man zulassen würde, daß viele von ihnen ungestraft mit der Vitamintherapie arbeiten, wäre vielleicht der Akzeptanz durch mehr und mehr Ärzte Tür und Tor geöffnet. An jedem Arzt, der es wagt, Widerstand zu leisten, muß deswegen ein für alle anderen sichtbares und eindeutiges Exempel statuiert werden, das ihnen zeigt, was auch sie zu erwarten haben, falls sie unklug genug wären, seinem Beispiel zu folgen.

Das wurde in dem Prozeß gegen Harvey Howard aus Sylmar, Kalifornien, deutlich, der wegen des Verkaufs von Laetriltabletten angeklagt war. Unter den Zeugen der Anklage war auch Dr. Ralph Weilerstein vom kalifornischen Gesundheitsministerium. Dr. Weilerstein wurde gefragt, ob es irgendwelche »seriösen« Ärzte gebe, die Laetril verschrieben. Weilersteins Antwort lautete: »Soweit ich weiß, wurde jeder Arzt, der seit 1963 in Kalifornien Laetril verschrieben hat, angeklagt und verurteilt.«[1]

So ist das also. *Jeder Arzt, der Laetril verschrieben hat, wurde verurteilt. Ein verurteilter Arzt kann nicht »seriös« sein. Folglich hat kein »seriöser« Arzt je Laetril verschrieben!*

Der Arzt sieht sich also in folgendem Dilemma: Soll er dem hippokratischen Eid folgen, den er einmal geschworen hat, und seiner moralischen Verpflichtung, das zu tun, was er nach bestem Wissen und Gewissen für das Beste für den Patienten hält, oder soll er den Regeln folgen, die medizinische Standespolitiker in Übereinstimmung mit verdeckten kommerziellen und politischen Interessen festgelegt haben? Wie der Mensch nun mal ist, werden einige dem höheren Gesetz folgen. Die meisten werden es nicht tun.

Dr. Ernst Krebs junior, selbst kampferprobt in zahlreichen juristischen Schlachten mit der FDA, warnte in einem Brief vom 9. März 1971 den Arzt John Richardson vor dem, was ihm bevorstünde, falls er mit Laetril identifiziert würde. Zu der unmittelbar bevorstehenden Veröffentlichung eines Zeitschriftenartikels von Richardson schrieb Dr. Krebs:

> Man sollte fairerweise darauf hinweisen, daß ein Arzt, der diesen Weg einmal eingeschlagen hat, nie mehr die Möglichkeit hat, seinen geschriebenen Worten zu entfliehen. Für sein berufliches Ansehen, für seine Frau und Kinder, sogar für seine eigene Sicherheit kann das verheerende Auswirkungen haben.
>
> Bei einem Vortrag im Sheraton-West in Los Angeles am vergangenen Donnerstag meldete sich während der Fragen eine aufrichtige und ganz offensichtlich sehr engagierte Frau (die ich bereits früher kennengelernt hatte). »Ich war Ärztin in der UdSSR, aber ich bin von dort weggegangen, um in einem – wie ich meinte – freien Land zu leben. Jetzt sagt mir der Bezirksärzteverband, daß sie mich bestrafen und mir meine Zulassung entziehen werden, falls ich es wage, Laetril zu anzuwenden. Ich würde gern nach Ihren Prinzipien arbeiten. Was soll ich machen?«
>
> Ich antwortete: »Als Ärztin haben Sie eine große Verantwortung in einer Gesellschaft, in der es viel zu wenige Ärzte gibt. Vergessen sie Laetril und tun Sie Ihr Bestes an dem Platz, an dem Sie stehen. Sie können auf diese Weise sehr viel mehr bewirken, als wenn Sie sich einem Kampf anschließen, auf den Sie vielleicht

---

1 »Sylmar Man Faces Trial on Cancer Quack Count«, *L.A. Times*, Van Nuys section, 15. September 1972.

nicht vorbereitet sind. Mit Ihrer Übung in dialektischem Materialismus kommt Ihnen das vielleicht lächerlich vor. Aber möglicherweise hat der liebe Gott für diese Last nicht Ihre Schultern ausersehen. Ich weiß nur, daß er meine dafür ausersehen hat.«[2]

Die Bemerkung über das Risiko für Dr. Richardsons eigene Sicherheit war weder leicht dahergeschrieben noch entbehrte sie der Grundlage. An einer anderen Stelle im selben Brief erklärte Dr. Krebs:

> Meine Sekretärin kann Ihnen bestätigen – sie war nämlich dabei –, daß fünf Stunden, nachdem ich in Los Angeles vor etwa 400 Zuhörern einen ziemlich erfolgreichen Vortrag gehalten hatte, mir auf der Heimfahrt nach San Francisco die Windschutzscheibe zerschossen wurde. In der folgenden Nacht wurde mir die Heckscheibe zerschossen (300 Meilen von der Stelle entfernt, an der die ersten Schüsse abgegeben wurden). Der Kommentar der Polizei war: »Vielleicht will Ihnen ja jemand etwas sagen.«
>
> Wir wollen hier über das Thema Gewalt nicht zu viele Worte verlieren, aber der verstorbene Dr. med. Arthur T. Harris erhielt von zwei Männern eine Morddrohung für den Fall, daß er weiter mit Laetril arbeitete. Seitdem haben wir unsere Arbeit dezentralisiert, so daß, falls einer von uns aus dem Sattel geschossen wird, das Programm nicht allzu sehr darunter leidet.[3]

Es braucht einen außergewöhnlichen Menschen, um solchem Druck und solchen Drohungen standzuhalten. Es gibt genug Leute, die sehr schön über Mut und Prinzipienfestigkeit reden können, aber wenn es ernst wird und der Gegner zu schmutzigen Mitteln greift, halten nur wenige durch.

Dr. Krebs war einer von ihnen. Schon als Student in den höheren Semestern war er ein großer Vertreter der Trophoblastenthese der Krebsentstehung und hatte mit seinen experimentellen Arbeiten über Vitamin B_{17} Aufmerksamkeit erregt. In einem Brief an den Verfasser beschrieb Dr. Krebs am 23. September 1973, welchem Druck er deswegen ausgesetzt war:

---

2 Brief von E. T. Krebs junior an Dr. med. J. A. Richardson vom 9. März 1971, Griffin, *Private Papers, op. cit.*

3 Ibid.

> Meine akademischen Lehrer versicherten mir, falls ich mich weigern sollte, zu gehorchen, mich konform zu verhalten und kontrollieren zu lassen – dazuzugehören eben –, würde man mich ignorieren. Man würde mir die wissenschaftliche Anerkennung verweigern, ebenso wie Qualifikationen, Arbeitsmöglichkeiten, Mitgliedschaften usw. Ich habe ihnen mehr als deutlich gesagt, sie könnten mich mal, weil wir in diesem Land immer noch so viel Freiheit hätten, daß ich losziehen und unter der von ihnen so verachteten Doktrin des freien Unternehmertums meine eigene Forschungsstiftung aufziehen könnte – die *John Beard Memorial Foundation.*[4]

Der Leser wird sich aus Kapitel zwei an die erstaunlichen Ereignisse im *Sloan-Kettering Cancer Center* in Manhattan erinnern. Nachdem Dr. Kanematsu Sugiura festgestellt hatte, daß Laetril das vielversprechendste Krebsmittel war, das er je getestet hatte, starteten seine Vorgesetzten eine dreijährige Kampagne, um seine Ergebnisse zu diskreditieren. Das war gar nicht so leicht zu bewerkstelligen. Jedes Mal, wenn ein neuer Versuch durchgeführt wurde – und das, obwohl sie so angelegt waren, daß sie eigentlich fehlschlagen mußten –, kam entweder heraus, daß sie in betrügerischer Absicht angelegt waren, oder Sugiuras Ergebnisse wurden trotz des Betrugs bestätigt. Erst 1977 hatten sie es geschafft, einen Versuch zu konzipieren, der zeigte, daß bei unbehandelten Mäusen die Ergebnisse besser waren als bei mit Laetril behandelten. Dr. Sugiura wies empört darauf hin, daß bei den Kontrolltieren, denen man Kochsalzlösung verabreicht hatte, die Tumore angeblich in 40 Prozent der Fälle nicht weiterwuchsen – was ein Ding der Unmöglichkeit ist. Er schrieb: »Als Chemotherapieexperten arbeiten wir mit Kochsalzlösung, gerade weil sie keine Auswirkungen auf das Tumorwachstum hat.« Es war klar, daß der Versuch bestenfalls ungültig war. Wahrscheinlicher ist allerdings, daß er ganz plump manipuliert war. Aber die Ergebnisse waren genau das, was *Sloan-Kettering* schon die ganze Zeit gewollt hatte. Die Integrität der Ergebnisse war ihnen gleichgültig. Der Abschlußbericht verkündete aller Welt, daß »es nicht die Spur eines wissenschaftlichen Nachweises dafür gibt, daß Laetril überhaupt irgendeine krebshemmende Wirkung besitzt«.

---

4 Brief von E. T. Krebs junior an G. Edward Griffin vom 23. September 1973, Griffin, *Private Papers, op. cit.*

Leider war das alles vorhersehbar gewesen. Etwa vier Jahre vor dem Abschlußbericht von *Sloan-Kettering* schrieb der Verfasser dieses Buches einen kurzen Artikel mit der Überschrift »Vorsorgliche Dokumentation eines möglichen Szenarios«. Er erschien im Oktober 1973:

Sloan-Kettering ist natürlich der Inbegriff des orthodoxen Medizinestablishments. Nun wäre es, gelinde gesagt, peinlich, wenn die Millionen von Dollar, die hier jährlich in den »Krieg gegen den Krebs« investiert werden, letztendlich nur dazu gedient hätten, das zu *bestätigen*, was eine Handvoll unabhängiger Wissenschaftler ohne einen Pfennig aus Steuergeldern bereits *seit über zwanzig Jahren* sagt. Einen Triumph des freien Unternehmertums in einer solchen Größenordnung kann das Establishment mit seiner Abhängigkeit von staatlichen Zuschüssen, staatlichen Programmen und staatlicher Kontrolle auf keinen Fall zulassen.

Man kann deshalb vorhersagen, daß die meisten der in Wissenschaft und Medizin Tätigen, die zur Zeit direkt oder indirekt von staatlicher Unterstützung abhängen – und *Sloan-Kettering* gehört dazu –, jetzt um Wege kämpfen werden, (1) auf den Laetril-Zug aufzuspringen, (2) das so zu organisieren, daß sie trotz ihrer unglaublichen Irrtümer der Vergangenheit nicht das Gesicht verlieren, (3) zu verhindern, daß die Laetril-Pioniere den Großteil der Anerkennung erhalten.

Obwohl detaillierte Spekulationen über die Zukunft immer riskant sind, erscheint folgendes Establishment-Szenario wahrscheinlich:

LAETRIL IST NICHT GLEICH LAETRIL. Der Name Laetril wird zunehmend durch Amygdalin ersetzt werden. Man wird sich intensiv mit unterschiedlichen Arten und Ausgangsmaterialien dieser Substanz beschäftigen. Das Endprodukt wird möglicherweise mit einer anderen Substanz kombiniert, die angeblich die positive Wirkung des Amygdalin verstärkt. Diese Kombination von Substanzen wird nicht Laetril heißen.[5]

---

[5] Es bestehen *tatsächlich* geringfügige Unterschiede zwischen der Molekularstruktur von Laetril und Amygdalinverbindungen. Der Begriff Laetril wird jedoch generell zur Bezeichnung jener *speziellen* Substanzen verwendet, die für die Krebstherapie entwickelt wurden. Wenn man diesen Begriff nicht für diese Substanzen verwendet, wird die Öffentlichkeit über den entscheidenden Aspekt im Unklaren gelassen.

DER MENSCH TRIUMPHIERT ÜBER DIE NATUR. Um den wissenschaftlichen Aufwand zu rechtfertigen, muß das Endprodukt als *künstlich* hergestellte Substanz erscheinen. Die *natürliche* Wirkungsweise wird bestenfalls am Rande erwähnt, bevor man die wirklich »wichtigen« Wirkungen des künstlichen Gebräus beschreibt. Man wird uns erzählen, daß die Natur es war, die uns überhaupt erst den Krebs beschert hat, und daß der Mensch mit seinem grenzenlosen Intellekt und Fleiß die Natur verbessert hat. Die Entdecker und Pioniere von Laetril werden nur als frühe Wissenschaftler erwähnt, die zufällig auf ein winziges Teilstück der Lösung gestoßen sind.

RECHTFERTIGUNG DES STAATES. Wichtigstes Ziel der Establishment-Medizin ist es, das verblassende Image des Staates zu erhalten oder aufzupolieren. Staatliche Steuerung, Kontrolle und letztlich ein Staatsmonopol in der medizinischen Versorgung müssen den Amerikanern um jeden Preis schmackhaft gemacht werden. Deswegen werden wir wahrscheinlich wieder und wieder hören, wie endlich durch das Engagement des Staates im »Krieg gegen den Krebs« ein Mittel gegen den Krebs – diese gefürchtetste aller Krankheiten – gefunden wurde. Man wird uns erzählen, daß diese Aufgabe viel zu groß gewesen sei, als daß private Forschung sie allein hätte anpacken können; daß allein der Staat dies habe tun können, nicht um des Gewinns, sondern um der ganzen Menschheit willen. Es kann sogar die Situation entstehen, in der man einer gemeinsamen Anstrengung mehrerer Staaten (wahrscheinlich der USA und der UdSSR in Zusammenarbeit über die Weltgesundheitsorganisation) dieses Verdienst zuschreibt, wodurch dann wiederum die öffentliche Unterstützung nicht nur für einen Staat, sondern für eine *Welt*regierung gefördert werden kann.

PROFIT. Schon lange verfolgen Großunternehmen die Politik, in ihren Operationen den Wettbewerb untereinander weitmöglichst einzuschränken und auf diese Weise ihre Gewinne zu maximieren … Es ist bekannt, daß Chemie- und Pharmaindustrie immer an Wettbewerbsbeschränkungs- und Kartellvereinbarungen beteiligt waren.[6]

---

6 *Committee for Freedom-of-Choice Newsletter*, Oktober 1973.

Nach einer Beschreibung der in einem früheren Kapitel dieses Buches geschilderten Vereinbarung zwischen *Standard Oil* und I.G. Farben über das Hydrierungsverfahren fuhr der Artikel fort:

> Für Laetril gilt dasselbe wie für das Hydrierungsverfahren. Seit 20 Jahren gilt Laetril als auszuschaltender Konkurrent. Aber nachdem mittlerweile klar ist, daß man ihn nicht einfach loswerden kann, geht man nun dazu über, »den größtmöglichen Gewinn daraus zu ziehen und den Vertrieb der betreffenden Substanzen über unsere [des Kartells] bestehenden Vertriebswege zu übernehmen«.
>
> Es besteht die erfreuliche Aussicht auf die Massenproduktion von Laetril entweder unter der Bezeichnung Amygdalin oder, in Verbindung mit einem synthetischen Bestandteil, unter einem ganz anderen Namen sowie auf seinen Vertrieb über die bereits bestehenden Kanäle für verschreibungspflichtige Medikamente. Bei diesem Vertrieb wird es keinen oder nur geringen Preiswettbewerb geben, und obwohl der Endpreis angesichts der positiven Wirkungen von Laetril nicht überhöht erscheinen mag, wird er doch für die Hersteller einen viel zu hohen Profit abwerfen. Vor allem aber wird Laetril nicht als Nahrungskomponente oder Vitamin gelten, weswegen das allgemeine Ansehen und der Absatzmarkt für Medikamente nicht bedroht sind. Die derzeitige Kampagne der Establishmentmedizin gegen Vitamine kann also ungehindert weitergehen.
>
> All das gehört zu dem möglichen Szenario, das mit den Versuchen bei *Sloan-Kettering* beginnt. Wird es Realität werden? Das wird sich natürlich erst im Lauf der Zeit erweisen. Vielleicht wird sogar diese Prophezeiung, wenn sie denn von genügend Menschen gelesen wird, eine Kette von Ereignissen in Gang setzen, die das verhindern könnte. Das ist im übrigen der Grund, warum diese Prophezeiung überhaupt gemacht wird. Grundsätzlich kann Täuschung keinen Erfolg haben, wenn die zu täuschende Person vorgewarnt ist. Der Verfasser hofft, durch eine klare Ankündigung dessen, was uns bevorsteht, entweder die Pläne derer, die diese Täuschung praktizieren, gänzlich zu durchkreuzen oder sie zumindest zu zwingen, eine Alternative zu suchen, die entweder weniger gefährlich oder offenkundiger ist.[7]

---

7 *Committee for Freedom-of-Choice Newsletter*, Oktober 1973.

Im Dezember des folgenden Jahres 1974 erschien die erste Ausgabe von *Welt ohne Krebs*. Die *Sloan-Kettering*-Versuche wurden gerade erst öffentlich bekannt. Auf Seite 471 dieser Ausgabe wurde folgende weitere Voraussage gemacht:

> Während ich dies schreibe, ist aus Quellen bei *Sloan-Kettering* bekannt geworden, daß eine dritte Versuchsreihe mit Laetril ebenso große Erfolge – wenn nicht sogar größere – verspricht wie die erste. Man sagt uns, daß die Projektverantwortlichen die Angelegenheit nur ungern öffentlich erörtern, bevor die gesamte Versuchsreihe abgeschlossen ist, und hoffen, die Wirksamkeit von Laetril verkünden zu können, sobald sie ausreichend Daten in der Hand haben, um alle Skeptiker zu überzeugen. Das klingt wie eine vernünftige Strategie, aber wir sollten nicht allzu gespannt darauf warten – zumal diese Versuche sich durchaus über viele Monate oder sogar Jahre erstrecken könnten.[8] Es steht zu hoffen, daß diese Mitarbeiter von *Sloan-Kettering* dem Druck von oben widerstehen können, aber man wird uns verzeihen, wenn wir mit den Siegesfeiern warten, bis die Tat vollbracht ist.[9]

Als diese Zeilen erschienen, hatten wir ja keine Ahnung, wie sehr sie sich bewahrheiten sollten.

Der Verfasser erfuhr aus einer verläßlichen, *Sloan-Kettering* nahestehenden Quelle, daß die Veröffentlichung dieser Prophezeiungen im dortigen Management für erheblichen Wirbel gesorgt hatte. Man ließ durchblicken, daß eine »weichere« Taktik es ihnen leichter machen würde, sich »auf uns zuzubewegen«, und daß eine fortgesetzte »harte Linie« einen Durchbruch für Laetril nur verzögern könne. Es wurde angedeutet, daß Dr. Lloyd Old, der Projektverantwortliche bei *Sloan-Kettering*, zwar eigentlich von der Trophoblastenthese überzeugt sei, daß aber seine Vorgesetzten – und *deren* Vorgesetzte – angesichts dieser scharfen Äußerungen über verdeckte Interessen, Kartelle und politische Korruption in dieser Angelegenheit zusehends empfindlicher wurden.

Wenn das stimmte, dann war es ein gravierendes Eingeständnis. Da standen professionelle Forscher in der schweren Verantwortung, ein Mittel zu finden, mit dem die alljährlichen Massaker durch Krebs verhin-

---

8 Sie liefen noch über drei oder vier Jahre.

9 G. Edward Griffin, *World without Cancer: The Story of Vitamin B17* (Westlake Village, CA: American Media, 1974), First edition, S. 471.

dert werden konnten. Das Leben von Millionen hing vom Ergebnis ihrer Arbeit ab. Und da sagten sie, daß eine schlechte Presse oder eine »harte Linie« sie dazu treiben könnte, ein Forschungsprojekt aufzugeben oder zu begraben, das ihrem eigenen Eingeständnis nach ungeheuer vielversprechend war!

Manche Leute sind der Auffassung, es sei nicht wichtig, wem letztlich das Verdienst zugeschrieben wird, den Krebs besiegt zu haben, solange er nur besiegt *wird* und die Leute nicht mehr daran sterben. Aber es *ist* wichtig. Es ist sogar *sehr wichtig*, wenn genau die Leute für diesen Sieg gepriesen werden, die dafür verantwortlich waren, daß die Erkenntnis behindert wurde. Es ist *sehr wichtig*, wenn medizinische Auszeichnungen an diejenigen gehen, die in ihrer Unkenntnis, Arroganz oder Willfährigkeit die Wahrheit mehr als drei Jahrzehnte lang zurückgehalten haben. Und es ist *entscheidend*, wenn die, die das Privileg beanspruchen, unsere politischen Führer zu sein, genau diejenigen sind, deren Politik soviel Leid und Tod über ihre Mitbürger gebracht hat, daß man das nur als Massenmord bezeichnen kann. Anders ausgedrückt: Es ist wichtig, weil wir *die Zukunft nicht denen anvertrauen dürfen, die die Vergangenheit verraten haben.*

Die *Sloan-Kettering*-Episode hat nur wieder einmal bestätigt, daß es in der Ärzteschaft nur wenige gibt, die in der Lage sind, sich dem ungeheuren Konformitätsdruck zu widersetzen. Wir kommen wieder auf den Rat zurück, den Krebs an Dr. Richardson schrieb:

> Krebs ist der entscheidende Kriegsschauplatz. Diejenigen, die sich in bester Absicht auf Laetril einlassen, erleiden ein bisher in Amerika nie dagewesenes Trauma. Deswegen raten wir so vielen guten und engagierten Ärzten, sich herauszuhalten. Natürlich gibt es in jeder Gesellschaft immer wieder Menschen, die nur dann wirklich erfüllt leben können, wenn sie über das höchste Seil gehen, das die Zirkuskuppel zu bieten hat.[10]

Dr. Richardson wußte den Rat eines Mannes zu schätzen, der bereits über dieses Seil gegangen war. Aber er war selbst in der Zirkuskuppel so hoch wie möglich geklettert. Nachdem er aus eigener Erfahrung wußte, daß Laetril wirkt, gab es keinen Weg zurück.

---

[10] Brief von E. T. Krebs an Dr. med. J. A. Richardson vom 9. März 1971; Griffin, *Private Papers, op. cit.*

John Richardson hatte Erfahrung mit unpopulären Anliegen. Als Mitglied der *John Birch Society* hatte er bereits bittere Erfahrungen mit Angriffen von der Establishment-Presse gesammelt. Er wußte, daß trotz der allgemeinen Einigkeit darüber, daß »man nichts von dem glauben kann, was in der Zeitung steht«, die meisten Leute in Wirklichkeit alles glauben, was gedruckt wird.

Die *Birch Society* hatte der amerikanischen Bevölkerung gesagt, daß die Unterschiede zwischen Kommunismus, Faschismus, Nationalsozialismus, Sozialismus, der New-Deal-Ideologie und allen anderen »ismen«, die auf dem Prinzip eines starken Staates aufbauen, eher gering sind. Sie hatte die These vertreten, daß die Lösung für die meisten Probleme der Welt darin lag, den Staatsapparat soweit wie möglich zu reduzieren. Damit hatte sie die wichtigste Macht- und Profitquelle des Kartells aufs Korn genommen. Opposition mag ja angehen, solange sie sich gegen weniger zentrale Aspekte der Struktur richtet, also vielleicht »kommunistische Unterwanderung« oder »Korruption in Staatsämtern« oder »hohe Steuern« oder »Defizitfinanzierung«. Wenn aber eine Organisation die Haupttriebkraft hinter all diesen Phänomenen ins Visier nimmt – das Konzept des starken Staates an sich –, dann bekommt sie den Zorn der *Finpols* des Kartells zu spüren, der Kommunisten, der Neonazis, der anonymen Bürokratenelite und all der anderen, die sich gern zu Herrschern über das amerikanische Volk aufschwingen würden. Sie mögen untereinander um Vormachtstellung und Einfluß in der geplanten Weltregierung konkurrieren, aber gegen einen gemeinsamen Feind, der die Frechheit besitzt, für eine Reduzierung des Staatsapparats und seiner Macht einzutreten – *und das auch noch aktiv* –, schließen sie sich zusammen.

Dr. Richardson wußte also sehr wohl, gegen welche Kräfte er angetreten war. Während andere Mitglieder der Laetril-Bewegung versuchten, bei der FDA »Aufklärungsarbeit zu leisten« in der Hoffnung, daß sie ihre Haltung ändern würde, war ihm klar, daß sie ihre Zeit verschwendeten. Während andere Unterschriften sammelten, um der FDA die Genehmigung für weitere Versuche abzuringen, sagte er: »Haltet die FDA ganz raus.« Während andere über die himmelschreiend unfaire Behandlung durch die NBC-Fernsehproduzenten völlig fassungslos waren, war er höchstens überrascht, daß es nicht noch schlimmer war. Und während andere ihre Anwälte beauftragten, durch irgendwelche juristischen Feinheiten eine direkte Konfrontation mit dem Gesetz zu vermeiden, suchte Richardson nach Wegen, die Verfassungsmäßigkeit des Gesetzes auf die Probe zu stellen.

Dr. Richardson wurde am 2. Juni 1972 wegen des Verstoßes gegen das kalifornische FDA-Gesetz gegen »Quacksalberei« festgenommen – sprich, ihm wurde vorgeworfen, Laetril in der Krebsbehandlung verwendet zu haben. Bewaffnete Beamte stürmten in seine Praxis, wo sie vor den Augen der Patienten (und der Pressefotografen, denen die FDA einen Wink gegeben hatten, daß eine Verhaftung bevorstand) ihm und seinen beiden Arzthelferinnen Handschellen anlegten und sie ins Gefängnis abführten wie gefährliche Verbrecher. Die Praxis wurde durchsucht und Dr. Richardsons private Akten und Korrespondenz beschlagnahmt. Behandlungsbedürftige Patienten wurden nach Hause geschickt. Ein Kind mit fortgeschrittenem Krebs im Bein starb kurz darauf. Möglicherweise hätte dieser Todesfall ohne die Unterbrechung der Behandlung und das psychische Trauma, das das Kind durch diese Razzia erlitt, verhindert werden können.

Dr. Richardsons Kampf um die Freiheit der Medizin war langwierig und kostspielig. Im Mai 1974, nach zweijährigem Rechtsstreit und zwei Prozessen – in denen sich beide Male die Jury nicht auf einen Schuld- oder Freispruch einigen konnte –, teilte der Richter der FDA mit, daß sie keine hinreichenden Beweise für ihre Vorwürfe vorgelegt habe und daß daher die Anklage gegen Dr. Richardson in allen Punkten abgelehnt sei.

Damit war aber der Kampf keineswegs vorüber. Da sie vor Gericht nicht weitergekommen war, begann die FDA, mit Richardsons Patienten Kontakt aufzunehmen in der Hoffnung, einen oder zwei zu finden, die mit ihrer Behandlung unzufrieden waren. Diese wollte man dann anstiften, gegen den Doktor zu prozessieren – wobei der Staat alle Verfahrens- und Anwaltskosten übernehmen würde.

Die meisten Ärzte haben ein paar unzufriedene Patienten, die an einem solchen Angebot interessiert wären. Nicht so Dr. Richardson. Jeder der angesprochenen Patienten sagte den Beamten, sie sollten sich zum Teufel scheren. Schließlich fand sich der Vater der Patientin Dorothy Soroka, der sich dafür einspannen ließ. Er hatte seiner Tochter immer gesagt, daß Laetril Humbug sei. Das Verfahren wurde allerdings eingestellt, nachdem Dorothy selber als Zeugin vorgeladen worden war. Nicht nur, daß sie ihre Behandlung standhaft verteidigte – zum großen Leidwesen der Staatsanwaltschaft hatte sich auch ihr Gesundheitszustand weiter gebessert.[11]

Bis zu diesem Punkt war der Prozeß gegen Richardsons Klinik von

---

11 Richardson und Griffin, *Laetrile Case Histories, op. cit.*, S. 81.

der FDA von Kalifornien geführt worden. Nachdem sie zum dritten Mal gescheitert war, war es Zeit für die *Bundes*-FDA, sich einzuschalten. Was dann geschah, beschreibt Dr. Richardson so:

> Im Februar 1975 beschlagnahmten Beamte der US-Bundespolizei in Minnesota, Alabama, Washington, Wisconsin und Oregon Sendungen mit Laetril für Patienten, die nach der Behandlung in unserer Klinik nach Hause entlassen worden waren, um dort die Behandlung mit der Erhaltungsdosis fortzusetzen. An diesem Punkt war mir bereits klar, daß diese Beschlagnahmungen in erster Linie nachweisen sollten, daß die Sendungen die Grenzen verschiedener Bundesstaaten überquert hatten, was theoretisch unter die Kategorie Handel zwischen Bundesstaaten fiel und mich in den Zuständigkeitsbereich der Bundesregulierungsbehörde brachte. Allerdings sollte ich bald erfahren, daß noch eine weitere Absicht dahintersteckte – mich in einem wahren Sumpf juristischer Bestimmungen auflaufen zu lassen.
>
> Aus jedem Staat, in dem das Laetril beschlagnahmt worden war, bekam ich eine gerichtliche Vorladung, mich *in diesen Staaten* gegen eine bunte Liste von Vorwürfen der verschiedensten Straftaten zu verteidigen. Von mir wurde verlangt, für jeden Staat einen anderen Anwalt zu engagieren, in jeden dieser Staaten zur Verhandlung zu reisen und an endlosen Anhörungen und Verhören teilzunehmen. Es war ein Fest für die Rechtsanwälte, aber für mich war es ein Alptraum. Ich konnte es mir weder finanziell noch zeitlich leisten. Schließlich war ich nur ein Mann gegen die geballten Kräfte von Bundes- und Staatsregierungen. Die haben buchstäblich Hochhäuser voller Anwälte und Beamten, die vom Geld des Steuerzahlers leben. Für sie spielen Geld oder Zeit überhaupt keine Rolle.
>
> Etwa zur gleichen Zeit erschienen die Steuerprüfer des Finanzamts in meiner Praxis und fingen an, über meinen Büchern zu brüten in der festen Absicht, irgendwelche Fehler oder Unstimmigkeiten auszugraben. Für unsere Prüfung für 1971–72 hatten wir bereits eine ziemlich hohe Summe bezahlt. Jetzt bekam ich eine völlig willkürliche und ungerechte Steuerfestsetzung über $ 19 000 für 1973 ohne das Recht auf weitere Prüfung. Ich legte Widerspruch ein, und die Finanzbehörde stimmte in Anwesenheit geeigneter Zeugen zu, daß ich bis zu einer Anhörung vor dem

> Finanzgericht diese Summe hinterlegen könnte. Meine Position wurde ein Jahr später bestätigt, als ich nach einer gründlichen Prüfung sogar eine Rückzahlung von $ 1800 erhielt, weil ich für 1973 zu viel Steuern bezahlt hatte. In der Zwischenzeit allerdings ignorierte Dennis Connover von der Inkassoabteilung der Finanzbehörde unsere Vereinbarung und holte zum Entscheidungsschlag aus. Mir wurde mit der Pfändung meines Hauses gedroht, und mir blieben gerade mal zehn Tage bis zum Pfändungstermin.
>
> Die Schlinge der Bundesbehörden zog sich zu, und zum ersten Mal beschlich mich die Ahnung, daß ich geschlagen war.[12]

Bis das Drama schließlich beendet war, dauerte es noch mehrere Jahre, aber letztendlich erwies sich Dr. Richardsons Vorahnung als richtig. Im Jahre 1976 sollte er vor dem Gesundheitsausschuß des Parlaments von Kalifornien im Zusammenhang mit einer Gesetzesvorlage zur Legalisierung von Laetril aussagen. Auf dem Weg zu dem Raum, in dem die Anhörung stattfand, wurde er von Polizisten in Zivil festgenommen, in Handschellen gelegt und ins Gefängnis gebracht. Damit begann ein langer Prozeß vor dem Bundesgericht wegen der »Verschwörung« zum Schmuggel von Laetril. Der Doktor hatte nie mit Schmuggel zu tun gehabt, hatte allerdings sein Laetril von Lieferanten bezogen, die nicht nachweisen konnten, daß sie die Substanz legal eingeführt hatten. Da er von seinen Lieferanten keine Einfuhrpapiere verlangt hatte, warf man ihm vor, er müsse gewußt haben, daß das Mittel geschmuggelt war. Daher hieß es, er habe beim Kauf des Laetrils für seine Patienten mit den Schmugglern »konspiriert«. Auf der Grundlage dieser bemerkenswerten Argumentation erreichte die Staatsanwaltschaft letzten Endes eine Verurteilung.

Während des Prozesses sandte die FDA folgende Schreiben an die Medizinische Zulassungsbehörde von Kalifornien:

> Die FDA wirft Dr. Richardson vor, sich in der Vergangenheit und zum jetzigen Zeitpunkt gesetzeswidriger, wissenschaftlich nicht begründeter und medizinisch nicht gerechtfertigter Handlungen schuldig gemacht zu haben. Wir machen geltend, daß solche Handlungen im Widerspruch zu ethischen Grundsätzen stehen und unprofessionell sind, insbesondere wenn dadurch der Vertrieb

---

12 Richardson und Griffin, *op. cit.,* S. 85, 86.

> eines Medikaments gefördert wird, das ohne Wert ist und dessen Verbreitung einen Betrug an der Öffentlichkeit darstellt. Wir machen die Behörde insbesondere auf die verantwortungslosen und gefährlichen Ratschläge aufmerksam, mit denen Dr. Richardson Patienten drängt, zugunsten einer Behandlung mit Laetril einen chirurgischen Eingriff aufzuschieben und Bestrahlungen zu vermeiden. Falls ein solcher Rat befolgt wird, kann er eindeutig katastrophale Folgen haben.
>
> Aus diesen Gründen bittet die FDA die Behörde höflich und dringend, Dr. Richardsons Zulassung zur Ausübung des ärztlichen Berufs zu widerrufen.[13]

Die Anhörungen vor der medizinischen Zulassungsbehörde waren so terminiert, daß sie mit den Verhandlungsterminen im Prozeß in San Diego wegen der »Verschwörung« zum Schmuggel zusammenfielen. Diese Überschneidung war von der FDA manipuliert. Da Dr. Richardson vor Gericht anwesend sein mußte, hatte er keine Möglichkeit, sich bei den Anhörungen der Zulassungsbehörde zu verteidigen. Wahrscheinlich hätte es auch kaum einen Unterschied gemacht. Die Anhörungen glichen den Schauprozessen unter Stalin. Das Ergebnis stand von vornherein fest, was blieb, war nur das Verfahren. Am 28. Oktober 1976 veröffentlichte die Behörde ihre Entscheidung:

> Der Beklagte verwendete Laetril und Pangamsäure (Vitamin B_{15}) als therapeutische Substanzen in der Krebsbehandlung. Weder Laetril noch Pangamsäure sind als Vitamine für die menschliche Ernährung anerkannt. Laetril hat keinen bekannten Wert für die menschliche Ernährung und ist für die Selbstmedikation bedenklich …
>
> Das Management von Krebspatienten mit Laetril, Pangamsäure und Vitaminen, wie vom Beklagten verschrieben, als einzige ärztliche Behandlungsmethode und unter Ausschluß der oben erwähnten konventionellen Methoden, stellt einen extremen Fall von Abweichung von der gängigen medizinischen Praxis dar …
>
> Das Zulassungszertifikat Nr. G-2848 für den oben erwähnten

---

[13] Schreiben vom 22. Juli 1975, unterzeichnet von Dr. med. Carl M. Leventhal, Stellvertretender Direktor im Auftrag von Dr. med. J. Richard Cront, Direktor, Abteilung Arzneimittel, FDA; Griffin, *Private Papers, op. cit.*

> Beklagten Dr. med. John A. Richardson wird hiermit widerrufen.[14]

Dr. Richardson gab schließlich seine gutgehende Praxis in Albany, Kalifornien, auf und schloß sich mit einer bekannten Klinik in Tijuana, Mexiko, zusammen, wo er weiter Krebspatienten behandeln – und Leben retten konnte. Im Dezember 1988 starb er.

Es gibt noch viele andere Mutige, die über das höchste Seil gegangen sind. Dr. Ernst Krebs, einer der Entdecker von Laetril, mußte ins Gefängnis, weil er Pangamsäure (Vitamin B_{15}) als Zusatztherapie bei Krebs verwendet hatte. Dr. med. James Privitera aus Covina, Kalifornien, verbüßte eine Haftstrafe für eine angebliche »Verschwörung zum Verkauf von Laetril«. Dr. med. Bruce Halstead aus Loma Linda, Kalifornien, ein weiterer Befürworter von Laetril, verlor seine ärztliche Zulassung, weil er das »unwirksame« Kräuterpräparat ADS (Aqua del Sol) als immunsteigerndes Mittel eingesetzt hatte. Dr. Douglas Brodie aus Reno, Nevada, ein weiterer Laetrilspezialist, verbüßte eine Haftstrafe wegen angeblicher »Steuerhinterziehung«. Und dann ist da noch Dr. med. Philip Binzel aus Washington Court House, Ohio, von dem bereits in einem früheren Kapitel die Rede war. Obwohl er, während ich dies schreibe, seine Zulassung noch nicht verloren oder eine Gefängnisstrafe abgesessen hat, verbrachte er einen großen Teil der letzten zehn Jahre vor Gericht im Kampf gegen die Krebsindustrie. Die Schlacht ist nie vorbei.

Diese lange Liste von Ungerechtigkeiten wurde hier in all ihren schmutzigen Einzelheiten geschildert, damit der Leser die Frustration und die Wut dieser Ärzte wenigstens im Ansatz nachvollziehen kann. Dr. Richardson hat das so zusammengefaßt:

> Der normale Bürger, sicher in seinem Heim und Broterwerb, der nie dem erdrückenden Angriff von buchstäblich Hunderten von aus Steuermitteln entlohnten Rechtsanwälten ausgesetzt war, nie von einer Haftstrafe bedroht war, nur weil er das tut, was er als richtig erkannt hat, solch ein Mensch kann einfach nicht nachfühlen, wie ein verletzter Bär reagiert …
>
> Als die Nazikriegsverbrecher des Völkermords angeklagt waren, führten sie zu ihrer Verteidigung an, daß sie lediglich ihren

---

[14] »Decision in the matter of the accusation against John A. Richardson, M.D., before the board of Medical Quality Assurance, Division of Medical Quality for the State of California«, 28. Oktober 1976, S. 4, 5, 11.

Befehlen und den Gesetzen des Nazistaats gehorcht hatten. Die zivilisierte Welt schrie auf: »Schuldig!« Vom Menschen wird erwartet, daß er einem höheren Gesetz eher gehorcht als dem irgendeines Staates. Wenn die Gesetze seines Staates von einem Menschen verlangen, Unschuldige zum Tode zu verurteilen, muß er diese Gesetze ablehnen und seinem Gewissen folgen. Tut er das nicht, so ist er nicht besser als die Nazis, die für ihre Kriegsverbrechen gehenkt wurden.

In unserem jetzigen Kampf können wir unser Verhalten nicht einmal mit der Leidenschaft des Krieges rechtfertigen. Und dennoch sind in den letzten Jahren mehr Menschen sinnlos an Krebs gestorben, als in all unseren Kriegen zusammen gefallen sind.

Wieviel Leid und Tod sind die Amerikaner bereit hinzunehmen, bevor sie gegen die Bürokratie aufstehen? Wie viele Ärzte müssen noch ins Gefängnis gehen, bevor alle Ärzte der immer weiter wachsenden Kontrolle des Staates über ihren Beruf ein »Genug!« entgegenrufen? Wie viele Watergates brauchen wir, bis wir erkennen, daß sterbliche Menschen von Macht korrumpiert werden und daß die Lösung für unsere Probleme nicht in mehr, sondern in *weniger* Macht für den Staat liegt?

Widerstand liegt in der Luft. Das ist eine erfrischende Brise und gibt mir große Hoffnung. Ich habe mich entschieden, allein zu kämpfen, wenn das nötig sein sollte. Aber während ich dieses Schlußwort schreibe, frage ich mich doch: Gibt es vielleicht da draußen noch andere?[15]

---

15 Richardson und Griffin, *op. cit.*, S. 114, 115.

Kapitel 25

Die Frage nach dem Motiv

Die Motive der Gegner der Laetriltherapie, die Theorien über eine »beschränkte« oder »totale« Verschwörung und die Gegenbewegung an der Basis als Kraft der Veränderung.

»Wer sind *Sie*, John? Wer hätte ein Interesse daran, ein Heilmittel gegen den Krebs zurückzuhalten?«

Mit dieser Frage, die er im Jahr 1971 an Dr. Richardson stellte, begannen für den Verfasser zweieinhalb Jahre der Recherche und des Schreibens. Dieses dicke Buch ist das Ergebnis dieser Arbeit, und mehr als die Hälfte davon versucht, die Frage nach dem Motiv zu beantworten. Jetzt ist es an der Zeit für eine Bilanz und für konkrete Schlußfolgerungen aus diesen Informationen.

Wie schon viele Male im Verlauf dieser Untersuchung betont wurde, sind die allermeisten, die in der Medizin, Pharmaindustrie, Forschung und dem Sammeln von Spenden beschäftigt sind, gewissenhafte, engagierte Menschen. Sie sind überzeugt, daß das, was sie tun, so wie es innerhalb des »Systems« organisiert ist, zum Besten der Menschheit ist. Das gilt ganz besonders für den Durchschnittsarzt, der ernährungsmedizinisch nicht besonders qualifiziert ist, nie von der Trophoblastenthese der Krebsentstehung gehört hat, nie Gelegenheit hatte, Laetril anzuwenden, nie eine positive Beurteilung einer Vitamintherapie in einer angesehenen medizinischen Zeitschrift zu Gesicht bekommen hat und nie Anlaß hatte, die Zuverlässigkeit jener »Fachleute« anzuzweifeln, die behaupten, die entsprechenden Untersuchungen durchgeführt zu haben. Das Schlimmste, was man diesen Leuten nachsagen kann, ist ein gewisses Vorurteil gegen die Vitamintherapie.

Vorurteile finden sich aber nicht nur in dieser Gruppe. Wahrscheinlich kann man davon ausgehen, daß es nie einen wirklich unvoreingenommenen Menschen gegeben hat. Wir sind alle voreingenommen zugunsten dessen, was wir für wahr halten. Es ist ein Mythos, daß Wissenschaftler irgendwie weniger voreingenommen sind als Künstler, Geschäftsleute oder Politiker. Vielleicht sind sie Fachleute für das *Vortäuschen* von Objektivität, die man ja schließlich von ihrem Berufsstand erwartet, aber sie sind ebenso engstirnig wie wir anderen auch – nicht mehr und nicht weniger. Ihr Vorurteil gegen die Vitamintherapie ist verständlich. Es mag beklagenswert sein, aber es ist nicht moralisch verwerflich.

Wenn wir in der Liste der Motive weiterlesen, kommen wir zu etwas, was man vielleicht »Problemlösung als Karriere« nennen könnte. Auch ein »Karrierist« in diesem Sinne ist kein Übeltäter, er hat allerdings ein starkes persönliches Interesse, das häufig mit der Objektivität in Konflikt gerät. Der Kolumnist Charles McCabe hat das sehr schön beschrieben:

> Sie fragen sich vielleicht, ob die Mitarbeiter der *American Cancer Society* oder der Krebsforschungsstiftungen und anderer hehrer Organisationen ein *echtes* Interesse an einem Mittel gegen Krebs haben. Oder ob es ihnen nicht lieber wäre, wenn das Problem, das ihnen ihren Lebensunterhalt sichert, bestehen bliebe. Vielleicht sind Sie sogar so niederträchtig zu glauben, daß es einen bestimmten Persönlichkeitstyp gibt, der sich von einer »guten Sache«, die er für seine eigenen Zwecke nutzen kann, stark angezogen fühlt. Man könnte ihn als den echten Karrieristen bezeichnen. Dieser Typus wurde mir vor kurzem mit bewundernswerter Genauigkeit beschrieben:
>
> »Das entscheidende Konzept ist das des Karrieristen als einer Person, die ein allgemeines Problem in eine persönliche Karriere umwandelt und dadurch der Bedeutungslosigkeit, Armut oder Verzweiflung entflieht. Diese Menschen arbeiten mit einer an Selbstlosigkeit grenzenden Hingabe, solange das Problem sich nicht einer Lösung nähert.
>
> Sobald jedoch durch einen Wandel der Politik oder durch die normale kulturelle Entwicklung eine Lösung des Schlamassels droht, stellt sich heraus, daß sie ein persönliches Interesse daran haben, das Gewicht und die emotionale Besetzung des Problems zu erhalten …«
>
> Diesen seltsamen und gefährlichen Typ des Reformers hat es schon immer gegeben. In unserer Zeit genießt er eine geradezu beängstigende Anerkennung. Das sind die Leute, die die Lösung für die Probleme kennen, für die es im Moment noch keine einfache Lösung gibt. Sie widersetzen sich mit aller Kraft dem Auftauchen einer echten Lösung, die ihre heiligmäßige Selbstlosigkeit bedrohen könnte.[1]

Auf den Karrieristen übt eine angeblich humanitäre Organisation wie die *American Cancer Society* eine natürliche Anziehungskraft aus. Sie verleiht ihm nicht nur eine Aura von Prestige bei seinen sympathisierenden Freunden, sie bietet auch eine recht angenehme Arbeit in einem streßarmen Milieu ohne den Druck des Wettbewerbs oder der wirtschaftlichen Notwendigkeit, Gewinne oder auch nur greifbare Ergebnisse zu produzieren. Tatsächlich verleiht gerade das *Fehlen* von Ergebnissen seiner Position Prestige und seiner Arbeit Bedeutung. In dieser kuscheligen Atmosphäre denkt sich der Karrierist in aller Ruhe endlose Möglichkeiten aus, Geld für die gute Sache zu beschaffen. Matrosen bilden an Deck eine Figur, die aus der Luft als der Schriftzug »Kampf dem Krebs« zu erkennen – und zu fotografieren ist. Auf öffentlichen Gebäude im ganzen Land erscheinen Plakate mit dem Slogan »Kampf dem Krebs – mit einem Check-up *und* einem Scheck«. Hausfrauen werden angeworben, Wohltätigkeitsbasare zu veranstalten und mit Sammelbüchsen von Tür zu Tür zu gehen. Man drängt Sportler, an besonderen Sportveranstaltungen teilzunehmen. Mitarbeiter werden unter Druck gesetzt, sich eine Spende vom Gehalt abbuchen zu lassen. Service-Clubs werden überredet, Infostände, Veranstaltungen und Infomobile zu unterstützen. Und die Verwandten verstorbener Krebsopfer werden ermutigt, in Todesanzeigen den Satz anzufügen: »Die Familie bittet um eine Spende an die *American Cancer Society*.«

Auf diese Weise rekrutiert der Karrierist alljährlich die Dienste von über zwei Millionen Freiwilligen, die ihrerseits etwa 100 Millionen Dollar zusammentragen. Von diesem Betrag geht nur etwa ein Viertel in die Forschung. *Nichts* davon geht in die Erforschung möglicher Ernährungsfaktoren, denn wenn man *diese* Tür erst einmal geöffnet hätte, würde die endgültige Lösung des Krebsproblems schnurstracks in diese eleganten Büros hineinspaziert kommen, sich auf den dicken Teppich stellen und verkünden, daß die *American Cancer Society* und ihre Mitarbeiter nicht mehr gebraucht werden. Und damit würde sich das Versprechen aus der folgenden offiziellen Erklärung der *American Cancer Society* erfüllen:

> Die *American Cancer Society* ist eine Organisation für den Notfall, eine Organisation von begrenzter Dauer, die in einem unab-

---

1 »The Fearless Spectator«, *San Francisco Chronicle*, 27. September 1971, S. 35.

> hängigen Kreuzzug versucht, genügend Mittel zusammenzutragen, um einen unnachgiebigen Kampf gegen den Krebs zu führen.[2]

Vielleicht war es ja ein Freud'scher Versprecher, aber man beachte, daß in diesem Satz nicht vom *Sieg über* den Krebs, sondern nur vom *Kampf gegen* ihn die Rede ist. Solange der Krebs nicht *besiegt* ist, kann der Kampf ewig weitergehen. Seit 1913 ist die *American Cancer Society* »eine Organisation für den Notfall, eine Organisation von begrenzter Dauer«!

Die Spuren des Karrieristen sind überall zu finden. Das Karrieremotiv war ein wichtiger Faktor in der Opposition gegen die Vitamintherapie – nicht nur bei Krebs, sondern auch bei multipler Sklerose, Muskelschwund und weiteren nicht infektiösen Krankheiten. Ebenso sicher ist allerdings auch, daß diese Opposition nicht aus bewußter böser Absicht entsteht. Sie speist sich vielmehr aus dem für die Karrieristenpersönlichkeit typischen unbewußten Bedürfnis. Wir haben es immer noch mit Männern und Frauen zu tun, die sich im Grunde genommen keiner bösen Absicht schuldig machen.

Wenn wir zur nächsten Kategorie auf unserer Liste von Motiven kommen, verdunkelt sich das Bild allerdings. Diese Kategorie heißt Profit.

Profit ist *an sich* weder gut noch böse. Es kommt immer darauf an, unter welchen Umständen er erwirtschaftet wird. Profit ist nur ein anderes Wort für »Bezahlung«. Er ist die Vergütung, die jemand dafür erhält, daß er für eine Geschäftsidee seine Ersparnisse riskiert oder seine Zeit investiert. Wie jede andere Form der Vergütung sind Profite also in Ordnung, *wenn* sie so verdient werden, daß niemand dabei unter Druck gesetzt oder betrogen wird. Solange völlig freigestellt ist, ob man etwas kaufen, nicht kaufen oder von einem anderen Lieferanten kaufen will, und solange alle Vereinbarungen zwischen Käufer und Verkäufer, Gläubiger und Schuldner ehrlich erfüllt werden, sind die damit erzielten Profite fair – ganz gleich wie hoch sie sind. Aber wenn irgendeiner der an der Transaktion Beteiligten zu Preisen oder Konditionen gezwungen wird, die er sonst nicht akzeptieren würde, oder wenn seine Möglichkeiten, dieses Geschäft woanders zu tätigen, durch geheime Absprachen oder irgendwelche Mittel jenseits des freien Marktwettbewerbs beschnit-

---

2 *American Cancer Society, Inc.*, undatierte Broschüre der ACS, S. 17.

ten wurden, dann sind die damit erzielten Profite, so gering sie auch sein mögen, nicht fair, da sie durch Zwang oder Täuschung zustandekommen. Es macht wenig Unterschied, ob diese Handlungen von staatlichen Stellen, Industrieverbänden, Gewerkschaften, Kartellen oder dem organisierten Verbrechen begangen werden.

Sich durch Zwang oder Täuschung Geld zu verschaffen ist das Wesen des Diebstahls. Und *diese* Art von Profiten kommt als nächste auf unserer Liste.

Multinationale Unternehmen operieren prinzipiell mit der Einschränkung des Wettbewerbs untereinander, um die Wahlmöglichkeiten für den Verbraucher einzuschränken, die Preise über das natürliche, von Angebot und Nachfrage bestimmte Niveau zu heben und auf diese Weise künstlich erhöhte Gewinne zu erzielen. Solche Arrangements zwischen Unternehmen heißen Wettbewerbsklauseln. Die chemische und die pharmazeutische Industrie sind als Pioniere von und führende Beteiligte an solchen Wettbewerbsvereinbarungen wohlbekannt. Ein Großteil der Opposition gegen die nicht medikamentöse Krebstherapie ist nur vor diesem Hintergrund zu verstehen.

Preisabsprachen bei Medikamenten äußern sich in den verschiedensten Formen. Eine davon ist der Verkauf von in den USA hergestellten Medikamenten im Ausland zu niedrigeren Preisen. In den USA die Preise zu senken, obwohl die Medikamente hier hergestellt wurden, würde Preisstützungsvereinbarungen verletzen, wie Senator Gaylord Nelson, der Vorsitzende des Mittelstandsausschusses des Senats für Monopolangelegenheiten, klarstellte:

> Ja, viele amerikanische Pharmaunternehmen verkaufen Medikamente zu unterschiedlichen Preisen an den Großhandel, je nachdem, wo das Medikament angewendet werden soll. Wenn der Großhändler erklärt, daß das Medikament ins Ausland exportiert wird, kann sein Preis bis zu 50 Prozent niedriger liegen. Eine krassere preisliche Benachteiligung des amerikanischen Verbrauchers als diese dürfte schwer zu finden sein.[3]

Künstlich hohe Preise sind nicht das einzige Nebenprodukt von Kartellvereinbarungen. Gravierender sind unter Umständen geringe Produktauswahl *oder sogar völliges Fehlen eines Produkts.* Es geht hier nicht um

3 »Ask Them Yourself«, *Family Weekly, News Chronicle*, 7. Oktober 1973, S. 1.

die Begrenzung der Zahl von Herstellern eines bestimmten Produkts in einem bestimmten Territorium – obwohl das schlimm genug ist –, sondern um das Zurückhalten eines neuen Produkts vom Markt, um ein vorhandenes, lukrativeres Produkt stärker auszubeuten. Das war anscheinend der Beweggrund für die Entscheidung von *Standard Oil* und *Shell*, das Hydrierungsverfahren zur Herstellung von hochwertigem Benzin aus niedrigwertiger Kohle herunterzuspielen.

Auf dem Gebiet der Medizin war die gleiche Art der Marktmanipulation für die unverantwortliche Verzögerung des Einsatzes der Sulfonamide – und damit den Tod zahlreicher Menschen – verantwortlich. Richard Sasuly schreibt dazu:

> Richtig ist, daß die I.G. Farben manchmal mit neuen Ergebnissen und Methoden zurückhielten – man braucht sich nur an die Sulfapräparate zu erinnern … Amerikanische Partner zeigten bisweilen die Neigung, sich mit den – scheinbar – sicheren Märkten zu begnügen und so die Entwicklung zu bremsen …
>
> Die I.G. hatte die ganze Welt um diesen Lebensretter betrogen, indem sie sich dieses Produkt ausschließlich zur eigenen Ausbeutung patentieren ließ. … Es ist ein schwieriges und schmerzliches Unterfangen, wenn man schätzen will, wie viele Menschenleben zu retten gewesen wären, hätten die Laboratorien des riesigen Monopolunternehmens das Sulfanilamid nicht zurückgehalten. Die Gier nach immer größeren Profiten verzögerte die lebenswichtige Arzneimittelproduktion.[4]

Die Supergewinne der Pharma- und Forschungsindustrie steigen durch die wachsende Zahl von Krebspatienten noch gewaltig weiter. Ein erheblicher Teil der Einkünfte dieser Industrien läuft mittlerweile über die US-Bundesregierung und landet in den Taschen politischer Günstlinge – Einzelpersonen ebenso wie Institutionen. Bei einem Jahresetat von über 1,5 Milliarden Dollar für die Krebsforschung besteht ein enormes Korruptionspotential.

»Wozu noch die Regierung auf die primitive altmodische Art bestechen«, fragt Dr. Krebs, »wenn eine Abteilung des Gesundheitsministeriums an *Hoffman-LaRoche* ganz legal einen Vertrag über $ 1 250 000 für die ›klinische Prüfung‹ von 5-FU vergeben kann, obwohl ohne Patent-

---

4 Sasuly, *I.G. Farben, op. cit.*, S. 134, 135, 32 (dt. Ausg. S. 157, 51)

schutz die gleiche Menge dieser Substanz für etwa $ 17 000 produziert werden könnte?«[5]

Damit sind wir bei einer vierten und noch niedrigeren Schicht von Motiven angekommen – einer Schicht, die man nicht übersehen darf, wenn man die Kräfte verstehen will, die der Entscheidungsfreiheit in der Krebstherapie entgegenarbeiten. Es gibt Leute mit politischen Ambitionen, denen zur Erweiterung ihres Einflusses und ihrer Macht über andere jedes Mittel recht ist. Dazu bietet sich die Krebskrise geradezu an. Obwohl diese Leute an der Entstehung dieser Krise vielleicht nicht beteiligt waren, sind ihre Behauptungen, an ihrer Lösung interessiert zu sein, nur ein hohler Trick, um die Unterstützung der Wähler zu erhalten und ihre eigene Position innerhalb der staatlichen Machtstrukturen stärker zu sichern.

In dem Maße, wie der Staat immer schwerer und drückender auf uns lastet, braucht er Public-Relations-Leckerbissen, mit denen er seine unruhigen Bürger beruhigt. Wenn eine verabscheute Diktatur die Öffentlichkeit so lange in Unkenntnis von Vitamin B_{17} halten könnte, bis sie Milliarden an Forschungsgeldern in einen groß angepriesenen »Krieg gegen den Krebs« gesteckt hätte, und wenn die endgültige Lösung des Krebsproblems dem Volk als »Sieg« in diesem Krieg verkauft werden könnte, dann wäre dies ein weiterer Schritt in der Konditionierung der Massen, eine Gesundheitsversorgung durch den Staat für logisch zu halten und ihrer Diktatur vielleicht sogar dankbar zu sein. »Der Große Bruder ist vielleicht streng«, würden sie sagen, »aber er ist *gut*!«

In dieser Hinsicht kann man aus Hitlers Aufstieg zur Macht sehr viel lernen. Mit der unauffälligen Unterstützung der Kartelle im Rücken hatte der Reichstag Bismarcks Plan der Krankenversicherung zu einem wichtigen Bestandteil des Lebens im Deutschland der Vornazizeit ausgebaut. In ihrer wissenschaftlichen Untersuchung *Medicine and the State* berichten Matthew Lynch und Stanley Raphael:

> Obwohl schwer abzuschätzen ist, welche Rolle dieses [sozialistische] Netzwerk dabei gespielt hat, den Nazis an die Macht zu verhelfen, darf kaum bezweifelt werden, daß sie erheblich war. Die Verwaltung der Sozialversicherung drang bis in den letzten Winkel des Landes vor, und ihr Personal gehörte zu mindestens

---

5 Brief von E. T. Krebs an G. Edward Griffin vom 26. Dezember 1972; Griffin, *Private Papers, op. cit.*

> 70 Prozent dem ADGB (Allgemeiner Deutscher Gewerkschaftsbund) an, der von den Nazis übernommen wurde. Die gesamte Struktur der Sozialversicherung, und ganz besonders die dazugehörige Krankenversicherung, war ein natürliches, gebrauchsfertiges Instrument zur Erweiterung des Einflusses und der Kontrolle der Nazis.[6]

Der Wert der verstaatlichten Gesundheitsversorgung für die Nazis wurde auch vom kanadischen Parlamentsausschuß für Krankenversicherung erkannt. In einem im März desselben Jahres herausgegebenen Sonderbericht stellte der Ausschuß unumwunden fest:

> In den frühen Jahren des Hitlerregimes war in den Augen zahlreicher Beobachter das Gesundheitsprogramm der Regierung eine der Hauptstützen des totalitären Staates.[7]

Auf den Spuren von Bismarck und Hitler haben führende amerikanische Politiker der beiden großen Parteien um die führende Rolle bei der Erweiterung von *Medicare* gekämpft. Damit kommen wir alle vier Jahre einem Gesundheitssystem etwas näher, wie es von allen totalitärem Systemen befürwortet und praktiziert wird.

Die Amerikaner haben sich nur zögerlich auf ein staatliches Gesundheitssystem eingelassen, zumal sie die verheerenden Auswirkungen solcher Systeme in anderen Ländern beobachten konnten. Aber ihr Widerstand ließ nach angesichts des Anstiegs der Gesundheitskosten, *der zum größten Teil den horrenden Kosten der orthodoxen Krebstherapie zuzuschreiben ist.* Anders ausgedrückt: Wenn heute eine preiswerte Methode gegen den Krebs zur Verfügung stünde, würden die Ausgaben der Amerikaner für medizinische Behandlung so stark sinken, daß morgen nur noch sehr wenig Druck im Kessel wäre, aufgrund dessen der Staat sich in diesen lebenswichtigen Bereich einschalten könnte. Politiker und Bürokraten mögen ihrer Besorgnis über die steigenden Kosten im Gesundheitswesen Ausdruck geben, aber insgeheim sind sie hocher-

---

6 Lynch und Raphael, *Medicine and the State* (Originalausgabe 1963 bei Charles C. Thomas. Nachdruck bei Association of American Physicians and Surgeons, Oak Brook, Ill., 1973), S. 34.

7 Bericht des *Advisory Committee on Health Insurance*, 16. März 1943 (King's Printer, Ottawa), S. 108.

freut darüber, denn sie liefern ihnen einen Paradefall, eine Rechtfertigung für ihre Expansionsbestrebungen.

John G. Schmitz, der frühere Kongreßabgeordnete aus Kalifornien, gab in einem Sonderbericht für die Angehörigen seines Wahlkreises vom 27. Oktober 1971 folgende Analyse ab:

> Ganz zu Anfang der diesjährigen Sitzungsperiode des Kongresses stellte Senator Edward Kennedy mit viel Show eine Gesetzesvorlage (S. 34) mit dem großsprecherischen Namen »Gesetz für den Sieg über den Krebs« vor. Das darin enthaltene Rezept für den Sieg über den Krebs war sehr einfach, wenn auch etwas abgegriffen: die Gründung einer neuen Bundesagentur mit einem üppigen Etat.
>
> In der – durchaus richtigen, wie sich herausstellte – Annahme, daß ihm jede Opposition gegen das »Gesetz für den Sieg über den Krebs« als Unterstützung für den Krebs ausgelegt werden würde, konterte Präsident Nixon mit seinem eigenen »Gesetz für den Sieg über den Krebs«, das sich in keinem wichtigen Punkt von der Vorlage von Senator Kennedy unterschied, aber wenigstens eine andere Nummer hatte (S. 1828). Dieses Gesetz wurde vom Senat mit dem unausgewogenen Ergebnis von 70 Stimmen zu einer verabschiedet.
>
> Das wurde ein Selbstläufer, und die *American Cancer Society* besaß die grenzenlose Frechheit, in ganzseitigen Anzeigen in der *New York Times* und den beiden großen Zeitungen in Washington zu verkünden, daß »Einwände gegen das Gesetz in erster Linie aus den Reihen derer kam, die keine Fachkenntnis in Sachen Krebs besitzen«. Mein Archiv fließt geradezu über von Erklärungen einiger der hervorragendsten Wissenschaftler, Ärzte und Krebsforscher, die sich gegen das Kennedy-Nixon-Theater wandten, unter anderem eine, die von nicht weniger als vier Nobelpreisträgern der Medizin unterzeichnet ist …
>
> Eine weitere Riesenbürokratie wird die Ursache von Krebs oder ein Heilmittel dagegen auch nicht schneller finden. Eher wird sie die Suche danach behindern, weil sie die derzeitigen vorgefaßten Meinungen und Vorurteile der strikt auf dieses Gebiet beschränkten Forscher noch verhärten wird.

Die Summe von Steuergeldern, die für sinnlose Krebsforschungsprojekte zum Fenster herausgeworfen wird, ist astronomisch. Die Amerikaner sind anscheinend bereit, jeden Unsinn zu dulden, solange er ihnen als der Lösungsversuch für irgendeine »Krise« verkauft wird. Die Vietnam»krise«, die Nahost»krise«, die Umwelt»krise«, die Energie»krise« – die Liste ist so unendlich wie die Phantasie der Manipulatoren und die Leichtgläubigkeit der Manipulierten. Jede Krise wird in der Öffentlichkeit aufgebauscht, so daß wir einen weiteren Übergriff auf unsere Brieftaschen und unsere Freiheiten bereitwillig akzeptieren.

Im August 1973 verkündete Präsident Nixon einen *Fünfjahresplan* im Kampf gegen den Krebs. Das erinnerte an das klassische sowjetische Verfahren bei solchen Problemen und war in Wirklichkeit die Ankündigung, daß die »Krise« zu einer festen Institution geworden war. Es war die Garantie, daß die Ziele *nicht* erreicht werden würden. Seitdem hat jeder Fehlschlag zu einer Revision der Ziele, einer weiteren Aufblähung der Bürokratie und zu einem nächsten Fünfjahresplan geführt. Wie der Abgeordnete Schmitz beobachtete: »Das wurde ein Selbstläufer« – und zwar einer, bei dem alle in bester politischer Tradition absahnen können.

Staatliche Kontrolle über die wissenschaftliche Forschung führt fast nie zu verwertbaren Ergebnissen, außer bei militärischen Waffen und damit zusammenhängenden Geräten, zum Beispiel Raketen. Das liegt daran, daß dies das einzige Gebiet ist, an dem der Staat ein *unmittelbares* Interesse hat. Es ist eine Frage des Überlebensinstinkts. Staaten haben diesen Instinkt ebenso wie Lebewesen, und zuweilen bringt er sie dazu, sogar ihre eigenen Bürger als »Feind« zu betrachten. Was auch erklärt, warum Regierungen selbst in Friedenszeiten der Öffentlichkeit so viele Informationen vorenthalten, angeblich aus Gründen der »nationalen Sicherheit«. Nationale Sicherheit setzt die Existenz eines Feindes voraus. Die herrschende Elite weiß, daß es wahrscheinlich einen Aufstand geben würde, wenn die Wähler Zugang zu den geheimen Informationen hätten – mindestens aber einen Führungswechsel. In ihren Augen sind *wir* der Feind.

Wer glaubt, der Staat sollte die nichtmilitärische Forschung steuern, zum Beispiel die Suche nach einem Mittel gegen Krebs, sollte über die Bedeutung eines Berichts in der *Los Angeles Times* vom 6. Dezember 1972 nachdenken. Nachdem darin zunächst ein riesiges internationales Krebsforschungsprogramm geschildert worden war (das die Bezeichnung IARC trägt) – ein Gemeinschaftsprojekt der Regierungen der USA, der Sowjetunion, Frankreichs, Englands, der Bundesrepublik Deutschland, Italiens, der Niederlande, Belgiens, Australiens und Japans –, stellte der Artikel fest, daß die Behörde für sechs Millionen Dollar ein neues

Bürogebäude im französischen Lyon als Zentrale erworben hatte, und erklärte dazu:

> Jetzt, sieben Jahre nach ihrer Gründung und zwei Wochen nach dem Einzug in die 14-stöckige neue Zentrale in Lyon, hat die Behörde ihre Identität gefunden.[8]

Nach sieben Jahren der Forschung, Unmengen von Steuergeldern aus elf Ländern und dem Einzug in ein 14-stöckiges Bürogebäude, das für sechs Millionen Dollar errichtet wurde, hat dieses staatliche Projekt nichts weiter aufzuweisen als die faszinierende Entdeckung, daß »es seine Identität gefunden hat«.

So schöne Früchte tragen die staatlichen Bäume im Obstgarten der nichtmilitärischen Forschung.

Jeden Tag wird der Kragen der staatlichen Kontrolle um unseren Hals enger. Man sagt uns, welche Nahrungsmittel wir essen dürfen und welche nicht, welche Vitamine wir kaufen dürfen und in welchen Stärken oder Kombinationen, mit welchen medizinischen Verfahren wir uns behandeln lassen dürfen, wen wir einstellen dürfen, was wir ihm oder ihr zahlen müssen, welche Preise wir verlangen dürfen, an wen wir verkaufen müssen, wo unsere Kinder zur Schule gehen müssen, was sie lernen müssen, und bald wird man uns auch noch vorschreiben, zu welchem Arzt wir gehen und welche Medikamente wir einnehmen müssen. Jede dieser Beleidigungen unserer Individualität hat ihre Ursache in irgendeiner nationalen oder internationalen »Krise«. Das hat mittlerweile zu einer Krise geführt, die viel gravierender ist als alle anderen zusammen: einer Krise der persönlichen Freiheit.

Das amerikanische Volk befindet sich ebenso wie jedes andere Volk der Welt auf dem Weg in die Unfreiheit. Wir folgen dem Rattenfänger des starken Staates und seinen verführerischen Melodien von Sicherheit, Brüderlichkeit und Gleichheit. Am Ende dieses Weges steht der Käfig eines weltweiten totalitären Regimes, der derzeit noch irreführenderweise als internationales demokratisches Forum dekoriert ist, auf dem Menschen guten Willens sich gemeinsam für die Sache des Friedens einsetzen können.

Die Vereinten Nationen sind die besondere Schöpfung genau der

---

[8] »Cancer Control Inquiry Reaches Around World«, *L.A. Times*, 6. Dezember 1972, S. A-2.

internationalen Gruppierungen, hinter denen sich die globale Kartellstruktur verbirgt. Die Rolle der Rockefeller-Gruppe und des *Council on Foreign Relations* in den USA ist in einem früheren Kapitel beschrieben worden. Man sollte sich allerdings darüber im klaren sein, daß das US-Außenministerium (das fast ausschließlich mit CFR-Mitgliedern besetzt ist) seit mehr als fünf Jahrzehnten nur ein *einziges* außenpolitisches Ziel kontinuierlich und konsequent verfolgt: die Entwicklung der Vereinten Nationen zu einer echten Weltregierung zu beschleunigen und die Unterwerfung aller Nationen unter diese Regierung voranzutreiben – die der USA inbegriffen. Mit der Behauptung, daß die nationale Souveränität Kriege verursacht, zielte der große Plan der amerikanischen Außenpolitik auf die Abschaffung jeglicher solcher Souveränität durch die Übertragung der Kontrolle der globalen militärischen Macht – auch der Atomwaffen – auf die Politiker der UN. Unter dem Slogan *Abrüstung für den Frieden* hat sich jetzt das Räderwerk zur Schaffung einer weltpolitischen Einheit in Bewegung gesetzt, die von den *Finpols* kontrolliert werden soll, die sie auch geschaffen haben. Mit dem Besitz aller Atomwaffen wäre dieser Superstaat so mächtig, daß kein Mensch und kein abgerüsteter Nationalstaat sich seinen Erlassen widersetzen könnte.[9]

Wenn man das nicht weiß, kann man die amerikanische Außenpolitik nicht verstehen. Alles, was seit dem Zweiten Weltkrieg von der Führung der USA unternommen wurde, steht im Einklang mit diesem Ziel. *Alles!* Bevor man allerdings die USA mit dem Rest der Welt verschmelzen könnte, müßte man die jeweiligen Volkswirtschaften und Lebensstandards vereinheitlichen. Das bedeutet massive Entwicklungshilfe an die weniger entwickelten Länder, um sie nach *oben* zu bringen, und alle Arten von unnützen Ausgaben, kostspieligen Kriegen und die Produktivität lähmenden Beschränkungen, um die USA nach *unten* zu drücken.

Das Thema Außenpolitik *ist* wichtig im Zusammenhang mit den politischen Aspekten der Krebsforschung und -therapie. Ebenso wie erst im Nachhinein bekannt wurde, daß das US-Raumfahrtprogramm auf höchster Ebene in Washington bewußt gebremst wurde, damit die So-

---

[9] Eine sehr viel detailliertere Analyse dieses Problems findet der Leser in drei früheren Werken des Verfassers: *The Fearful Master; A Second Look at the United Nations* (Appleton, WI: Western Islands, 1964), *The Grand Design; An Overview of U.S. Foreign Policy* (Westlake Village, CA: American Media, 1968) und *The Capitalist Conspiracy; An Inside View of International Banking* (Westlake Village, CA: American Media, 1971). Die beiden letzten sind auch auf Video erhältlich.

wjets sich mit der Ehre schmücken konnten, den ersten künstlichen Satelliten ins Weltall geschickt zu haben (was deren wissenschaftliche und militärische Glaubwürdigkeit in den Augen der Welt *steigerte* und die Rechtfertigung für die Zugeständnisse lieferte, die die USA in der Abrüstung machten), ist möglicherweise dasselbe Motiv teilweise dafür verantwortlich, daß ein Mittel gegen Krebs zurückgehalten wird. Der Führung der USA ist sehr daran gelegen, daß das Mittel gegen den Krebs entweder in einem anderen Land entdeckt wird oder als Resultat einer internationalen Anstrengung zustande kommt. Sie will, daß der endgültige Sieg so errungen wird, daß nicht das Prestige der USA gesteigert, sondern das Konzept des Internationalismus und der Weltregierung gefördert wird.

Im Januar 1972 drückte Hubert Humphrey, CFR-Mitglied und ehemaliger Präsidentschaftskandidat, das wie folgt aus:

> Es gibt viele Präzedenzfälle dafür, die UN zu unserem Forum zu machen. Wir haben uns ihrer bedient, um den Vertrag über einen Rüstungsstop im Weltraum durchzusetzen. Und den über den Rüstungsstop auf dem Meeresgrund. Jetzt hoffen wir, dort ein internationales Umweltabkommen zu erreichen. Warum nicht auch im globalen Krieg gegen den Krebs? Sollten nur Diplomaten vor der UN sprechen, über Kriege, Rüstungskontrolle und Friedensverträge? Warum können dort nicht auch Ärzte sprechen über die Möglichkeit, die ganze Menschheit zur Mitarbeit an der Fortentwicklung der wissenschaftlichen Medizin zu gewinnen?[10]

In einem UPI-Artikel vom 1. Februar 1972 wird berichtet, daß Präsident Nixon (Mitglied des CFR) seine führenden Krebsfunktionäre angewiesen hatte, eng mit anderen Ländern zusammenzuarbeiten, besonders mit der Sowjetunion und der Volksrepublik China. Im Wortlaut: »Nixon betonte, er wolle die Kampagne gegen den Krebs zu einer internationalen Anstrengung machen.«[11]

Im September desselben Jahres sprach Präsident Nixon vor der *National Cancer Conference* im *Biltmore Hotel* in Los Angeles. In seiner

---

[10] »We Must Pool the World's Anti-Cancer Resources«, Hubert H. Humphrey, *Family Weekly*, 23. Januar 1972, S. 14.

[11] »World Cancer Battle Waged«, UPI, *The Daily Review*, Hayward, Calif., 1. Februar 1972.

Rede betonte er, die Krebsforschung sei eine der wichtigsten Kräfte, durch die die Völker der Welt »für den Frieden arbeiten« können. Für die Globalpolitiker des CFR ist »Frieden« gleichbedeutend mit internationalen Bündnissen und Weltregierung. Nixon führte aus:

> Vielleicht kann der Kampf gegen den Krebs die Welt lehren, daß die Völker trotz ungeheurer Unterschiede in Kulturen, Werten und politischen Systemen zusammenarbeiten müssen, um gemeinsame Anforderungen zu bewältigen. Ebenso wie Drogenkonsum, Flugzeugentführungen oder Terrorismus ist auch Krebs eine internationale Bedrohung. Wir müssen ihr mit einem internationalen Bündnis entgegentreten.[12]

Auch auf die Gefahr hin, mich zu wiederholen, muß ich noch einmal sagen, daß ein starker Staat der unentbehrliche Verbündete aller Monopole ist, und die *Welt*regierung ist das Ziel der Kartellpolitiker und *Finpols*, die die stillen und scheinbar wohltätigen Förderer der UN sind. Die Tatsache, daß die meisten Amerikaner dies gar nicht wissen, oder daß *sie* aufrichtig auf den Weltfrieden und die Brüderschaft zwischen den Völker hoffen, ändert an dieser Realität nichts. Alles, was Kartelle und multinationale Unternehmen tun, dient einem oder beiden ihrer zwei Ziele: der Schaffung größeren Reichtums für die, die sie kontrollieren, und der Verschmelzung der politischen Macht in einer echten Weltregierung – in der sie hinter den Kulissen die Fäden ziehen.

In seinem Buch *The Sovereign State of ITT* kommt Anthony Sampson kurz auf dieses Phänomen zu sprechen:

> Daß multinationale Unternehmen besser kontrolliert werden müssen, ist eine von vielen ihrer Mitarbeiter anerkannte Tatsache. Wer aber soll sie kontrollieren? Das konventionelle Mittel dazu ist, daß sich Staaten zusammen in größeren Einheiten und schließlich in einer Art Weltregierung organisieren, um Mißbräuche einzuschränken; die multinationalen Unternehmen würden somit über begrenzte Konfliktprozesse die Bildung einer Weltgesellschaft fördern.[13]

---

12 »Cancer War A Force for Peace – Nixon«, *L. A. Herald Examiner*, 28. September 1972, S. 1.

13 Sampson, *The Sovereign State of ITT, op. cit.*, S. 304, 305.

Charles Levinson, der Generalsekretär der Internationalen Föderation von Chemie- und Fabrikarbeitern in Genf, der das Kartell aus vielen Jahren direkter Erfahrung und Konfrontation kennt, nennt die Dinge beim Namen. Dem *Wall Street Journal* (Ausgabe 17. Juni 1974) beschreibt er das in dieser Form:

> Genf – Als die Vereinten Nationen hier im vergangenen Jahr Anhörungen zu den Problemen durch multinationale Unternehmen abhielten, nahmen die Funktionäre an, daß einer der prominentesten Zeugen der Gewerkschafter Charles Levinson sein würde.
>
> Schließlich, so argumentierten sie, hat er zu diesem Thema viel geschrieben, ist leidenschaftlich daran interessiert, multinationale Konzerne herauszufordern, und bei öffentlichen Auftritten wortgewandt und in seinem Element. Außerdem wohnt er ganz in der Nähe des Anhörungssaals der UN.
>
> Mr. Levinson hat jedoch die Einladung auszusagen abgelehnt – aus Gründen, die man etwa so zusammenfassen könnte: »Erstens laß ich mich nicht zum Clown machen. Zweitens bin ich kein Mitglied des *Atlantic Council*. Und drittens prostituiere ich mich nicht bei den Stiftungen.«
>
> Den UN-Funktionären gehe es nicht um eine ernsthafte Suche nach der Wahrheit, sagt Mr. Levinson, vielmehr suchen sie »Clowns« für einen Auftritt vor einem sorgfältig inszenierten Forum, das lebendige Aktivität bei der UN vortäuschen und gleichzeitig den multinationalen Unternehmen einen schützenden Anstrich von Unschuld verpassen soll. Nach Mr. Levinsons Meinung gehören die UN und angesehene private Gruppierungen wie der Washingtoner *Atlantic Council* und die Rockefeller-Stiftung alle der gleichen internationalen Elite an, die die Geschäfte, Finanzen, Politik und sogar die Kriege der Welt zu ihrem eigenen Vorteil betreibt …
>
> Heißt das, daß Mr. Levinson die multinationalen Unternehmen zerstören will? »Nein, nein, nein, absolut nicht«, sagt er. »Man kann nicht gegen multinationale Unternehmen an sich sein. Das geht nicht. Ein modernes Unternehmen kann in der heutigen Welt gar nicht funktionieren«, sagt er, wenn es nicht eine globale Größenordnung erreicht.
>
> Ebensowenig bedeutet sein Bekenntnis zum Sozialismus, daß er die Giganten gerne eines Tages verstaatlicht sehen möchte.

»Ich bin nicht mehr für die Kollektivierung der Produktionsmittel im Sinne des klassischen Marxismus«, stellt er fest. Er fügt sogar hinzu: »Ich habe Angst vor einer Verstaatlichung in großem Stil. Das würde nur eine stärkere Machtkonzentration in den Händen autoritärer rechter Regime bedeuten ..., während in Osteuropa Staatseigentum nur dazu geführt hat, daß »eine elitäre Gruppe durch eine andere abgelöst wurde«.

Was Mr. Levinson will, geht über die üblichen materiellen Forderungen der Gewerkschaften hinaus zu der, wie er sagt, letzten Chance, ein gewisses Maß menschlicher Freiheit gegenüber einer kapitalistisch-kommunistischen Verschwörung zu wahren ...

Aus seiner Sicht von seinem kargen Büro in einem luxuriösen Gebäude aus sind alle Unternehmen »autoritär« und immer stärker miteinander verflochten. »Schauen Sie sich die Graphik hier an der Wand an«, sagt Mr. Levinson und zeigt darauf. Auf dem blaßblauen Papier stehen senkrecht und waagerecht die Namen der 50 größten Chemieunternehmen der Welt, wobei schwarze Punkte die Gemeinschaftsunternehmen zeigen, die sie zusammen betreiben. »Irgendwann habe ich damit aufgehört«, erklärt er. »Das Ding sähe völlig schwarz aus.« Unter den größten Erdölfirmen »habe ich 2000 Gemeinschaftsunternehmen gezählt« bis dahin, ergänzt er und schätzt, daß es insgesamt wahrscheinlich 10 000 sind. Binnen Kürze, so sagt er voraus, werden alle modernen Industrien »völlig von einer Handvoll multinationaler Unternehmen kontrolliert und beherrscht werden, die alle miteinander verbunden sind, alle Gemeinschaftsunternehmen miteinander betreiben, alle in den gleichen Bankenkonsortien finanziell integriert sind« ...

Größtenteils, erläutert er, ist die Macht »um David Rockefellers Unternehmen herum gruppiert«. Zu diesem Kreis, so sein Vorwurf, gehören nicht nur die *Chase Manhattan Bank*, bei der Mr. Rockefeller den Vorsitz führt, sondern auch die großen Ölgesellschaften, Außenminister Henry Kissinger und die vielen Firmen, die nach Ansicht von Mr. Levinson auf zweierlei Weise mit den Stiftungen verbunden sind: Die Manager der Firmen leiten die Stiftungen, und die Stiftungen sind Anteilseigner der Firmen.«[14]

---

[14] »How One Man Helps Unions Match Wits With Multinationals« von Richard F. Janssen, *Wall Street Journal*, 17. Juni 1974.

Viele Leute leben so behütet vor den harten wirtschaftlichen und politischen Realitäten der Welt, daß sie es für nahezu unmöglich halten, daß so hehre Anliegen wie der Weltfrieden und die Krebsforschung für die privaten Vorhaben einiger weniger mißbraucht werden. Der Gedanke an eine Verschwörung hinter der Maske humanitärer Aktivitäten stößt sie ab und paßt nicht in ihre Erfahrungswelt. Die Europäer rechnen eher mit dieser Möglichkeit, denn die politische Geschichte Europas ist so reich an Verschwörungen, daß man sie eher für die Regel als für die Ausnahme hält. Den Amerikanern fehlt jedoch diese historische Erfahrung, und der Durchschnittsbürger ist daher gefährdet. Da er die Welt nur nach seinen eigenen Maßstäben beurteilt, kann er nicht glauben, daß es Leute gibt, die das Leben anderer opfern würden, um selbst voranzukommen. In anderen Ländern vielleicht, aber doch nicht in Amerika! Fast ist es, als habe er mit seiner Wahlstimme seine Kandidaten irgendwie heiliggesprochen, so daß sie jetzt bar egoistischer Motive oder übler Machenschaften sind. Folglich schrecken viele Leute instinktiv vor dem Gedanken zurück, daß sich hinter dem Widerstand gegen Laetril eine bewußte Strategie verbirgt, und glauben lieber, daß es sich nur um Unwissenheit und bürokratische Stümperei handelt.

Man kann das als ausreichende Erklärung für die lange Geschichte der Schikanen betrachten. Aber das gleiche Argument wird auch als Entschuldigung in allen anderen gesellschaftlichen Problembereichen angeführt. Man sagt uns, die Inflation sei nicht geplant; sie passiert einfach wegen Unwissenheit und Bürokratenstümperei. Preiskontrollen und Rationierungen sind ebensowenig geplant; sie sind nur die unglücklichen Folgen von Unwissenheit und Bürokratenstümperei. Die ständig wachsende Zahl der Sozialhilfeempfänger ist nicht geplant; sie ist lediglich das Ergebnis von irregeleitetem Idealismus und Bürokratenstümperei. Die steigende Kriminalität ist nicht geplant, nur das Ergebnis von kurzsichtiger Justiz und Bürokratenstümperei. Die Energiekrise ist nicht das Ergebnis einer Verschwörung, sondern von Konflikten im Nahen Osten und Bürokratenstümperei. Die Erschöpfung der Ressourcen der Nation in aussichtslosen Kriegen und sogenannten internationalen Friedensmissionen folgt keinem Plan, sie wird verursacht durch das Fehlen klarer außenpolitischer Ziele und durch Bürokratenstümperei. Die ständig steigende Flut von Bestimmungen, Vorschriften, Zuschüssen und Einschränkungen in jeder Phase unseres Lebens – nichts von alledem ist geplant, verstehen Sie; es ist lediglich das zufällige Ergebnis von Unwissenheit auf allen Ebenen der Gesellschaft und, natürlich, von Bürokratenstümperei.

Möglicherweise kann man akzeptieren, daß eine oder zwei oder sogar *ein Dutzend* dieser Tragödien nicht geplant sind, aber wenn man alle Einzelteile zusammenfügt wie in einem riesigen Puzzle, wird ein Muster erkennbar, das verborgen bleibt, solange man nur ein oder zwei einzelne Stücke betrachtet. Das Bild ist so klar, so einheitlich und so generell, daß es aller Vernunft zuwiderliefe, dies als bloßen Zufall zu betrachten. Das Muster, einfach ausgedrückt, ist folgendes: In jedem dieser Problembereiche führen alle Anstrengungen und finanziellen Mittel stets ausschließlich zu einem weiteren Aufblähen des Staatsapparats. Zudem stehen die Leute, die am meisten – politisch oder wirtschaftlich – von diesem Trend profitieren, immer an vorderster Front, wenn es darum geht, andere von der Notwendigkeit eines solchermaßen aufgeblähten Staatsapparats zu überzeugen. Und drittens fehlt diesen Empfängern der Macht keineswegs die Kenntnis der historischen Perspektive oder der aktuellen Wirklichkeit. Von *ihrem* Standpunkt aus gesehen sind sie *alles andere* als Stümper.

Man sollte anerkennen, daß führende Politiker und Industrielle nicht unbedingt absichtlich millionenfaches Leid verursachen müssen, damit ihre Machenschaften zu einem solchen Ergebnis führen. Ein Mann kann sich so intensiv und ausschließlich für seine Arbeit engagieren, daß sowohl seine Familie als auch seine Gesundheit ernstlich darunter leiden. Letztendlich kann ihn das seine Frau oder sogar das Leben kosten, aber das war nicht seine Absicht.

Ebenso brauchen die Vertreter von Hochfinanz und Politik nicht unbedingt Mitglieder eines weltweiten Geheimbundes zu sein, um gegen Laetril oder Vitamintherapie zu sein; und wenn sie einen Forschungsansatz blockieren, der, wie sie *wissen*, zu lebensrettenden Entdeckungen führen würde, beabsichtigen sie ganz sicher keinen bewußten Völkermord. Was hier geschehen ist, ist das Resultat von Kräften und politischen Prozessen, die in der Vergangenheit zur Erreichung wirtschaftlicher und politischer Ziele in Bewegung gesetzt wurden. Ihre Organisationen und Institutionen reagieren reflexhaft auf alles, was ihre Profite schmälern könnte. Heraus kommt ein wissenschaftlicher Sumpf, der inzwischen Jahr für Jahr Millionen Menschenleben kostet. Die Tatsache, daß gelegentlich einer von denen an der Spitze auch in diesen Sumpf gezogen wird – wie zum Beispiel Winthrop Rockefeller, der 1973 an Krebs starb –, ist wahrlich ein schwacher Trost.

Die Tatsache, daß einige der weltweit wichtigsten Führungspersönlichkeiten in Finanz und Politik an Krebs gestorben *sind*, spricht sehr für die Schlußfolgerung, daß ein Großteil der bisherigen Opposition gegen Laetril eher aus generellen als aus spezifischen Interessenkonflikten entstand. Daher muß man verstehen, daß viele derjenigen, die sich aus finanziellen oder politischen Gründen der Entwicklung von Laetril entgegengestellt haben, damit keineswegs Leid und Tod verursachen wollten. Ihr einziges und alles beherrschendes Motiv war die Vergrößerung ihrer finanziellen und politischen Macht. Und *alles*, was dabei stört, muß vernichtet werden.

Laetril störte. Erstens ist das ihm zugrundeliegende ernährungsmedizinische Konzept der Pharmaindustrie ein Greuel. Zweitens war allein die Tatsache, daß es ein Produkt des freien Unternehmertums ist, ein Affront für die staatliche Bürokratie. Drittens bedeutet eine endgültige Lösung des Krebsproblems mit Sicherheit das Ende der gigantischen Krebsforschungsindustrie, eines großen Teils der Bestrahlungsindustrie und der gegenwärtigen chirurgischen Praxis. Der Verlust der Einkünfte aus diesen Aktivitäten wäre eine Katastrophe für zahlreiche professionelle Spendensammler, Forscher und Techniker. Und viertens würde das Verschwinden von Krebs als Posten bei den Gesundheitsausgaben des Landes die Kosten für *Medicare* so drastisch senken, daß der derzeit vorhandene politische Druck zugunsten eines verstaatlichten Gesundheitswesens entfallen würde. Ja, Laetril störte ganz eindeutig.

Diese Gedankengänge führen unerbittlich zu der Schlußfolgerung, daß es zwar vielleicht keine *spezifische* Verschwörung gibt, mit der ein Mittel gegen Krebs zurückgehalten werden soll, wohl aber eine *generelle*, die im Endeffekt dasselbe bewirkt. Ferdinand Lundberg hat in seinem Buch *Die Reichen und die Superreichen* das Thema folgendermaßen behandelt:

> Tatsächlich sind aber diese Auswirkungen sowohl bei den Armen als auch bei den Reichen vorsätzlich ausgeklügelt und herbeigeführt. Sie sind das Ergebnis systematischer Planung … Immerhin aber sind eifrige Mitglieder der Dollar-Elite vor amerikanischen Gerichten angeklagt und verurteilt worden, weil sie im direkten Wortsinn eine ganze Reihe beschränkter Verschwörungen angezettelt haben. Und so stehen viele von ihnen auch im juristischen Sinne als echte Verschwörer da. Daraus folgt also, daß es tatsächlich Hunderte von juristisch erfaßten Verschwörungen gegeben hat und noch gibt, wenn man auch nicht von einem alle Bereiche umfassenden Komplott reden kann. Man sieht: Die Verschwörungs-

> theorie hat doch mehr für sich, als die Honoratioren unter unseren Wissenschaftlern zugeben wollen.[15]

Dr. Ernst T. Krebs junior schrieb 1971 an Dr. John Richardson:

> Mit der Vorstellung einer »begrenzten Verschwörung« können wir alle leben. Man glaubt, der Staat sei unwissentlich das Werkzeug mächtiger Sonderinteressen geworden. Für diejenigen von uns, die mit der Vorstellung einer »begrenzten Verschwörung« leben, ist sie so real wie die Luft, die wir atmen …
>
> Bei der Betrachtung unserer sogenannten Führer in Washington, die ethisches Verhalten nicht einmal mehr vorzutäuschen versuchen, sondern die beleidigende Wahrheit gleichgültig hinnehmen, erscheint die Verschwörungstheorie durchaus plausibel. Es hat den Anschein, als ob nur Menschen, die auf Befehl einen bestimmten Plan verfolgen, ihre korrupten Praktiken der Welt weiterhin so unverblümt zur Schau stellen würden. Solche Männer haben kein echtes Interesse an dem Wohlergehen ihres Landes, das sie in aller Öffentlichkeit ruinieren …[16]

Zum besseren Verständnis der *begrenzten* oder *spezifischen* Verschwörung in Sachen Krebs wollen wir uns einen hohen Zylinder vorstellen. Dieser Zylinder stellt ein Konglomerat von Interessen dar, die sich teils Konkurrenz machen, teils überschneiden, teils verändern. *Alle* von ihnen sind jedoch verbunden in dem gemeinsamen Wunsch, auf dem Weg über den Staat die Konkurrenz auszuschalten und so persönliche Macht und Reichtum zu vergrößern. Der Zylinder hat viele Schichten. Praktisch jede Ebene menschlicher Tätigkeit ist darin vertreten: Bankwesen, Handel, Industrie, Medizin, Bildungswesen, Recht, Politik, um nur einige zu nennen. In dieser Studie haben wir nur eine Scheibe dieses Zylinders untersucht. Wir haben einen Schnitt in die breite Schicht der *Medizin* gemacht und daraus nur eine kleine Probe namens *Krebs* entnommen. Das Schlimme ist, daß wir die dort gefundenen Ergebnisse auf jeder anderen Ebene reproduzieren könnten, wenn wir nur genug Zeit für eine genauere Untersuchung hätten.

---

15 Lundberg, Th*e Rich and the Super Rich, op. cit.*, S. 21, 327 (dt. Ausg. S. 21, 179).

16 Briefe von E. T. Krebs junior an J. A. Richardson vom 9. März und 3. August 1971; Griffin, *Private Papers, op cit.*

Die Wirklichkeit sieht also so aus, daß es eine spezifische oder begrenzte Verschwörung *und* eine generelle oder umfassende gibt. Auf dem Gebiet des Krebs wie auf allen anderen Gebieten ist das primäre, bewußte Motiv der Verschwörer nicht, Leid, Unfreiheit oder Tod zu verursachen, sondern ihre eigene Macht und ihren eigenen Reichtum zu vergrößern. Außer einigen besonders skrupellosen Individuen ganz oben macht sich niemand die Konsequenzen seiner Handlungen klar. Die meisten werden von dem Gewicht ihrer jeweiligen Institutionen einfach mitgezogen. Entweder sie laufen freiwillig mit und werden dafür belohnt, oder sie springen ab und werden zermalmt.

So wird die Verschwörung einem lebenden, sich selbst fortpflanzenden Organismus immer ähnlicher. Wie ein Parasit wächst sie und nährt sich von denen, die ihr nicht angehören. Mit den Fangarmen des Staates verschlingt sie unsere Freiheiten und die Früchte unserer Arbeit. Sie muß aufgehalten werden, bevor sie ihren Wirt zerstört.

Welche Kraft wäre stark genug, ihre tödliche Umklammerung zu durchbrechen? Gibt es irgend etwas, das diesen Parasiten abreißen könnte, bevor es zu spät ist?

Es gibt etwas. Das ist die Macht der öffentlichen Meinung. Sogar Diktaturen zittern vor diesem Schreckgespenst, denn wenn sie einmal wachgerüttelt ist und sich hinter einer mutigen Führung gesammelt hat, ist keine politische oder militärische Macht der Welt stärker als sie.

An der Basis formiert sich bereits eine wachsende Gegenbewegung. Mit Tausenden von Krebspatienten als lebendem Beweis für die Wirksamkeit von Vitamin B_{17}, mit Hunderttausenden, die den Wert der Ernährung entdecken, trotz der gegenteiligen Behauptungen von FDA-AMA, mit Watergate und Whitewater als Warnung für Millionen, daß sie ihren politischen Führern weder glauben noch vertrauen können, bewegen wir uns auf einen offenen Widerstand gegen die Regierung zu, gegen den die Boston Tea Party sich wie ein Kindergeburtstag ausnehmen wird.

Es gibt immer noch Leute, die sich trotz aller Warnzeichen einreden, daß man dem amerikanischen Volk nie ein totalitäres System aufzwingen könnte. Bei jedem neuen Erlaß und jedem Verlust individueller Freiheiten reagieren sie noch immer mit einem fröhlichen: »Keine Sorge, hier kann das nicht passieren.«

Worauf Dr. Krebs antwortet:

ES KANN HIER PASSIEREN. In der UdSSR werden die Menschen am Verlassen des Landes gehindert, weil ihre Herrscher

> ihnen sagen, sie seien nicht fähig, das politische System zu wählen, unter dem sie leben wollen. Die Wahl muß von anderen in ihrem Namen getroffen werden … In den USA werden die Menschen daran gehindert, um ihr Leben zu fliehen und Laetril in anderen Ländern zu suchen, weil ihre Regierung ihnen sagt, daß sie unfähig sind, über solche Fragen zu entscheiden …
>
> ES PASSIERT HIER. Die Tyrannei kennt keine Grenzen. Wenn man ihr nicht entgegentritt, gedeiht sie wie ein bösartiger Tumor. Wie schön wäre es, wenn sich eine, wenn auch ganz kleine Gruppe von patriotischen amerikanischen Ärzten zusammenschlösse und in Berufung auf die Grundsätze von Nürnberg – die Grundsätze des Widerstands gegen die verbrecherischen oder mörderischen Ziele einer Regierung – Laetril anwenden würde.[17]

Der Geist der Rebellion liegt in der Luft. Immer mehr Männer und Frauen, die früher nicht im Traum daran gedacht hätten, die Gesetze zu brechen, folgen den Grundsätzen von Nürnberg. Sie sind gezwungen, zwischen der Loyalität gegenüber dem System und der Treue zu ihrem Gewissen zu wählen. In manchen Fällen müssen sie sogar wählen zwischen dem Gesetz und dem eigenen Leben. Viele erkennen allmählich, daß das System, dem bisher ihre Loyalität galt, gar nicht mehr existiert. Es ist zu einer leeren Hülle geworden, einer demokratischen Fassade, die nur unvollkommen die Realität der Diktatur verhüllt. Wenn sie den Vereinigten Staaten von Amerika und der Republik, für die sie einmal *standen*, die Treue schwören, tun sie dies voller Trauer, so wie man am Grab eines lieben Verstorbenen ein letztes Lebewohl sagt.

Dies ist die Stimmung und die Art der Basisbewegung, die die Umklammerung der Verschwörung brechen kann und wird. Für anderes ist es bereits zu spät. Wir haben die letzte Station erreicht, an der Menschen, denen ihr wissenschaftlicher Ruf oder ihre persönliche Ehre lieb sind, entweder aufspringen müssen oder den Zug endgültig verpassen, denn dieser Zug hält den Fahrplan der Geschichte ein – mit ihnen oder ohne sie.

---

[17] Offener Brief anläßlich der Verhaftung von Mrs. C. Whelchel, 28. Februar 1971; Griffin, *Private Papers, op. cit.*

Kapitel 26

Eine Welt ohne Krebs

Weiterer Forschungsbedarf bei Vitamin B_{17}, die Laetrilkontroverse im Unterschied zu medizinischen Kontroversen der Vergangenheit, eine Analogie zwischen biologischem und politischem Krebs und ein Szenario, wie beide zusammen besiegt werden könnten.

In Anbetracht der kümmerlichen Ergebnisse der orthodoxen Medizin ist manchmal behauptet worden, daß Voodoo genauso gut wirken würde – besser vielleicht sogar –, denn dabei blieben dem Patienten wenigstens die tödlichen Wirkungen von Strahlung und Chemievergiftung erspart. So wie wir uns heute über die primitiven medizinischen Methoden früherer Epochen lustig machen, werden zukünftige Generationen sicher schaudernd zurückblicken auf unsere Zeit und das sinnlose Schneiden, Verbrennen und Vergiften, das man heute für medizinische Wissenschaft hält.

Die Befürworter von Vitamin B_{17} sind die ersten, die zugeben, daß es über die natürlichen Mechanismen von Verursachung und Beherrschung von Krebs noch viel zu lernen gibt und daß Zurückhaltung und Bescheidenheit angesagt bleiben. Zum einen verstärkt sich unter erfahrenen Klinikern der Verdacht, daß B_{17} *in Nahrungsmitteln* wirksamer ist als in den derzeit verfügbaren verarbeiteten und konzentrierten Formen. Sie sähen es lieber, wenn ihre Patienten es in dieser natürlichen Form zu sich nehmen würden. Allerdings ist es praktisch unmöglich, auf diese Weise B_{17} in solchen Mengen aufzunehmen, daß bei Krebs im fortgeschrittenen Stadium eine therapeutische Wirkung erzielt wird. Wenn der Patient B_{17} schnell in hohen Dosen braucht, gibt es für den Arzt nur eine Lösung, nämlich die Injektion in der hochkonzentrierten, gereinigten Form. Allerdings können bei dieser Form andere Spurenelemente, die in der Natur in Kombination mit B_{17} vorkommen, verloren gegangen sein – Substanzen, die entweder selbst direkt gegen Krebs wirken oder die als Katalysatoren entweder die Wirksamkeit von B_{17} steigern oder noch andere Mechanismen im Körper auslösen. Viele Ernährungsmediziner sind der Meinung, daß aus echten Nahrungsmitteln gewonnene organische Vitamine den künstlich oder synthetisch hergestellten überlegen sind, weil erstere Spurenelemente enthalten, die in letzteren fehlen. Folglich gewinnt B_{17} in seiner *natürlichen* Form immer mehr an Ansehen.[1] Obwohl das Grundgeheimnis entschlüsselt worden ist, gibt es daher auf jeden Fall noch viel zu lernen, und die Befürworter von Laetril gestehen in aller Bescheidenheit ein, daß weiterer Forschungsbedarf besteht.

Um die Krebstherapie hat sich eine große Zahl weiterer medizinischer Kontroversen entwickelt. Vielleicht am bekanntesten ist der Streit um Krebiozen, eine chemische Rezeptur von Dr. Andrew Ivy, und um das sogenannte Hoxsey-Verfahren, das in den 1920er Jahren von Harry Hoxsey entwickelt wurde. Allerdings unterscheidet sich die Laetrilkontroverse insofern von diesen beiden, als hier die Rezeptur nicht geheimgehalten wurde. Ihre chemische Zusammensetzung und ihre Wirkungsweise wurden öffentlich beschrieben und jedem Interessenten bereitwillig zugänglich gemacht. Es gibt keine durchsetzbaren Patente für seine Herstellung und folglich auch keinen Profit für den Entdecker. Dr. Krebs hatte kein Interesse an Urheberrechten an Laetril, erhielt nie einen Pfennig für die Rezeptur und hat sich nie geweigert, sein Wissen denjenigen zur Verfügung zu stellen, die die Substanz herstellen wollten. Seine Antwort auf dahingehende Fragen war immer: »Laetril ist das Eigentum der gesamten Menschheit.«

Ein wichtiger Aspekt bei Laetril ist demzufolge, daß seine Förderer nichts zu gewinnen, seine Gegner aber viel zu verlieren haben. Zugegebenermaßen kann man, solange Laetril in den Schwarzmarkt gezwungen wird, damit rechnen, daß seine Hersteller und Verkäufer erhebliche Gewinne machen. Diese Gewinne spiegeln jedoch nur den notwendigen und gerechtfertigten Preis wieder, den Leute, die nicht bereit sind, Haftstrafen zu riskieren, an diejenigen bezahlen, die dazu bereit sind. Wenn die öffentliche Meinung die Legalisierung von Laetril erzwingt, wird es zu einem Preissturz kommen. Danach wird in einer mehrjährigen Übergangsphase Vitamin B_{17} in verschiedenen Konzentrationen zur Behandlung von Menschen mit bestehenden Krebserkrankungen hergestellt werden. Auch dies wird eine Einnahmequelle sein, aber ohne staatliche

---

1 Wenn die neueren Erlasse der FDA gültig bleiben, wird es nicht mehr erlaubt sein, zu behaupten oder sogar anzudeuten, daß aus organischem Rohmaterial hergestellte Vitaminnahrungsergänzungen den synthetisch hergestellten überlegen sind. Der Hersteller darf nicht einmal mehr auf dem Etikett angeben, aus welchem Rohstoff das Präparat hergestellt wurde. So wird tatsächlich eine wahrheitsgemäße Kennzeichnung der Ware von der FDA verboten!

Beschränkungen, die einen bestimmten Hersteller begünstigen, werden auch andere sich auf diesem Gebiet engagieren, und der daraus erwachsende Wettbewerb wird den Preis für injizierbares B_{17} noch weiter sinken lassen – vielleicht bis auf ein Zehntel des heutigen Niveaus. Die Kosten für niedrigdosierte Tabletten für die regelmäßige tägliche Einnahme werden wahrscheinlich auf dasselbe Niveau fallen wie bei jedem anderen Vitamin.

Der ermutigendste Aspekt ist jedoch, daß selbst wenn es dem Staat gelänge, die Lieferung von Laetril völlig zu blockieren, wir immer noch so viel Vitamin B_{17} erhalten können, wie man zur Erhaltung einer normalen Gesundheit braucht, und zwar ganz legal durch die Auswahl der geeigneten Nahrungsmittel. Es kommt reichlich in den Kernen von Aprikosen, Pfirsichen, Pflaumen, Nektarinen, Kirschen, Beeren und Äpfeln vor. Es findet sich in Limabohnen, Bohnenkeimen, Hirse und vielen anderen Nahrungsmitteln. Vielleicht ist es etwas mühsam, an diese Lebensmittel heranzukommen, aber keine Aktion seitens des Staates – außer einer Inhaftierung – kann uns daran hindern.

Wenn das Wissen über Vitamin B_{17} erst einmal allgemein verbreitet ist, wenn nitrilosidhaltige Samen erst einmal gemahlen und als gängiges Gewürz über unsere Speisen gestreut werden, ist der Kampf gegen den Krebs endgültig gewonnen. In diesem Kampf wird es jedoch leider viele Opfer geben: Männer und Frauen, die die Wahrheit zu spät erfahren haben. Manche werden vielleicht für eine unbestimmte Zeit vom Rand des Grabes zurückgeholt werden können, aber sie werden die entstellenden Narben ihrer Verletzungen durch Operationen und Strahlentherapie tragen. Sie werden vielleicht keine Schmerzen mehr haben, aber alles B_{17} der Welt kann ihren Körper nicht wiederherstellen oder ihnen völlige Gesundheit wiedergeben. Andere, Glücklichere, die früher behandelt werden und den Schäden durch eine orthodoxe Therapie entgehen, werden zu einem normalen und produktiven Leben zurückkehren und das ihnen bestimmte Alter erreichen. In allen diesen Fällen werden jedoch Erhaltungsdosen nötig sein, um ein erneutes Zusammenbrechen der metabolischen Schranke des Körpers an der alten, schwachen Bruchstelle zu verhindern.

Mit der Zeit wird die hiervon betroffene Generation sterben, und mit ihr werden die letzten Spuren der größten medizinischen Katastrophe des 20. Jahrhunderts in die Geschichtsbücher verschwinden.

Aber was ist mit dem *anderen* Krebs – dem bösartigen Tumor, der sich zur Zeit im politischen Organismus ausbreitet und seine Struktur zerstört – was ist damit? Sollen wir unsere Gesundheit retten, nur damit wir und unsere Kinder produktivere Sklaven werden können?

Zwischen Krebs und Totalitarismus lassen sich viele Parallelen ziehen. Der Staat ähnelt in vieler Hinsicht einem Trophoblasten. Ebenso wie sein Gegenstück in unserem Körper ist er normal und notwendig. Keine Zivilisation könnte ohne ihn entstehen. Er ist ein notwendiger Bestandteil des Lebenszyklus.

Ebenso wie der Trophoblast muß der Staat jedoch unter Kontrolle gehalten werden, damit er nicht wächst, seinen Wirt auszehrt und ihn schließlich zerstört – die Zivilisation selbst. Jede tote Zivilisation der Vergangenheit ist entweder plötzlich durch physisches Trauma zugrundegegangen – die Militärmacht erobernder Invasoren – oder einen langsamen Krebstod gestorben, wenn der innere Trophoblast Staat zu monströser Größe anwuchs und allmählich alles Vorhandene verschlang. Schließlich wurde die Zivilisation zusammen mit dem Krebsgeschwür Staat in einem gemeinsamen Grab beerdigt.

In der Biologie wird die Trophoblastzelle von der *intrinsischen* Wirkung der Pankreasenzyme und der *extrinsischen* Wirkung von Vitamin B_{17} in Schach gehalten. Wenn es an einem der beiden mangelt, ist der Körper in Gefahr. Ist von beiden zu wenig vorhanden, wird der Trophoblast wachsen, und die Katastrophe ist sicher. In der Gesellschaft wird der Staat durch die intrinsische Wirkung konstitutioneller Schutzmechanismen wie der Gewaltenteilung und anderer in der Verfassung eingebauter Kontrollmechanismen in seiner Macht begrenzt. Zudem wird er durch die extrinsische Wirkung des öffentlichen Bewußtseins und der Überwachung gewählter Funktionäre in Schranken gehalten. Wenn es an einem der beiden mangelt, ist die Zivilisation in Gefahr. Ist von beiden zu wenig vorhanden, wird der Staat sich aufblähen, und die Zivilisation wird zugrunde gehen.

Die Analogie ist verheerend. Es liegt auf der Hand, daß sowohl unsere intrinsischen als auch unsere extrinsischen Schutzmechanismen in schlechtem Zustand sind – wenn sie überhaupt funktionieren. Die Entscheidungen des Obersten Gerichtshofs haben die konstitutionellen Barrieren gegen den Zentralismus der Bundesregierung umgestoßen, und die Öffentlichkeit ist anscheinend hypnotisiert von dem Kristallpendel des Kollektivismus in der Hand des Großen Bruders. Und der totalitäre Trophoblast wächst ungehemmt.

Ist unsere Zivilisation zu retten? Oder ist der Krebs schon zu weit fortgeschritten? Das ist die dringende Frage *jedes* Krebspatienten. Und die Antwort ist die gleiche: »Das wissen wir erst, wenn wir es versuchen.«

Ehrlich gesagt sieht es nicht gut aus. Die Krankheit ist weit fortgeschritten, und die Chancen, den Prozeß sofort aufzuhalten, stehen schlecht. Unsere einzige Angriffsmöglichkeit liegt darin, unsere natürlichen Abwehrkräfte so schnell wie möglich aufzubauen, besonders den extrinsischen Faktor des öffentlichen Bewußtseins und der Überwachung gewählter Funktionäre. Die intrinsische Aufgabe, die Wiederherstellung konstitutioneller Schutzmechanismen, wird etwas länger dauern, wird jedoch aus unseren Bemühungen um die Stärkung der extrinsischen Faktoren folgen.

Wir müssen also das Vitamin einer wachgerüttelten öffentlichen Meinung herstellen und es so schnell und hochdosiert wie möglich in den politischen Organismus injizieren. Die stärksten Dosen sollten direkt in den Tumor gespritzt werden. Die Bundesregierung – und ganz besonders die FDA – muß zu spüren bekommen, wie sie plötzlich so von dieser Substanz umgeben ist wie eine bösartige Zelle von dem gezielt wirkenden Gift.

Konkret muß die FDA wieder auf ein vernünftiges Maß gestutzt werden. Es ist unlogisch, unserer Regierung, die uns dienen soll, die Macht zu geben, uns vorzuschreiben, welche Medikamente oder Nahrungsmittel wir zu uns nehmen dürfen. Die *einzige* legitime Funktion des Staates auf diesem Gebiet ist die Überwachung der Kennzeichnung und Verpackung, um sicherzustellen, daß die Öffentlichkeit über korrekte Informationen darüber verfügt, was sie kauft. Eine gefährliche Substanz sollte entsprechend gekennzeichnet, aber nicht vom Verkauf ausgeschlossen werden. Mit anderen Worten: Gebt den Menschen die Tatsachen an die Hand und laßt sie ihre eigene Entscheidung treffen. 90 Prozent der gegenwärtigen Funktionen der FDA sollten gestrichen werden!

Wenn der Primärtumor in der FDA zu schrumpfen begonnen hat, müssen wir unser Vitamin öffentliche Meinung in den Blutkreislauf des Kongresses injizieren und es frei durch jede andere staatliche Stelle und Behörde zirkulieren lassen. Sie alle sind ebenso durchsetzt mit den wachsenden bösartigen Tumoren des Despotismus wie die FDA, und jede von ihnen muß wieder unter Kontrolle gebracht werden.

Mit den entsprechenden Anstrengungen und Opfern *kann* der Patient gerettet werden. Ob unsere Freiheiten in *vollem* Umfang wiederhergestellt werden können, ist eine andere Frage. Wahrscheinlich ist das nicht mehr möglich. Dazu ist der Krebs des Kollektivismus bereits zu weit fortgeschritten und der Schaden zu groß. Die Amerikaner haben die Unabhängigkeit und Selbstdisziplin verloren, die die Voraussetzungen einer völligen Genesung sind. Sie sind verweichlicht und abhängig geworden von staatlichen Beihilfen, Sozialhilfe, staatlicher Gesundheitsvorsorge, Altersrenten, Arbeitslosengeld, Lebensmittelmarken, steuerlich geförderten Krediten, staatlich gestützten Preisen, gesetzlichen Mindestlöhnen, staatlichen Schulen, öffentlichen Verkehrsmitten und Sozialwohnungen. Realistischerweise kann man nicht erwarten, daß sie irgend etwas davon aufgeben, auch wenn sie wissen, daß das auf die Dauer für das System *und* für sie selbst besser wäre. Sie werden es trotzdem nicht tun.

Die Zustände im heutigen Amerika wurden vor fast 200 Jahren von dem französischen Philosophen de Tocqueville vorausgesehen. De Tocqueville erkannte die Saat des Zentralismus, die schon damals unserem jungen Staat eingepflanzt worden war, und prophezeite, daß die stolzen und trotzigen Amerikaner mit der Zeit die Intervention des Staates in den Alltag nicht als Akt des »Despotismus« sehen würden, der sie in eine erneute Revolution treiben würde, sondern als »Segnungen« eines freundlichen und paternalistischen Staats. Die Wirkung eines solchen Systems beschrieb er mit diesen Worten:

> Der Wille des Menschen wird nicht gebrochen, sondern aufgeweicht, gebeugt und geleitet. Die Menschen werden selten zum Handeln gezwungen, vielmehr ständig vom Handeln abgehalten. Eine solche Macht zerstört den Menschen nicht, aber sie hindert ihn daran zu leben; sie tyrannisiert nicht, aber sie bedrückt, entkräftet ein Volk, läßt es erlöschen und erlahmen, bis alle Nationen nichts Besseres mehr sind als eine Herde furchtsamer Arbeitstiere, deren Hirte der Staat ist.[2]

Wenn man diese Zeilen aus längst vergangener Zeit liest, fühlt man sich stark an die Worte von Fred Gates erinnert, dem genialen Schöpfer der steuerbefreiten Rockefeller-Stiftungen: »In unseren Träumen sind unsere Möglichkeiten unbegrenzt, und das Volk läßt sich bereitwillig von uns formen.«

Der Krebs des Kollektivismus ist aufzuhalten, aber der angerichtete Schaden ist irreparabel. Unsere Zivilisation kann ein hohes Maß politi-

---

2 Alexis de Tocqueville, *Democracy in America*, Band II (New York: Alfred Knopf, 1945), S. 291.

scher Gesundheit und Kraft zurückerlangen. Dennoch werden wir mit unseren Wunden und Narben leben müssen.

Das ist jedoch weniger schlimm, als es vielleicht zunächst den Anschein hat. Wie jeder Krebspatient gelangen wir allmählich zu der Erkenntnis, daß es uns viel schlechter gehen könnte. Statt den Verlust unserer früheren Kräfte zu bejammern, können wir uns über die Möglichkeit freuen, überhaupt weiterzuleben. Angesichts der Alternative einer leblosen Existenz in der farblosen kollektiven Monotonie eines Orwell'schen *1984* sollten wir dem lieben Gott danken für die Gelegenheit, so viel von unseren Freiheiten zu bewahren, wie wir noch haben. Statt verzweifelt aufzugeben und unseren Körper und unseren Geist den Verheerungen eines langsamen und qualvollen Todes preiszugeben, sollten wir die Chance – jede Chance – ergreifen, den Tumor des Totalitarismus zu isolieren und unsere natürlichen Abwehrkräfte gegen seine weitere Verbreitung so weit wie möglich wieder herzustellen. Jeder andere Kurs ist unverantwortlich und dumm.

Das sollten wir jetzt konkretisieren. Alle Rhethorik der Welt ist sinnlos, wenn sie nicht mit einem konkreten und realistischen Aktionsplan verbunden ist. Wir wollen also diese Studie beschließen, indem wir die wichtigsten Aspekte eines solchen Plans zumindest skizzieren.

Wie bereits erwähnt, sollte die FDA stark beschnitten werden. Vielleicht sollte man sie sogar ganz abschaffen. Wenn ihre Aufgabe lediglich darin bestünde, die korrekte Kennzeichnung und Verpackung von Produkten sicherzustellen, ist nicht einzusehen, warum das nicht auch von einer anderen Behörde übernommen werden könnte, zum Beispiel der, die für Normen, Maße und Gewichte zuständig ist.

Würde das eine neue Welle von Arzneimitteltragödien, eine neue Flut von Conterganenkindern auslösen? Natürlich nicht. Nehmen wir einmal an, die FDA wäre nur befugt zu verlangen, daß in der Kennzeichnung von und der Literatur über Thalidomid eindeutig erklärt wird: »Für Frauen, bei denen die Möglichkeit einer Schwangerschaft besteht, ist dieses Medikament gefährlich; es kann beim Kind zu Mißbildungen führen.« Thalidomid ist nur auf Rezept eines zugelassenen Arztes erhältlich. Kein Arzt würde ein solches Medikament verschreiben, ohne diese Warnung zu beachten, und höchstwahrscheinlich würde er es bei Frauen im gebärfähigen Alter überhaupt nicht verschreiben. Aber das wäre seine Entscheidung, getroffen *in Kenntnis aller relevanten Tatsachen*, wie das auch sein sollte. Über Thalidomid ist besonders viel berichtet worden, aber es unterscheidet sich nicht erheblich von Hunderten anderer Medikamente, die derzeit auf Rezept erhältlich sind. Wenn eines davon verboten wird, müßten alle verboten werden. Zum Schutz unserer Gesundheit muß die FDA aber gar nicht befugt sein, diese Medikamente zu verbieten. Korrekte Kennzeichnung reicht völlig aus.

Nicholas von Hoffman bestätigt diese Auffassung in einem Leitartikel, der in der *Washington Post* erschien, mit den folgenden Zeilen:

> Es wäre sehr schwierig zu beweisen, daß die Befugnis der FDA, den Verkauf einer Substanz zu verbieten oder zu regulieren, dem Schutz der Bevölkerung gedient hat. Sogar in einem notorischen Fall wie Thalidomid war der wichtige Punkt eine Warnung an schwangere Frauen, daß die Einnahme eine Gefahr für ihr Kind bedeutet. Entscheidend ist die Befugnis zur Durchsetzung einer korrekten Kennzeichnung, so daß Arzt und Patient vor den Eigenschaften eines Medikaments gewarnt sind.
>
> Die Befugnis jedoch, die Verwendung von etwas zu verbieten, die Forschung zu verhindern – warum sollte der Staat solche Befugnisse haben? Zu unserem Schutz? Wir sind doch keine Mündel des Staates, wir sind Bürger.[3]

Mr. von Hoffman steht keineswegs allein. In *Newsweek* schreibt Milton Friedman:

> Die 1962 erlassenen Änderungen des Gesetzes über Nahrungsmittel, Medikamente und Kosmetika sollten widerrufen werden. Sie bewirken viel mehr Schaden als Nutzen. Um sie zu befolgen, müssen die Beamten der FDA Unschuldige zum Tode verurteilen. Im gegenwärtigen Meinungsklima wird diese Schlußfolgerung die meisten von Ihnen schockieren – ein Angriff auf die Mutterschaft oder den Apple Pie, den Inbegriff amerikanischer Lebensart, wäre einfacher. Sie ist schockierend, aber richtig ist sie dennoch. Weitere Studien könnten sogar die noch schockierende Schlußfolgerung zulassen, daß die FDA selbst abgeschafft werden sollte.[4]

---

3 »And if it Works …«, *The Washington Post*, 4. Juni 1971.

4 »Frustrating Drug Advancement«, *Newsweek*, 8. Januar 1973, S. 49.

Die FDA abschaffen? Aber wer würde dann die Einhaltung von Hygienestandards in der Herstellung von Lebensmitteln und Medikamenten durchsetzen?

Seit wann brauchen freie Menschen einen Staat, der ihnen sagt, wie sie sich sauber halten sollen? Es fängt damit an, daß die Leistung der FDA auf diesem Gebiet alles andere als ein Musterbeispiel für gute Arbeit ist. Viel wichtiger ist allerdings, daß jeder vernünftige Hersteller ganz von selbst höchstmögliche Hygienestandards anstreben würde, schon weil er vermeiden will, daß seine Kunden gegen ihn prozessieren. Ebenso kann man sicher sein, daß die Inspektoren der Versicherungsgesellschaft, bei der der Hersteller seine Produkthaftungsversicherung abschließt, ein mehr als oberflächliches Interesse daran haben, wie hygienisch ihr Kunde arbeitet. Da eine Verletzung der Auflagen der Versicherung zu höheren Prämien oder einer Kündigung der Versicherung führen könnte, wäre der Hersteller sehr schlecht beraten, wenn er sie ignorieren wollte. Auf jeden Fall sind die örtlichen Gesundheitsbehörden durchaus in der Lage, Hygienebestimmungen durchzusetzen. Bundesinspektoren sind nicht kompetenter als die des einzelnen Bundesstaats, des Bezirks oder der Gemeinde, und eine solche Duplizierung ist unnötige Verschwendung.

Sicher würde es gelegentlich zur Verunreinigung oder Verwässerung von Lebens- und Arzneimitteln kommen. Das geschieht aber unter der gegenwärtigen FDA-Bevormundung genauso. Die Wahrheit ist, daß die FDA auf diesem Gebiet keine vernünftige oder notwendige Funktion erfüllt und ihr diesbezügliche Kompetenzen ganz entzogen werden sollten.

Es muß endlich Schluß sein mit dem Unfug, daß wir die FDA demütig um die Erlaubnis für die Prüfung von Laetril, den Verkauf von Aprikosenkernen, die Einnahme hochdosierter Vitaminpräparate oder für hundert andere *spezifische* Aktionen bitten müssen, die sie verbietet. Die FDA dafür um Genehmigung zu bitten, ist, als wollte man den Wolf bitten, das Mittagessen in Rotkäppchens Korb zu genehmigen. Es ist an der Zeit, daß wir merken, daß die FDA auf diesem Gebiet absolut nichts zu suchen hat. Wir müssen aufhören, schüchtern um Erlaubnis zu bitten und ihr den Laden einfach zumachen!

Wie kann man das erreichen? Der Trophoblastenanalogie folgend besteht unsere erste Aufgabe darin, den extrinsischen Faktor zu produzieren und zu injizieren: das Vitamin öffentliche Meinung. Der intrinsische Faktor wird dann in der Wiederherstellung der legislativen, judikativen und konstitutionellen Sicherungsmechanismen bestehen. In diesem Bereich liegt unsere unmittelbare Aufgabe im Bereich der Gerichte. Wir müssen für Rechtsbeistand für die Ärzte und Zwischenhändler sorgen, die den Mut haben, mit ihrem Widerstand gegen die Bürokratie ihren Ruf und ihre Existenz (ganz zu schweigen von einer Haftstrafe) zu riskieren. Allerdings sind die juristischen Kämpfe, die wir um ihretwillen führen, notwendigerweise begrenzter und defensiver Natur. Hauptstoßrichtung wird in den meisten dieser Fälle der Nachweis sein, daß der Einsatz von Vitamin B_{17} nicht gesetzeswidrig ist.

Ziel ist hier nicht eine Gesetzesänderung (denn Gesetze werden nicht bei Gericht geändert), sondern lediglich, den Angeklagten vor dem Gefängnis zu bewahren. Auch wenn diese Fälle erfolgreich sind, lösen sie allerdings noch nicht das Problem, denn die FDA bleibt weiterhin voll funktionsfähig und in der Lage, ihre Bestimmungen zu ändern und so zu verschärfen, daß sie die Gerichtsentscheidungen außer Kraft setzen. Über kurz oder lang wird der Arzt oder Händler wieder verhaftet.

Letztendlich ist eine Gesetzesänderung erforderlich. Das bedeutet als Mindestlösung ein Gesetz, mit dem der FDA die Entscheidungsbefugnis über Vitamine entzogen wird. Ein weiterer Ansatz könnte ein Prozeß von Krebsopfern um die Verfassungsmäßigkeit der Beeinträchtigung ihrer Rechte sein. Beide Vorstöße sollten unternommen werden.

Die Entscheidungsschlacht wird allerdings vor dem breiteren Hintergrund der Frage ausgefochten werden, ob der Staat *überhaupt irgendwelche* Befugnisse über unsere Nahrungsmittel, Medikamente oder Gesundheitsvorsorge haben sollte. Nur wenn diese Frage aufgegriffen wird, werden die vielen verschiedenen Probleme schärfere Konturen annehmen und ein echter Sieg in den Bereich des Möglichen rücken. Um die FDA abzuschaffen oder zumindest in ihren Befugnissen zu beschneiden, ist entweder ein Gesetz oder eine Verfassungsänderung erforderlich. Wir sollten uns um *beides* bemühen.

Die Möglichkeit einer Verfassungsänderung ist nicht so extrem, wie sie vielleicht klingt. Dr. Benjamin Rush aus Philadelphia – einer der Unterzeichner der Unabhängigkeitserklärung, Mitglied des Kontinentalkongresses, Oberster Stabsarzt der Armeen von George Washington und vermutlich der führende amerikanische Arzt seiner Zeit – hat sogar bereits bei der Ausarbeitung des Ersten Zusatzartikels der Verfassung seine Kollegen gedrängt, die »Freiheit der Medizin« darin aufzunehmen. Er schrieb:

> Wenn wir die Freiheit der Medizin nicht in die Verfassung aufnehmen, wird eine Zeit kommen, da die Medizin sich als Geheimdiktatur organisieren wird … Die Heilkunst auf eine Klasse von Menschen zu beschränken und den anderen gleiche Rechte zu verweigern wird einer Bastille der medizinischen Wissenschaft gleichkommen. Alle solchen Gesetze sind unamerikanisch und despotisch … und haben keinen Platz in einer Republik … Die Verfassung dieser Republik sollte die Freiheit der Medizin ebenso ausdrücklich schützen wie die Religionsfreiheit.[5]

Zur Zeit leben mehr Menschen als die Gesamtzahl derer, die von Anfang der Zeiten bis zu Beginn dieses Jahrhunderts geboren wurden. Wenn wir Dr. Rushs Rat nicht befolgen, wenn wir nicht erkennen, daß die Freiheit der Medizin ebenso wichtig ist wie die anderen in der *Bill of Rights* garantierten Rechte, werden bis zum Ende dieses Jahrhunderts [des 20., Anm. d. Übers.] mehr Menschen an Krebs gestorben sein als die Gesamtzahl der Menschen, die je bis zu jenem Zeitpunkt auf der Erde gelebt haben. Und das in einem Jahrhundert, in dem die Lösung *bekannt* und wissenschaftlich dokumentiert war.

Die Kontroverse um die Freiheit der Medizin wird sich in den kommenden Jahren verschärfen. So sei es. Der Ruf ehrenhafter Menschen wird vom medizinischen Establishment und den Medien befleckt, respektable Firmen werden in den Ruin getrieben werden. So sei es. Unschuldige werden von korrupten oder eingeschüchterten Richtern verurteilt und ins Gefängnis geworfen werden. Es ist unerträglich, aber nicht zu ändern, denn nicht wir haben diesen Krieg gewollt. Wir haben nur die Alternative, Widerstand zu leisten oder keinen Widerstand zu leisten – uns mit allen Kräften zu wehren oder uns zu ergeben und zugrundezugehen. Ja, es ist ein schwerer Kampf, aber es steht viel auf dem Spiel. Wir dürfen uns von der Stärke des Gegners keine Angst einjagen lassen, und vor allem dürfen wir nicht scheitern. *Irgendjemand* muß der Bürokratie Widerstand leisten. Und die das tun müssen, sind wir!

Sie und Ihre Familie können jetzt vor der Krebsgefahr geschützt werden. Aber das ist nur möglich, weil jemand sich die Zeit genommen hat, Ihnen diese Tatsachen vor Augen zu führen. Dürfen Sie weniger für andere tun?

---

[5] Zitiert nach Bealle, *The New Drug Story, op. cit.*, S. 188 und von Dr. Dean Burk in *The Cancer News Journal*, Mai/Juni 1973, S. 4.

Schließen Sie sich uns an bei dieser gigantischen Aufgabe. Machen Sie sie zu Ihrem persönlichen Kreuzzug. Engagieren Sie sich für die *Wahlfreiheit*, nicht nur in der Krebstherapie, sondern in allen Bereichen des menschlichen Lebens. Wenn wir uns erst von den Eingriffen des Staates befreit haben, ist alles möglich. Die biologischen und politischen Trophoblasten werden aus dem Feld geschlagen werden, und der Mensch wird endlich die wunderbare Welt von Gesundheit und Freiheit erben, die sein natürliches Recht ist – *eine Welt ohne Krebs*.

Literaturverzeichnis

Acevedo, Ph.D., Herman F., Tong, Ph.D., Jennifer Y. und Hartsock, M.D., Robert J.: »Human Chorionic Gonadotropin-Beta Subunit Gene Expression in Cultured Human Fetal and Cancer Cells of Different Types and Origins«, *Cancer*, October 15, 1995, Volume 76, No. 8, S. 1467–1473.

Ackerknecht, Edwin H.: *History and Geography of the Most Important Diseases*, New York: Hafner Publishing Co., Inc., 1972.

Ambruster, Howard: *Treason's Peace*, New York: Beechhurst Press, 1947.

»Amygdalin Claimed Nontoxic Anti-Cancer Therapeutic Agent«, *Infectious Diseases*, October 15, 1971, S. 1, 23.

Banik, Allen und Taylor, Renee: *Hunza Land*, Long Beach, CA: Whitehorn, 1960.

Bealle, Morris A.: *The New Drug Story*, Washington D.C.: Columbia Publishing Co., 1958.

Binzel, M.D., Philip E.: *Alive and Well: One Doctor's Experience with Nutrition in the Treatment of Cancer Patients*, Westlake Village, CA: American Media, 2000.

Braithwaite, John: *Corporate Crime in the Pharmaceutical Industry*, London: Routledge & Kegan Paul, 1984.

Brunner, Emerson, Ferguson und Suddarth: *Textbook of Medical Surgical Nursing,* Philadelphia: J. B. Lippincott Co., 1970, 2nd Edition.

Carter, Richard: *The Doctor Business*, New York: Doubleday, 1958.

de Spain, June: *The Little Cyanide Cookbook: Delicious Recipes Rich in Vitamin* B_{17}, Westlake Village, CA: American Media, 2000.

de Tocqueville, Alexis: *Democracy in America*, New York: Alfred Knopf, 1945.

DuBois, Jr., Josiah E.: *The Devil's Chemists,* Boston: Beacon Press, 1952.

Ellison, N. M.: »Special Report on Laetrile: The NCI Laetrile Review. Results of the National Cancer Institute's Retrospective Laetrile Analysis«, *New England Journal of Medicine,* 299: S. 549–552, September 7, 1978.

Farago, Ladislas: *The Game of the Foxes*, New York: D. McKay Co., 1972.

Fehrenbach, T. R.: *The Swiss Banks*, New York: McGraw-Hill, 1966.

Fishbein, M.D., Morris: *A History of the AMA*, Philadelphia & London: W. B. Saunders Co., 1947.

Fisher, B., et. al.: »Postoperative Radiotherapy in the Treatment of Breast Cancer; Results of the NSAPP Clinical Trial«, *Annals of Surgery*, 172, No. 4, October 1970.

Flynn, John T.: *God's Gold; The Story of Rockefeller and His Times*, New York: Harcourt Brace, 1932.

Garrison, Omar: *The Dictocrats,* Chicago/London/Melbourne: Books for Today, Ltd., 1970.

Gilbert, G. M.: *Nuremberg Diary*, New York: Farrar, Straus & Co., 1947.

Goulden, Joseph: *The Money Givers*, New York: Random House, 1971.

Griffin, G. Edward: *The Capitalist Conspiracy*, Westlake Village, CA: American Media, 1971.

—: *The Creature from Jekyll Island; A Second Look at the Federal Reserve System*, Westlake Village, CA: American Media, 2002.

—: *The Fearful Master; A Second Look at the United Nations*, Appleton, WI: Western Islands, 1964.

—: *The Grand Design; An Overview of U.S. Foreign Policy*, Westlake Village, CA: American Media, 1968.

—: *Private Papers Relating to Laetrile*, Westlake Village, CA: American Media, 1997.

Gross, Martin: *The Doctors*, New York: Random House, 1966.

Harte, Holdren, Schneider und Shirley: *Toxics A to Z*, Berkeley: University of California Press, 1991.

Hoffman, William: *David; Report on a Rockefeller*, New York: Lyle Stuart, Inc., 1971.

Hixon, Joseph: *The Patchwork Mouse; Politics and Intrigue in the Campaign to Conquer Cancer*, New York: Anchor Press/Doubleday, 1976.

Johnstone, M.D., F. R. C.: »Results of Treatment of Carcinoma of the Breast Based on Pathological Staging«, *Surgery, Gynecology & Obstetrics*, 134: S. 211, 1972.

Jones, Ph.D. Hardin B.: »A Report on Cancer«, Paper delivered to the ACS's 11th Annual Science Writers Conference, New Orleans, March 7, 1969.

Josephson, Mathew: *The Robber Barons*, New York: Harcourt Brace, 1934.

Kinsky, Lynn und Poole, Robert: »The Impact of FDA Regulations on Drug Research in America Today«, *Reason*, Vol. 2, No. 9.

Krebs, Ernst T., Jr.: *The Laetriles/Nitrilosides in the Prevention and Control of Cancer*, Montreal: The McNoughton Foundation, nicht datiert.

Krott, Ph.D., Peter: *Bears in The Family*, New York: E. P. Dutton & Co., 1962.

Lee-Feldstein, Anna; Anton-Culver, Hoda und Feldstein, Paul J.: »Treatment Differences and Other Prognostic Factors Related to Breast Cancer Survival: Delivery Systems and Medical Outcomes«, *Journal of the American Medical Association*, ISSN: 0098-7484, April 20, 1994.

Lewin, Roger: »New Assaults on Cancer«, *World of Research*, January 13, 1973, S. 32.

Lipkin, Richard: »Vegemania, Scientists Tout the Health Benefits of Saponins«, *Science News*, December 9, 1995, S. 392–393.

Lundberg, Ferdinand: *The Rich and the Super-Rich*, New York: Bantam, 1968 (Deutsche Ausgabe: *Die Reichen und die Superreichen*, Frankfurt/M.: Fischer, 1971).

Lynch und Raphael: *Medicine and the State*, Oak Brook, IL: Assoc. American Physicians and Surgeons, 1973. Originally published 1963 by Charles C. Thomas.

Melville, Arabella und Johnson, Colin: *Cured to Death; The Effects of Prescription Drugs*, New York: Stein & Day, 1982.

Moss, Ralph: *The Cancer Industry; Unraveling the Politics*, New York: Paragon House, 1989.
—: *The Cancer Syndrome*, New York: Grove Press, 1980.
—: *Cancer Therapy; The Independent Consumer's Guide to Non-Toxic Treatment & Prevention*, New York: Equinox Press, 1995.
»Nader's Raiders on the FDA: Science and Scientists ›Misused‹«, *Science*, April 17, 1970, S. 349–352.
Nevins, Allan: *John D. Rockefeller*, New York: Scribner & Sons, 1959.
Perloff, James: *Shadows of Power: The Council on Foreign Relations And The American Decline*, Appleton, WI: Western Islands, 1988.
Proctor, Robert N.: *Cancer Wars: How Politics Shapes What We Know and Don't Know About Cancer*, New York: Basic Books, 1995.
Ravdin, R. G., et al.: »Results of a Clinical Trial Concerning The Worth of Prophylactic Oophorectomy for Breast Carcinoma«, *Surgery, Gynecology & Obstetrics*, 131: S. 1055, December 1970.
Report by Cancer Advisory Council on Treatment of Cancer with Beta-Cyanogenic Glucosides (»Laetriles«), California Department of Public Health, 1963.
Richards, Victor: *The Wayward Cell, Cancer; Its Origins, Nature, and Treatment*, Berkeley: The University of California Press, 1972.
Richardson, M.D., John A. und Griffin, R.N., Patricia: *Laetrile Case Histories: The Richardson Cancer Clinic Experience*, Westlake Village, CA: American Media, 1977.
Sampson, Anthony: *The Sovereign State of ITT*, New York: Stein & Day, 1973.
Sasuly, Richard: *I. G. Farben*, New York: Boni & Gaer, 1947 (Deutsche Ausgabe: *IG Farben*, Berlin: Verlag Volk und Welt, 1952)
Skeel, M.D., Roland T. und Lachant, M.D., Neil A.: *Handbook of Cancer Chemotherapy; Fourth Edition*. New York: Little, Brown, 1995.
»Snake Oil From the Oil Companies«, *Consumer Reports*, February 1974, S. 126.
Stefanson, VilhJalmur: *Cancer: Disease of Civilization? An Anthropological and Historical Study*, New York: Hill and Wang, 1960.
Stocking, George und Watkins, Myron: *Cartels in Action*. New York: The Twentieth Century Fund, 1946.
»Surgical Adjuvant Chemotherapy in Cancer of the Breast: Results of A Decade of Cooperative Investigation«, *Annals of Surgery*, 168, No. 3, September 1968.
Szant-Gyorgyi, Albert: *The Living State; With Observations on Cancer*. New York und London: Academic Press, 1972.
Taylor, Renee: *Hunza Health Secrets*, New York: Award Books, 1964.
Valtin, Jan: *Out of the Night*, New York: Alliance Book Corp., 1941.
Vitamin B_{15} (Pangamic Acid); Properties, Functions, and Use, Moscow: Science Publishing House, 1965. Reprinted by McNaughton Foundation, Sausalito, California.

Vogle, Virgil J.: *American Indian Medicine*, Norman, Oklahoma: University of Oklahoma Press, 1970.

Waller, Leslie: *The Swiss Bank Connection*, New York: Signet Books, New American Library, Inc., 1972.

Walshe, Walter H.: *The Anatomy, Physilogy, Pathology and Treatment of Cancer*, Boston: Ticknor & Co., 1844.

Weaver, Warren: *U.S. Philanthropic Foundations; Their History, Structure, Management, and Record*, New York: Harper & Row, 1967.

Westover, Wynn: *See the Patients Die*, Sausalito, CA: Science Press, 1974.

Wiggin, F. H.: »Case of Multiple Fibrosarcoma of the Tongue, with Remarks on the Use of Trypsin and Amylopsin in the Treatment of Malignant Disease«, *J. Am. Med. Assoc.*, December 15, 1906; 47: S. 2003–2008.

Winkler, John K.: *John D. – A Portrait in Oils*, New York: Blue Ribbon Books, 1929.

Register

C

D

H

I

J

K

N

O

P

T

Über den Autor:

G. Edward Griffin ist Autor und Produzent von Dokumentarfilmen. Er ist bekannt für seine einzigartige Gabe, schwierige Themen zu recherchieren und in allgemeinverständlicher Form darzustellen. Seine Arbeiten behandeln so unterschiedliche Themen wie die US-Notenbank, internationales Bankwesen, Archäologie und Erdgeschichte, Subversion, Terrorismus, die Geschichte des Steuerwesens, die Außenpolitik der USA, den Obersten Gerichtshof der USA, die Vereinten Nationen sowie die wissenschaftlichen und politischen Aspekte von Krebserkrankungen.

Über das Buch:

Bereits jeder dritte stirbt heute an Krebs! Und jedem Betroffenen bleibt nichts anderes, als das Martyrium einer Chemo- oder Bestrahlungstherapie über sich ergehen zu lassen.

Wie kommt es überhaupt, daß trotz Milliarden an Forschungsgeldern weltweit ein wirklich erfolgreiches Krebsheilmittel noch nicht gefunden werden konnte – ja, die Fachleute sogar noch immer über die Natur der Krankheit rätseln? Und woran liegt es, daß die Krebsrate in westlichen Industriestaaten ständig und rapide ansteigt, während es Völker auf der Erde gibt, bei denen Krebs bis auf den heutigen Tag unbekannt ist?

Edward Griffin enthüllt den größten Skandal des Pharma-Kartells: Der US-Arzt Ernst Theodor Krebs hat bereits vor 50 Jahren die wahre Ursache des Krebses entdeckt und ein natürliches Heilmittel gefunden.